Bombs Away!
Representing the Air War over Europe and Japan

AMSTERDAMER BEITRÄGE
ZUR NEUEREN GERMANISTIK

Herausgegeben von

Gerd Labroisse
Gerhard P. Knapp
Norbert Otto Eke

Wissenschaftlicher Beirat:

Christopher Balme (Universiteit van Amsterdam)
Lutz Danneberg (Humboldt-Universität zu Berlin)
Martha B. Helfer (Rutgers University New Brunswick)
Lothar Köhn (Westf. Wilhelms-Universität Münster)
Ian Wallace (University of Bath)

Bombs Away!
Representing the Air War over Europe and Japan

Herausgegeben von
**Wilfried Wilms
und William Rasch**

Amsterdam - New York, NY 2006

Die 1972 gegründete Reihe erscheint seit 1977 in zwangloser Folge in der
Form von Thema-Bänden mit jeweils verantwortlichem Herausgeber.

Reihen-Herausgeber:

Prof. Dr. Gerd Labroisse
Sylter Str. 13A, 14199 Berlin, Deutschland
Tel./Fax: (49)30 89724235 E-Mail: Gerd.Labroisse@t-online.de

Prof. Dr. Gerhard P. Knapp
University of Utah
Dept. of Languages and Literature, 255 S. Central Campus Dr. Rm. 1400
Salt Lake City, UT 84112, USA
Tel.: (1)801 581 7561, Fax (1)801 581 7581 (dienstl.)
bzw. Tel./Fax: (1)801 474 0869 (privat) E-Mail: gerhard.knapp@m.cc.utah.edu

Prof. Dr. Norbert Otto Eke
Universiteit van Amsterdam
Fac. der Geesteswetenschappen, Spuistraat 210, 1012 VT Amsterdam
Nederland, E-Mail: n.o.eke@uva.nl

Cover image: Library of Congress, Prints and Photographs Division
[LC-USZ62-129782].

All titles in the Amsterdamer Beiträge zur neueren Germanistik (from 1999
onwards) are available online: See www.rodopi.nl

Electronic access is included in print subscriptions.

The paper on which this book is printed meets the requirements of "ISO
9706:1994, Information and documentation - Paper for documents -
Requirements for permanence".

ISBN: 90-420-1759-7
©Editions Rodopi B.V., Amsterdam – New York, NY 2006
Printed in The Netherlands

Table of Contents

Wilfried Wilms (University of Denver) & William Rasch (Indiana University): Introduction: Uncovering their Stories: The Rubble of Memory and the Bombing War — 7

I. NARRATIVE AND HISTORY — 23

Brad Prager (University of Missouri, Columbia): Air War and Allegory — 25

Daniel Fulda (Universität zu Köln): Abschied von der Zentralperspektive. Der nicht nur literarische Geschichtsdiskurs im Nachwende-Deutschland als Dispositiv für Jörg Friedrichs *Brand* — 45

Stephan Jaeger (University of Manitoba, Winnipeg): Infinite Closures: Narrative(s) of Bombing in Historiography and Literature on the Borderline between Fact and Fiction — 65

Henning Herrmann-Trentepohl (Independent Scholar): "Das sind meine lieben Toten" – Walter Kempowskis "Echolot"-Projekt — 81

Jennifer Bajorek (University of California, Berkeley): Holding Fast to Ruins: The Air War in Brecht's *Kriegsfibel* — 97

Thomas C. Fox (University of Alabama): East Germany and the Bombing War — 113

Benedikt Jager (Hochschule Stavanger): Die gepolsterte Nussschale des Bootes – Der Luftkrieg aus der Sicht skandinavischer Korrespondenten — 131

II. THE GERMAN EXPERIENCE — 147

Timm Menke (Portland State University): W. G. Sebalds *Luftkrieg und Literatur* und die Folgen: Eine kritische Bestandsaufnahme — 149

Florian Radvan (Pädagogische Hochschule, Karlsruhe): Religiöse Bildlichkeit und transtextuelle Bezüge in Gert Ledigs Luftkriegsroman *Vergeltung* — 165

Walter Pape (Universität zu Köln): "Mich für mein ganzes Leben verletzendes Geschehen als Erlebnis": Die Luftangriffe auf Salzburg (1944) in Thomas Bernhards *Die Ursache* und Alexander Kluges *Der Luftangriff auf Halberstadt am 8. April 1945* — 181

Stuart Smith (Trinity College, Dublin): "Das war nicht mehr wie vor Ilion": Servicemen, Civilians and the Air War in Gerd Gaiser's *Die sterbende Jagd* — 199

Andrew Williams (Technische Universität, Berlin): "Das stanniolene Rascheln der Weinblätter": Hans Erich Nossack und der Luftkrieg   213

III. THE ALLIED EXPERIENCE   231

Paul Crosthwaite (University of Newcastle upon Tyne): "Children of the Blitz": Air War and the Time of Postmodernism in Michael Moorcock's *Mother London*   233

Erwin Warkentin (Brandon University): *Death by Moonlight*: A Canadian Debate over Guilt, Grief and Remembering the Hamburg Raids   249

Diederik Oostdijk (Free University, Amsterdam): Debunking 'The Good War' Myth: Howard Nemerov's War Poetry   265

Steve Plumb (University of Sunderland): Art and the Air Campaigns of 1940/41 and 1945: Visual Representations of the London and Dresden Bombing Raids   281

Silke Arnold-de Simine (Universität Mannheim): Memory Cultures: The Imperial War Museum North and W. G. Sebald's *Natural History of Destruction*   295

Anna Leahy (North Central College, IL) & Douglas Dechow (Oregon State University): Keep 'Em Flying High: How American Air Museums Create and Foster Themes of the World War II Air War   313

IV. FILM   327

Jaimey Fisher (University of California, Davis): Bombing Memories in Braun's *Zwischen Gestern und Morgen* (1947): Flashbacks to the Recent Past in the German Rubble-Film   329

Christina Gerhardt (University of California, Berkeley): The Allied Air Bombing Campaign of Germany in Herzog's *Little Dieter Needs to Fly*   345

Wilfried Wilms (University of Denver): Hollywood's Celluloid Air War   355

Jerome F. Shapiro (Independent Scholar): Ninety Minutes over Tokyo: Aesthetics, Narrative, and Ideology in Three Japanese Films about the Air War   375

AFTERWORD

William Rasch (Indiana University): 'It Began with Coventry': On Expanding the Debate over the Bombing War   395

Wilfried Wilms and William Rasch

Uncovering their Stories: The Rubble of Memory and the Bombing War

In *A Foreign Affair* (1948), Billy Wilder's wonderfully satirical film about the American occupation of postwar Germany, an Army officer, Colonel Plummer from Indiana, takes a group of fact-finding representatives from Congress on a tour of destroyed Berlin. While conscientious Congresswoman Frost sees what to her are disturbing signs of GI fraternization with German women at every turn (including the sight of a woman pushing a typically German baby carriage bedecked with two crisply fluttering American flags, looking eerily like those cars of more recent vintage celebrating support for American troops in Iraq), the male members eagerly watch young boys play baseball among the ruins. "This is one of our youth clubs", Plummer tells his charges:

> We've got a lot of them now in the American Zone. We have quite a problem on our hands. Those weren't ordinary youngsters when we came in. They were mean old men. Now we're trying to make kids of them again. We had to kick the goosestep out of them, cure them of blind obedience, and teach them to beef with the referee.[1] If they feel like stealing, make sure it's second base.

After a pause and a loopy remark by one of the Congressmen about the kids not having to worry about breaking any windows, Plummer concludes: "One family has already christened a kid DiMaggio Schulz. That's when I started believing we really won the war". The scene ends with a disputed call at home plate, each Congressman joining in the fray.

Although baseball may well be the only aspect of American life that has *not* captured the German imagination, the image of German youngsters trading in their Hitler Youth shorts for the ragtag outfits of a sandlot ballgame serves as a superb parable of the reeducation and democratization of a people emerging from the mental habits promoted by a disgraced ideology and the physical and moral effects caused by a brutally prosecuted war. From the perspective of over a half-century later, it certainly comes as no surprise that reeducation would wear the guise of something as quintessentially American as baseball, that democratization should, in effect, be displayed as the equivalent of Americanization. Maybe it was not as simple as training march-weary legs in the fine art of sliding into home plate or adopting the moniker "DiMaggio", but any visitor

---

[1] Austrian-born Wilder, who enjoyed a masterly command of the nuances of American English, incongruently uses the word "referee" where "umpire" belongs. Apparently "Colonel Plummer" did not have the heart to correct him.

touring Germany today will be quick to note the telltale signs of success: from the titles of American films (often un-translated) on virtually every movie marquee, the sound of American and American-inspired music broadcast ceaselessly over the radio and played live in clubs and "open air" stadiums, and the ubiquitous presence of English words and phrases where once a flexible German language managed quite well to do the work, all the way to the spectacle of present-day German youth, certainly no longer goose-stepping "mean old men", strutting their liberated, hip-hop selves across dance floor and town square.

Yet, all of this did not happen overnight. As OMGUS polls showed,[2] despite the Berlin Air-Lift, Hollywood, Coca-Cola, and rock-'n'-roll, anti-American feelings lingered in Germany until the building of the Berlin Wall (in 1961) and the visit by a youthful American president, John F. Kennedy (in 1963), whose touching, if grammatically problematical, pledge of allegiance to the city of Berlin in a time of trouble was enthusiastically received and appreciated. The immediate reaction of the war generation was to survive, forget, and move on. Indeed, as thematized in many of the "rubble films" immediately after the war, the ability to forget, the ability to repress the unpleasant experiences at the front and on the "home front", was seen as a precondition for facing often equally unpleasant postwar conditions in Germany's urban ruins and a very uncertain physical and political future. The reward for German industriousness, based on necessary repression of memory, was the so-called economic miracle that followed the currency reform of 1948 and led to the reintegration of the West German state into an equally revived Western Europe. The reward for German forgetting, in other words, was the beginning of the Americanization we see so prominent today. The price paid, however, was the much maligned German inability to mourn, that is, the Germans' apparent reluctance, if not outright refusal, to accept unconditional responsibility for the horrific brutalities of the war in particular and the Nazi era in general, especially those concerning the expulsion, dispossession and eventual murder of millions of European Jews in the name of a twisted duty to "improve" the world by ridding it of its vermin. Above all, at least until each of the two new German states was enlisted into the ranks of rival Cold War empires and rearmed for combat by the mid-1950s, reeducation for the Allied occupiers, especially the Americans, meant graphically and repeatedly pressing the awareness of guilt upon the retinas and consciousness of individual Germans by means of photographs, film, radio broadcasts, and print. That the message was received is indisputable. How it was processed and why it was processed in the way it was remains a matter of scrutiny and debate.

---

[2] For a succinct analysis, see Michael Geyer: America in Germany. Power and the Pursuit of Americanization. In *The German-American Encounter. Conflict and Cooperation between two Cultures 1800–2000*. Eds. Frank Trommler and Elliott Shore. New York, Oxford: Berghahn 2001: Pp. 121–44.

Germany 1945: The Camps

Germans' reluctance to confront their own involvement in the events of the immediate past may have been exaggerated by the frustration and, yes, self-righteousness of later generations, but it was nonetheless real. Effective investigation and indictment of specific individuals by the West German legal system for deeds done during the war was goaded into meaningful action only after the incarceration, trial, and execution of Adolf Eichmann in the early 1960s.[3] And it was only in the 1960s that a generation of artists and intellectuals who reached maturity during the war and its immediate aftermath began to explore directly and often in experimental forms issues of guilt, responsibility, and perhaps most troubling of all, acquiescence.[4] The situation in Adenauer's Germany was such that even apparently well-intended manifestations of guilt and remorse by German youth could be met with a caustic response. In commenting on Martin Buber's reaction to the Eichmann verdict, the judicious and precise Hannah Arendt had this to say:

> Martin Buber called the execution a "mistake of historical dimensions", as it might "serve to expiate the guilt felt by many young persons in Germany" – an argument

---

[3] Allow Hannah Arendt to remind us: "The Central Agency for the Investigation of Nazi Crimes, belatedly founded by the West German state in 1958 and headed by Prosecutor Erwin Schüle, had run into all kinds of difficulties, caused partly by the unwillingness of German witnesses to cooperate and partly by the unwillingness of the local courts to prosecute on the basis of the material sent them from the Central Agency. Not that the trial in Jerusalem produced any important new evidence of the kind needed for the discovery of Eichmann's associates; but the news of Eichmann's sensational capture and of the impending trial had sufficient impact to persuade the local courts to use Mr. Schüle's findings, and to overcome the native reluctance to do anything about 'murderers in our midst' by the time-honored means of posting rewards for the capture of well-known criminals.

The results were amazing. Seven months after Eichmann's arrival in Jerusalem – and four months before the opening of the trial – Richard Baer, successor to Rudolf Höss as Commandant of Auschwitz, could finally be arrested. In rapid succession, most of the members of the so-called Eichmann Commando – Franz Novak, who lived as a printer in Austria; Dr. Otto Hunsche, who had settled as a lawyer in West Germany; Hermann Krumey, who had become a druggist; Gustav Richter, former "Jewish adviser" in Rumania; and Willi Zöpf, who had filled the same post in Amsterdam – were arrested also; although evidence against them had been published in Germany years before, in books and magazine articles, not one of them had found it necessary to live under an assumed name. For the first time since the close of the war, German newspapers were full of reports on the trials of Nazi criminals, all of them mass murderers ... and the reluctance of the local courts to prosecute these crimes showed itself only in the fantastically lenient sentences meted out to the accused". Hannah Arendt: *Eichmann in Jerusalem. A Report on the Banality of Evil.* New York: Penguin 1994 [originally published 1963]. Pp. 14–15.

[4] We are thinking here of Rolf Hochhuth: *Der Stellvertreter*, Peter Weiß: *Die Ermittlung*, and, somewhat later, Heinar Kipphardt: *Bruder Eichmann*.

that oddly echoed Eichmann's own ideas on the matter, though Buber hardly knew that he [Eichmann] had wanted to hang himself in public in order to lift the burden of guilt from the shoulders of German youngsters. (It is strange that Buber, a man not only of eminence but of very great intelligence, should not see how spurious these much publicized guilt feelings necessarily are. It is quite gratifying to feel guilty if you haven't done anything wrong: how noble! Whereas it is rather hard and certainly depressing to admit guilt and to repent. The youth of Germany is surrounded, on all sides and in all walks of life, by men in positions of authority and in public office who are very guilty indeed but who *feel* nothing of the sort. The normal reaction to this state of affairs should be indignation, but indignation would be quite risky – not a danger to life and limb but definitely a handicap in a career. Those young German men and women who every once in a while – on the occasion of all the *Diary of Anne Frank* hubbub and of the Eichmann trial – treat us to hysterical outbreaks of guilt feelings are not staggering under the burden of the past, their fathers' guilt; rather, they are trying to escape from the pressure of very present and actual problems into a cheap sentimentality.)[5]

Whether this indictment strikes the present-day reader as fair or not, a similarly cold Arendtian skepticism may nevertheless be a useful corrective to the sea of clichés that has arisen over the past 40 years regarding German silence and German culpability. For, as we witness the repeated incantations of German guilt and rituals of collective remorse that has become such an integral part of German public life, we should remember that in only a very few years after Arendt's remarks were published, these very same German "youngsters" managed to put a hard and steely edge on their "sentimentality;" and in their subsequent "long march through the institutions" the "'68ers" learned to make handsome careers out of their indignation. As right and necessary as the "outing" of their parents' sins was, perhaps the time has come for some thoughtful re-examination and contextualization of the multiple versions of German forgetfulness.

The Germans' much bruited evasion of responsibility for evil deeds done has customarily been ascribed to peculiarities of their soul or their history. Their "inability to mourn" the victims of the system they supported was famously proposed in Freudian fashion by the Mitscherlichs in 1967,[6] and has often been repeated. Others add that whatever mass psychological obstacles to a reckoning with the past may have inhered in the German *Volk*, these hindrances were aided, if not caused, by Germany's uniquely stunted historical development, at least when that development is compared with the normative standard set by the Anglo-Saxon nations. This latter view is of course the famous German *Sonderweg* thesis, promoted by those social philosophers, historians, and publicists aligned with the particularly rigid and prescriptive version of an "enlightenment project"

---

[5] Arendt: *Eichmann*. P. 251.
[6] Alexander and Margarete Mitscherlich: *Die Unfähigkeit zu trauern. Grundlagen kollektiven Verhaltens*. München: Piper 1967.

that is most intimately associated with Jürgen Habermas; and this thesis is still tenaciously held onto despite a quarter of century of British and American scholarship that begs to differ.[7]

More recently, Dagmar Barnouw has offered us *not* yet another theory about Germany's double guilt – an original sin of commission followed by a sin of omission – but rather a passionately thoughtful reflection on the moral ambiguity of Allied (especially American) demands and expectations and the moral and psychological difficulties a shocked, exhausted, disillusioned, exiled, and starving German population had in coming to terms with its own complicity in events it could no longer understand. In her *Germany 1945*,[8] Barnouw's reasoning is nuanced by the documentation she examines, namely, the photographs taken by Allied and German photographers, the captions assigned to these photographs in magazines and books compiled at the time and decades later, the government and journalistic tracts discussing the "German question" and reeducation, and the diaries of those Germans, mostly women, who recorded their experiences and reactions in the immediate aftermath of the war in the summer and fall of 1945. In contrast to the message of many of the captions, and in contrast to the apparent intention of many of the photographs to indict the population, Barnouw's readings of the images open them up to multiple and contradictory interpretations. It is this often seemingly chaotic multiplicity of possible reactions by and to a confused population that she emphasizes, not to exonerate German men and women who lived as responsible adults during the Nazi years, but to attempt to recapture possible narratives of their experience and compare them to the expectations forced upon them by their occupiers.

The shock produced by the sights, sounds, and stench of the over 300 concentration camps that were liberated in the closing days of the war provoked the Allies to make this mass of human misery visible to those Germans who had actively or passively supported the regime, that is, to the ordinary citizenry as well as those directly responsible. The people of the surrounding towns and villages were forced to "tour" the camps and bury the dead. Not only were the camps

---

[7] This *Sonderweg* thesis relies on a normative theory of modernization and attributes the rise of National Socialism to the arrested development of the German bourgeoisie during the 19th century. The thesis is itself an inversion of a previous, chauvinistic German *Sonderweg* that claimed the superiority of purportedly unique German cultural values and institutions when compared with the superficiality of French and English "civilization". For the initial powerful critique of German *Sonderweg* historiography of the 1960s and beyond, see David Blackbourn and Geoff Eley: *The Peculiarities of German History: Bourgeois Society and Politics in Nineteenth-Century Germany*. Oxford, New York: Oxford UP 1984.

[8] Dagmar Barnouw: *Germany 1945: Views of War and Violence*. Bloomington, IN: Indiana UP 1996.

photographed and filmed when liberated, but later the Germans were similarly photographed and filmed during the time of their exposure to these scenes of death and degradation. These still and moving pictures were then distributed within Germany and abroad to tell the tale of what the Germans had wrought. Barnouw records the disappointment voiced by Allied commentators over German reactions. It is as if they had expected immediate visible evidence of guilt and remorse (whatever that may have been in terms of facial features and body language); instead Allied observers saw only shock, horror, disgust, surprise, and confusion on German faces. And in response to their accusations, they received as answer the phrase that has been the source of mockery ever since: "We didn't know". Barnouw is particularly sensitive in unpacking that claim. Of course they knew of the concentration camps, and of the disappearance of their neighbor or the shopkeeper on the corner; of course they had heard rumors, or knew of someone who knew of someone who knew something; and of course they had heard, or may have heard, from their husbands and sons, tales of horror in the east; and of course they should have had the courage to have done something about it, just like we should have the courage to do more than we ever do about the evils our leaders keep hidden from us. But what they did not know was what they now saw and smelled; they had not known how terrible it all was because they could not have imagined it even had they tried. And what they now knew in 1945 or had inklings of in '43 or '44 is not what they knew in 1933 or '36.[9]

But what of the famed German silence? Barnouw sees a kind of symbiotic relationship between Allied skepticism and German caution. She relates a conversation between Hans Speier, a German émigré who returns in 1945 serving the American occupation forces, and former German friends. "Like all their compatriots", Barnouw writes,

> these people, 'good Germans' in many ways, appeared to him simply 'confused, ill-informed, and terribly eager to talk about their own problems.' He thought them 'entirely unaccustomed to discussion'; when contradicted, they 'keep silent or apologize as though they suddenly realize in fear how much they depend on American friends' (21–22). Their reticence was presumably linked to their inability to free themselves from the thrall of totalitarianism. But as Speier's own reactions clearly showed, those American friends did not wish to be surprised by Germans who contradicted the victors' views on the German question: that question had been posed in terms chosen by the victors, and they were in no mood to consider changing them.[10]

When American expectations were not met, when simple verification of preformed opinions were not forthcoming, German pathology was presupposed.

---

[9] See, for instance, Barnouw: *Germany 1945*. Pp. 38–40.
[10] Barnouw: *Germany 1945*. P. 142; citations from Speier are taken from Hans Speier: *Social Order and the Risks of War*. Cambridge, MA: MIT Press 1969.

Perhaps understandably, especially for an émigré who had been forced into exile, conversation was not welcome if it required interpretive work and empathetic understanding on the part of the victorious interlocutors. "Most outside observers", Barnouw concludes,

> did not take into consideration the temporal, gradually changing German experience of the Third Reich. In looking back at their former selves, Germans needed to ask these questions not so much in static moral terms – whether they 'ought' to have acted differently – but in the fluid psychological terms of feasibility – whether perhaps they could have acted differently. These questions needed to include their past perception of past conditions: could the compromises they made have appeared unnecessary under the terms of their existence at the time. And, more importantly but also more precariously, might they not have been able to see at a certain point that things appeared different and that they could therefore no longer afford to look away? However, under the victor's, Speier's, watchful glance, they were not allowed such hesitations but were expected to embrace the terms on which they were now judged and to acknowledge they had been disastrously wrong from the beginning. In the absence of a full discussion of these terms – an understandable absence because of the scope of aggression and defeat – questions were more often than not replaced by summarily ordered and accepted collective responsibility and, by extension, guilt.[11]

The making visible of the enormity of the crimes was necessary, as was the inquisition of Germans' consciences. And seen from a distance of over a half a century, the Allied aims seem eventually to have been met. The terms ritualistically used by the occupiers in 1945 are now the terms ritualistically used in German public and political discourse. The curtailed conversations of 1945 have become the cantankerously ideological debates devoid of empathy or understanding in what has become a divisive and polarized German public sphere. But with this victorious reeducation something was also lost, something that Barnouw tries in her book to rediscover in the photographs and diaries she examines, namely, the answers to Allied questions that could not be articulated; because, making the camps visible for all to see was necessarily predicated upon rendering other scenes and other sites of human suffering invisible.

Germany 1945: The Cities

If "we didn't know" has become the archetypical German cliché, "you had it coming to you" was certainly the stock Allied response to German complaints and perceived self-pity in 1945 – a response that has mutated into the contemporary German mantra, "we deserved it". What "they/we" deserved was what Allied soldiers and reporters saw – and, again, smelled – even before they entered the camps, that is, the rubble that had once been Germany's cities, its troglodyte dwellers, and the stench of rotting corpses. Almost any attempt to

---

[11] Barnouw: *Germany 1945*. P. 143.

chronicle the hardships that ordinary Germans suffered – the refugees from the east, 2 million of whom were killed or died from disease, malnutrition, and cold; the women who were raped, often repeatedly, and physically and emotionally scarred; the numbed and shattered civilian population, mostly women, old men, and children, who lived in damp cellars and caves under the rubble on starvation diets, often without electricity, heat, or running water, through the winter of 1945/46 and the even colder winter of 1946/47; the ex-soldiers, the *Heimkehrer*, maimed, defeated, disillusioned, in despair, returning from POW camps in the Soviet Union, France, and the "cages" in western Germany; the high death and infant mortality rates; the daily little tragedies of the black market and prostitution – was met then, as now, with denial, evasion, embarrassment, qualification, even anger. How many of you reading this introduction skipped over, perhaps in disgust, the list of "misery" between the dashes? How many of you immediately filled in the qualifications on your own? "They deserved it". "That's what they did to the Poles and Russians". "It wasn't really as many as 2 million". "Don't use such melodramatic language". "You can't make victims out of perpetrators". "You reap what you sew". These responses, which come so automatically now, too had to be learned. Some, like a Victor Gollancz or Stig Dagerman then and a Barnouw now, found ways of balancing these necessary qualifications with compassion and the attempt to understand the emotional, psychological, and political significance of all those sites of misery, in camps and among the *Trümmer*, for "civilization" and "humanity" – expressions we now put within scare quotes because they have lost whatever innocence they once may have had. Most, however, soon developed rhetorical strategies to "relativize" those sights, or push them aside as irrelevant. The varied reactions to Jörg Friedrich's *Der Brand*[12] can serve as an introduction to a deeper, if quite brief, history of this reception.

Richard Bernstein – who reviewed Friedrich's meticulously detailed and emotively articulated blow by blow, almost bomb by bomb account of the air war against Germany from 1940 to 1945 – expressed concern about the German public's reception of *Der Brand*. "But the reaction to Mr. Friedrich's book", he wrote in the *New York Times*,

> is something special, more visceral and widespread, and it brings questions to mind: Is there a danger that the Germans will conflate their suffering with the vastly greater and more unforgivable suffering they inflicted on millions of others, including both the genocidal slaughter of the Jews and the bombing raids on London, Coventry, Warsaw and Rotterdam? Have the Germans attached themselves to Mr. Friedrich's book ... because it gives them a rare and intoxicating taste of the moral high ground?[13]

---

[12] Jörg Friedrich: *Der Brand. Deutschland im Bombenkrieg 1940–1945*. Berlin: Propyläen 2002.
[13] Lothar Kettenacker (ed.): *Ein Volk von Opfern? Die neue Debatte um den Bombenkrieg 1940–45*. Berlin: Rowohl 2003 [translations are our own].

Moral high ground, as Americans well know, is valuable real estate. What interests us here, however, is not who gets to charge the rent, but why a discussion of English and American bombing policy need be conducted on that particular plot of contested turf? One can include moral/ethical viewpoints in discussions about the history and human costs of military and political decisions without thereby claiming to be the king of this or that hill. More to the point: One can examine what those human and cultural costs actually were (especially in relation to their "gains") and whether they would be ever worth repeating. Such questions seem to concern neither Mr. Bernstein nor many of Friedrich's German critics.

Ein Volk von Opfern?,[14] a collection of dissonant voices responding to Friedrich, provides easy access to representative positions. One finds, for instance, the occasional positive assessment. Twisting the "inability to mourn" trope into a shape it was not designed to take, Cora Stephan praised the book as "an act of love, an homage to a history, the loss of which the postwar generation of Germans were not allowed to mourn". She also reverses the trajectory of culpability: "The undeniable guilt of the Germans has made it possible for their neighbors to ignore their own involvement. Now, however, the various evasions are starting to be noticed". Ultimately, Stephan hoped that *Der Brand* might aid a future "retreat from moral certainty, which the enemy used to justify its terrifying means of waging war"[15] – an apparent attempt not to occupy the moral high ground, but to leave it permanently vacant. Wolfgang Sofsky refers to the "you started it" mentality and specious claims that the bombing war was in some way a direct response to or retribution for the Holocaust as the "confused logic" of a "Sunday School morality" ("Kindermoral"). "Between air war and genocide neither a causal nor premeditated connection existed". No matter how cruel the Nazis were, Sofsky argued, no matter how guilty they are and always will be for unleashing war and for persecuting and murdering millions – the air war against German civilians remains for him "terror" against the "defenseless".[16] But apart from these impassioned dissident views, the discussion was primarily characterized by the resurfacing of familiar tropes and reminders, such as Willi Winkler's complaint that *Der Brand* is nothing but an a-historical "Aufrechnungsbedürfnis" [balancing of accounts], comparable perhaps to the self-pitying reactions of the immediate postwar period. He concludes in time-honored fashion: "No matter what: it was the Germans who

---

[14] Richard Bernstein: "Germans Revisit War's Agony, Ending a Taboo". *New York Times*, March 15, 2003.
[15] Cora Stephan: "Wie man eine Stadt anzündet". In: Kettenacker: *Ein Volk von Opfern?*: Pp. 95–102 (here 98, 101).
[16] Wolfgang Sofsky: "Die halbierte Erinnerung". In: Kettenacker: *Ein Volk von Opfern?*: Pp. 124–26.

started it".[17] As might be expected, contributions from across the Channel were even less sympathetic.[18]

Perhaps Friedrich's purported challenge to the former Allies' claim to sole possession of the fabled moral high ground generated such a stir because of the real or feigned fear of German unification and its ultimate consequences. More likely, however, the reason lies elsewhere. With the United States now the sole occupier of the world's military high ground, America's claim to moral righteousness is more urgent than ever. As the cultural and political reaction of the 1980s and '90s demonstrated, the type of self-doubt and critical examination that the Vietnam War provoked earlier is now strictly *Verboten*. Instead, veneration of the 1940s in film, television, and the printed hagiographies of a dying generation are to be preferred. And after September 11, 2001, the United States could openly and eagerly embrace the coveted badge of "victimhood" and only allow one set of legitimate martyrs to airborne assaults. It will therefore be interesting to watch American reactions to the English translation of Friedrich's tome.

Will that reaction resemble initial American impressions of the ruins of cities they and their nighttime Allies produced? The historian Lee Kennett asserts that once Japan (whose cities had been burned to the ground between March and August, 1945) and Germany were occupied, "the enormity of the destruction became apparent [and] it produced a certain uneasiness". That "uneasiness", he concludes, "has lingered" until today.[19] We can read how this uneasiness manifests itself in articles written by Allied correspondents who accompanied the armed forces into western Germany in the spring of '45. For instance: Upon entering Cologne, Janet Flanner[20], writing for *The New Yorker Magazine*, expects to encounter a furious local population. The city, as she writes in her *Letter from Cologne* from March 19th, 1945,

---

[17] Willi Winkler: "Nun singen sie wieder". In: Kettenacker: *Ein Volk von Opfern?*: Pp. 103–09 (here 106, 109). For an intemperate discussion of this last mentioned trope, see the Afterword to this volume.

[18] See Corelli Barnett: Die Bombardierung Deutschlands war kein Kriegsverbrechen. In Kettenacker: *Ein Volk von Opfern*. Pp. 171–76. Barnett refers to Friedrich's book as a "historische Travestie" [historical travesty]. The piece was first published as "Bombing of Germany Not a War Crime" in the *Daily Mail*, November 20, 2002. That said, many of the harshest critics of Bomber Command and Sir Arthur Harris have come from British and American historians. It also should be noted that during the war a small but visible minority of British citizens – for instance the Archbishop of Canterbury and the pacifist Vera Brittain – publicly and courageously criticized the government for its bombing policies.

[19] Lee Kennett: *A History of Strategic Bombing*. New York: Charles Scribner's Sons 1982: P. 188.

[20] Janet Flanner was born in Indianapolis in 1892 and died in Paris in 1978. Her bi-weekly "Letter From Paris" was published in *The New Yorker* for fifty years and then collected in the award-winning *Paris Journal* and other volumes.

is now a model of destruction.... Cologne and its heavy, medieval pomp were blown up. By its riverbank, Cologne lies recumbent, without beauty, shapeless in the rubble and loneliness of complete physical defeat. Through its clogged side streets trickles what is left of its life, a dwindled population in black and with bundles.[21]

Visiting the cellar room of an older couple, she notes:

> It looked and smelled orthodox in the circumstances – damp, dark, crowded with a mixture of bedding and skillets, family photographs, and mud-stained clothes. The mud of Cologne is part wallpaper from the city's bombed homes, part window panes, part books, part slate roofs fallen from fine old buildings, and surely part blood from the two hundred thousand dead, the fourth of Cologne's population in peace.[22]

It dawns on Flanner that Cologne's wasteland might very well be typical of what the advancing armies will discover in every city on their long march towards Berlin, and their reactions may threaten to become a political issue. Neither Great Britain nor the United States had been forthcoming about what the nighttime area bombing and daylight carpet bombing actually entailed. No surprise, then, that Flanner fears the soldiers may be appalled by the obvious effect of what can hardly be described as precision bombing of military targets.[23] Best to evade the issue altogether with the convenient passive voice:

> It is reasonable to think that Cologne's panorama of ruin will be typical of what our rapidly advancing Army will see in city after city. Because Germany is populous, more cities have been maimed there than in any other country in Europe ... [H]er cities ... are ... divided into morsels of stone no bigger than your hand.[24]

Cologne was "blown up", Germany's cities "have been maimed" and "are divided into morsels of stone". Where one might reasonably expect pride of

---

[21] Flanner: "Letter from Cologne" (March 19, 1945): Pp. 92–93. *Janet Flanner's World. Uncollected Writings 1932–1975*, ed. Irving Drutman. Intro by William Shawn. New York: Harcourt Brace 1979. First published in *The New Yorker Magazine*.
[22] Ibid.: 94. The number of casualties Flanner suggests is too high. However, Flanner's figure bespeaks the extent of the devastation. The description by Alan Moorehead, an Australian correspondent for the *London Daily Express*, is more vivid: "There was something awesome about the ruins of Cologne, something the mind was unwilling to grasp, and the cathedral spires still soaring miraculously to the sky only made the debacle below more difficult to accept.... As the first of those GIs crunched their way over broken glass and concrete, they were increasingly dismayed at what they saw and smelled. From below the rubble came the stench of putrescent bodies ... a wall of suffocating, foetid heat – the smell of human flesh". Quoted from Eric Taylor: *Operation Millennium. Bomber Harris' Raid on Cologne, May 1942*. London: Hale 1987: P. 20.
[23] Alongside wartime Hollywood productions such as *Thirty Seconds over Tokyo*, correspondents had their share in assuring the American audience that the USAAF adhered to precision bombing, no matter how high the cost. See, for example, a piece by Beirne Lay, Jr.: "I Saw Regensburg Destroyed" in *The Saturday Evening Post*, Nov. 6, 1943.
[24] Flanner: "Letter from Cologne". Pp. 97–98.

accomplishment – the destruction of Germany was a great logistical and technical achievement, carried out by courageous crews in the face of great danger – we find a strange modesty. It is as if Germany's cities had had an accident.

Rather than evasion, Martha Gellhorn, writing from Cologne for *Collier's Weekly* just about one month after Flanner's reports were published, quickly forecloses description for attribution of ultimate responsibility.

> Cologne is a startling sight. We are not shocked by it, which only goes to prove that if you see enough of anything you stop noticing it. In Germany, when you see absolute devastation you do not grieve. We have grieved for many places in many countries but this is not one of the countries. Our soldiers say, 'They asked for it.'[25]

The evoked principle of retribution makes the conditions in Germany not only acceptable but also, and in a biblical sense, necessary. 'You do not grieve' (no relation, apparently, to the more famous German inability) is therefore not so much a description as it is a prescription, aimed at those who might feel inclined to mourn the civilians killed. In Gellhorn's report it is the common soldier, both seasoned warrior and amiable boy next door, who gets things right. "Krauts don't act nice for nothing", explains one. And another soldier from New Zealand assures the reader that humanity has nothing to do with Germany, for the Germans are "not human at all". Finally, a sober voice of reason lying nearby on the grass concludes Gellhorn's narrative: "You can't really like those people ... unless they're dead".[26]

Troublesome for Gellhorn's attitude is that the Germans they did encounter seem to be anything but hateful. They display what she disdainfully describes as "a desire to be chummy". By way of illustration, Gellhorn shares with her readers the story of a man whose forty-two relatives were all killed when buried in a cellar during an air raid. Gellhorn ponders the humanity of this man: "The two soldiers and I sat in the jeep and wondered why he talked to us; if forty-two members of our families had been killed by German bombs we would not talk pleasantly to Germans".[27] She does not, however, consider this man's counterintuitive behavior to be worthy of appreciation. That he would be "chummy" with members of the invading army whom he might hold responsible for this deed is seen as evidence of some eternal German – or rather – "Kraut" trait. Her contempt is interesting for she gets to have it both ways. Were he angry, she could condemn his self-pity and tell him that he and his relatives deserved what they got; yet the fact that he does not express anger only shows that he, unlike Gellhorn and the two GIs, does not have normal human emotions. His non-humanity is not the direct result of his pitiable situation, but rather an attribute derived from the pathology of his nationality.

---

[25] Martha Gellhorn: "Das Deutsches [sic] Volk", reprinted in Gellhorn: *The Face of War*. New York: Atlantic 1988: P. 165.
[26] Gellhorn: *The Face of War*. P. 169.
[27] Gellhorn: *The Face of War*. P. 165–66.

Once the dark and dreadful camps were opened up for all to see, visceral and righteous hatred of Germans could hardly be avoided.[28] Few of Gellhorn's or Flanner's contemporaries felt inclined to describe Germany's condition in any way other than the manner these two well-known writers used. They certainly had no inclination to begin questioning the morality, or even the military necessity of the bombing campaign, even if they could not fully repress their amazed distress over the sight and stench of Germany's once proud cities. Germany's undeniable guilt, therefore, makes the response of Victor Gollancz, British author and publisher of Russian-Jewish heritage, all the more extraordinary. Contrary to Gellhorn's observations, he claimed not to have observed appreciable obsequiousness on the side of the Germans; and unlike Gellhorn and her associates, he denied himself the pleasure of divesting Germans of their humanity. "I am never likely to forget the unspeakable wickedness of which the Nazis were guilty", he wrote while visiting the British occupied zone of Germany in the fall of 1946.

> But when I see the swollen bodies and living skeletons in hospitals here and elsewhere ... and when I go down into a one-roomed cellar where a mother is struggling ... then I think, not of Germans, but of men and women. I am sure I should have the same feelings if I were in Greece or Poland. But I happen to be in Germany, and write of what I see here.[29]

The Sound of Silence

Writing of what one sees, especially if what one sees conflicts with the moral map one has neatly folded up in one's mind, can be quite a difficult thing to do. Its difficulty often leads one to come to a halt. After the guns stopped and the bombs no longer fell, what one heard was silence. Most of the initial reports that came out of Cologne in those spring days of 1945 remark on the "silence ... emptiness ... stillness, a kind of cemetery stillness",[30] that pervaded the city.

---

[28] Whatever the initial feelings of GIs upon entering Germany may have been, Barnouw refers to a friend's comments that GIs tended to prefer the Germans to the "'testy' French", and also refers to an uncited "survey of American soldiers in November 1945, after six months of occupation", that "showed that nearly 80 percent favored the Germans: they liked German cleanliness and industriousness even if they disliked their 'air of superiority and arrogance.' Of the respondents, 43 percent blamed the German people for the war, and 25 percent held them responsible for concentration camp atrocities". Whether this newly found sympathy for Germans had to do strictly with their bourgeois orderliness or also with the ready availability of hungry but willing young women remains a matter of speculation. See Barnouw: *Germany 1945*. Pp. 60–62.
[29] Victor Gollancz: *In Darkest Germany. The Record of a Visit*. Hinsdale: Regnery 1947: Pp. 29–30; see also P. 116.
[30] Alan Moorehead, quoted here after Eric Taylor: *Operation Millennium. Bomber Harris' Raid on Cologne*, May 1942. London: Hale 1987: P. 20.

Our parents and grandparents who came upon the scene, and we who came after, learned to hear that silence in the voices of Germans who struggled, or, as we like to think, refused to struggle, with issues of guilt and atonement. We have now been asked to listen to our own silence, the one that some of us imposed on Germans as they crawled out of the rubble, and the one that those Germans and their descendents have learned to impose on themselves. This invitation to bring the discussion of the bombing war (and other aspects of the German experience of World War II) out of the closet and into the much vaunted public sphere, this invitation, in other words, to overcome what Jürgen Habermas recommends as the necessary "Zensur der Stammtische durch die offizielle Meinung",[31] has been extended, cautiously but with urgent seriousness, by Friedrich, by W. G. Sebald, by Günter Grass (in his short novel *Im Krebsgang*), and by the others over the years who have attempted to represent the violence and the many large and small tragedies of total war.

The editors of this volume hope that the readers of this volume will accept the invitation. We long for an opening up of these discussions – not only by bringing them out of the *Kneipen* in which Habermas's despised *Stammtische* stand, but also by freeing them from German and European claustrophobia, not to mention American narcissism, to encompass a much larger perspective that would befit our "globalized" age. There were genocides before the Judeocide and bombings of civilians before Cologne, Hamburg, and Dresden, before Warsaw, Rotterdam, and Coventry, before Guernica and Durango; and there continue to be genocides and bombings today. Before 1937 and since 1945, these various slaughters were performed predominantly by Europeans and Americans in Asia, Africa, the Middle East, and South America, even if by now the activity has become an equal opportunity enterprise. Few were troubled, many were thrilled, when the Italians bombed Tripoli in 1911; fewer still even knew about Arthur Harris's exploits in Iraq and elsewhere in the British Empire between the wars.[32] We all know about Korea, Vietnam, Cambodia; we know about Baghdad. The Germans were physically and spiritually numb as they crawled out of their holes in the spring and summer of 1945. We are physically robust, if a bit overweight, and spiritually devout, to hear us talk. Perhaps, though, we have become morally numb – or maybe just smug. The fact that we care so much about what happened between 1937 and 1945 and not enough about what happened before and has happened since may be a sign of the faulty

---

[31] Jürgen Habermas: *Der gespaltene Westen*. Frankfurt/M: Suhrkamp 2004: P. 110. *Stammtisch* refers to the favorite table occupied by regular customers of a pub or neighborhood restaurant. The phrase thus translates roughly as the necessary "censorship of everyday opinion by official opinion".

[32] See Sven Lindquist's refreshingly innovative *A History of Bombing*. Trans. by Linda Haverty Rugg. New York: The New Press 2001 (Swed. 1999). Pp. 32–33, 47–48, 68.

lessons that we – Allies and Germans – drew in 1945 and that we – Americans and Europeans – continue to draw today. Perhaps new lessons need to be learned, which may be the most desirable reason for reopening the wounds of the past. To talk of the mass slaughter of human beings as a "just retribution" for the mass slaughter of human beings, especially now, in an age of nuclear, chemical, and biological weapons, would seem to disqualify anyone from occupying anything that resembles moral ground, whether high or low. Therefore, on the relatively flat terrain that we do inhabit, we, the editors of this volume, hope that the essays contained herein will encourage people to continue talking – not *at*, but *to* each other.

I

NARRATIVE AND HISTORY

Brad Prager

Air War and Allegory

The destruction of Germany caused by the Air War has been conventionally represented through images of decimated cathedrals and of crucifixes skewed in all directions. This essay contends that the tendency to exploit such images recalls trends in German Romantic art and literature, and thereby raises a number of vexing political and historical considerations. Studying first the different ways that these images have been instrumentalized – both recently as well as in the period immediately following the war – the essay concludes with an exploration of Peter de Mendelssohn's novel Die Kathedrale *as an example of a critical and self-reflective consideration of these iconographic motifs.*

Lee Miller's famous 1944 photograph of the partially destroyed Cologne Cathedral (see Ill. 1) resembles a work by Caspar David Friedrich from 126 years earlier (see Ill. 2). Although Miller was not from Germany but from Poughkeepsie, New York, one can certainly describe her photograph as an iconic representation of the destruction wrought by the Air War, one that resonates with certain German allegorical paintings from the turn of the nineteenth century. Ironically enough, Friedrich's painting, *Cloister Cemetery in the Snow*, was destroyed by the aerial bombings of Berlin in 1945. It is as if the bombs landing in Berlin provided a "real image" to replace the painting they had obliterated. In the following essay, I would like to look at two related signifiers in the history of modern German iconography: the partially destroyed cathedral and the skewed cross, two signs that can be referred to, in this context, as "icons of destruction". Specifically, I would like to examine the way these images have been employed or alluded to in historical and literary works, as an index of varied modes of commemorating and mourning the calamitous consequences of the Air War. In the first part of what follows, I will talk about the uses of allegory in the German tradition, and describe some specifically visual motifs that have carried over from the Romantics into the twentieth century. I will then, in the second and third parts of this essay, proceed to explore key moments, both in historical works and in postwar literature, that draw upon this tradition.

Ruins and Renewal: Romantic Allegory

Simon Schama provides background on the longstanding connection between these aforementioned icons and the history of landscape painting. In *Landscape and Memory*, the author recalls a visit to a mass grave in Poland, one that has since been turned into a scenic vista. He describes the scene at Gibny, where Stalin killed a large number of Poles suspected of supporting the

Polish Home Army in 1945. After having fought off the Germans, the Home Army struggled to keep Poland out of Stalin's hands, and the location where these soldiers were executed is now marked by a cross. Schama's pictorial description of his visit to the site reads as follows:

> A hundred yards up the road, and set back from [the site] on a steeply rising embankment, was [a] wooden cross, backlit by the six o'clock sunshine like a painting by Caspar David Friedrich. [...] [W]e approached the cross up a grassy slope, dotted with boulders, hundreds of them, standing on end like a congregation or a battalion guarding a holy way. Halfway to the top we could read script on a small notice pinned to the cross telling us that in early 1945, here, at Gibny, hundreds of men and women accused of supporting the Polish Home Army were taken to their death by the NKVD, Stalin's security police. The little hill had been given a fresh crown of yellow sand on which rested roughhewn slabs of polished granite. [...] But the real shock waited at the top of the mound. For beyond the cross the ground fell sharply away to reveal a landscape of unanticipated beauty. A fringe of bright young trees marked the horizon floor, but at their back, like giants holding the hands of children, stood the black-green phalanx of the primeval forest. [...] Here was the homeland for which the people of Gibny had died and to which, in the shape of their memorial hummock, they had now been added. Their memory had now assumed the form of the landscape itself. A metaphor had become reality; an absence had become a presence.[1]

Schama's account asserts a literal and darkly corporeal connection between the Polish landscape and the martyrdom of its buried patriots. As an art historian, he is aware of the connection between landscapes and crucifixes. He explains that such gestures are especially typical of the German tradition, and in particular of Romantic artists such as Caspar David Friedrich. Schama writes that Friedrich is the artist most closely associated with "this entire history of verdant crosses, forest groves, evergreen resurrections, and Gothic masonry", noting that Friedrich supplied the explicit meanings of his symbols, making his intentions clear in his notes and diaries. Schama adds, "We are left in no doubt [...], that in the ancient traditions of vegetable Christianity, [Friedrich's] evergreen trees were meant to signify the eternal life granted by the Resurrection".[2]

Throughout Friedrich's work, most notably in his 1808 *Tetschen Altar* (also known as *Cross in the Mountains*), the body of Christ on the cross was meant to function as a mediator between this world and the next. Friedrich's intention was that the icon would serve as a bridge, indicating a connection between earth and heaven. Like the Eucharist, the crucifix-icon links the material to the spiritual, and is meant to exist in both spaces simultaneously. In many of Friedrich's paintings, including *Mountain Landscape* and *Cross on the Baltic*

---

[1] Simon Schama: *Landscape and Memory*. New York (NY): Vintage 1996. Pp. 24–5.
[2] Schama: *Landscape and Memory*. P. 238.

(See Ill.3), the body of Christ is itself nowhere to be seen. The simple presence of the cross was thought a strong enough allusion to future redemption.

In using allegory in this explicitly temporal way – in the suggestion of a return or a resurrection – Friedrich's view was typical of the German Romantics. His approach can be explained with reference to canonical Romantic sentiments such as those expressed in Ludwig Tieck's *Franz Sternbalds Wanderungen*. At one point in that novel, the protagonist, Sternbald, engages in a philosophical discussion with a hermit about the meaning of allegory. The hermit explains that the most that allegorical painting and its many signs can accomplish is to acknowledge the enormous magnitude of the abyss between this world and the next. The art historian Joseph Leo Koerner notes that this motif was of special interest for the German Romantics, many of whom busily reconfigured Christian eschatology in a philosophical idiom, defining the human condition by this gap, or hermeneutic failing. Koerner argues that for Romantics such as Tieck and Caspar David Friedrich, the figure of allegory was appealing insofar as it permitted them to point to an anterior experience of unity, one that could be evoked and hypothesized, though never made available to experience.[3]

In the terms of Romantic literary theory, the relation of anteriority associated with allegory was contrasted in temporal terms with the experience denoted by the concept "symbol".[4] The symbol presents an image of wholeness; it *is* what it denotes. By contrast, allegory is a marker of an absent wholeness and unity, hence Walter Benjamin's famous remark linking allegory and physical destruction: "allegories are, in the realm of thoughts, what *ruins* are in the realm of things".[5] For the Romantics (and for Benjamin as well), the importance of allegory is that it contradicts the impression that the present – however bleak and impoverished it may seem – is a permanent state of affairs. Allegory is an indication not only of what once was, but of what will be. It consists of finite signs arranged in such a way that they point to the inaccessibility of a whole, directing our thoughts to a unity that has become temporarily inaccessible. What is therefore at stake with Friedrich's crosses is that they refer to another, utopian moment. They are what Tieck would describe as a *Fingerzeig*, a demonstrative finger that points the way to an idealized past and a future, connected to one another through the image of the crucified redeemer.

---

[3] Joseph Leo Koerner: *Caspar David Friedrich and the Subject of Landscape*. New Haven (CT), Yale 1990. See Chapter 7, "Symbol and Allegory", especially Pp. 137–9.
[4] This latter term was associated with simultaneity, and Walter Benjamin summarized its connection to Romantic literary theory, asserting that: "the measure of time for the experience of the symbol is the *mystical instant* in which the symbol assumes the meaning into its hidden and, if one might say so, wooded interior". See Walter Benjamin: *The Origin of German Tragic Drama*. Trans. by John Osborne. London: Verso 1977. P. 165.
[5] Benjamin: *The Origin of German Tragic Drama*. P. 178. My italics.

Schama's account continues, placing Friedrich in an appropriately historical context. He writes: "It is hard to know why Friedrich in the years between 1811 and 1812 was evidently so obsessed by [...] themes of wintry despair and vernal rebirth. [...][H]e was an ardent German patriot and these years were precisely when the domination of Napoleonic imperialism seemed heaviest, the years before the springtime of the *Befreiungskrieg (War of Liberation)*".[6] Schama warns us, however, against drawing conclusions that boil Friedrich's works down to a solely historical context, writing: "it would be crass to reduce Friedrich's deepest spiritual convictions to the timetables of war. Whether or not he had a presentment of the national springtime to come, he turned [his] *Winter Landscape* into Easter with yet another variation on the same theme".[7]

However, those who would underscore the primarily political meanings in Friedrich's representations of resurrection do not stand alone. His works have indeed been taken as earnest expressions of the artist's concern for Germany in the wake of Napoleon's invasion. Jost Hermand has written that in Friedrich's paintings, "what bursts through is a desire for freedom based on a revolutionary return to a better past".[8] Seen from this perspective, when such allegories become political, rather than purely theological, a new question arises: What kind of past is being conjoined with what kind of future? In the case of Friedrich, the political (and patriotic) dimension of his allegories points toward a reestablishment of Germany's grandeur following its liberation from Napoleon. 135 years later, the employment of these symbols in connection with the Second World War becomes more complicated for an obvious set of reasons. Upon seeing such signs and signifiers again put to use, one has to ask political-historical questions, rather than eschatological ones. Out from under whose thumb, for example, can Germany be said to have emerged in 1945, and precisely what grandeur was going to be restored? While works that followed Germany's loss in the Second World War, and its massive devastation from the air – whether they were historical, literary, filmed or photographed – found access to the same

---

[6] Schama: *Landscape and Memory*. P. 239.

[7] Often the features of Friedrich's natural landscapes were themselves the after-image of Cathedrals. Schama writes: "It is not just the season that has changed. For Friedrich has turned the profile crosses of the Tetschen altarpiece and the *Winter Landscape* about, parallel to the picture plane, so that, together with the fir trees, they frontally face the beholder. It is as if the vegetation and the cross constituted an altarpiece facing down the nave of a cathedral, the very cathedral indeed which Friedrich has interpellated behind the screen of trees. It is, in fact, its own altar and choir. And the anthem it sings is the concordance between nature and Gothic spirituality: a hymn of resurrection". Schama: *Landscape and Memory*. P. 239.

[8] Jost Hermand: Dashed Hopes: On the Painting of the Wars of Liberation. Trans. by James D. Steakley. In: *Political Symbolism in Modern Europe: Essays in Honor of George L. Mosse*. Ed. by Seymour Drescher. New Brunswick (NJ): Transaction 1982. P. 223.

iconographic reservoir engaged by Friedrich, these works employed their respective images differently depending on the way they were meant to answer questions about German culpability and about the hope for renewal.

Ruins amid the Rubble: Mourning and Memory

To explore one example of the use of icons such as the skewed cross and the decimated cathedral, one can look at the very first scenes of Wolfgang Staudte's 1946 film *Die Mörder sind unter uns*. Filmed in the real rubble of postwar Berlin, one of the very first sequences in the film depicts a cross, a grave marker in the middle of the street. It is slightly tilted, as are the crosses that appear scattered about the foreground of Friedrich's *Cloister Cemetery in the Snow*. While Staudte's mise-en-scène does not obviously call for comparison with the sublime landscapes one finds in Friedrich, this berubbled scene has much with in common with Friedrich's major motifs, as does a similar image taken from the pages of Victor Gollancz's *In Darkest Germany* (see Ill. 4).[9] This shot in Staudte's film is hardly the only sequence in the work that is in this way evocative. The verdant landscapes have here been turned to brick, and the bombed buildings constitute the quasi-organic fields from which these crosses emerge. In this scene, as Staudte's camera tilts upward, indicating epigrammatically the movement of the film as a whole – a shift from death into rebirth – one can see the film's larger contention that rebuilding was to be undertaken in light of the proper acknowledgment that was due the martyred dead. The film concerns the renewal of Germany, and how it was to be rebuilt from the ruins. It addresses the search for the moral and physical fortitude required to complete the work the nation needed. The opening shot can be understood to underscore the same key point that is made throughout the remainder of the film.

Die Mörder sind unter uns would have us conclude that an honest assessment of German responsibility is a necessary component of working through national melancholia and turning it into mourning, or of being able to move forward and rebuild. In its ultimately optimistic reestablishment of justice and law, the final sequence of Staudte's film depicts graves marked by well-ordered, upright crosses. Effacing the tilted cross that appears in the film's first sequence, these crosses are the clearly defined and organized markers that signify proper mourning. Whether the crosses are meant to indicate – however inappropriately – the

---

[9] Victor Gollancz: *In Darkest Germany*. Illinois: Henry Regnery 1947. It should be pointed out that as in the case of Lee Miller, Gollancz was not a German. He was a Jewish Socialist and journalist who was born in London. He toured Germany with his camera after the War, and his book is more than a memoir; it is also a plea for assistance on Germany's behalf. Sebald refers to Gollancz in *Luftkrieg und Literatur* and even includes one of Gollancz's photographs. See W.G. Sebald: *Luftkrieg und Literatur*. Frankfurt, a.M.: Fischer 2002. P. 45.

graves of Jewish victims (as sometimes did in fact occur)[10] or those of ordinary Germans, as is more likely, Staudte moves us from the tilted cross, consistent with Caspar David Friedrich's iconographic language, to the reestablishment of the rule of law. He brings us from the anarchic world of melancholia, the disposition that by nature dwells among disorderly things (as indicated in Albrecht Dürer's famous engraving), to the comparatively organized world of mourning. The difficulties that beset the protagonists, over the course of a narrative that moves this initial, slanted cross into its upright position, reflects the overall hardships that faced Germans trying to rebuild in the period following the War.

Although the subtle wordsmith W.G. Sebald would not likely be flattered by being brought into association with *Die Mörder sind unter uns*, a work that was more immediate and less reflected than Sebald's own literary meditations, Staudte's initial image recalls the very one with which Sebald's own *Luftkrieg und Literatur* begins (see Ill. 5). Unlike the sometimes ironic, and always uncaptioned images that adorn Sebald's quasi-fictional texts, including *Die Ausgewanderten*, *Die Ringe des Saturn*, and others, this first image is illustrative; it is not ironic, but is instead a part of reporting and encouraging us to gaze directly upon (to cite Leopold von Ranke) the way things actually were. Sebald opens his work with an image similar to the one chosen by Staudte, yet he uses this image to a different end. For him, the persistence of makeshift gravemarkers in the German landscape after the war lends support to his argument that Germany was slow to take up processing the past. From his perspective – employing a turn of phrase he borrows from Alexander Kluge – the destruction from the skies "ist nie ... zu einer öffentlich lesbaren Chiffre geworden". He explains: "Trotz der schier unglaublichen Energie, mit der man sich nach jedem Angriff sogleich an die Wiederherstellung einigermaßen praktikabler Verhältnisse machte, standen in Städten wie Pforzheim, das in einem einzigen Angriff in der Nacht auf den 23. Februar 1945 beinahe ein Drittel seiner 60 000 Einwohner verlor, selbst nach 1950 noch Lattenkreuze auf den Schutthalden".[11]

Because he wove art historical expertise into almost every one of his texts – replete with references to Gruenewald, Tiepolo, and others – one can say that Sebald was likely aware of the image's resonance with Friedrich's work. He was, however, less interested in the new hope that sprung from such ruined landscapes than he was with the role they played in the narration of trauma.

---

[10] One might note that to judge from Dagmar Barnouw's history of Germany immediately after the war, the crosses could well represent graves of Jewish victims. Barnouw links the camp liberators' insistence that the Germans bury the victims' corpses in individual graves with a photo of Germans walking by open graves marked with neatly planted white crosses. See Dagmar Barnouw: *Germany 1945: Views of War and Violence*. Bloomington (IN): Indiana UP 1996. Pp. 13–15.

[11] Sebald: *Luftkrieg und Literatur*. Pp. 12–13.

Luftkrieg und Literatur was meant as a work that would challenge his readers to mourn, one that gazed into the past in order to make a case in favor of adequately acknowledging the realities of wartime suffering and death, and also to insist indirectly that people do no less when confronted with bombing campaigns taking place in the present. But the question remains: What exactly did Sebald mean to suggest with this initial image? If it is an image that takes a position among icons of its kind, then how can we best describe the implied (and even longed for) anteriority?

As with many of Friedrich's paintings, Sebald's writing on the Air War evokes a utopian standpoint. The book explicitly uses Benjamin's Angel of History as a leitmotif, and, to speak dialectically, it attempts to evaluate war's wreckage from the perspective of redemption. According to Sebald, in the period immediately following the war, Germany was caught up in the blowing wind of progress, that same storm that blew Benjamin's Angel backwards; Germans were too busy bringing about their economic miracle to reflect at length on what had happened to them. Because the German super-ego enjoined its subjects to look only forward, they missed the opportunity for mourning occasioned by the rubble, the chaos, and the ubiquitous crosses. From this perspective, Sebald's crucifix can be read as an index (or a *Fingerzeig*) that points to the time before the storm and to a promise of future peace. Taken in its context, however, we know that this promise is empty. To judge from Sebald's other works, the storm goes on as it always has, and to think with Benjamin – as he attempts to do – real peace is neither impending, nor will it be comprehensible to us when it appears. The ruins in this initial photograph invoke the hopeful appearance of an anterior unity, but it is a hope that holds nothing for us.

The eyes through which Sebald viewed the world in *Luftkrieg und Literatur* are Benjaminian ones, by which I mean that he sees destruction everywhere and can barely imagine the world without it. At one point in the work's third section, Sebald writes about his childhood. Although the town in which he was born was only lightly scathed by the bombings and the War, he professes that the shadow of these incidents hangs over his whole childhood. He even imagines seeing smoke (from the violence of both the Air War and the concentration camps) passing overhead as he gazed up from his bassinet. He concludes about his experience, "Solcher Art sind die Abgründe der Geschichte. Alles liegt in ihnen durcheinander, und wenn man in sie hinabschaut, so graust und schwindelt es einen",[12] and here he sounds like the very personification of melancholy. During the course of this same reflection, Sebald takes a moment to recall how he ran across an icon on a visit to Corsica that was identical to one that used to hang in his parents' bedroom. This bluish oil painting is associated with a plaque he sees, also in Corsica, dedicated to those murdered at Auschwitz. It

---

[12] Sebald: *Luftkrieg und Literatur*. Pp. 79–80.

seems no accident that this Christian icon, an image of Christ deep in thought in the moonlit garden of Gethsemane, is among the varied postwar images that appear in his reflections. Like Benjamin's angel, Sebald is himself being blown backwards by the storm, and no one else pays proper attention to the debris.

In its taking up of dialectical themes, the agenda of Sebald's text is distinct from that of another key Air War text, written by the historian Jörg Friedrich. Jörg Friedrich is no revisionist, having elsewhere detailed crimes of the SS, yet in his *Der Brand*, he appears to be taking his cues from Caspar David Friedrich's latent and manifest nationalist tendencies. Its critics have suggested that *Der Brand* engages in a discourse of German victimization, encouraging Germans to retreat from moral self-examination by casting them uniformly as victims and by casting Winston Churchill as a war criminal. In raising the question as to whether or not Nazi Germany could still have been defeated without the death of more than half a million civilians and the all-out destruction of German cities, Friedrich gives readers room to ignore the issue of German culpability. Problematically, even the book's title, *Der Brand*, recalls the Greek origins of the term "holocaust" in so far as it implies a complete burning. His title does little to shield itself against the exchange of the Germans for the Jews as the primary victims of the violence of the Second World War.

Throughout *Der Brand*, as well as in *Brandstätten*, an accompanying volume of photographs, numerous verbal and visual images suggest the selfsame longing for past grandeur that one finds in Caspar David Friedrich's paintings. One of *Der Brand*'s chapters, entitled "Stein", is devoted to cataloguing lost German art, architecture, libraries, and book collections. He mourns much of what went missing in German culture, but returns with the greatest frequency to cathedrals and their contents. In the chapter "Strategie", Friedrich pauses for a long lament about the attacks on Lübeck in February of 1942. Here he notes that this city was targeted precisely because the Allies knew its old buildings would burn quickly, and his rueful reflections pause to remember the city's decimated Cathedral, built in 1173.[13] For Friedrich, the overwhelming enormity of such cathedrals stands out. Because they are sometimes too massive, and at other times too fragile, neither they nor the objects in them could be properly protected from the bombs. In his words: "Einen Dom kann man weder panzern noch abmontieren".[14] In this way, cathedrals appear to be permanent; they seem to constitute the German landscape itself. Their frames are always among the last signs of life left intact, as called to mind by the famous Memorial Church (*Gedächtniskirche*) in Berlin, to cite only one example. From the perspective of its relation to the question of "icons of destruction", Friedrich's fascination

---

[13] Jörg Friedrich: *Der Brand. Deutschland im Bombenkrieg 1940–1945*. Berlin: Propyläen 2002. P. 87.
[14] Friedrich: *Der Brand*. P. 526.

with architecture becomes comprehensible. He calls cathedrals to mind in order to mobilize a sense of national pride. While forcing us to look the destruction of war in its face, he uses these icons to remind the reader that Germany did in fact find the moral resources to move forward.

As indicated by the example of the Memorial Church in Berlin – partially destroyed during the war, but left standing as a reminder of its ravages – the discourse of allegory and remembrance is neither solely literary, nor is it purely art historical. Debates around the preservation of ruined cathedrals have long been held in the German public sphere, and Susanne Vees-Gulani has explained how some discussions have mirrored the overall popular debate around memory and mourning. Vees-Gulani looks in particular at the Dresden *Frauenkirche*, constructed between 1726 and 1743, which was an integral part of that city's silhouette for the 200 years prior to the War. She writes:

> When Dresden became the site of a devastating attack by Allied bombings on February 13 and 14, 1945, the Frauenkirche was one of the architectural casualties of the air raids. While at first apparently withstanding the bombs, it collapsed into a pile of rubble two days after the attacks. […] After the war was over, Dresden, just like many other German cities, immediately started to make plans to rebuild their historic old town in order to restore it to its prewar condition. […] However, a change of direction in the East German government and the unavailability of proper funds prevented the rebuilding from ever starting.

It was at this point that the ruined church became a politicized icon. She explains: "the Socialist government finally decided to turn the destroyed building into a memorial 'to the tens of thousands of dead, and an inspiration to the living in their struggle against imperialist barbarism and for the peace and happiness of man,' as the official East German plaque read".[15] Her account continues:

> By portraying […] the bombing of Dresden as a fascist act, East Germany ultimately equated the destruction of Dresden with the crimes committed under National Socialism, strengthening the idea of East Germans as victims and thus suppressing the causal relationships of the war. In East Germany […] the ruins of the Frauenkirche […] became a visible symbol for East Germany's official self-definition as a cultural anti-thesis to the West.[16]

As the moral of her story, Vees-Gulani claims that many Germans still problematically define themselves as the true victims of the War. It is indeed important to note that such ruins and how they signify can be instrumentalized. Because Sebald's *Luftkrieg und Literatur* is oriented against notions of progress, the bone he picks is with the German rush into the economic miracle, a rush that

---

[15] See Susanne Vees-Gulani: *Trauma and Guilt. Literature of Wartime Bombing in Germany*. Berlin: Walter de Gruyter 2003. Pp. 57–9.
[16] Vees-Gulani: *Trauma and Guilt*. P. 59.

left no room for mourning. For him, what is buried beneath the grave marker depicted in the first pages of his book is an opportunity for better psychic health. While Jörg Friedrich likewise thinks that an opportunity to assess the violence of war was overlooked, he means for the ruins to inspire proper acknowledgment of those who overcame postwar hardship. Vees-Gulani's historical analysis indicates that Sebald and Jörg Friedrich were hardly the first to find a use for the photogenic ruins and the wreckage of the Second World War. As she observes, the project to rebuild the *Frauenkirche* from its rubble became one that turned on the discourses of public mourning, national pride, and of historical self understanding.

Ruins in Writing: Heinrich Böll and Peter de Mendelssohn

To apply these questions specifically to literature, Heinrich Böll's contribution to the Air War canon, *Der Engel schwieg* (*The Angel was Silent*), shares a great deal of terrain with the film *Die Mörder sind unter uns*. In Böll's novel, which was written and takes place immediately after the war in an unnamed city that is legible to some as Böll's hometown of Cologne, a Catholic church stands in ruins. Böll has his protagonists (a young couple who meet in the desperation and rubble in a style resonant with that of the protagonists in Staudte's film), look for strength in the form of inner religiosity. The physical state of the church, which lies around them in dust and fragments, does not inhibit them from finding romantic and spiritual common ground, the basis for the strength they need to move forward. Their spiritual reserves enable them to reinvent the sacraments out of the ruins. As Christians they feel acutely the daily experience of inhumanity and cruelty, which arises from the constant state of need in which they and other Germans live, and which drives them into one another's arms. As Germans, they are presented as the real victims of the war; akin to many other literary works from the period, Böll does not mention Jewish victims even once.

While not as streamlined in its trajectory as *Die Mörder sind unter uns*, Böll's novel similarly shows that despite the fact that the church is in ruins and that its cracked angel lies beneath his protagonists' feet, their inner reserve was praiseworthy. Though one is reluctant to describe Böll's work in crudely nationalist terms, the novel, like a number of Caspar David Friedrich's paintings, suggests a wintry landscape that will again turn to Spring. Though the world around them has become a "Nekropole" (to use the word Sebald applies to it),[17] Böll's characters stand atop the ruins – on the mute fragments of the church's shattered ornaments – and these very shards become an emblem of their fortitude, their presence a subtle inspiration.

---

[17] Sebald: *Lufkrieg und Literatur*. P. 43.

Böll himself was a Catholic, who hoped to keep the Church relevant in the period following the War. But what happens, one has to ask, when a work of literature that takes up this same iconographic perspective is written by someone who is not a Catholic, but an exiled Jewish-German such as Peter de Mendelssohn? Sebald disdained de Mendelssohn's incomplete 1948 novel, *Die Kathedrale*, and he described it as page after page of "sich fortsetzende[] Peinlichkeiten". He noted that the fact that it remained unpublished for a long time was "dankenswert", decried its perspective as "egomanisch", and concluded: "Es ist nicht leicht zusammenzufassen, was alles an Laszivität und erzdeutschem Rassenkitsch Mendelssohn ... vor dem Leser hier ausbreitet".[18] As if those comments were not enough to give the reader a sense of how he felt, Sebald then added, "Wo es [Hans Erich] Nossack gelingt, den von der Operation Gomorrha ausgelösten Schrecknissen mit vorsätzlicher Zurückhaltung sich anzunähern, da überantwortet sich Mendelssohn über mehr als zweihundert Seiten hinweg blindlings der Kolportage".[19]

For a work written in the ruins of the war, the tone and style of de Mendelssohn's novel is uniquely Modernist. It breaks with the more sentimental tendencies of the era, rejecting both mourning and melancholy as residual aftereffects of a nationalism that had become embarrassing to everyone. The protagonist, an architect who has survived the war, returns home and realizes that the cathedral he designed is among the only buildings still standing. Its very survival fills him with shame and regret. From the outset, de Mendelssohn veers away from the standard nostalgic, melancholy rhetoric associated with images of ruined cathedrals, and has his protagonist instead articulate the hope that this signifier of permanence and solidity will collapse, relieving him of its back-breaking weight. De Mendelssohn stands the allegorical game on its head: The novel, written by a man who spent the whole war living in England, explicitly valorizes destruction over rebuilding, and dispenses with the hopeful and frequently nationalist rhetoric surrounding the ruins.

According to de Mendelssohn, the story is not supposed to bring to mind the biography of the architect Albert Speer, although there is evidence to make one consider this possibility. Its main character, Torstenson, is 41 at the war's end, and he returns to his unnamed hometown following a not particularly distinguished tour of duty. He has come back mainly in order to reestablish contact with his true love, Karena, and had left his home initially because he did not want to work for crass party loyalists such as his long time nemesis, Gossensass. He reflects that if he had stayed in his hometown and continued to work at his chosen trade, he would likely have found himself making "Gefängnisse und

---

[18] Sebald: *Lufkrieg und Literatur*. Pp. 59–60.
[19] Sebald: *Lufkrieg und Literatur*. P. 63.

riesige Zuchthäuser von klassischer Einfachheit".[20] For this reason, he left; he was afraid of what he would do next. The night that Gossensass asserted himself as the town's leader, Torstenson recalls, people turned out with torches in their hands, and he had enough.[21] Because of his overall ideological indifference, he is somewhat untainted by atrocities committed in the name of Nazi ideology. The fantasies of power that go along with his position as an architect-creator define him more as a radical individualist than as one among many followers.

Roaming his ravaged city like Zarathustra, Torstenson sees himself outside of morality, or beyond good and evil. Early in the text, he violently though unintentionally kills a man and seems not to feel remorse as he exchanges his own uniform for the dead man's pedestrian clothing. He also devotes a fair amount of time to considering his own authoritarian inclinations, as when he watches the occupying army set up camp, and contemplates whether the scene would not be improved by the addition of whip-driven slaves to perform the labor.[22] At another point, Torstenson considers what it would be like to be the Lord of the Earth, as when he encounters two children in the ruins and indulgently explains to them, that they are Adam and Eve and that he is the man who created them. The reader's suspicions that he is some manner of natural leader are confirmed when the occupying army crowns him the new mayor of the town.[23] De Mendelssohn delves deeply into his protagonist's authoritarian daydreams, and is apparently aware that Torstenson's fantasies of creation tend at one and the same time toward apocalyptic destruction. He insists that the present state of the town is an improvement over its former appearance, and ultimately explains not only why his cathedral must fall, but that he wants to be the one to blow it up.[24] De Mendelssohn's insight is that what it takes to erect a cathedral is the very same impulse that makes one destroy it. A cathedral – *Dom* in German, from the Latin *dominus Dei* – dominates, and de Mendelssohn views its dominance as consistent with the very annihilation brought about by a war in which rivals aspired to dominate the heavens. The other, darker side of the ideology that builds is an ideology that destroys. Heinrich Böll's own *Billard um halbzehn*, in its fascination with the state of the Abbey St. Anton, plays with this same dialectic, and seen from an apocalyptic perspective, it is an improvement on his earlier *Der Engel schwieg*. As far as de Mendelssohn is concerned, Torstenson's world-annihilating fantasies, which put him on the side of

---

[20] Peter de Mendelssohn: *Die Kathedrale. Ein Sommernachtmahr.* Hamburg, Albrecht Knaus 1983. P. 230. For more on this point, see also Torstenson's explanation of why he left on Pp. 108–109.
[21] de Mendelssohn: *Die Kathedrale.* Pp. 229–30.
[22] de Mendelssohn: *Die Kathedrale.* Pp. 102–3.
[23] de Mendelssohn: *Die Kathedrale.* P. 73.
[24] de Mendelssohn: *Die Kathedrale.* See P. 143, Pp. 180–1, and P. 199, for the respective citations.

destruction rather than rebuilding, result in the wholesale abandonment of utopian rhapsodies, both posterior and anterior; destruction and rebuilding are staged as an endless cycle, or two sides of the same warlike coin.

De Mendelssohn well understands the allegorical employment of the image of the cathedral. The narrator holds forth at length about how the structure looks in the low sunlight, a motif typical of artists such as Friedrich, Adrian Zingg, and others.[25] Torstenson reflects on the concept of allegory in some detail, remembering his journey home from the battlefield:

> [Torstenson] erinnerte sich, noch aus allerjüngster Zeit, während des Rückzugs entlang der Ostseeküste, wie die reich geschnitzte und vergoldete Kanzel einer Dorfkirche hoch oben in den Sanddünen stand und zum Meer hinausblickte, während der Sommerwind die Seiten einer schweren Folio-Bibel, die unversehrt auf der Lesestütze ruhte, langsam umblätterte. Zuweilen blätterte der sanfte Wind auch ein paar Seiten wieder zurück, als habe er etwas zu lesen vergessen oder nicht richtig verstanden. Dies konnte man nicht im geringsten merkwürdig oder absonderlich nennen, aber es war auch gewiß nicht bedeutungslos. Torstenson entsann sich, daß er diese und andere sonderbare Sehenswürdigkeiten mit einem Gefühl der Dankbarkeit und Genugtuung betrachtet hatte; sie schienen ihm zu bestätigen, daß die Welt schließlich doch in einer zweckmäßigen, wenn auch leicht allegorischen Weise zusammen hielt, und das war etwas, wofür man in diesen Zeiten dankbar sein konnte. Erst wenn die Allegorien ihre Bedeutung verlieren, ist der Augenblick gekommen, da dem Künstler angst werden darf.[26]

As a kind of artist, Torstenson longs for allegories. He wants to populate the landscape with ruins and destruction, yet de Mendelssohn, the writer, acknowledges how violent and costly the actualization of such fantasies can be. Torstenson consciously admits that his longings are an aesthete's indulgence, and that the actual presence of the cathedral is a mostly oppressive reminder of a past best abandoned.

To judge from *Die Kathedrale*, de Mendelssohn loathed dwelling on the dead. While Sebald had used the image of the ruin to provide a roadmap of melancholy and mourning, and Jörg Friedrich had mobilized it in the service of buried political resentment, de Mendelssohn's work appears as a daydream of pushing the dead out to sea. His impulse is not to pretend that mourning and melancholy do not exist – that they are not competing states of public and private turmoil – or that one could liberate oneself from the weighty chains of history through sheer force of will. His book only implies a different rhetoric, one set against the fetishization of ruins, and one meant to thematize the enthusiasm for destruction. In calling our attention to the standing Cathedral, and to Torstenson's urge to knock it down, *Die Kathedrale* suggests that we resist the seduction of the ruins.

---

[25] de Mendelssohn: *Die Kathedrale*. See Pp. 180–1.
[26] de Mendelssohn: *Die Kathedrale*. P. 14.

In the intervening years between the age of Caspar David Friedrich and the Second World War, the face of modern warfare had undergone some changes. Destruction, especially when visited upon cities from the skies, began to appear more total than fragmentary; one more frequently sees dust and ashes than ruins. Allegory, however, needs fragments, and that total destruction and Romantic allegory have parted ways in the twentieth century is most forcefully suggested in the cinema. A film such as Werner Herzog's *Lessons of Darkness*, which depicts the oil fires in Kuwait following the First Gulf War, depicts images of landscapes, yet the living, growing fires that consume everything in their path do not imply an anterior, utopian promise; nothing in them suggests rebuilding. In those images, total destruction trumps the promise of redemption. Even in Stanley Kubrick's *Dr. Strangelove*, the mushroom clouds appearing in the film's final moments may be apocalyptic and may even be beautiful, but they are hardly redemptive. In this respect, they are unlike the allegorical images pervasive in postwar literature and film, and may be more appropriate to the face of modern warfare than the complex compositions of Caspar David Friedrich.

Illustration No. 1. *Bombed Interior Cologne Cathedral*. 1945. Lee Miller Archives.

Illustration No. 2. *Cloister Cemetery in the Snow.* 1817–19. Destroyed, formerly in the National Gallery, Berlin.

Illustration No. 3. *Cross on the Baltic*. 1815. Stiftung Preußische Schlösser und Gärten, Potsdam.

Illustration No. 4. *Grave at Düren*. Photograph by Victor Gollancz. From 'In Darkest Germany'. Henry Regnery Company. 1947.

Illustration No. 5. From W.G. Sebald's 'Luftkrieg and Literatur'. Carl Hanser Verlag. 1999.

Daniel Fulda

Abschied von der Zentralperspektive. Der nicht nur literarische Geschichtsdiskurs im Nachwende-Deutschland als Dispositiv für Jörg Friedrichs *Brand*

The (re-)discovery of the air war against Germany has triggered a new phase in the debate on the relationship between German victimhood and German guilt. Yet, the insight of recent historical theory – that there cannot be a central perspective from which to draw an overall picture of World War II – undermines any attempt to square moral accounts. Indeed, current German historical discourse in literature and historiography is more often characterized by a search for narrative techniques that create a multiplicity of perspectives rather than explanatory simplicity. Jörg Friedrich's Brand *is analyzed as a typical product of this discursive tendency.*

Geschichtspolitik um Täter- und Opferschaft

Dass ein Thema seinen Platz im Bewusstsein der Öffentlichkeit gefunden hat, lässt sich daran erkennen, dass sich damit Skandale erzeugen lassen. Bezogen auf die deutsche Öffentlichkeit, hat der alliierte Bombenkrieg in den letzten Jahren diesen Status (zurück)gewonnen. Publizistisch gab *Der Brand*, das im Herbst 2002 erschienene und sofort zum Bestseller aufgestiegene Bombenkriegsbuch von Jörg Friedrich, den zwar nicht ersten, aber publikumswirksamsten Anstoß dazu.[1] Sowohl die historische Wissenschaft als auch die populären Massenmedien

---

[1] Voraus ging die von Winfried Georg Sebald initiierte Debatte, warum die Bombenkriegszerstörungen in Deutschland kaum zum Thema literarischer Darstellungen geworden sind. Sebald schloss aus der Vermeidung des Themas auf eine "Verdrängung" der katastrophalen Bombenkriegserfahrung, die die "neue bundesrepublikanische Gesellschaft" insgesamt kennzeichne und beschädigt habe (W. G. Sebald: *Luftkrieg und Literatur. Mit einem Essay zu Alfred Andersch.* München, Wien: Hanser 1999, S. 19). Diese Debatte beschränkte sich jedoch aufs Feuilleton. Erst Friedrichs Buch bewirkte die Ausweitung auf Massenmedien wie die "Bild-Zeitung" – die Vorabdrucke aus dem *Brand* brachte – oder das Fernsehen. Bei der Neuentdeckung des Bombenkriegs durch die breitere Öffentlichkeit war dann häufig von einem bislang darauf liegenden 'Tabu' die Rede. Eine empirische Überprüfung dieses Diskursmusters hat jetzt Malte Thiessen am Beispiel des Hamburger Gedenkens an die Luftangriffe von 1943 unternommen: Gedenken an "Operation Gomorrha". Zur Erinnerungskultur des Bombenkrieges von 1945 bis heute. In: *Zeitschrift für Geschichtswissenschaft* 53 (2005), S. 46–61. Thiessen geht es um den Nachweis, dass die Bombenangriffe nie aus dem Gedächtnis des offiziellen Hamburg verschwanden, doch zeigen die von ihm angeführten Belege zugleich, dass der Senat spätestens nach dem 30. Jahrestag 1973 kein Interesse mehr an einer Erinnerungspflege hatte (vgl. S. 54). Als das öffentliche Interesse seit den 1990er Jahren

nahmen sich des Themas mit sprunghaft erhöhter Frequenz an. Trotz mancher Kritik am *Brand*, die akademische Historiker äußerten, war es zunächst weitreichender Konsens, dass hier ein vernachlässigtes Thema zu Recht wiederentdeckt werde.[2] Was bei Friedrich vermisst wurde – vor allem die Einbettung des Bombenkriegs gegen Deutschland in die Gesamtgeschichte des Zweiten Weltkriegs[3] –, stellten andere Bücher in den Vordergrund, die sich zudem auch durch den Anspruch auf einen "historisch nüchternen Blick" vom *Brand* absetzten.[4] Rascher als etwa beim Streit um die Wehrmachtsausstellung kam es dadurch zu einer Beruhigung der Debatte.

Ein Skandal setzt wie gesagt voraus, dass es eine solche Debatte unlängst gegeben hat. Nur dann ist ein Thema abrufbar im Funktionsgedächtnis einer Gesellschaft. Anlass, den Bombenkrieg gegen Deutschland zum Vehikel einer aggressiven Geschichtspolitik zu machen, bot der 60. Jahrestag der Zerstörung Dresdens am 13. und 14. Februar 1945. Drei Wochen vor dem Gedenktag, der diesmal bundesweite Beachtung fand, sprach der Fraktionsvorsitzende der rechtsextremen NPD im sächsischen Landtag von einem "Bomben-Holocaust", den die alliierten Bomber in Dresden angerichtet hätten; auch diese Luftangriffe seien "industrieller Massenmord" gewesen.[5] Schon zu Beginn der Sitzung hatte sich die NPD-Fraktion dem parlamentarischen Gedenken der Opfer sowohl des Holocaust als auch der Bombardierungen entzogen, indem sie den Saal verließ. Die NPD hatte beantragt, ausschließlich der Bombenopfer zu gedenken, was die anderen Fraktionen jedoch ablehnten. Skandal machten Reden und Verhalten der NPD, weil sie die von Deutschen erlittenen Bombardierungen gegen die von Deutschen begangenen Menschheitsverbrechen auszuspielen versuchten. Zugrunde liegt die – moralisch unhaltbare und politisch

---

wieder zunahm, stellte es sich zudem als schwierig heraus, die Opferperspektive der Bombardierten mit einem historisch weiteren Blick auf das gesamte Kriegsgeschehen zu vermitteln (vgl. S. 57–59). Hier liegt wohl einer der Gründe für das übertreibende Wort vom 'Tabu': Während die Opferperspektive als verkürzend gilt, finden sich die Bombardierten nicht wieder in Makronarrativen zum Zweiten Weltkrieg.
[2] Zahlreiche Kritiken sind gesammelt in: *Ein Volk von Opfern? Die neue Debatte um den Bombenkrieg*. Mit Beiträgen von Ralph Giordano [u. a.]. Hrsg. von Lothar Kettenacker. Berlin: Rowohlt 2003.
[3] Vgl. Spiegel-Gespräch: "Vergleichen – nicht moralisieren". Der Historiker Hans-Ulrich Wehler über die Bombenkriegsdebatte. In: *Der Spiegel* Nr. 2 (2003), S. 51.
[4] Als publikumsorientierte Darstellung aus fachwissenschaftlicher Feder steht dafür das Buch von Rolf-Dieter Müller: *Der Bombenkrieg 1939–1945*. Unter Mitarbeit von Florian Huber und Johannes Eglau. Berlin: Christoph Links 2004, das Zitat auf S. 164, wo wenige Zeilen zuvor allerdings ein Satz mit Vokabeln ganz anderer Orientierung steht: "Die Operation 'Gomorrha' sollte für die zweitgrößte deutsche Stadt zum Gottesgericht und Weltenbrand werden, Strafe und Fanal für die Deutschen im ganzen Reich."
[5] Reiner Burger: NPD sorgt für Eklat: "Bomben-Holocaust". In: *Frankfurter Allgemeine Zeitung* vom 22. 1. 2005.

gefährliche – Annahme, dass die Schuld der eigenen Nation geringer ausfällt, wenn andere sich ebenfalls schuldig gemacht haben.

So inakzeptabel solches Aufrechnen ist, so üblich in allen politischen Lagern ist die Perspektivierung des Bombenkriegs unter dem Blickwinkel von deutscher Schuld und deutscher Opferschaft. Der Kontext, in den die Erinnerung an den alliierten Bombenkrieg gestellt werden soll, ist im öffentlichen Geschichtsdiskurs nicht nur oder sogar weniger ein militärgeschichtlicher als ein moralischer. Unbehagen ruft das Thema Bombenkrieg bei vielen moralisch oder geschichtspolitisch sensiblen Diskursteilnehmern hervor, weil die Erinnerung an deutsche Kriegsleiden die Gefahr berge, dass die begangenen Verbrechen vom Holocaust bis zum Vernichtungskrieg gegen Polen und Russen sowie die deutsche Schuld am Kriegsausbruch in den Hintergrund rücken – oder radikaler noch: weil die Scham über die eigene Schuld das Beklagen eigenen Leiden verbiete.[6] "Dürfen sich", fragt der in London arbeitende Historiker Lothar Kettenacker, "auch die Deutschen als Opfer betrachten angesichts des Unheils, das sie in die Welt gebracht haben"?[7]

Eindeutig mit Nein antworten einige radikale Antifaschisten, die im Internet zu Aktionen gegen die Erinnerung an die Zerstörung Dresdens (und zur erneuten Zerstörung der Frauenkirche) aufrufen.[8] Da die Luftangriffe "notwendig" und daher gerechtfertigt gewesen seien, sei einzig "individuelle Trauer für verstorbene Angehörige bzw. Freunde" zulässig, nicht jedoch ein kollektives Gedenken. Die "singuläre deutsche Schuld", mit der das nationale Kollektiv belastet sei, vertrage es nicht, ihr "eine Erfahrung deutschen Leids zur Seite [zu] stellen".[9] Was den historischen Konnex zwischen deutschen Kriegsverbrechen und alliiertem Bombenkrieg angeht – letzterer wird als "Konsequenz" der Judenmorde und des Vernichtungskrieges im Osten bezeichnet –, steht die Argumentation der Gedenkgegner auf schwachen Füßen. Entscheidend ist denn auch ein von historischen Kausalitäten abstrahierender – und damit trotz der Verweise auf "Guernica, Warschau, Rotterdam und Coventry" dekontextualisierender – Gedanke: Wer sich zum Täter gemacht hat, kann nicht auch Opfer sein, weil alles eigene Leid aus berechtigter Vergeltung herrühre.

---

[6] Vgl. Spiegel-Gespräch: "Vergleichen – nicht moralisieren", S. 51: "Es gab eine enorme Scheu, sich dieser Themen anzunehmen. Man mochte nicht zum Verrechnen von Opferzahlen beitragen."
[7] Lothar Kettenacker: Vorwort des Herausgebers. In: *Ein Volk von Opfern?*, S. 9–14, hier S. 11.
[8] Vgl. ['fai(e)r] – No tears for krauts. Aufruf des bundesweiten Bündnisses 12./13. Februar 2005 (http://frauenkirche-abreissen.tk/, 14. 2. 2005).
[9] No tears for krauts. Aufruf des BgR Leipzig zur Demonstration und weiteren Aktivitäten am 13. Februar 2004 in Dresden (http://www.conne-island.de/nf/107/19.html, 10. 2. 2005). Die folgenden Zitate ebd.

Man muss sich klarmachen, dass es sich um soziale *Gruppen* handelt, denen in dieser Weise Täterschaft zu- und jeglicher Opferstatus abgesprochen wird. Auf konkrete Täterschaft, und sei es auch nur qua Sympathie mit Hitlers Krieg, kommt es dabei nicht an. Hier wird eine diskursive Kollektivierung vorgenommen, die allein nach der Nationszugehörigkeit sortiert und Täter- oder Opferschaft zuerkennt. Vom "arischen Blut" spricht der bereits zitierte Demonstrationsaufruf, das "in Wallung" gerate, wenn die Dresdner der Zerstörung ihrer Stadt gedenken. Das ist gewiss ironisch-polemisch gemeint, entlarvt unfreiwillig aber das kollektivierende Denken der Verfasser: Dem Gedenken an deutsche Bombenopfer die Legitimität abzusprechen basiert auf der rassistischen Prämisse einer täterhaften Substanz der Deutschen. Rechtsextreme und Antifaschisten treffen sich darin, dass sie Täter- und Opferschaft gegeneinander ausspielen, auf der einen Seite so, auf der anderen Seite andersherum.

Kontextualisierung und Perspektivität

Unbeschadet dieser strukturellen Ähnlichkeit erregt die Verdrängung deutscher Täterschaft den größeren Skandal – und zu Recht, denn die deutschen Verbrechen waren deutlich monströser als die erlittenen Leiden (allein gemessen an der Zahl der Todesopfer). Autoren, die sich um einen angemessenen Ausgleich zwischen Täterschafts- und Opfergedenken bemühen, haben dementsprechend argumentiert, dass gerade die memoriale Institutionalisierung und Internalisierung von 'Auschwitz' die legitime Möglichkeit eröffne, dieses Zentralereignis des Zweiten Weltkriegs auch einmal an den Rand der Betrachtung zu setzen: "Die eigene Täterschaft ist weitgehend im historischen Gedächtnis der Deutschen verankert. Daher kann die Erinnerung an die eigenen Opfer getrost zurückkehren".[10] Noch weiter gehen einige Autoren der 68er-Generation, die das Gedenken an die deutschen Verbrechen nicht nur als Voraussetzung des Bombenkriegsgedenkens, sondern auch – umgekehrt – als dadurch befördert sehen. Die Erinnerung an die selbsterlittenen Leiden – so schließt Peter Schneider seinen Debattenbeitrag für die *New York Times* – "schärft den Blick und die Empathie für die Vernichtungen, die die Nazi-Deutschen

---

[10] Wolfgang Sofsky: Die halbierte Erinnerung. In: *Süddeutsche Zeitung* vom 5. 12. 2002, wiederveröff. in: *Ein Volk von Opfern?*, S. 124–126, hier S. 124. Dass der Primat des Holocaustgedenkens den Raum für eine legitime deutsche Bombenkriegserinnerung öffnet, ist das Ergebnis auch des Artikels von Ulrich Krellner über die Bombenkriegsliteratur ("Aber im Keller die Leichen/sind immer noch da". Die Opfer-Debatte in der Literatur nach 1989), der in dem von Barbara Beßlich, Katharina Grätz und Olaf Hildebrand herausgegebenen Band *Wende des Erinnerns? Geschichtskonstruktionen in der deutschen Literatur nach 1989* (Berlin: Erich Schmidt 2005) erscheint.

über andere Völker gebracht haben".[11] Für Cora Stephan ist eine solche Erinnerung sogar Voraussetzung für eine glaubwürdige und politische belastbare Annahme deutscher Täterschaft.[12]

Die zuletzt genannten Autoren setzen Täterschafts- und Opfergedenken in Bezug zueinander, ohne das eine gegen das andere auszuspielen. Auf der Ebene der gedenkpolitischen Reflexion dürfte das weitgehend konsensfähig sein. Umstritten ist gleichwohl, welche Form eine dieser Prämisse entsprechende Bombenkriegserinnerung haben muss. Welche Perspektivenstruktur muss eine Darstellung des Bombenkriegs gegen Deutschland aufweisen, die deutsches Leid nicht illegitim privilegiert? Jörg Friedrich wurde angekreidet, dass er nicht hinreichend kontextualisiere. Nun unterschlägt Friedrich keineswegs, dass die ersten schweren Städtebombardements von der deutschen Luftwaffe geflogen wurden (nämlich auf Warschau und Rotterdam[13]). Auch die Erinnerung an den Holocaust und andere Verbrechen des Nationalsozialismus lässt er immer wieder einschießen, indem er auf Begriffe zurückgreift, die dorther stammen oder üblicherweise darauf angewandt werden: "Ausrottungsangriff", "Vernichtungspolitik", "Zivilisationsbruch", "Krematorien", "Bücherverbrennung", "Einsatzgruppen", "Städtetotalverbrennung".[14] Von den

---

[11] Peter Schneider: Deutsche als Opfer? Erweiterte Fassung eines Artikels, der unter dem Titel "In Their Side of World War II, The Germans Also Suffered" in der *New York Times* vom 18. 1. 2003 erschienen ist. In: *Ein Volk von Opfern?*, S. 158–165, hier S. 165.
[12] Vgl. Cora Stephan: Wie man eine Stadt anzündet. In: *Die Welt* vom 23. 11. 2002, zit. nach: *Ein Volk von Opfern?*, S. 95–102, hier S. 101: "Wer die Unteilbarkeit von Menschenrechten deklariert, muss auch für die Vergangenheit als Kriegsverbrechen und Menschenrechtsvergehen bezeichnen, was man gewohnt war, als mehr oder weniger gerechtfertigte Rache hinzunehmen – bei unseren Nachbarn wie bei den nachgeborenen Deutschen selbst. Solange wir nicht Kriegsverbrechen Kriegsverbrechen nennen können, auch wenn sie unseren Eltern und Großeltern gegenüber geschahen, sind die Deutschen kein sonderlich verlässlicher Partner in einer Gemeinschaft, von der man hofft, sie möge im Angesicht der europäischen Geschichte zu einer befriedeten Zivilisation zusammenwachsen". – Indem Stephan von "Kriegsverbrechen" spricht, lädt sie die Opferfrage mit moralischen und juristischen Wertungen auf. Das entspricht den ersten Reaktionen auf den *Brand*, dem manche die These unterschoben, dass Churchill als Kriegsverbrecher anzusehen sei, obwohl Jörg Friedrich diese Perspektive bewusst nicht eingenommen hat (vgl. Die Befreier als Vernichter. Jörg Friedrich über sein Buch zum Luftkrieg gegen Nazi-Deutschland [Interview mit Markus Schwering]. In: *Kölner Stadt-Anzeiger* vom 22. 1. 2003, S. 27). Gegen Stephans Engführung ist indes zu betonen, dass Opferschaft nicht erst dort vorliegt, wo ein Verbrechen verübt wird. 'Opfer' ist im Sprachgebrauch des vorliegenden Beitrags, wer Gewalt erleidet. Ob Konnotationen des Begriffs wie 'Unschuld' auf der Opfer- und 'Verbrechen' auf der Täterseite ins Spiel kommen – und angemessen sind –, wäre in einer eigenen Analyse zu klären.
[13] Vgl. Jörg Friedrich: *Der Brand. Deutschland im Bombenkrieg 1940–1945*. München: Propyläen 2002, S. 63f.
[14] Ebd., S. 77, 93, 169, 288, 311.

meisten Rezensenten ist das als Missgriff kritisiert worden, weil eine "völlige Gleichsetzung mit dem Holocaust"[15] daraus spreche. Eben dagegen verwahrt sich Friedrich allerdings in einer seiner wenigen expliziten Überlegungen zum Verhältnis "von Judenvernichtung und Bombenvernichtung" (dass Friedrich "keine Analogie" zwischen beidem sieht, könnte ein genauer Leser schon an der grammatischen Unterschiedlichkeit der Komposita 'Judenvernichtung' und 'Bombenvernichtung' festmachen).[16]

"Dass der Judenmord und der Bombenkrieg nicht auf eine Stufe gehören, habe ich unmissverständlich geschrieben. [...] Der Leser muss diese unterschiedlich motivierten Formen der Massentötung zueinander in Beziehung setzen und sich fragen: Was ist ähnlich, was ist anders"?, erläutert Friedrich sein Verfahren in einem Interview.[17] Was seine Kritiker vermissen, sind explizite, präzise 'Einbettungen', die keinen Raum für fatale Missverständnisse lassen. Verlangt wird mithin eine "Zentralperspektive",[18] ein *master narrative*, das sich über den gesamten Krieg erstreckt. Solche Makronarrationen haben nicht zuletzt eine sinngebende Funktion: Je nach Wahl des Rahmens schrumpfen die alliierten Bombardements zur Episode eines Krieges, mit dessen Ausgang sich heute gut leben lässt. Apologetischer Motive bedarf es gar nicht, um das Geschehen des Bombenkrieges zu entschärfen. Vielmehr handelt es sich um eine Frage der gewählten Erzählstruktur, also der Setzung von Anfang und Ende, der Herstellung von Zusammenhängen dazwischen sowie der Erzählperspektive. Im Fall des Zweiten Weltkriegs bildet die Niederwerfung Hitler-Deutschlands zweifellos eine sinnvolle, die allermeisten Leser befriedigende Zielperspektive.

Trotzdem begnügt sich Friedrichs Darstellung des Bombenkriegs nicht mit einem solchen *master narrative*. Kennzeichnend für die narrative Struktur des *Brandes* ist vielmehr die *Vielfalt* der erzählerisch eingenommenen und dem Leser als 'Zugang' zur Geschichte angebotenen Perspektiven. Da diese Perspektivenvielfalt irreduzibel ist, kann sie prinzipiell keiner 'Gesamtsicht' auf den Krieg unterstellt werden, wie die Kritiker dies fordern. Der Dissens liegt bereits auf geschichtskonzeptioneller Ebene.

So isoliert, wie die fachwissenschaftliche Kritik am *Brand* glauben machen kann, steht Friedrichs Verzicht auf eine übergeordnete Perspektive gleichwohl nicht da. Vielmehr kann es als allgemeine Tendenz des deutschen Geschichtsdiskurses seit den 1990er Jahren gelten, dass die Perspektiven auf Geschichte vervielfältigt und enthierarchisiert werden. Alles aus einem Punkt erklären zu wollen wird dagegen als Missachtung der irreduziblen Perspektivität aller

---

[15] So Wehler in dem in Anm. 3 zitierten Interview.
[16] Friedrich: *Der Brand*, S. 342.
[17] Die Befreier als Vernichter (wie Anm. 12).
[18] Dass *Der Brand* keine "Zentralperspektive" bietet, rechnet allein Heribert Seifert dem Buch positiv an, vgl. Rekonstruktion statt Richterspruch. In: *Neue Zürcher Zeitung* vom 5. 1. 2003, wiederveröff. in: *Ein Volk von Opfern?*, S. 152–157, hier S. 153.

Geschichtsbilder erkannt. Näherhin beschrieben wird jene Tendenz in den nachfolgenden Abschnitten IV. zum aktuellen Interesse an subjektiven Zugängen zur NS-Geschichte sowie V. zum damit einhergehenden Wandel des Geschichtsbegriffs und zu den narrativen Techniken geschichtsdiskursiver Polyperspektivik. Gerahmt werden diese Abschnitte von einer Mikro- sowie einer Makroanalyse der Perspektivenstruktur von Friedrichs *Brand* (III. und VI.).

Der Brand setzt, so meine These, das geschichtsdiskursive Dispositiv voraus, das sich in der historiographischen und mehr noch in der literarischen Auseinandersetzung mit dem Nationalsozialismus seit der Wiedervereinigung herausgebildet hat. Erst die Ausbildung dieses Dispositivs ermöglichte Sebalds und Friedrichs Wiederaufnahme des Bombenkriegsthemas ohne Zentrierung auf die – als selbstverständlich vorausgesetzte – deutsche Verantwortung für den Krieg insgesamt. Eine irreduzible Vielfalt von Perspektiven bildet das Besondere des *Brandes*, das die Ablehnung der meisten Historiker verursachte, und weist ihn zugleich als Musterfall genereller Tendenzen im deutschen Geschichtsdiskurs aus.

Sichtprobleme, militärisch und historiographisch

> In dem Bombenvisier einer viermotorigen 'Lancaster' ist eine Stadt wie Wuppertal aus sechstausend Meter Höhe nicht sichtbar. Die Bewohner haben sie abgedunkelt, ein Dunstschleier hüllt die Talmulde ein. Der Pilot überquert den langgestreckten Ort in einer Minute, die Vororte kümmern ihn wenig. Sein engeres Zielgebiet läßt ihm zehn Sekunden Zeit zum Abwurf.[19]

Mit diesen Sätzen beginnt, nach Motto und Vorspruch, *Der Brand*. Dass es Sichtprobleme gab, ist das erste, was der Leser über den Bombenkrieg gegen NS-Deutschland erfährt. Den Weg von den südenglischen Flugplätzen her und schließlich ihre Ziele fanden die Piloten nur mit Hilfe der "zwei Kilometer tiefer vorneweg fliegenden 'Pathfinder'". Und auch dann nicht immer: "Den britischen Bombern war es bisher mißlungen, den mit Industrieschwaden abgedeckten Taleinschnitt der Wupper zu finden". In der Nacht vom 29. auf den 30. Mai 1943 gelang es ihnen, von Radarimpulsen geleitet, aber doch.

> Die Mosquitos der 109. Pathfindergruppe stießen vom Sammelpunkt Rheine als erste von Norden auf Wuppertal. Im Sechsminutenabstand markierten sie den Stadtteil Barmen mit roten Leuchtbomben. Tausend Meter über dem Ziel zerlegten sich die Markierungsbomben und entließen je sechzig Leuchtkerzen, die zu Trauben niedergingen. [...] Nun kamen fünfundfünfzig ,fire raiser' und warfen Brandstoffe in den dichten Farbenkranz. Dadurch wurde es hell. Die Zeichen waren exakt gesetzt, beiderseits des Wohnquartiers. Die Hauptbomberflotte [...] dröhnte heran in über zweihundertvierzig Kilometer Länge, zehn Kilometer Breite und drei Kilometer Tiefe. Sechshundert Maschinen entluden, rund zehn pro Minute, ihre Last.[20]

---

[19] Friedrich: *Der Brand*, S. 13.
[20] Ebd., S. 14.

Vom Blick auf eine nächtliche Stadt hat sich die Perspektive in den zuletzt zitierten Sätzen zu einem Panorama geweitet, das sich – man stelle sich 240 km Bomberflotte vor – über das ganze Rheinland bis weit in die Niederlande erstreckt. Die Frage, wohin er den Blick wenden soll, stellt sich also auch dem Erzähler dieser Geschichte. Der Historiograph des Bombenkriegs hat nicht das Problem von Dunst und Dunkelheit – auch nicht im übertragenen Sinne, denn Quellen gibt es reichlich. Doch muss er sich laufend für eine Perspektive entscheiden, das heißt für eine bestimmte Sichtweise auf einen damit zugleich ausgewählten Sachverhalt.[21] Wie eng oder weit ist der Fokus seiner Erzählung zu wählen? Kann und soll die Erzählung die Sicht der damaligen Akteure an den Leser vermitteln? Und wenn ja: *welcher* Akteure – und welcher *Seite*: der Briten, der Deutschen, der Piloten oder der Befehlshaber, der bombardierten Bevölkerung oder der NS-Machthaber? In den allerersten Sätzen etwa schauen wir Leser gleichsam mit durchs "Bombenvisier" (die Narratologie spricht von interner Fokalisierung).[22] Für niemanden je sichtbar war hingegen die gigantische Bomberflotte in den zuletzt zitierten Sätzen. Hier fokussiert die Erzählung eine Imagination des Historiographen aufgrund überlieferten Zahlenmaterials.[23]

"Stabbrandbomben" – so geht es weiter –

> in nie zuvor erlebter Dichte sausten herab mit wasserfallähnlichen Geräuschen, weit über 300 000 Stück in dieser Nacht. Von oben schien es, als rollten sie die Abhänge hinunter. Um 1.20 Uhr war Barmen vom Theater bis zur Adlerbrücke hermetisch vom Feuer eingeschlossen.[24]

---

[21] Zur Theorie der Erzählperspektive vgl. den Forschungsbericht und die detaillierte Begriffsexplikation bei Wolf Schmid: Perspektive. Überarb. deutschsprach. Version von Kap. 3 aus Schmid: *Narratologija* [russ.]. Moskau 2003, abrufbar unter www.narrport.uni-hamburg.de/e-Port/NarrPort/FGN03.nsf/FrameByKey/MKEE-54S275-DE-p (25. 10. 2004). Schmids Differenzierung der narrativen Perspektive in eine räumliche, eine ideologische, eine zeitliche, eine sprachliche und eine perzeptive Perspektive (S. 15–21) stellt klar, dass Perspektive nicht bloß den Wahrnehmungsstandpunkt des Erzählers gegenüber dem Geschehen meint (darüber sollte die Herkunft des Begriffs aus der Optik nicht hinwegtäuschen). Auch die Wortwahl z. B. impliziert eine Perspektive. So verweist die Bezeichnung "Objekt" für die bombardierten deutschen Städte (Friedrich, S. 27) nicht auf die Perspektive derer Bewohner, sondern auf die der Briten.
[22] Im Sinne der in Anm. 21 erläuterten Ausweitung des Perspektivebegriffs über die konkrete optische Wahrnehmung hinaus, ist damit kein tatsächlicher *Blick* durchs "Bombenvisier" gemeint – denn da hindurch sah der Pilot ja nichts –, sondern das Wissen von dem, was unter dem Flugzeug liegt.
[23] In epistemischer Hinsicht ist natürlich auch die Einleitungspassage mit aktorialer Fokalisierung (Aktor ist der Pilot) eine Imagination des erzählenden Historiographen, d. h. sie beruht auf dessen Wissen. Erzählerisch vermittelt wird dieses Wissen jedoch aus der Perspektive jener Figur.
[24] Friedrich: *Der Brand*, S. 14.

Mit den Bomben senkt sich auch der narrative Fokus ins Tal hinab:

> In Wuppertal sind in der Frühsommernacht noch viele Leute unterwegs. Die Feuerwehr weilt in kleiner Besetzung im Dienst, die meisten Kollegen haben sich ins Wochenende verabschiedet und liegen im Grünen. [...]
> In Barmen wird Luise Rompf durch die Sirene wach, schlüpft in die bereitliegenden Kleider und nimmt Uli auf den Arm. Die Hausgemeinschaft rennt weinend und rufend in den Keller.[25]

Unterstrichen durch das Präsens der Verben, bietet die Erzählung jetzt die Perspektive der bombardierten deutschen Bevölkerung. Mit eingestreuten Zitaten aus Augenzeugenberichten geht schließlich auch die narrative Stimme an einzelne Akteure über: " 'Bevor wir den Keller erreichten, rochen wir schon das Feuer und sahen es über uns durch die Fensteröffnung des Treppenhauses in verschiedenen gelb-roten Tönen lodern.' "[26]

Fünf Seiten weiter, nach einer Vielzahl von Augenzeugenzitaten, wieder ein Perspektivenwechsel: "Die Wuppertal-Operation galt in England als der bisher größte Angriffserfolg. 'Keine Industriestadt in Deutschland', schrieb die *Times*, 'ist zuvor so vollständig von der Landkarte wegradiert worden.' "[27] Der Historiograph bestätigt das mit einigen Zahlen der Zerstörung und vergleicht sie mit den Bombardements anderer Städte. Wuppertal, so arbeitet er heraus, war ein Markstein des Bombenkrieges, weil er sich hier zum "Brandkrieg" wandelte. Den Briten war klar geworden, "daß eine Stadt leichter abzubrennen als zu sprengen ist".[28]

Mit dem Angriff auf Wuppertal steht also kein beliebiges Bombardement am Beginn von Friedrichs *Brand*, sondern eines, das die militärgeschichtliche These des Titels offenlegt: Verheerend wirkte der 'Luftkrieg' gegen Deutschland, seitdem er als "Brandkrieg" geführt wurde, und als solcher stellt er etwas entscheidend Neues gegenüber allen Bomberangriffen in den ersten Kriegsjahren dar. Programmatische Funktion scheint mir die achtseitige Eingangspassage aber auch für die Erzähltechnik des Buches zu haben. Denn sie exponiert das Problem der Perspektivierung und deutet auch schon die von Friedrich gewählte Lösung an: eine radikale Pluralisierung der erzählerisch eingenommenen Perspektiven. Vorherrschend sind Nahperspektiven. Den Piloten narrativ 'über die Schulter zu schauen' oder das Entsetzen der Bombardierten nachzuvollziehen sind lediglich zwei davon. Das Perspektiven*gefüge* des Buches werde ich allerdings erst später skizzieren (VI.). Denn die Wahl einer Erzähltechnik ist nie nur individuelle Entscheidung des Autors, sondern reagiert auf die

---

[25] Ebd., S. 15.
[26] Ebd.
[27] Ebd., S. 20. Das folgende Zitat ebd.
[28] Ebd., S. 25.

Möglich- und Üblichkeiten des jeweils zeitgenössischen Schreibens, sei es als Reproduktion dieses Dispositivs, sei es in kritischer Absetzung davon. In verstärktem Maße gilt dies, wenn es sich um ein Buch mit historischem Thema handelt. Zumal ein Thema aus dem Zweiten Weltkrieg stellt jeden Einzeltext in ein dichtes diskursives Umfeld und setzt ihn dem Vergleich mit anderen Texten aus. Es empfiehlt sich daher, den *Brand* vor dem Hintergrund des zeitgenössischen Geschichtsdiskurses zu analysieren.

Als Geschichtsdiskurs seien dabei das Ensemble und die Regeln öffentlichen Redens über Geschichte einschließlich historiographischer, literarischer oder massenmedialer Geschichts*darstellungen* verstanden. Von einem textsorten- und diszipinübergreifenden Diskursbegriff auszugehen ist deshalb geboten, weil wissenschaftliche und künstlerische Geschichtsdarstellungen heute mehr denn je aufeinander reagieren oder in Austausch miteinander treten. Dementsprechend ist die Perspektivenstruktur des *Brandes* als Konsequenz einer diskursiven Tendenz zu erweisen, die sich sowohl der historiographischen als auch der literarischen Auseinandersetzung mit der Zeit des Nationalsozialismus ablesen lässt. Ein Wort schließlich noch zur totum-pro-parte-Rede vom 'Geschichtsdiskurs', obwohl Texte ausschließlich mit Themen aus der NS-Zeit herangezogen werden: Die NS-Zeit gilt mittlerweile fast unbestritten als Zentrum der deutschen Geschichte, denn ihre Verbrechen und Katastrophen wirken stärker als alle anderen Vergangenheiten bis in die Gegenwart hinein. Wäre es anders, könnte selbst ein so sprachmächtiges Buch wie *Der Brand* nicht die öffentliche Resonanz finden, die ihm zuteil geworden ist.

Perspektivenverschiebungen im deutschen Geschichtsdiskurs nach 1989

Allgemeines Kennzeichen des Geschichtsdiskurses seit den 1990er Jahren ist – so meine These – ein stark gewachsenes Interesse an *subjektiven Zugängen*[29] zur Zeit des Nationalsozialismus und seinen Folgen. In gedächtnistheoretischen Begriffen könnte man mit Aleida Assmann von einer Öffnung des Kollektivgedächtnisses für individuelle Erinnerungen sprechen.[30] Betroffen sind sowohl das erzählte Geschehen als auch dessen kommunikative Einbettung, also der Bezug des Erzählers (im Fall von Historio- und Autobiographie auch des Autors) oder Lesers zur Geschichte. Um Subjektivierung handelt es sich demnach in unterschiedlichen Dimensionen des jeweiligen Textes und seiner

---

[29] Den Begriff Zugänge entnehme ich dem ebenso materialreichen wie gut strukturierten Überblick des Historikers Hans Günter Hockerts: Zugänge zur Zeitgeschichte: Primärerfahrung, Erinnerungskultur, Geschichtswissenschaft. In: *Aus Politik und Zeitgeschichte* B 28 (2001), S. 15–30.
[30] Vgl. Aleida Assmann: Persönliche Erinnerung und kollektives Gedächtnis in Deutschland nach 1945. In: *Freiburger psychoanalytische Gespräche. Jb. für Literatur und Psychoanalyse* 23 (2004), S. 81–91.

Vermittlung, die aber miteinander korrelieren, denn betont subjektivistische Erzählperspektiven fungieren als Angebot einer entsprechenden Rezeption. Ich beginne mit dem jeweiligen *Vergangenheits*geschehen: Dort geht es viel stärker als in den 1960–80er Jahren um die Rolle des Subjekts, sei es des einzelnen, sei es im Kollektiv. Zunächst zur Geschichtswissenschaft: Interessant ist nicht mehr in erster Linie das anonyme Funktionieren von Partei und Verwaltung, Wehrmacht und Reichsbahn, sondern die Beteiligung oder Betroffenheit der Menschen, ob in führender Position, als Befehlsempfänger oder als Opfer. So hat Ulrich Herbert, der 'Aufsteiger' in der deutschen NS-Forschung der neunziger Jahre, mit seiner Biographie über Werner Best, einen der Organisatoren des Völkermords im Reichssicherheitshauptamt, eine wissenschaftlich kaum mehr ernstgenommene Gattung neu geformt, indem er die NS-Ideologie als Denkhorizont und ihre Wirkung als Handlungsreichweite eines Schreibtischtäters ausmaß.[31] Ein neuartiges Interesse für die Täter, die man bislang dämonisierte oder funktionalistisch marginalisierte, kennzeichnet den NS-Diskurs generell. Als *Ganz normale Männer* erkannt,[32] werden sie weit konsequenter als zuvor auf ihre Motivation, ihre soziokulturellen und mentalen Voraussetzungen sowie *ihre* Sicht auf ihre Verbrechen hin untersucht. Dasselbe Phänomen im Stadium konventionellen Leerlaufs belegt der hohe Redeanteil von nicht durchweg beredten Zeitzeugen in manchen TV-Dokumentationen. Eine Reihe literarischer Texte profitierte ebenfalls vom neuen Interesse an den Tätern, allen voran *Der Vorleser* von Bernhard Schlink (1995). Als narratives Experiment unternehmen Marcel Beyers *Flughunde* (1995) die Nachstellung einer Täterperspektive gar im Augenblick der Tat: Hier ist der Tontechniker und später mit Menschenversuchen operierende Stimmforscher Karnau einer von zwei Ich-Erzählern, denen, da im Präsens erzählt wird, Erleben und Berichten in eins fallen.[33]

Gerade die Literatur zeigt freilich auch, dass das Interesse an den Opfern darum nicht schwächer geworden ist. Paul Bereyter, Max Aurach, Jacques Austerlitz – all diese Titelfiguren von W. G. Sebalds Erzählungen und Romanen[34] sind, obwohl Überlebende, Opfer des Holocaust. Ebenfalls auf ein

---

[31] Vgl. Ulrich Herbert: *Best. Biographische Studien über Radikalismus, Weltanschauung und Vernunft 1903–1989*. Bonn: Dietz 1996.
[32] So der Titel des Buches von Christopher Browning über die Judenmorde eines Polizeibataillons in Polen: *Ganz normale Männer. Das Reserve-Bataillon 101 und die 'Endlösung' in Polen*. Mit e. Nachw. (1998). Dt. von Jürgen Peter Krause. Reinbek: Rowohlt 1999.
[33] Zu Beyers *Flughunden*, besonders zum Verhältnis von Täter- und Opferperspektive, vgl. die Beiträge von Barbara Beßlich und Matthias Uecker in dem demnächst erscheinenden Band *Wende des Erinnnerns?* (wie Anm. 10).
[34] Vgl. W[infried] G[eorg] Sebald: *Die Ausgewanderten*. Frankfurt a/M. 1993 (hierin die beiden Erzählungen "Paul Bereyter" und "Max Aurach"); ders.: *Austerlitz*. München, Wien: Hanser 2001.

besonderes Interesse an den Subjekten, die Geschichte erlebten oder denen Geschichte widerfuhr, verweist der neuerliche Aufschwung der Gattung Autobiographie sowie der publizistische Erfolg diaristischer Formen.[35] Wo das autobiographische Schreiben nicht von einer vermeintlichen Verfügbarkeit des eigenen Lebens ausgeht, sondern als selbstreflexives Projekt, als bloße Selbst*annäherung*[36] unternommen wird, vermag es die zuvor geführte Diskussion um den Tod des Subjekts[37] dialektisch zu übersteigen, und zwar nicht nur in der Gunst des Publikums, sondern auch poetologisch. Ruth Klügers *weiter leben* (1992) stellt dafür wohl das eindrücklichste Beispiel dar. Wo die eigene Erinnerung des Autors nicht mehr zurückreicht in die NS-Zeit, hat sich überdies die neue Gattung der 'autobiographischen Familiengeschichte' herausgebildet.[38] Hier sind es Eltern und Großeltern – so in *Pawels Briefen* von Monika Maron – oder ist es ein älterer Bruder – wie bei Uwe Timm[39] –, deren Blick auf ihre Zeit den Gegenstand der erzählerischen Annäherung bildet.

Was die Subjekte, die all diese Texte in den Vordergrund stellen, taten oder was ihnen widerfuhr, ist sehr unterschiedlich. Gemeinsam haben sie gleichwohl, dass ihr Tun oder Leiden als subjektives Erleben mit vorausgehenden Motivationen und weiterwirkenden Erfahrungen erkennbar wird. Die Subjektivität, die der gegenwärtige Geschichtsdiskurs zur Geltung bringt, entspricht demnach dem Zusammenspiel von Bewusstsein und Handeln, das die menschliche Persönlichkeit konstituiert. Eben damit aber lässt sie die Akteure im historischen Prozess als 'Menschen' erscheinen. Und warum wird diese Subjektivierung neuerdings spürbar verstärkt betrieben? Fast sechzig Jahre nach Kriegsende sind die Zeitzeugen bald alle verstorben, so dass Anlass besteht, die verschwindende Erinnerung an subjektives Erleben entweder zu konservieren – daher der Kursanstieg der Autobiographie – oder darstellungstechnisch zu substituieren.

Gleichfalls subjektiv akzentuiert ist der Zugang zu 'unserer Geschichte' auf der Seite derjenigen, die heute diesen Zugang suchen. Für die

---

[35] Vgl. Viktor Klemperer: *Ich will Zeugnis ablegen bis zum letzten. Tagebücher 1933–1945.* Hrsg. von Walter Nowojski unter Mitarb. von Hadwig Klemperer. Bd. 1–2. Berlin: Aufbau 1995; Walter Kempowski: *Das Echolot. Ein kollektives Tagebuch. Januar und Februar 1943.* Bd. 1–4. München: Knaus 1999.

[36] Diesen Begriff übernehme ich von Walter Hinck: *Selbstannäherungen. Autobiographien im 20. Jahrhundert von Elias Canetti bis Marcel Reich-Ranicki.* Darmstadt: Wiss. Buchges. 2004.

[37] Die Folgen für die Autobiographie diskutiert Almut Finck: *Autobiographie. Schreiben nach dem Ende der Autobiographie.* Berlin: Erich Schmidt 1999, bes. S. 27–32.

[38] Anders als in der klassischen Familiengeschichte geht der Autor dieses neuen Typs von der eigenen Biographie aus und betreibt Familiengeschichtsschreibung explizit als Selbstaufklärung (vgl. dagegen noch Ludwig Harigs familiengeschichtliche Trilogie, wo der erste Band über den Vater, *Ordnung ist das ganze Leben* von 1986, ganz für sich stehen darf).

[39] Vgl. Uwe Timm: *Am Beispiel meines Bruders.* Köln: Kiepenheuer & Witsch 2003.

Geschichtswissenschaft hat bereits Wolfgang Hardtwig festgestellt, dass die gegenwärtige "Aufwertung des Subjekts [...] sowohl die Gegenstandsseite wie die Person des rekonstruierenden Historikers selbst" betrifft.[40] Die Objektivität, die die Verfahren der Wissenschaft erzeugen, gilt nicht mehr als ablösbar von der Subjektivität des Wissenschaftlers. Vielmehr ist es üblich geworden, die persönlichen Voraussetzungen des forschenden Subjekts offensiv in Rechnung zu stellen, sei es indem Historiker ihre Herkunft und ihre persönlichen, eventuell familiären Bezüge zu den erforschten Vorgängen offenlegen,[41] sei es indem ihre Arbeit unter eben diesen Aspekten kritisch betrachtet wird. (Letzterer Variante historiographischer Subjektivierung verdankt sich der jüngste heftige Streit in der zeitgeschichtlichen Forschung, Nicolas Bergs Angriff auf die 'Flakhelfer-Historie' Martin Broszats.[42]) In dieser Hinsicht kontrolliert ein gesteigertes Subjektivitätsbewusstsein den Erkenntnisprozess und treibt die disziplinäre Selbstreflexion voran. In literarischen Texten kann die Reflexion auf die Möglich- oder Unmöglichkeit einer erinnernden Aneignung von Vergangenheit ebenfalls breiten Raum einnehmen, ja wird dort mitunter noch radikaler betrieben. Zugänge zur NS-Geschichte zu suchen heißt dort häufig, Zugänglichkeit zu problematisieren oder sogar Nichtzugänglichkeit zu konstantieren wie in Monika Marons 'Familienbiographie' *Pawels Briefe*:

> Zwischen der Geschichte, die ich schreiben will, und mir stimmt etwas nicht. Welches Thema ich auch anrühre, nach fünf oder vier Seiten schmeißt mich die Geschichte oder schmeiße ich mich aus dem Buch wieder raus. Als hätte ich nichts darin zu suchen; als wäre meine Absicht, aus den Fotos, Briefen und Hellas Erinnerungen die Ahnung vom Ganzen zu gewinnen, vermessen für einen Eindringling wie mich.[43]

Darüber hinaus meint 'subjektiver Zugang', dass die *Emotionen*, welche die Verbrechen und Leiden der Geschichte nach wie vor wecken, eher zugelassen

---

[40] Wolfgang Hardtwig: Fiktive Zeitgeschichte? Literarische Erzählung, Geschichtswissenschaft und Erinnerungskultur in Deutschland. In: *Verletztes Gedächtnis. Erinnerungskultur und Zeitgeschichte im Konflikt*. Hrsg. von Konrad H. Jarausch, Martin Sabrow. Frankfurt a/M., New York: Campus 2002, S. 99–123, hier S. 119.
[41] Vgl. Saul Friedländer: *Das dritte Reich und die Juden. Bd. 1. Die Jahre der Verfolgung. 1933–1939*. A. d. Engl. von Martin Pfeiffer. München: Beck 1998, S. 11: "Wer sich in die Ereignisse jener Jahre hineingräbt, der entdeckt nicht nur eine kollektive Vergangenheit wie jede andere, sondern auch entscheidende Elemente seines eigenen Lebens".
[42] Vgl. Nicolas Berg: *Der Holocaust und die westdeutschen Historiker. Erforschung und Erinnerung*. Göttingen: Wallstein 2003.
[43] Monika Maron: *Pawels Briefe. Eine Familiengeschichte*. Frankfurt a/M.: Fischer 1999, S. 52.

als verborgen werden. Das gilt für die Autoren vieler einschlägiger Bücher ebenso wie für deren Leser, soweit dies durch Rezeptionszeugnisse ersichtlich wird. So bekennt Uwe Timm, dass die Einsicht in "das Nichtwissenwollen, der Mutter, des Vaters, des Bruders" – nämlich in das Nichtwissenwollen von den deutschen Verbrechen – ihn weinen macht.[44] Wie emotional ein breites Publikum auf NS-Themen reagieren kann, brachte Daniel Goldhagens deutsche Lesereise ans Licht.[45] Hier trat zudem ein drittes Moment der subjektiv zu nennenden Geschichtsaneignung der Gegenwart hervor: die Empfindung oder das Bewusstsein von *Betroffenheit*, auch wenn keinerlei direkte Beziehung zu gewussten Opfern oder Tätern zum Beispiel des Holocaust vorliegt. In seiner dreigliedrigen Typologie der bundesrepublikanischen NS-Erinnerung hat Jörn Rüsen die neunziger Jahre dadurch charakterisiert, dass wir begännen, " 'wir' zu den Tätern" zu sagen.[46] Als entscheidender Faktor des deutschen Geschichtsdiskurses setzt sich die Anerkenntnis durch, als Kind, Enkel oder Urenkel mit der nationalsozialistischen Tätergesellschaft verbunden zu sein. Aus einem solchen Wir folgt einiges an politischer und moralischer Verantwortung. Gleichfalls zu betonen ist allerdings, dass es sich um eine Konstellation des Geschichts*diskurses* handelt, denn das empirisch nachweisbare Geschichtsbewusstsein der Bevölkerungsmehrheit scheut das täterinklusive 'Wir' nach wie vor.[47]

Geschichte ohne master narrative

Die Subjektivierung des Geschichtsdiskurses nach 1989 setzt nach alldem doppelt an, denn sie betrifft sowohl das historische Geschehen wie auch die Konstruktion und Rezeption von Geschichte in unserer Gegenwart. Zudem vollzieht sich diese Subjektivierung in verschiedenen mentalen Dimensionen, nämlich als *human interest* ebenso wie als selbstkritische Reflexion, als historiographische Rekonstruktion ebenso wie als persönliche 'Aneignung' und Übernahme 'nationaler Verantwortung'. Verkürzt wird diese Vielschichtigkeit durch eine pauschale Kennzeichnung als "Geschichtsgefühl", wie das so betitelte Heft von *Ästhetik und Kommunikation* sie vornimmt: Unter Verweis auf

---

[44] Timm: *Am Beispiel meines Bruders*, S. 147.
[45] Vgl. *Geschichtswissenschaft und Öffentlichkeit. Der Streit um Daniel J. Goldhagen*. Mit e. Vorw. von Wolfgang Benz. Hrsg. von Johannes Heil, Rainer Erb. Frankfurt a/M.: Fischer 1998.
[46] Jörn Rüsen: Holocaust, Erinnerung, Identität. Drei Formen generationeller Praktiken der Erinnerung. In: *Das soziale Gedächtnis. Geschichte, Erinnerung, Tradierung*. Hrsg. von Harald Welzer. Hamburg: Hamburger Ed. 2001, S. 243–259, hier S. 255.
[47] Vgl. Harald Welzer, Sabine Moller, Karoline Tschuggnall: *"Opa war kein Nazi". Nationalsozialismus und Holocaust im Familiengedächtnis*. Unter Mitarb. von Olaf Jensen u. Torsten Koch. Frankfurt a/M.: Fischer 2002.

"Ostsee und Luftschutzkeller" als neuerdings beliebte historische Themen verkündet dessen "Editorial" schlechtweg, dass heute "nur der Glaube an die emotionale Macht der Geschichte übrig geblieben" sei.[48] Die Herausgeber des Heftes sehen das "gefühlige" Geschichtsinteresse der letzten Jahre als Opposition gegen den akademischen und offiziellen Geschichtsdiskurs: "Da graust es den Historikern".[49] Tatsächlich gibt es im konkreten Fall häufig Reserven der Berufshistoriker. So ist dem (wie es dann heißt) "Schriftsteller" Friedrich in mehreren Fachrezensionen vorgerechnet worden, welche Forschungstitel er übersehen habe,[50] und auch das Verdikt "emotionalisierend"[51] über seine an Alexander Kluge geschulte lakonische Sprache fehlt nicht. Nun sagen solche Kritiken mehr über die Distinktionstaktiken einer Geschichtswissenschaft, die den Aufmerksamkeitserfolg des *Brandes* niemals selbst erzielen kann, als über das Buch selbst. Gegen die im inner- und außerakademischen Geschichtsdiskurs *parallele* Tendenz zur Subjektivierung gehalten, sind solche Reibungen nachrangig.

Theoretisch auf den Begriff bringen lässt sich diese Subjektivierung mithilfe der Geschichtstheorie, die der Bochumer Historiker Lucian Hölscher im vergangenen Jahr vorgelegt hat.[52] Hölscher sieht den gegenwärtigen Umgang mit Geschichte von einer quantitativ und qualitativ neuartigen Pluralisierung der Geschichtsbilder geprägt:[53] Die Globalisierung der Politik wie des Geschichtsdiskurses konfrontiere immer zahlreichere Geschichtsbilder miteinander, während die Geschichte der 'Nationen', die bislang als relativ stabile Träger einheitlicher Geschichtsbilder fungierten, offensichtliche "Kontinuitätsbrüche" erlitten haben. Diesen "sachgeschichtlichen Brüchen" korrespondierten "Brüche in der geschichtlichen Erinnerung und in unserer historischen Aufarbeitung des vergangenen Geschehens", die sich bis in den Wechsel der Forschungsparadigmen verfolgen ließen. Die Einheit, die unser singularischer Geschichtsbegriff unterstellt, werde dadurch als Fiktion offenbar. Im sowohl

---

[48] Alexander Cammann, Jens Hacke, Stephan Schlak: Editorial. In: *Ästhetik und Kommunikation* 34 (2003), H. 122/123, S. 12f., hier S. 13.
[49] Ebd., S. 12.
[50] Vgl. die Kritik von Douglas Peifer unter H-German, H-Net Reviews, November 2003, URL: http://www.h-net.msu.edu/reviews/showrev.cgi?path=277121069229925 (25. 10. 2004). Peifer vermisst eine ganze Reihe neuerer Titel, darunter auch ein Buch, das gleichzeitig mit dem *Brand* erschien (Tami Davis Biddle: *Rhetoric and Reality in Air Warfare*. Princeton 2002).
[51] So bei Ralf Blank (http://hsozkult.geschichte.hu-berlin.de/rezensionen/2003-2-185, 26. 10. 2004).
[52] Vgl. Lucian Hölscher: *Neue Annalistik. Umrisse einer Theorie der Geschichte*. Göttingen: Wallstein 2003. Eine ausführliche Besprechung von Hölschers Geschichtstheorie habe ich unter www.iasl.uni-muenchen.de/rezensio/liste/fulda2.html (ins Netz gestellt am 15. 7. 2004) veröffentlicht.
[53] Vgl. ebd., S. 12. Die folgenden Zitate S. 14 u. 15.

Neben- als auch Nacheinander widerstreitender Geschichtsbilder artikulierten sich irreduzible Perspektiven, deren Synthese nicht einmal denkbar sei.

Die vorhin skizzierte Subjektivierung des Geschichtsdiskurses stellt die praktische Konsequenz dieser 'absoluten' Perspektivität dar. Beide prägen die Perzeption und Darstellung nicht allein der NS-Zeit, kommen dort aber besonders deutlich zum Ausdruck, wie auch Hölscher anmerkt.[54] Perspektivisch bedingt sind natürlich auch die historischen Urteile der jeweiligen Gegenwart sowie der jeweils neueste Forschungsstand. Hölscher zieht daraus den Schluss, dass es epistemologisch wie ethisch geboten sei, neben dem eigenen Geschichtsbild stets auch "vergangene historische Perspektiven auf die damalige Vergangenheit, Gegenwart und Zukunft" zur Geltung kommen zu lassen.[55]

Geschichte wie Hölscher als "Zusammenspiel"[56] pluraler Perspektiven zu begreifen schließt es aus, sie als einsinnigen Geschehenszusammenhang zu behandeln. Selbstverständlich hat der Autor stets "das letzte Wort". Ruth Klüger bekennt sich ausdrücklich dazu, wenn sie einen Dialog inszeniert, der fremde Stimmen in ihre Erinnerungen einbezieht: "Das ist deine Sicht, sagt Christoph, nachdem er gelesen hat. [...] Ich zitiere ihn, um ihm das letzte Wort zu lassen – aber indem ich es mir nicht nehmen lasse, ihm das letzte Wort zu lassen, lasse ich es ihm doch nicht, sondern lenke den Leserblick auf mich, die es ihm läßt."[57] Auch 'der Vergangenheit' wird das Wort notwendigerweise von 'der Gegenwart' erteilt. Techniken, welche die Perspektiven auf Geschichte polyphonisch vervielfältigen, sind gleichwohl typisch für die aktuelle Geschichtsliteratur. Besonders beliebt ist das Zitieren, Beschreiben und Deuten überlieferter Zeugnisse, seien es Briefe, Tagebuchaufzeichnungen oder Photos einer erzählerisch umkreisten historischen Figur, meist eines Verwandten (wie bei Maron, Timm oder Wackwitz[58]). Hinzutreten kann die dialogische Auseinandersetzung mit noch lebenden Zeitzeugen oder thematisch einschlägiger Literatur, die auf diese Weise ebenfalls 'zitiert' werden.[59] In einer fiktionalen Variante führen Sebalds Romane und Erzählungen diese Techniken vor, wobei die auffällige Intertextualität zahlreicher Text- und Bildmotive eventuelle Erwartungen

---

[54] Vgl. ebd., S. 13.
[55] Ebd., S. 82.
[56] Ebd., S. 84.
[57] Ruth Klüger: *weiter leben. Eine Jugend.* München: dtv 1994 [EA Göttingen 1992], S. 220.
[58] Hier sind es verschiedene Tagebücher sowie die Memoiren des Großvaters, die der Ich-Erzähler Wackwitz immer wieder zitiert. Eingestreut sind zudem einige alte Photos, die der Text z. T. als Familienbilder ausweist.
[59] So besteht Monika Marons Buch zum eine nicht unbeträchtlichen Teil aus Gesprächen mit ihrer Mutter, die einerseits nach deren Erinnerung an die Großeltern forschen und andererseits einen Streit um die Deutung der (Familien-) Geschichte austragen. Uwe Timm führt quasi einen Dialog mit seinem im Krieg gefallenen Bruder,

mimetischer Zeugnishaftigkeit unterläuft (ebenso verfährt Grass' Gustloff-Novelle). Sebalds *Ausgewanderte* erschienen bereits 1992 und dürften nicht unwesentlich zur Ausbreitung einer solchen Erzählweise beigetragen haben, die dann ins genuin Autobiographische übertragen wurde. Marcel Beyers *Spione* (2000) brechen die gängige Nutzung von Photos als Zugang zur Vergangenheit dann vollends auf und machen sie zum Gegenstand eines ebenso artistischen wie erinnerungskritischen Spiels. Hier entpuppen sich die Erzählungen aus der Jugend der Großeltern mehr und mehr als Phantasieprodukte der Enkel.

Beim bisher Genannten handelt es sich durchweg um 'Einschachtelungen' verschiedener Perspektiven, die letztlich vom Erzähler abhängig sind. Unabhängig nebeneinander stehen hingegen die unterschiedlichen Perspektiven, die eine Pluralisierung der Erzähler*stimme* mit sich bringt. So haben wir in Beyers *Flughunden* zwei unabhängige Erzähler, den Tontechniker Karnau und eine Goebbels-Tochter. In Christoph Heins *Landnahme*, dem Anfang 2004 erschienenen Roman über die schwierige Integration eines Flüchtlingsjungen im östlichen Nachkriegsdeutschland, setzt sich die Geschichte der Zentralfigur gar aus fünf eigenständigen Erzählungen unterschiedlicher Erzählerfiguren zusammen (in diesem Fall spricht die Narratologie von multipler interner Fokalisierung). In beiden Texten handelt es sich um Ich-Erzähler, so dass deren Subjektivität gleich doppelt hervortritt: zum einen durch die Konkurrenz untereinander, zum anderen durch ihre Beteiligung am erzählten Geschehen.

Diskursprogramm in der Makrostruktur

Der Brand ist in diesem Kontext einer allgemeinen Tendenz zu subjektiven Zugängen zur Geschichte und zur Pluralisierung narrativer Perspektiven zu sehen. Dem individuellen und kommunikativen Gedächtnis der bombardierten Deutschen verschaffte das Buch die vorher vermisste Repräsentation im kollektiven Gedächtnis. Was die Perspektiven*vielfalt* angeht, so bleibt es nicht bei dem in der Eingangspassage exponierten Ensemble von Piloten, Bombardierten, britischer Führung und Presse. Hinzu kommt zunächst die Perspektive der Militärplaner und Techniker: "Waffe" betitelt, stellt das erste Kapitel die wirksamste Technik des strategischen Bombenkriegs, das Entzünden von Städten, sowie die dazu notwendigen Mittel vor: Bomben, Brandmittel, Flugzeuge, Navigationstechniken, Besatzungen. Die Perspektive der am lebenden Objekt experimentierenden Wissenschaftler kommt dabei ebenso zur Geltung wie die

---

indem er dessen Tagebuch studiert, zitiert und kommentiert; darüber hinaus zitiert er oder paraphrasiert er die KZ-Erinnerungen bzw. historischen Studien von Jean Améry, Primo Levi, Christopher Browning und Wolfram Wette und zitiert NS- oder Wehrmachtsführer (*Am Beispiel meines Bruders*, S. 62, 103f., 105f., 146; 28, 36, 140, 146).

der ausführenden Soldaten.[60] Das zweite, über hundert Seiten lange Kapitel verfolgt die Konzeptionsbildung und die Stadien des "moral bombing". Ohne dass die deutschen Luftangriffe auf Warschau, Rotterdam und englische Städte übergangen würden,[61] sind es hier die strategischen Überlegungen der britischen Führung, die den Perspektivpunkt abgeben. Die beiden weiteren Drittel des Buches schwenken dann zur deutschen Seite über, ohne aber nur deutsche Perspektiven zu bieten. Im Großkapitel "Land", das Stadt für Stadt von deren Zerstörung berichtet, ergänzen sich weiterhin Perspektiven von 'oben' und von 'unten'. Skizzen der zerstörten Kulturstätten und Evokationen ihres geschichtlichen Gehaltes stiften zudem eine historische Perspektive, die Jahrhunderte zurückreicht. Das letzte Drittel des Buches enthält vier Kapitel zur Bewältigung der Bombardements auf deutscher Seite. Von den Perspektiven der Bunkeringenieure und -benutzer, der Feuerwehrleute und der Evakuierten ist das Kapitel "Schutz" geprägt. Das Kapitel "Wir" rekonstruiert die mentalen Reaktionen auf kollektiver und politischer Ebene, das Kapitel "Ich" die sinnlichen Einwirkungen auf den einzelnen Menschen. In dieser Kapitelfolge bringt *Der Brand* das diskursübliche Programm, geschichtliche Vorgänge auf das Subjekt zurückzubeziehen, bereits makrostrukturell zum Ausdruck.

Hinzu kommt, abschließend, ein Kapitel "Stein". Es scheint zum Äußerlichen zurückzukehren, indem es einerseits die Versuche, die deutschen Kulturgüter zu retten, und andererseits deren Verluste bilanziert. Festzustellen, dass das von den Bomben entfachte Feuer mehr Papier "ausgetilgt hat als alle Zeit davor zusammen", bietet dem Autor zugleich Gelegenheit für eine Pointe pro domo: "Doch wird das Papier sich seiner bemächtigen, es hat längeren Atem als das Feuer".[62]

Friedrich betreibt die Pluralisierung der Perspektiven so konsequent, dass es unmöglich wird, das dargestellte Geschehen aus einem Punkt zu erklären. Sein Buch subsumiert den Bombenkrieg weder den strategischen Entscheidungen der britischen Führung noch der deutschen Gesamtverantwortung für den Zweiten Weltkrieg. Dem *Brand* unterliegt kein *master narrative*, dem sich der

---

[60] Vgl. Friedrich: *Der Brand*, S. 23: "Forscherstäbe studierten Bebauungskarten und Luftphotographien, trugen die Brandabschnitte farbig ein, berechneten die für die jeweiligen Städte erforderliche Komposition der Abwurfmasse, werteten Bilder der letzten Luftattacke aus und lernten daraus für die nächste." S. 51f.: "Die Szene, welche die Angreifer über stark geschützten Orten wie Berlin oder den Ruhrstädten empfängt, ist das Verderben im Rundum. Ein lärmender, lodernder Kessel, in dem die Flak unten, der Jäger hinten oder oben und die Kollisionsgefahr vorn die Mannschaft in Bann schlägt. Nach endlosem Anflug durch Leere und Dunkel ist der Himmel über dem Ziel mit einem Male verstopft von Maschinen, taghell von Scheinwerferkegeln, geladen mit Sperrfeuer der Flak, MG-Salven der Jäger, hinabrauschenden Bomben, Farbmarkierungen, Leuchtkerzen."
[61] Vgl. ebd., S. 64–73.
[62] Ebd., S. 539.

Bombenkrieg einfügen ließe, so dass er als verstanden und sinnvoll gedeutet gelten könnte. Denn das würde die *vielen* Perspektiven, die das Buch rekonstruiert, um ihre Irreduzibilität verkürzen.

Selbstverständlich ist es der Autor, der die Perspektivenvielfalt seines Buches erzeugt, indem er ganz unterschiedliche Stimmen zitiert und wechselnde Fokalisierungen vornimmt. "Friedrich employs multiple points of view but still controls the overall perspective", schreibt Stephan Jaeger in seinem Beitrag zum vorliegenden Band. Jaeger schließt daraus: "this montage is only a means to *one* overall historical narrative". Entscheidend ist jedoch nicht die erzähltechnische Abhängigkeit aller zitierten Stimmen und eingenommenen Perspektiven von der Stimme des Erzählers ('Stimme' hier im narratologischen Sinne als angenommener Ursprung der Erzählung verstanden[63]), sondern der Verzicht auf eine Hierarchisierung der gebotenen Perspektiven.[64] In bewusster Absetzung von einsinnigen Geschichtskonstruktionen, die nur gelten lassen, was zur eigenen Gegenwart hinführt,[65] löst Friedrich die Dezentrierung der historischen Erzählung, d. h. ihre Entpflichtung vom jeweiligen Gegenwartsstandpunkt ein, welche die Postmoderne diskutiert und Hölscher geschichtstheoretisch resümiert hat. Zugleich werden die Apologien des Bombenkriegs vermieden, die dessen geschichtswissenschaftliche Beurteilung vom moralischen Gefälle der Kriegsparteien her fast automatisch mitführt.[66]

Obschon Friedrichs Buch von einer allgemeinen Tendenz des aktuellen Geschichtsdiskurses getragen wird, lassen sich darüber hinaus Autoren und Texten nennen, die diese Polyperspektivik gerade auf dem Feld der Bombenkriegsdarstellung vorbereitet haben. Zu nennen sind insbesondere Sebalds Essay über *Luftkrieg und Literatur* sowie Alexander Kluges Montage

---

[63] Vgl. Gérard Genette: *Die Erzählung*. A. d. Frz. von Andreas Knop. München: Fink 1994.

[64] Nah an der von mir vertretenen Position sehe ich Jaeger, wenn er schreibt: "He [the historian] cannot link all the perspectives and wisely Friedrich does not try". Für den Austausch und die Diskussion unserer Beiträge vor der Veröffentlichung danke ich Stephan Jaeger sehr herzlich. Während unsere Einschätzung von Friedrichs Buch partiell auseinandergeht, sind wir uns einig in der Skepsis gegenüber allen Versuchen, den Bombenkrieg narrativ 'in den Griff zu bekommen', vgl. Jaeger: "Air war triggers a multiperspectivity that is almost impossible to be synthesized in one overall perspective."

[65] Vgl. Friedrich: *Der Brand*, S. 217: "Alle Gegenwärtigen eignen sich Geschichte taktisch an, zum Gebrauch. Man könnte meinen, daß es eine andere als die Heilsgeschichte, welche zu mir hinführt, gar nicht gibt."

[66] Vgl. das militärgeschichtliche Standardwerk von Olaf Groehler: *Bombenkrieg gegen Deutschland*. Berlin: Akademie 1990, S. 14, wo das *moral bombing* als "Teil der gerechten Kriegsführung der Antihitlerkoalition" bezeichnet wird, "der in letzter Konsequenz das Ziel zugrunde lag, die faschistische Weltgefahr im Interesse der gesamten Menschheit zu beseitigen". Hier gerät zugunsten des 'guten Zwecks' die besondere Qualität der Mittel aus dem Blick.

Der Luftangriff auf Halberstadt am 8. April 1945.⁶⁷ Zwar fehlen explizite Bezugnahmen (während sich Sebald ausdrücklich auf die "archäologische Arbeit Alexander Kluges auf den Abraumhalden unserer kollektiven Existenz" beruft – was als Motto auch Friedrich Buch voranstehen könnte⁶⁸). Sebald kommt ebenfalls zu dem Befund, dass in den "Abgründen der Geschichte […] alles […] durcheinander" liegt.⁶⁹ Er plädiert für einen "synoptischen, künstlichen Blick",⁷⁰ also für das Nebeneinander verschiedener Perspektiven ohne Synthese, einschließlich historiographischer Imaginationen. Friedrichs Perspektivenregie beim Angriff auf Wuppertal führt geradezu musterhaft vor, wie dies erzählerisch gestaltet werden kann (erinnert sei daran, dass der 'Blick' auf eine 240 km lange Bomberflotte notwendig künstlich ist). Über die militär- oder politikgeschichtlichen *master narratives* hinaus weist schließlich auch Sebalds Kernfrage, "was all das in Wahrheit bedeutete" – nämlich jenseits der gigantischen Zahlen von Bomben, Toten und Kubikmeter Schutt.⁷¹ Wie Sebald sucht Friedrich eine Vorstellung davon zu gewinnen, welche langfristig wirksamen Verwüstungen materieller und immaterieller Art der Bombenkrieg anrichtete – daher auf der einen Seite die gesteigerte Aufmerksamkeit für den geschichtlichen Gehalt des Zerstörten, auf der anderen Seite die Zuspitzung der Kapitelfolge auf das "Ich".

Kluges Einfluss wiederum verraten sowohl die Aufmerksamkeit für die ökonomisch-technischen Bedingungen als auch das Stilprinzip eines sarkastischen Lakonismus. Kluges Montage-Stil konnte Friedrich zudem als Muster einer radikalen Pluralisierung der Perspektiven dienen. "Was sieht man?" (von einer angreifenden Luftflotte), fragte bereits der fiktive Reporter im *Luftangriff auf Halberstadt* einen der am Angriff beteiligten Piloten⁷² und exponierte damit eben das Sichtbarkeitsproblem, das Friedrich zu Beginn seines Buches aufgreift.

---

⁶⁷ Vgl. Alexander Kluge: *Neue Geschichten. Hefte 1–18. 'Unheimlichkeit der Zeit'*. Frankfurt a/M.: Suhrkamp 1977, S. 33–110 (2. Heft). Zum *Luftangriff auf Halberstadt* vgl. den Beitrag von Walter Pape zum vorliegenden Band.
⁶⁸ Vgl. Sebald: *Luftkrieg und Literatur*, S. 67. Zudem macht Sebald auf eine frühere Veröffentlichung Friedrichs zur "Evolution und den Konsequenzen der Zerstörungsstrategie der Alliierten" aufmerksam (S. 76), und zwar gerade dort, wo er hervorhebt, dass "die Zerstörung fast all[er] […] größeren und zahlreicher kleineren Städte" "die Physiognomie Deutschlands bis heute bestimm[t]".
⁶⁹ Ebd., S. 79f.
⁷⁰ Ebd., S. 33.
⁷¹ Ebd., S. 11.
⁷² Vgl. Kluge: *Neue Geschichten*, S. 75.

Stephan Jaeger

Infinite Closures: Narrative(s) of Bombing in Historiography and Literature on the Borderline between Fact and Fiction

The essay explores the representational possibilities of enacting a paradoxical tension between closure and openness in air war narratives. How can personal experience and general account be combined? Only texts that exceed the traditional bounds of their discourses – the traditional historiographical narrative from the bird's-eye view, the autobiography, and the freely written fictional text – can convey the different subjective perspectives, the objective and moralistic voices, in one narrative. I will address the range of representational possibilities in Jörg Friedrich's history Der Brand, *Sven Lindqvist's* A History of Bombing, *Walter Kempowski's* Der rote Hahn, *and Marcel Beyer's novel* Spione.

Prologue

Er stolperte mit seiner Mutter in den vierten Stock rauf. Er verstand die Welt nicht mehr [...]. Seine Mutter schloß die Tür auf. Eine Druckwelle kam ihnen entgegen, warf sie einfach um. Sie [...] schlichen gebeugt durch den Korridor und in die Wohnstube und stellten fest, daß die Fenster ohne Scheiben waren. Die leeren Fensterhöhlen sahen gespenstisch aus. [...] Laß uns das Familiensilber einsammeln [...], rief seine Mutter. Aber er hörte das nicht, er starrte ungläubig nach draußen, durch die leeren Fensterhöhlen hinaus auf die Straße, auf das gegenüberliegende Haus [...]. Er konnte es nicht glauben, was er sah, aber es war wahr. Draußen war es taghell, und dabei war es Nacht. Es ist doch jetzt nach Mitternacht, dachte er, es müßte doch stockdunkel sein.[1]

Briten und Amerikaner führten zwischen dem 25. Juli und dem 3. August 1943 eine Angriffsserie auf Hamburg durch, mit der die Stadt als Wirtschafts- und Bevölkerungszentrum nahezu ausgelöscht wurde. Die Operation "Gomorrha" sollte für die zweitgrößte deutsche Stadt zum Gottesgericht und Weltenbrand werden, Strafe und Fanal für die Deutschen im ganzen Reich. In vier Nacht- und zwei Tagesangriffen warfen über 3000 Flugzeuge etwa 9000 t Sprengbomben und Luftminen sowie Unmengen von Brandmunition über der Stadt ab. In der Nacht vom 27. zum 28. Juli ereignete sich der grauenvolle Höhepunkt des Bombenkriegs in Europa. Ein orkanartiger Feuersturm vernichtete ganze Stadtteile, mehr als 35 000 Menschen kamen dabei ums Leben.

Die unermeßlichen Sachschäden sowie die dramatischen menschlichen Verluste hatten das Ausmaß einer kaum zu beschreibenden Katastrophe. Ihr militärischer Nutzen für den Angreifer ist nur schwer zu erfassen, und auch der historisch nüchterne Blick auf die strategische Wirkung wird durch die apokalyptischen Bilder verdunkelt.[2]

---

[1] Jürgen Bruhn: *Hamburg Kaputt: Autobiographischer Roman.* Hamburg: Hanser 2002. P. 90.
[2] Rolf-Dieter Müller: *Der Bombenkrieg 1939–1945.* Berlin: Links 2004. P. 164.

The experience of bombing always opens to something indescribable; it goes beyond the limits of human imagination. Both the above passages represent the firestorm in Hamburg in July 1943. Both try to express the indescribable. The first narrative – from an autobiographical novel by an eyewitness who experienced the air raids at the age of six and who wrote about it 59 years later – represents the witness' experience of the events by means of the inversion of natural phenomena. It is night, and at the same time broad daylight. This contradiction indicates an extreme experience from the perspective of a six years old child. The second passage, an excerpt from a historiographical narrative, employs a chain of metaphorical and biblical expressions such as "apocalyptic images", "God's judgment", "world fire", and "indescribable catastrophe". It is striking that the reader can neither apprehend concrete images of the bombing nor identify with the perspective of the bombed, whereas in the example of autobiographical fiction the reader is able to grasp some of the indescribable experience; however, s/he can only do so without gaining an overview of the firestorm in Hamburg. Thus, a bombing narrative can focus on either individual experiences, particularly on that of the victims, or it can try to create an overview about the events, effects, and experience, but how can it combine personal experience and general overview?

Both narratives seem to succeed according to the rules of their discourses. Jürgen Bruhn's novel creates a fictional world – based on autobiographical experience – which focuses on the destruction of the protagonists' lives and homes. There is no broader understanding exhibited by the narrator and his mother; they react instinctively: the narrator is stunned; his mother collects the silverware. The second narrative is also typical of its discourse. The historian Rolf-Dieter Müller narrates from the outside and lists as many facts as possible. On the one hand, he provides a supposedly objective description of events and facts; on the other hand, the dominating perspective is a collective strategic one. The goals and strategies of politicians and bomber / air defense commands prevail. The historian evaluates these strategies and subsequent actions as rational decisions within a structure of cause-and-effect. Voices of individuals appear in separate boxes as long quotations. They are thus distinguished from the overall argument.

The Historiographical Goal of Closure

In this essay, closure implies the expression of unilateral control over the historical representation and its multiple voices. It can refer to cognitive closure, i.e. it provides assumptions of true and false, or to moral closure, i.e. it supplies judgments of right or wrong. The explicit goal of Müller's historiographical account is to provide a "Gesamtdarstellung", a general account of the air war, as complete as possible.[3] The historian synthesizes his data from historical distance. He needs this act of closure to provide an overview from the bird's-eye view, which distinguishes historiography from autobiography and forms of remembrance. For example, Clausewitz' formula of war as continuation of politics pursued with different means leads to historical representations that assume war becomes describable if the historian gathers sufficient information on the psychology of the war leaders. Besides, the historians see the effects of those political and strategic decisions; s/he knows the statistics of the war, so that a general account of the events can be narrated and analyzed. The specific historiographical achievement is the analytic and critical quality of the representation and the combination of different perspectives that an autobiographical account cannot provide.

Therefore, closure is a necessary goal in historiographical representations. In the air war it provides some overview about the otherwise scattered voices. In wars of bombing neither the pilots and bombardiers, nor the victims and defenders, nor even the bomber command, military strategists, defenders, or politicians have an overview of what is really happening. The pilots only see the flames; often hardly their targets. The victims react to the destruction of their homes, of the symbols of their cities, to death, to corpses and to the smell and sight of death, decay, and decomposition according to their learned safety procedures.

Historiographical accounts with any idea of totality or confidence in the ability to control all the multiple perspectives from above constantly run into problems of making impossible assertions of knowledge with regards to the causes for history or impossible moral assertions. The multi-layered nature of the historical experience of bombing might be flattened. If the historian makes explicit judgments, s/he takes the risk of foreclosing an argument that cannot be closed, since it depends on perspective and perception. Paul Virilio maintains, "one might say that the concept of reality is always the first victim of war".[4] War has always been "the magical spectacle because its very purpose is to *produce* that spectacle".[5] Any isolated perspective, whether it focuses on one personal experience or on the supposed overview of a historian or a military leader falls short. War in general is more a war of perception: "[W]ar consists not so much in scoring territorial, economic or other material victories as in appropriating the 'immateriality' of perceptual fields".[6] War is de-materialized;

---

[3] Quoted from the cover page of the book.
[4] Paul Virilio: *War and Cinema. The Logistics of Perception*. Transl. by Patric Camiller. London – New York: Verso 1989. P. 33.
[5] Ibid. P. 5.

it is theatrical. This argument implies that any concept of 'reality' in war is bound to fail, or at least that any representation of war cannot be granted any self-evident truth value. Representations of war must reflect on the difficulties of representing and perceiving the 'real' in war.

At the same time as historiographical representation demands closure, the air war is de-materialized and de-localized; it consists of gaps, blind spots, and ambiguities. No narrative can describe the losses and the blind spots in the psyches of the war victims and the difference in the experience of the bombed cities after the bombing. Closure is needed and negated at the same time. The analysis of my four following examples – Jörg Friedrich's history *Der Brand* (2002), Sven Lindqvist's *A History of Bombing* (2000), Walter Kempowski's *Der rote Hahn* (2001), and finally Marcel Beyer's novel *Spione* (2001) – will show that none of these texts provides the ultimate solution for the representation of World War II bombings in the twenty-first century, but they show a range of possibilities to deal with the necessary tension between openness and closure.

Jörg Friedrich's Innovative Attempt to Gain Control

Jörg Friedrich's book *Der Brand* (*The Fire*)[7] is not a conventional historical narrative. Divided into seven main chapters – Weapon, Strategy, Land, Refuge, We, I, and Stone – it demonstrates a certain playfulness. The book starts with the bombing of Wuppertal.[8] It opens like a novel, 'in medias res,' narrated from the perspective of a Lancaster bomber. The reader first obtains the information that it is night, 12:40 am, and then that it is in May of 1943. There is no textual indication to suggest whether this account is historical or fictitious. The narrator knows the viewpoints and utterances of historical persons as well as of overall events after the bombing. He knows that the main bomber fleet had lost its course. He knows the technical details: the exact number of bombs used, the events on the grounds, and the technical details of the firestorm. Then the perspective shifts to the ground: many people were outside; a bridal couple celebrates, and they must abandon their celebration to seek shelter in the bunker. The next shift draws the reader even closer to the individuals in question: Luise Rompf is described from a third-person perspective, then she is quoted while they are running to their basements. Similarly, the English woman Sybill

---

[6] Ibid. P. 7. Whereas my essay focuses more on the cognitive dimensions of perception, Virilio's theory of war as perception intensified in the cinematic age is strongly based on the strategic gain of representation and perception.[0]

[7] Jörg Friedrich: *Der Brand. Deutschland im Bombenkrieg 1940–1945.* Munich: Propyläen 2002.

[8] For an analysis of the shifts of perspectives in *Der Brand*, and particularly in the opening sequence, see also Daniel Fulda's essay in this volume.

Banister seeks protection in a different basement. The narrator quotes Sybill's confidence in the quality of the German basements. The reader is then presented with quick shots of two girls, a female doctor, and Luise Rompf, until the air raid is over, at which point several inhabitants of Wuppertal describe the damage. The narrator distances himself from the individuals, evaluates the damage from above and knows about the next attack four weeks later.[9]

Friedrich's narrative seems to differ considerably from Müller's historiographical narrative. The opening sequence reads more like the script of a film, the angles of the shots change and the camera gets closer to the ground before it distances itself again. These shots are justified by the narrator's explanations and by quotations by individuals. The only indications that the reader is not reading a novel are the formal quotation marks. However, the reader, expecting an interesting narrative full of suspense, is disappointed after the opening sequence. The narrator switches to a perspective outside or from above the events, tells many details, and – most typical in Friedrich's narrative – often lectures on the scientific, technical, and strategic details of the air war.

The conventional narrative perspective for the historian is from above; from there s/he can synthesize the sources, switch between different viewpoints, and tell a coherent story. Narratologists call this zero-focalization.[10] For the narratologists, historical narration is the least interesting or most basic form of narration in comparison to fictional narratives. Friedrich surpasses these narratological boundaries of the historiographical discourse, especially in his two chapters entitled "We" and "I". "We" takes a collective perspective of the war experience; it describes how the Germans in their cities felt as a collective group. "I" also takes a collective perspective, based on quotations that speak in the first person singular. There is no individuality of any historical person; the historian constructs a collective mind of individuals acting during the air war. In these two chapters it becomes obvious that Friedrich does not succeed in creating new narrative representations of the air war. Although in all of our three examples he leaves the traditional position of the historian toward the ground and the people bombed, the historian controls the possibilities of knowledge and historical truth: "Im Hamburger Feuersturm zergeht die Siegeszuversicht. Das Sicherheitsgefühl ist 'urplötzlich zusammengesackt' ".[11] "Sie bombadieren eine Stadt nach der anderen. Entweder haben wir die Waffen, England empfindlich zu treffen, oder die restlose Vernichtung des Reiches steht bevor".[12] The collective

---

[9] Friedrich: *Der Brand*. Pp. 13–8.
[10] See for example Monika Fludernik: "Fiction vs. Non-Fiction. Narratological Differentiations". In: *Erzählen und Erzähltheorie im 20. Jahrhundert*. Ed. by Jörg Helbig. Heidelberg: Winter 2001. Pp. 85–103 (Anglistische Forschungen 94).
[11] Friedrich: *Der Brand*. P. 479.
[12] Friedrich: *Der Brand*. P. 480, in quotations marks.

'we' generally occurs in quotations marks. But these historical quotations are only parts of a narrative that relies heavily on the historian's authority. The speakers of the quotations remain unnamed; Friedrich does not produce individual or specific scenes.

To a certain extent Friedrich creates a montage of quotations. However, this montage is only a means of creating the *one* new overall historical narrative, unlike the texts by Kempowski or Lindqvist. I differentiate between two kinds of narrative openness. First, there is the openness in which the multiple perspectives cannot be synthesized or even linked. Friedrich accomplishes that. Therefore, Friedrich neither provides explicit moral judgments – who is right or wrong – nor explicit historical judgments – what causes what. The second kind of openness at issue is the question whether the historian can obtain sufficient factual knowledge. In this respect, Friedrich's narrative is closed.[13] The voice of his narrator is always identical to that of the author "Jörg Friedrich".[14] Friedrich decides on the right perspective of "We" and "I". No historical person or group can act independently from him, which means the reader must take his narrative as the right one. Narratologically, this means that Friedrich employs multiple points of view but still controls the overall perspective.[15] The text contains a closed set of perspectives, since the narrator implies that he can follow all the different perspectives in the air, on the ground, and from the strategical viewpoint of politicians and military leaders outside the events. However, Friedrich does not decide which perspective is most correct; thus his narrative displays a certain openness.

Yet Friedrich's text does not open any gaps. He gives a full account of the subjective perspective of the individual person in the air war ("I"). He gives a full account of the collective perspective of the bombed ("We"). He knows the historical consequences; he seems to know all the facts; his narrator never doubts the validity of his historical narrative. There is not one event told twice – from different angles – in the book. Thus, the overall impression is that the narrator can provide all the historical material and is able to give a full account of the air war. The historian seems to be able to obtain knowledge about all perspectives, and he assumes the authority to tell them in one narrative.

---

[13] Here, my analysis of Friedrich differs from Fulda's in this volume. Fulda reads Friedrich's multi-perspectivity as step toward the first kind of openness.

[14] For this standard feature of (most) historiography, see Gérard Genette: "Fictional Narrative, Factual Narrative". In: *Poetics Today* 11 (1990). Pp. 755–74.

[15] For the relation between multi-perspectivity and historiography see Stephan Jaeger: "Multiperspektivisches Erzählen in der Geschichtsschreibung des ausgehenden zwanzigsten Jahrhunderts. Wissenschaftliche Inszenierungen von Geschichte zwischen Roman und Wirklichkeit". In: *Multiperspektivisches Erzählen. Studien zur Theorie und Geschichte der Perspektivenstruktur narrativer Texte im englischen Roman des 18. bis 20. Jahrhunderts*. Eds. by Ansgar Nünning and Vera Nünning. Trier: Wissenschaftlicher Verlag Trier 2000. Pp. 323–46.

He cannot link all the perspectives and wisely Friedrich does not try. Therefore, Friedrich's text conveys the struggle between openness and closure that is inherent to a bombing narrative.

For the academic discipline of history and the German and international press, Friedrich's style is extremely provocative.[16] Müller's narrative tends to justify Nazi actions, but it does so analytically; he does not try to represent what cannot be represented from an overall truth-knowing perspective. Friedrich is aware of the narratological challenges; he never closes his narrative with historical or moral judgments. Instead, Friedrich uses a suggestive style and provocative rhetoric. Since Friedrich bypasses the Holocaust, the Nazi air raids on European cities, and particularly the cause for the Allied attacks on Germany with few words, it is almost an automatic response to say Friedrich's is a revisionist history.[17]

On the one hand, Friedrich's suggestive style creates openness; on the other hand it has the opposite effect. Since the individual and collective historical voices are part of Friedrich's master narrative, Friedrich's style implies that the author knows an unspoken truth, particularly because of his focus on the perspective of the British bomber command and his implicit comparisons with the Holocaust.[18] The suggestive style leads to a lack of context, careful reflection, and criticism. The reader must supply his or her own interpretation because Friedrich avoids explicit judgments. At the same time, Friedrich's text seems to provide a full picture without any openings for the reader. Herein lies the problem of the two opennesses. Friedrich does not provide a simultaneous picture of closure and openness; instead the openness, the multi-perspectivity, leads to a new form of closure.

Postmodern Historiography and its Ethics: Sven Lindqvist

How can a writer create a different narrative of bombing that still maintains a strong moral perspective, which guarantees a certain closure, but at the same time honors the specificity of bombing narratives? This means that bombing narratives cannot cover everything, that something ineffable remains, that an overall perspective or full control of the facts is – even for a historian – impossible.

---

[16] For the reception of Friedrich's book see the collection *Ein Volk von Opfern? Die neue Debatte um den Bombenkrieg 1940–45*. Ed. by Lothar Kettenacker. Berlin: Rowohlt Berlin 2003.

[17] See the examples of the reactions toward Friedrich's book in British newspapers (in: Ibid. Pp. 171–82).

[18] Although he never draws explicit analogies between the bombings and the Holocaust, he indirectly makes this analogy working by choosing words that were typical for the Nazi regime to describe the British and Americans. For example the basements become crematoriums (Friedrich: *Der Brand*. P. 388) or the Royal Air Force's 5th Bomber Group a "Massenvernichtungsgruppe" (mass destruction group, ibid. P. 354).

In 2000, the Swedish journalist and historian Sven Lindqvist published *A History of Bombing*.[19] Lindqvist takes a completely different approach from that of traditional historical narratives. He uses a writing technique most commonly used in postmodern fiction and creates different story paths through the book. These story paths depend on the order in which the reader chooses to read the book. Lindqvist provides several personal paths through the history of bombs, rockets, and nuclear weapons, as well as their impact on civilians. The book consists of 22 'entrances,' which open to particular narratives or arguments. These entrances are followed by 377 entries, chronologically ordered. The reader is guided by an arrow and a number to go to the next section connected to the entrance s/he has chosen. Sometimes the reader must turn back to earlier sections. After the end of one storyline, s/he can start the next one.

These entries have a different effect than historiography which presents itself as one narrative; they function like a chronicle. The difference between chronicle and traditional historical narrative can be clearly seen in the following entry:

> Shortly thereafter the man for the job was appointed: Arthur 'Bomber' Harris. No hobbies. Never read a book. Didn't like music. Lived for his job. His closest colleague was an old pal from the bombing of Iraq. His closest superior was an old pal from the bombing of Aden. The gang was together again and ready for another go.[20]

Either the reader finishes the entry with the unwritten sentence 'Harris did not care for anything else than bombing, therefore, the culture and achievements of human civilization and human beings themselves were destroyed,' or s/he doubts the validity of the facts Lindqvist has presented. In any case, if s/he moves to the next entry s/he is confronted with the next argument, only indirectly related to the last one. Even more than in the rhetoric of Friedrich's history, one of the strongest arguments in Lindqvist's book is the simultaneous discussion of British air raids on Germany and the Holocaust. Through the loose entry technique, which relies on chronology and individual traces, Goebbel's diary entry on the 'final solution of the Jewish question' on March 27, 1942 and the British attack on Lübeck one day later are combined to one narrative. Unlike elsewhere in the book, here, Lindqvist does not even need to draw a comparison between the bombings and the Holocaust.[21] The analogy is simply displayed in the text; the reader is forced to react aesthetically and intellectually to the open narrative.

---

[19] Sven Lindqvist: *A History of Bombing*. Transl. by Linda Haverty Rugg. New York: New Press 2001 [swed. 2000].
[20] Ibid. P. 90.
[21] For the most subtle analytical 'comparison' between bombing and Holocaust see Eric Markusen and David Kopf: *The Holocaust and Strategic Bombing. Genocide and Total War in the Twentieth Century*. Boulder – San Francisco – Oxford: Westview Press 1995.

One of Lindqvist's longest narratives is that which chronicles the July 1943 the air raid on Hamburg of which we have already seen different representations (storyline 11 "Hamburg, Auschwitz, Dresden"). The introductory entry starts with an anecdote in which ordinary British people, the host family of the author in 1948, defend the British air war strategies:

> "This is not a question of 'a few houses,' " I [Lindqvist, S.J.] said. "Hamburg was razed by British bombs. This was the third time I traveled through the city, and I have seen nothing but ruins". "That must have been the Americans", said my host. "The British bombers never attacked civilians".

The sixteen years old Lindqvist insists and gets the following answer: "I am not going to listen to any more German war propaganda in my house", [...] "The British bombers attacked military targets, period".[22] Here, the first entry ends, without comment, and the reader is taken to the year 1998, when Lindqvist visits British war museums. With an ironic comment he ridicules the British efforts of negating that they destroyed human life in the bombings.

On the one hand, Lindqvist provides no direct interpretation of the material. It is just presented or displayed, and the reader must supply his or her own interpretation. On the other hand, Lindqvist is highly suggestive; he takes sides against the suppression of knowledge and remembrance, here in the private and public collective memory of the British people. In these two entries, he uses personal experiences. Throughout the book, Lindqvist employs this personal voice, unlike other modern, neutral historians who use the technique of zero-focalization. In this way, Lindqvist creates a rift between the author 'Lindqvist' and the involved figure 'Lindqvist.' In other words he breaks up the traditional unity of author and narrator in historical and factual narratives. Lindqvist's narrator is sometimes biased. He obviously condemns the British area bombings and does not accept them as a necessary means to end the terror of the Nazi regime in Europe. He speaks with a moral voice suggesting humanity.

Because of this separation of perspective between narrator and author, Lindqvist can begin entry 206 with a comparison between the air raids and the Holocaust: "In both cases it was a question of well-organized mass murder of innocent people, sanctioned at the highest level but contrary to international law".[23] Then the entry mentions the work of a Swedish colleague who compares the "intertwined piles of people" after the Hamburg firestorm to those in the gas chambers. The rest of this entry differentiates between the two cases by discussing the numbers of the dead and the defenselessness of the Nazi victims.

They draw the conclusion that strategic bombing is genocidal; however, they also show a number of important differences between the Holocaust and strategic bombing.
[22] Lindqvist: *A History of Bombing*. P. 6.
[23] Lindqvist: *A History of Bombing*. P. 97.

Entry 207 speculates about a possible trade: the Allies stop the bombing and in return the Nazis stop the murder of the Jews. After the question "But the offer was never made. Why"?[24] the entry quotes sources enumerating Allied fears of too many immigrants if Hitler were to change his policy from "extermination" to "extrusion".[25] Again, it is a thought, a speculation; the entry ends here, and the story goes on with a quotation on the morale of the German civilians, which is contrasted with Arthur Harris' belief that the war would be won by area bombing.

Lindqvist loses a good deal of objectivity through his narrator's moral involvement, particularly in his use of contrasts. Yet, it is still a factual text; he does not create a fictional reality; there are no perspectives from historical persons that exceed those provided by the historical record. Lindqvist cannot create new perspectives on the textual level, nor can the psyche of figures extend beyond that provided by their historical utterances, unlike in fiction. Again, as in traditional bombing histories, no individual voices are heard. The contrast between the traditional historical narrative and Lindqvist's narrative occurs because Lindqvist's text creates a textual dynamic of its own. The reader is challenged either to accept the moral interpretation and judgment of the 'narrator Lindqvist,' or to repudiate the strong criticism of colonialism and imperialism, which creates a new master narrative within the book. Still, if the reader only reads this master narrative, he or she misses the complexity of the story, its contradictions which cannot be solved from an omniscient or moral vantage point outside the text. Alternatively the reader can feel provoked by the obviously subjective method of the text. *A History of Bombing* creates a textual world beyond the historical-factual world. At the same time, the text makes an argument about historical reality; thus it switches between a referential and a textual function. It creates its own reality which depends on the interaction between the subjective narrator, the isolated entries, and the reader. *A History of Bombing* remains *a* history, only one specific perspective, insisting on the subjectivity of the narrator. This dynamic between closure and openness establishes – from the perspective of a foreign bystander and academic – a new possibility for the representation and remembrance of German – or in Lindqvist's book – more generally, human sufferings. This new possibility prevents Lindqvist from falling into the same trap as does Friedrich in *Der Brand*. Instead of maintaining an overall perspective and control of the sources, the multi-perspectivity is never dissolved, so that the reader can gain a higher awareness of the difficulty of representing and remembering bombing. S/he must reflect upon the fact that a general truth about the bombings cannot be gained. This leads to an increased ability to differentiate between guilt or

---

[24] Lindqvist: *A History of Bombing*. P. 98.
[25] Lindqvist: *A History of Bombing*. P. 98.

responsibility and suffering. It is not a question what was right or wrong. The price is that Lindqvist provides less historical detail than Friedrich. Historical events almost become mere background toward the narrator's moral judgment and the text's meta-reflection on representational challenges.

Montage and Storyline: Walter Kempowski

Walter Kempowski's *Der rote Hahn* (*The Red Cock*) mainly deals with the night on February 13/14, 1945 during which Allied bombers destroyed Dresden; this night, in addition to the firestorm in Hamburg, became the symbol of the destruction of Germany's cities in World War II. It is based on his second *Echolot, Fuga Furiosa*, from 1999.[26] Kempowski's text focuses on the question of how a historical text can overcome the impossibility of an epic narrative through montage and fragmentation.[27] The book is still a historical narrative; it does not create a fictional world in which fictional characters with their own lives are established. The difference between this text and Lindqvist's is the lack of a strong moral voice and the absence of an obvious narrative persona, since Kempowski mainly combines different sources and voices. It is important to see that the book by far exceeds the effect of a diligent collection of sources. Kempowski's book has a clear structure, ordered in terms of the time of the day to which those sources refer. The sources are then sorted into periods of attacks and times in-between attacks. Furthermore, there are short chapters with voices from later anniversaries of the attacks. Within these narratives, Kempowski interweaves Hitler's political testament, which consists of fragmented parts from different speeches by Hitler. Some perspectives become like real storylines of individuals. For example, fragments of the accounts of the Prince of Saxony or of ordinary citizens of Dresden occur more frequently. Other voices remain scattered; some voices work as a collective voice – such as the RAF bombardiers' perspective, which takes the perspective from above. Again the reader is challenged to participate and to connect the different voices to form a picture of the situation in Dresden. This fragmentation, even of complete personal accounts of the bombings, is one important device that creates a

---

[26] Walter Kempowski: *Der rote Hahn. Dresden im Februar 1945*. Munich: btb Goldmann 2001. Walter Kempowski: *Das Echolot. Fuga furiosa. Ein kollektives Tagebuch, Winter 1945*. 4 vol. Vol. 4. Munich: Knaus 1999. Pp. 707–825. In *Der rote Hahn* Kempowski focused on Dresden; he deleted other entries which happened on that day and added some new texts segments. *Der rote Hahn* conveys the effect of a Dresden and bombing narrative, whereas *Fuga furiosa* conveys the effect of World War II in its final stages.

[27] For a general summary of Kempowski's Dresden montage see Susanne Vees-Gulani: *Trauma and Guilt. Literature of Wartime Bombing in Germany*. Berlin – New York: de Gruyter 2003. Pp. 103–109.

textual quality in *Der rote Hahn*. It supersedes the limits of a mere collection of historical sources.

A second narrative technique used by Kempowski is the blending of chronological and synchronic time. The second bombing wave occurred on February 14, 1945 between 1:30 and 1:55 am. Kempowski provides twenty-seven pages of accounts of these twenty-five minutes.[28] One entry describes the feelings of a bomber pilot of the Royal Air Force, who sees the glow of burning Dresden from 320 kilometers away and recognizes details on the ground from an altitude of 6.700 meters.[29] At the beginning of the second wave, there are only short entries in the voices of Dresden's citizens. They are surprised by the second attack. The representation of the bombers' point of view provides the reader with a perspective from the air. In the transition between those voices there are other documents by people thinking of Dresden and of their loved ones, without knowing what is happening that night. Then, the narrative gives several retrospective accounts about what individuals – a high school student, a teacher, a lieutenant, the Prince of Saxony – felt during this attack. These voices from the ground are always interrupted by voices from the air. On the one hand, Kempowski creates the impression of chronological time. There seems to be a temporal shift from the air to the ground, to the moments of waiting for the attack to end. On the other hand, in real time, the events happened simultaneously. The reader can obtain a diachronic sequence of events as well as a synchronic impression of simultaneous events and perceptions.

Kempowski creates a new textual world. Without his explicitly stated structures and narrative trajectories, his blending of different time levels, and his fragmentation, his book would remain a collection of sources. Without assuming an overall perspective, the reader obtains the material and is forced to perceive textual gaps to establish a perspective of his or her own. These gaps created by Kempowski's narrative technique reflect upon the historical gaps, which occur because the air war can never be fully explained or understood in retrospect. To this end, Kempowski provides sources from the 1990's about the difficulties of remembering Dresden in Germany and Britain as well. Kempowski's technique challenges the possibility of the *one* perspective from above. It constantly makes the reader aware that s/he needs to search for traces and to make narrative connections of his or her own. Since the book does not present direct analogies or interpretation, it is less provoking than Lindqvist's book. Thus, the reader might get lost more easily in the sources without being able to create perspectives of his or her own, or, in other words, some of the structural closure necessary in a bombing narrative might be missing.

---

[28] Kempowski: *Der rote Hahn*. Pp. 104–30.
[29] Ibid. Pp. 104.

The Reality of Meta-Representation: Marcel Beyer

My last example is a purely fictional one: Marcel Beyer's novel *Spione* (*Spies*).[30] Beyer's approach to the incomprehensibility of bombing is meta-fictional and meta-representational. In the end, this leads to an open text, which displays the necessities and impossibilities of closure in a way that engages the reader.

Spione deals with the narrative of four children who want to discover their grandparents' past. Their grandfather was supposed to be a member of the Legion Condor, Hitler's support for Franco in the Spanish civil war. Beyer's central scene about the narrative of bombing is only about seven pages.[31] It starts with the voice of the grandmother: "Sie weiß ihren Verlobten [the grandfather] in der Luft".[32] Here the voice speaks clearly from Germany, imagining her fiancée in the air. After an interior monologue that confirms her position, the grandmother reflects upon bombardiers' stories of homecoming. She gets increasingly confused by these narratives and develops her own thoughts. Then, she spends time at her aunt and uncle's house in a rural area. On a walk through the fields, her vision becomes blurred because of pollen. Real nature becomes mere thought of the grandmother's mind. "Ein schmaler Schatten reicht über die Felder, sie sieht den runden Schattenriß eines Flugzeugs näherkommen, die abgerundete Schnauze, die Tragflächen, die Seitenruder. Sie erkennt den Flugzeugtyp sofort […]".[33] The perspective changes; she looks in the sky and sees the shadow directly above her; the plane is already over the village. Here, the difference between countryside surrounding her aunt and uncle's house and that surrounding the Spanish village about to be bombed is elided. The scene obviously refers to Guernica and the cultural memory of destructed human civilization brought to mind by Picasso's painting. For the reader, the perspective has moved from the German rural area to a Spanish rural area. The next paragraph distances the grandmother narrator from the events, but she is still close to them.

Then, she imagines herself directly in the bombing area, on the ground:

> Sie hört die Rufe und Sirenen, wenn sich die deutschen Staffeln nähern, zuerst kaum Punkte, nichts, im fernen Himmel. Sie hört das Einschießen der Flugabwehr, oder auch keine Schüsse, nur Sirenen, weil es keine Flugabwehr gibt. Sie hört das sanfte Brummen, langsam, keinen Lärm, als wäre das Geräusch im eigenen Körper, in Hals und Magen, Händen, Knien, aber nirgends sonst.[34]

The perspectives switch between ground, the negated possibility that her fiancée is in the cockpit – "aber sie will ihn nicht im Anflug auf spanische

---

[30] Marcel Beyer: *Spione. Roman*. Cologne: DuMont 2000.
[31] Beyer: *Spione*. Pp. 157–163.
[32] Beyer: *Spione*. P. 157.
[33] Beyer: *Spione*. P. 158.
[34] Beyer: *Spione*. P. 159.

Städte sehen"[35] – and more distant reflections, in which her point of view is not clear. The different perceptions – sounds and vibrations – are blurred. Then the plane drops the bomb; the grandmother's perspective seems impossible; she is somehow on the ground experiencing the bombing, somehow only feeling and imagining everything in herself, and somehow above it, observing, and thinking of the interior of the plane. The perspective switches again; it incorporates the grandmother's moral wish that her fiancée remains unaware that he hit the village and not the bridge: "Gesehen hat er nichts, kein Dorf und keine Brücke".[36] But the camera in the plane's fuselage records the 'reality;' the judgment over the fiancée shifts; he sees burning buildings, but no dead people.

All these events could be the products of the grandmother's imagination or even the products of the children's imaginations as they try to discover the past of their grandparents in the novel. However, Beyer creates a bombing narrative that does not offer a clear perspective, but shifts through several perspectives, constantly moving the focal point as a photographer would with a camera, but, importantly, he does so with a human and often moral or biased eye (in favor of the fiancée who must not know anything). This photographic or cinematic technique in general, which makes attacks unreal and real at the same time, is explicitly explored in Virilio's media analysis of war in *War and Cinema*.[37] The 'reality' created in Beyer's narrative is completely fictional, despite the historical references to the Legion Condor. Beyer's text explores the impact of bombings, its blurred perspectives, the impossibility of distinguishing between reality and imagination, and the impossibility of achieving a comprehensive perspective. *Spione* demonstrates the constant switch between perspectives, the need for moral judgments and justifications, the need for certainty, and the very impossibility of achieving these with unilateral certainty.

Beyer's text raises the awareness with regard to the perception of war and how remembrance and imagination rely on each other. Though he weaves elements of the real history of Guernica in his text, his novel does not provide any historical insight in the specific historical event of Guernica. It remains a meta-representational text that tells the reader about the representation of bombing, not about any specific history. The 'real' has been lost. The focus on perception is characteristic of all the examples analyzed in this essay. Bombing narratives – particularly in the 21st century from the distance of about sixty years – require

---

[35] Beyer: *Spione*. P. 159.
[36] Beyer: *Spione*. P. 160. Without marking it explicitly as history, Beyer uses the best known facts of the attack in this sequence. The bridge, the Rentería, was the original pretext for the air raid. Unlike most of the village it was not destroyed; see Herschel Browning Chipp: *Picasso's Guernica. History, Transformations, Meanings*. Berkeley – Los Angeles – London: University of California Press 1988. P. 36 (California studies in the history of art 26).
[37] Virilio: *War and Cinema*.

the author to reflect upon its representational possibilities and limitations in order to convey the indescribable nature of the subject. As the level of reflection rises, so too does the awareness that there is no final judgment, no finite decision about guilt and responsibility, and no one-dimensional explanation of history. This awareness can help to learn about history and to understand the nature of the many perspectives from which the air or bombing war can be seen. There is not one perfect narrative; rather, historical writing is a never-ending search for representations between closure and openness. It is a process of infinite closures.

Henning Herrmann-Trentepohl

"Das sind meine lieben Toten"[1] – Walter Kempowskis "Echolot"-Projekt

After a short charakterization of Walter Kempowski's Echolot. *A collective diary I will analyze specifically the section on the bombing of Dresden. I try to show that the main unifying principle behind the concept of the* Echolot *is Pietism, the single most influential protestantic movement and still very much alive. With its awareness of language and its strong ethical impulses resulting in a general mistrust in religious and political institutions it influenced strongly the birth of modern German literature at the end of the 18th century and is still discernible in* Echolot *especially in the author's use of the "Losungen" as motti for every day. Where Kempowski leaves them out (as in* Der rote Hahn*) the result is a failure in artistic unity and integrity.*

Einleitung

1980 gründete der Schriftsteller Walter Kempowski das "Archiv für unpublizierte Autobiographien". Nach mehreren Aufrufen an die Öffentlichkeit, ihm Tagebücher, Briefe, Fotos zu überlassen, wuchs das Archiv schnell an. Das in ihm gesammelte Material wurde zur Keimzelle für "Echolot"[2]. Zu diesem Zeitpunkt war Kempowski ein vielgelesener Romancier, der mit den Romanen seiner "Deutschen Chronik" und vor allem mit den Verfilmungen von "Tadellöser & Wolff" und "Uns geht's ja noch gold" beim Lesepublikum sehr große Beliebtheit genoß, von der Literaturkritik und der Germanistik aber verdächtigt wurde, die Nazizeit zu idyllisieren und zu verharmlosen. Dass er sich auch in seinen Äußerungen zu tagespolitischen Fragen als bürgerlich-liberal zu erkennen gab, trug sicherlich ebenfalls zu seiner Isolation im 'Kulturbetrieb' bei.[3] Mit dem Abschluß der "Deutschen Chronik" wandte er sich nun mit dem "Echolot"-Projekt einem "objektivierenden Pendant"[4] zur subjektiveren Sichtweise der "Deutschen Chronik" zu.

---

[1] Walter Kempowski: *Alkor. Tagebuch 1989*. München: Albrecht Knaus 2001. S. 65.
[2] Zit. nach Dirk Hempel: *Walter Kempowski. Eine bürgerliche Biographie*. München: Goldmann 2004. S. 173 ff. Hempels Buch ist mit seiner Fülle von (oftmals bisher unpubliziertem) Material auf unabsehbare Zeit die Hauptinformationsquelle für Leben und Werk Walter Kempowskis.
[3] In Anlehnung an Hans Magnus Enzensberger spricht Dirk Hempel: *Walter Kempowski*, S. 208 von einer "nebulösen Medienlinken", die sich als "politischer Sittenrichter", als "Türhüter der Bewußtseinsindustrie" geriere.
[4] Hempel: *Walter Kempowski*. S. 214.

Der erste Abschnitt von Walter Kempowskis "Echolot"-Projekt (Januar und Februar 1943) als direkte Frucht der jahrelangen Archivarbeit erschien 1993. Mit einem Band zu den letzten Kriegstagen liegt das "Echolot" inzwischen abgeschlossen vor.[5] Ebenfalls 2005 veröffentlichte Kempowski unter dem Titel "Culpa. Notizen zum Echolot" Aufzeichnungen aus den Jahren 1978 bis 1993, die die Entstehung der ersten Bände protokollieren.[6] Bereits die ersten vier Bände waren ein großer und, von Verlag wie Autor gleichermaßen, wohl ganz unerwarteter Erfolg: in den ersten drei Monaten nach Erscheinen im Oktober 1993 verkauften sich insgesamt 30.000 Bände. Das Echo in den großen Feuilletons war zwar überwiegend positiv (Frank Schirrmacher sprach vom "Echolot" sogar als "eine der größten Leistungen der Literatur unseres Jahrhunderts"[7]), es gab allerdings auch kritische Stimmen. So griff Johannes Willms Schirrmachers Kritik auf und wertete sie als Symptom einer "Krise", da sie ein Werk als Literatur bejuble, dem doch alle literarischen Qualitäten wie etwa eine einheitliche gedankliche Grundlage, Stil und ein eindeutiger fiktionaler Charakter abgehe.[8] Auch für W. G. Sebald ist das "Echolot" lediglich "gutes Material", aber keine "Literatur in irgendeiner Form".[9]

Es ist wohl nicht zuviel gesagt, wenn man behauptet, dass sich in diesen zwölf Jahren, in denen das "Echolot" erschienen ist, das Verständnis der Deutschen von ihrer Rolle als Opfer alliierter Luftangriffe im Zweiten Weltkrieg grundlegend gewandelt hat, bzw. immer noch einer solchen Wandlung unterliegt. Eine zentrale Rolle haben hier sicherlich die Ausführungen W. G. Sebalds in seinen

---

[5] Walter Kempowski: *Das Echolot. Abgesang '45. Ein kollektives Tagebuch*. München: Albrecht Knaus 2005.
[6] Walter Kempowski: *Culpa. Notizen zum "Echolot"*. München: Albrecht Knaus 2005.
[7] Die Angaben zur Menge der verkauften Exemplare und das Schirrmacherzitat wurden Hempel: *Walter Kempowski*, S. 205f. entnommen.
[8] Johannes Willms: *Die Kritik in der Krise. Das verstörende Echo auf Walter Kempowskis kollektives Tagebuch "Das Echolot"*. In: *Süddeutsche Zeitung* vom 31.12.1993. Noch extremere Formulierungen finden sich bei Bernd W. Seiler: *Keine Kunst? Umso besser! Über die Erinnerungsliteratur zum Dritten Reich*. In: Jörg Drews (Hg.): *Vergangene Gegenwart – gegenwärtige Vergangenheit. Studien, Polemiken und Laudationes zur deutschsprachigen Literatur 1960–1994*. Bielefeld. Aisthesis 1994. S. 203–223, hier S. 206. Seiler hält das *Echolot* für eine "Erscheinung der Überflußgesellschaft": "Unter der Voraussetzung eines Überflusses an Zeit und Geld (350 Mark!) wird dem Leser hier ein Überfluß an Material dargeboten, und wenn es mit seiner Zeit dann doch vielleicht nicht so weit her ist, macht das auch nichts". Diese von einem verengten Literaturbegriff und, schlimmer noch, von Ressentiment geprägte Argumentation scheint mir typisch zu sein für den Umgang der von Enzensberger beschriebenen "Medienlinken" (vgl. Anm. 3) mit dem Werk Kempowskis.
[9] W. G. Sebald: *Hitlers pyromanische Phantasien*. In: Volker Hage (Hg.): *Zeugen der Zerstörung. Die Literaten und der Luftkrieg. Essays und Gespräche*. Frankfurt/M: Fischer 2003. S. 259–279, hier S. 266. Der Band enthält auf den Seiten 7–131 auch ein ausführliches Resümee zum Stand der Diskussion.

1999 erschienenen Vorlesungen über "Luftkrieg und Literatur"[10] gespielt, der mit seinem Vorwurf, die Literatur habe sich dem Thema des Luftkriegs verschlossen, eine große, noch keineswegs abgeschlossene Debatte in Gang setzte, die sich längst nicht mehr nur auf der Ebene der Literatur bewegt. Die Strategie des britischen Luftmarschalls Arthur Harris, Deutschland durch ein "moral bombing" zu demoralisieren, also nicht mehr nur militärische Ziele zu bombardieren, war auch unter den Alliierten stets umstritten gewesen. Bis heute ist ebenfalls fraglich, ob das Bombardement Dresden überhaupt militärisch gerechtfertigt gewesen wäre.[11] Doch auch die politische Entwicklung Deutschlands nach 1945 leistete einer nüchternen und abwägenden Debatte nicht gerade Vorschub. Während die DDR Deutschland als Opfer der "alliierten Luftkriegsführung" sah, deren "barbarische und terroristische Züge immer deutlicher wurden",[12] herrschte im Westen die Lesart vom 'Täterland' Deutschlands vor, das 'nur bekommen habe, was es verdiene'.[13] Auch die Höhe der Opferzahl, die heute nach herrschender Meinung bei etwa 35.000 Toten angesetzt wird, wurde stets zu politischen Zwecken manipuliert.[14]

Als eine weitere Rechtfertigung der Angriffe konnte sicherlich auch der Punkt angesehen werden, dass das durch den Luftangriff ausgelöste allgemeine Chaos für viele verfolgte Juden die Möglichkeit, der drohenden Deportation zu entgehen und die restlichen Kriegswochen im Untergrund zu überleben: als prominentestes Beispiel sei hier nur auf Victor Klemperer verwiesen.[15] Gerade

---

[10] W. G. Sebald: *Luftkrieg und Literatur*. München: Hanser 1999. Vgl. neben den bereits genannten Arbeiten Volker Hages besonders dessen Anthologie *Hamburg 1943. Literarische Zeugnisse zum Feuersturm*. Frankfurt/M: Fischer 2003 und die bereits genannte Veröffentlichung. Die Kontroverse um Sebalds Äußerungen liegt gut dokumentiert vor in Volker Hage/Rainer Moritz/Hubert Winkels (Hg.): *Deutsche Literatur 1998*. Stuttgart: Reclam 1999. S. 249–299.
[11] Vgl. dazu zuletzt zustimmend Frederick Taylor: *Dienstag, 13. Februar 1945. Militärische Logik oder blanker Terror*. München: Bertelsmann 2005.
[12] Zit. nach Götz Bergander: *Dresden im Luftkrieg. Vorgeschichte, Zerstörung, Folgen*. Weimar – Köln – Wien: Weidlich und Flechsig 1998. S. 294 ff. Vgl. dazu jetzt ebenfalls Oliver Reinhard (Hg.): *Das rote Leuchten. Dresden im Bombenkrieg*. Dresden: Saxo-Phon 2005.
[13] So noch Thomas Blum: *Außer Dresden nichts gewesen*. In: *Jungle World*, Nr. 6 vom 9. Februar 2005, abrufbar unter *www.jungle-world.com/seiten/2005/06/4847.php* (14.02.2005).
[14] Verwiesen sei hier besonders auf die gezielten Provokationen der NPD im sächsischen Landtag vom Januar 2005 und ihrer Bewertung der Luftangriffe als "alliierter Bomben-Holocaust" und als "angloamerikanische Gangsterpolitik". Zitiert wurde nach *www.spiegel.de/politik/deutschland/0,1518,druck-338839,00.html*, *www.spiegel.de/politik/deutschland/0,1518,druck-337958,00.html* sowie *www.welt.de/data/2005/02/07/459562.html?prx=1* (07.02.2005).
[15] Vgl. dazu etwa Walter Nojowski: *Als das Feuer zurückkam*. In: *Die Zeit* vom 10. Februar 2005. S. 84.

in Ansehung dieser komplexen deutschen Gemengelage, die den deutschen Diskurs über Dresden bestimmte, ist es vielleicht nicht ungewöhnlich, dass, wie Volker Hage hervorgehoben hat, die beiden literarisch bedeutsamsten Bücher über Dresden aus dem Ausland kommen: nämlich Kurt Vonneguts "Schlachthof 5 oder der Kinderkreuzzug" (1969) und Harry Mulischs "Das steinerne Brautbett" (1959).[16] Und bemerkenswert ist auch, dass die zwei Werke, die in besonderem Maße die Diskussion der letzten Jahre geprägt haben, sowohl inhaltlich als auch formal die Grenzen üblicher Darstellungen überschreiten. Jörg Friedrichs "Der Brand", auf den ersten Blick eine historische Abhandlung, entfaltet ein narrativ strukturiertes Netz aus suggestiv betitelten Kapiteln ("Waffe", "Strategie", "Land", "Schutz") und einer Erzählung, deren knappe, staccatohafte Sätze immer wieder Darstellung und Kommentar miteinander vermischt.[17] Und Kempowskis "Echolot" bewegt sich zwischen den Polen historischer Materialsammlung, wie man sie etwa aus der Reihe der Reihe "dtv-Augenzeugenberichte" kennt, und den Möglichkeiten literarischer Montage von Tagebüchern und anderen Aufzeichnungen sowie Bildelementen.

Die vorliegende Arbeit widmet sich folgenden Fragen. Am Beispiel der dem Luftangriff auf Dresden vom 13. und 14. Februar 1945 gewidmeten Passagen des "Echolots"[18] soll auf zentrale Strukturprinzipien des Werkes eingegangen werden. Im zweiten Schritt wird versucht, so etwas wie ein unifizierendes Prinzip aufzufinden, ein Zentrum, um das herum dieses "kollektive Tagebuch" konstruiert und ohne das es in seinem ganzen Anspruch nicht zu verstehen ist. Dieses sehe ich in den Losungen der Herrnhuter Brüdergemeine, die als Motti jeden Tag einleiten. Der Pietismus als die wohl bedeutendste religiöse Erneuerungsbewegung innerhalb des Protestantismus hat, besonders über das protestantische Pfarrhaus, die deutsche Literatur maßgeblich geprägt.[19] Die in ihm angelegte Wechselwirkung zwischen Verinnerlichung, Individualisierung einerseits und nach außen gerichtetem pädagogischem Impetus andererseits prägt auch das "Echolot". Im Anschluss daran soll dann auf die 2001 erschienene und ausschließlich dem Luftangriff auf Dresden gewidmete "Echolot"-Auskopplung "Der rote Hahn"[20] eingegangen werden. Meine These ist, dass hier das Fehlen der pietistisch geprägten Strukturprinzipien zu einem künstlerisch

---

[16] Volker Hage: *Zeugen der Zerstörung*. S. 85.
[17] Vgl. Jörg Friedrich: *Der Brand. Deutschland im Bombenkrieg 1940–1945*. München: Propyläen 2002. Eine Untersuchung der erzählerischen Mittel, derer sich Friedrich bedient, wäre wünschenswert.
[18] Vgl. Walter Kempowski: *Das Echolot. Fuga furiosa. Ein kollektives Tagebuch Winter 1945*. Vier Bände. München: Albrecht Knaus 1999.
[19] Vgl. dazu etwa Albrecht Schöne: *Säkularisation als sprachbilende Kraft. Studien zur Dichtung deutscher Pfarrerssöhne*. Göttingen: Vandenhoeck & Ruprecht 1968.
[20] Vgl. Walter Kempowski: *Der rote Hahn. Dresden im Februar 1945*. München: Goldmann 2001.

nicht befriedigenden Ergebnis führt. In einem Schlußkapitel sollen dann die Ergebnisse nochmals zusammengeführt und ein Fazit versucht werden.[21]

Das Echolot- Der Titel

Bereits der Titel bezeichnet die zentralen ästhetisch-programmatischen Spannungsfelder, in denen sich das Werk insgesamt bewegt.

Unter "Echolot" versteht man ein technisches Gerät zur akustischen Tiefenmessung, das es erlaubt, Objekte unter Wasser zu orten. Das geschieht mittels aktiver als auch mittels passiver Sonarsysteme. Im ersten Fall werden Schallwellen ausgestrahlt, im zweiten nur empfangen.[22] Übernimmt man das Bild des Echolots als Metapher, so wird deutlich, dass der Autor zunächst zwar hinter das Material zurückzutreten scheint, aber als Arrangeur doch letzte Instanz und Sinngeber bleibt – obwohl die Daten (im vorliegenden Falle die 'Stimmen') natürlich gelesen und interpretiert werden müssen.

Mit der Bezeichnung "kollektives Tagebuch" fasst Kempowski zwei Bereiche zusammen, die eigentlich als miteinander unvereinbar gelten. Ist doch das Tagebuch die vielleicht intimste Gattung der abendländischen Literatur, das Medium zur Selbstbeobachtung und – erforschung schlechthin, und zwar unabhängig davon, ob es der Autor zur Veröffentlichung vorgesehen hat oder nicht.[23] Die Bezeichnung "Kollektiv" scheint dagegen gerade auf das Heterogene, die Stimmenvielfalt abzustellen – mithin ein Paradox zu sein. Versteht man aber das Tagebuch zumindest auch als eine "Bühne der Selbstinszenierung"[24], so wird deutlich, dass Kempowski einen Augleich anstrebt zwischen den einzelnen, jeweils subjektiv geprägten Textzeugnissen und ihrer Funktion im 'Chor'. Subjektives und Objektives halten sich so gegenseitig 'in Schach'. Für dieses Zusammenspiel wählt er das Bild der "Fuga furiosa", einer musikalischen Form also, die es erlaubt, eine Vielzahl von Stimmen nach quasi mathematischen Regeln kunstvoll neben- und miteinander zu führen und so ein Ganzes entstehen zu lassen.

Schließlich wird der Zeitabschnitt angegeben, um den herum sich die 'Stimmen' gruppieren lassen, nämlich der letzte Kriegswinter 1945. Das führt

---

[21] Die folgenden Veröffentlichungen zum "Echolot" konnte ich für meine Studie leider nicht mehr auswerten: Carla A. Damiano: *Walter Kempowskis "Das Echolot". Sifting and Exposing the Evidence via Montage.* Heidelberg: Winter 2005; Carla A. Damiano/ Jörg Drews/Doris Plöschberger (Hgg.): *"Was das nun wieder soll"? Vom "Block" bis zu den "letzten Grüßen". Zu Leben und Werk Walter Kempowskis.* Göttingen: Wallstein 2005.
[22] Vgl. dazu den Artikel "Echolot" in *www.wikipedia.de* (07.02.2005).
[23] Vg. dazu die klassische Abhandlung bei Gustav René Hocke: *Europäische Tagebücher aus vier Jahrhunderten. Motive und Anthologie.* Wiesbaden und München: Limes 1986. S. 16 ff.
[24] So Martina Wagner-Egelhaaf: " *'Anders ich' oder: Vom Leben im Text. Robert Musils Tagebuchheft 33*". In: *DVjs* 65 (1991), S. 152–173.

zu der Frage, wieso Kempowski für das "Echolot" gerade diese Zeitabschnitte ausgewählt hat. Sicherlich hatte die enorme Materialfülle eine so extreme zeitliche Beschränkung notwendig gemacht. Jörg Drews hat aber für den ersten "Echolot"-Teil darauf aufmerksam gemacht[25], wie sinnvoll der von Kempowski gewählte Zeitabschnitt ist: fallen doch in diese ersten beide Monate des Jahres 1943 das zehnjährige Jubiläum der nationalsozialistischen Machtergreifung, die Verhaftung der Mitglieder der "Weißen Rose" und schließlich auch die Tagung von Casablanca, auf der Roosevelt und Churchill die Forderung nach einem 'unconditional surrender' Deutschlands erhoben. Eine eigene, sehr bedeutsame Entstehungsgeschichte hat schließlich der "Echolot"-Band zum Russland-Feldzug: "Operation Barbarossa".[26]

Einem Eintrag aus Kempowskis Tagebuch "Alkor" ist zu entnehmen, dass ursprünglich vorgesehen war, nur Texte von Unbekannten in das "Echolot" aufzunehmen, also vollständig auf das Archiv zurückzugreifen.[27] Dann entschloss sich der Autor jedoch, die Auswahl um Texte bekannter Persönlichkeiten zu erweitern. So ergibt sich für jeden Tag ein stets gleichbleibendes Grundgerüst, das dann eine ganze Reihe immer wieder neue Texte trägt. Da dieses Gerüst bereits ausführlich beschrieben wurde, soll im nächsten Kapitel nur die Einleitung näher vorgestellt werden. Bereits auf diesen wenigen ersten Seiten webt der Autor in dichtes Netz von Verweisungen, Anspielungen und Andeutungen.

Der Tag des Luftangriffs auf Dresden im "Echolot"

Für das "Echolot" untypisch, zieht Kempowski die beiden Tage, nämlich Dienstag, den 13. und Mittwoch, den 14. Februar in einem Kapitel zusammen und betont so besonders die Einheit des Geschehens.[28] Die Zeitleiste am Kopf der ersten Seite bezeichnet die Zeit, die der Krieg schon dauert (1787 Tage) sowie die Zahl der Tage, die er noch dauern wird (84 Tage). Auf die Funktion des

---

[25] Jörg Drews: *Die Toten sind nicht wirklich tot. Zu Walter Kempowskis literarischem Memorial "Das Echolot"*. S. 225–237, hier S. 227. Drews liefert hier eine sehr gute Beschreibung der Bauprinzipien des "Echolots".
[26] Vgl. Walter Kempowski: *Das Echolot. Barbarossa '41. Ein kollektives Tagebuch.* München: Albrecht Knaus 2002. Durch die Mitwirkung des ehemaligen russischen Oberstleutnants Anatoli Platitsyn wurde stärker als zunächst geplant die russische Sicht der Dinge akzentuiert. Sie führte auch dazu, dass Kempowski alle Texte, die von Napoleons Feldzug 1812 handelten, nicht mehr in das Werk aufnahm. Vgl. dazu Hempel: *Walter Kempowski*, a.a.O., S. 232 f.
[27] Vgl. Walter Kempowski: *Alkor.* S. 102. Im Rahmen einer Reihe im Verlag Knaus edierte Walter Kempowski mehrere der archivierten Texte. Wegen mangelnden kommerziellen Erfolges wurden die Veröffentlichungen allerdings eingestellt. Eine Übersicht über die (später auch in anderen Verlagen erschienenen) Bände findet sich bei Hempel: *Walter Kempowski*, a.a.O., S. 254 sowie in Kempowski: *Alkor.* S. 103.
[28] Vgl. Kempowski: *Echolot*, Band IV (= 6. bis 14. Februar 1945). S. 707–825.

ersten Mottos: "Von seiner Fülle haben wir alle genommen Gnade um Gnade" (Johannes 1,16), die Losung der Herrnhuterschen Brüdergemeine für den Tag, und die Bedeutung der Losungen überhaupt soll im nächsten Kapitel genauer eingegangen werden. Mit einem Zitat Goethes vom 13. Februar 1818 wird das Geschehen in eine größere historische Perspektive gestellt und der Leser zugleich auf kommendes Unheil vorbereitet: "Jena. – Freitag. Völlig heiter. Nach Sonnenuntergang in Westen in der Lücke des Mühltals Höherauch".

Der "Feuerspruch" "Fackel, entbrenne den dunklen Hauf, Feuer, spring auf"! schließlich stellt mit seinem beschwörenden Charakter das ganze Geschehen in einen sozusagen überpersönlichen Schicksalszusammenhang.

Wie sehr mindestens einer der Hauptverantwortlichen für den Zweiten Weltkrieg, nämlich Adolf Hitler, zu diesem Kriegszeitpunkt schon den Bezug zur Realität verloren hatte, zeigen die ersten beiden Texte. Nach einer knappen Eintragung von Hitlers Leibarzt Theodor Morell, der ihm Traubenzucker und Betabion forte verabreicht hatte, folgt ein Auszug aus Hitlers "Politischem Testament" über das "Verdienst des Nationalsozialismus, daß er zum ersten Mal die jüdische Frage realistisch angepackt"[29] habe. Passagen aus dem "Politischen Testament" erscheinen immer wieder im Text.

Dem schließt sich an ein Abschnitt "Aus der Pressekonferenz der Reichsregierung" mit Anweisungen an die Presse, wie Äußerungen der Alliierten propagandistisch umgemünzt werden können. So werden die Journalisten ausdrücklich angewiesen: "nicht noch einmal die (bei den bisherigen Bombenangriffen, HT) verwüsteten Kulturgüter anzusprechen, da es nicht am Platze ist, hier in Kulturpessimismus zu machen".[30]

Hier wird bereits die Nachgeschichte des Luftangriffs, nämlich die Vereinnahmung der Luftangriffe im Dienste der Propaganda, vorweggenommen. Dieser erste Abschnitt wird abgeschlossen durch das Tagebuch einer 13jährigen, in dem eine Episode den großen Brand geradezu prophetisch vorwegnimmt.

> Als ich heute aus der Schule kam, sah ich, daß vor unserem Hause ein Feuer brannte. Die Kinder unseres Nachbars hatten es angefacht. Das Feuer war ziemlich groß. Mutti hat sie sehr ausgeschimpft. "Wenn jetzt Flieger kommen", sagte sie, "die sehen doch das Feuer, und sie schmeißen ihre Bomben darauf". Übrigens habe ich heute eine 5 in der Englischen geschrieben, mit 11 Fehlern.[31]

Kempowskis Montageprinzip wird auf diesen einleitenden Seiten ganz deutlich: es wechseln Texte, die die Katastrophe ahnen lassen (der "Feuerspruch" oder der "Einsatzbefehl an die britischen Bomberbesatzungen") mit Texten, deren Distanz zum Dresdner Geschehen kaum größer sein könnte (etwa Hitlers

---

[29] Kempowski: *Echolot.* S. 711.
[30] Kempowski: *Echolot.* S. 708.
[31] Kempowski: *Echolot.* S. 708.

"Politisches Testament" oder die diversen Radioprogramme für den Tag). Der Angriff selbst wird dann unmittelbar aus den Zeugnissen der Teilnehmer deutlich. Für seine Montage verwendet Kempowski sowohl Texte, die im unmittelbare zeitlichen Umfeld des Geschehens entstanden sind, als auch Aufzeichnungen, die erst in einer gewissen zeitlichen Distanz entstanden: etwa der Text Ernst Heinrichs Prinz von Sachsen.[32] Hier kommt ein weiteres wichtiges Strukturmerkmal des Textes zum Tragen, nämlich die Verschränkung verschiedener Zeitebenen. Aus der Rückschau formuliert erscheint den Beteiligten (und vielleicht auch dem Leser) der Schock des Luftangriffs nur als umso unfassbarer.

So macht die Montage die Gleichzeitigkeit des Disparaten sichtbar, bringt sie aber auch zugleich in eine Form, die 'bewältigt' werden kann: ein Phänomen, das Kempowski immer wieder beschäftigt hat.[33] Aus sprachhistorischer Sicht hat Hans-Werner Eroms die "große Einheitlichkeit" des "Echolots" hervorgehoben[34], eine Einheitlichkeit, die, auch, aber nicht nur, aus der alles miteinander verbindenden Kriegsthematik und der daraus resultierenden "Bewältigung der kollektiven und individuellen Existenzbedrohung" resultiert. Die hier versammelten sprachlichen Zeugnisse zeigten sowohl Anpassung an die Vorgaben des Regimes, als auch "vielfältige Formen der Distanzierung: Sie reichen vom drastischen Jargon über karikierende Zitierung, Ironisierung und Verdrehung bis zur subtilen schriftstellerischen Verarbeitung".[35]

Als ein Beispiel für letzteres kann etwa das "Hafis"-Gedicht Gerhart Hauptmanns[36] gelten, das in mythologisch gesättigten Bildern den Sieg einer "Zauberblume" über den "schwarzen Dämon" verkündet und so eine – stark verschlüsselte – Sinngebung des Geschehens versucht. Immer wieder durchbrechen auch Fotos die Textstrecken: ein Montageelement, das gewisse Irritationen hervorgerufen hat.[37] Abgebildet sind ausschließlich Portraits, Einzelne und Gruppenaufnahmen, auf einem oder auch mehreren Fotos pro Seite. Diese

---

[32] Laut Bibliographie zum *Echolot* (Nr. 245) erschienen die Erinnerungen Ernst Heinrichs erst 1995. Vgl. in diesem Zusammenhang auch die Erinnerungen von Gisela Neuhaus (S. 714 ff.), die erst 1993 veröffentlicht wurden.
[33] So der Autor sinngemäß im Gespräch mit Denis Scheck in der Sendung *Druckfrisch*, ausgestrahlt am Sonntag, dem 6. Februar in der ARD um 23.00 Uhr.
[34] Hans-Werner Eroms: *Zum Zeitstil der vierziger Jahre in Walter Kempowkis "Echolot"*. In: Ulla Fix/Gotthard Lerchner (Hg.): *Stil und Stilwandel. Bernhard Sowinski zum 65. Geburtstag gewidmet*. Frankfurt/M etc.: Peter Lang 1996, S. 95–110, hier S. 97. Eroms' Ausführungen beziehen sich zwar auf das erste "Echolot", erweisen aber ihre Richtigkeit auch für die nachfolgenden Bände.
[35] Eroms: *Zum Zeitstil*. S. 107.
[36] Kempowski: *Echolot*. S. 709.
[37] Vgl. etwa Frauke Meyer-Gosau: *Kopf-Kriege, Kopf-Frieden. Notizen zur Geschichtsvergessenheit*. In: Heinz Ludwig Arnold (Hg.): *Literaten und Krieg* (= Text + Kritik, Heft 124). München: edition text + kritik 1994, S. 96–110, hier S. 98 f.

Bilder sind nicht mit Kommentaren versehen, eine Zuordnung zu bestimmten Personen oder zu den zitierten Texten ist dem Leser also nicht möglich. Während die Texte immer eine gewisse Form der (emotionalen oder auch rationalen) Reaktion auf sie erlauben, stehen die Fotos als Zeugenschaften eigener Art für Opfer (und vielleicht auch Täter) für sich, verbürgen so etwas wie eine eigene historische Wahrheit jenseits aller objektiven 'Überprüfbarkeit'.

Verschiedentlich war nun schon von Montage die Rede. Jörg Drews hat zum "Echolot" ausgeführt, dass Kempowski hier die Forderung Walter Benjamins erfülle, nur das historische Material sprechen zu lassen und den Autor völlig im Hintergrund zu halten.[38] In den "Aufzeichnungen und Materialien" zum "Passagen-Werk" hatte Benjamin zum Montageprizip ausgeführt:

> Diese Arbeit muß die Kunst, ohne Anführungszeichen zu zitieren, zur höchsten Höhe entwickeln. Ihre Theorie hängt aufs engste mit der der MFontage zusammen.

> Ich habe nichts zu sagen. Nur zu zeigen. Ich werde nichts Wertvolles entwenden und mir keine geistreichen Formulierungen aneignen. Aber die Lumpen, den Abfall: die will ich nicht inventarisieren sondern sie auf die einzig mögliche Weise zu ihrem Rechte kommen lassen: sie verwenden.[39]

Die Parallelen scheinen tatsächlich auf der Hand zu liegen. Montageprinzip, keine geistreichen Formulierungen, die *Verwendung* gerade auch des "Abfalls" und der "Lumpen" als die höchste Kunst und das sicherlich (auch) in pädagogisch-aufklärerischer Absicht. Der Unterschied zwischen den Autoren liegt allerdings in ihren Erkenntnisinteressen. Benjamin kommt es darauf an, den "Ausdruck der Wirtschaft in der Kultur" sichtbar zu machen, den "wirtschaftlichen Prozeß als anschauliches Urphänomen zu erfassen, aus welchem alle Lebenserscheinungen (…) hervorgehen". Während aber für Benjamin der historische Materialismus das Material organisiert, scheint es mir dagegen bei Kempowski der pietistisch geprägte Protestantismus zu sein, der auf der Verantwortung des Einzelnen für sein Handeln besteht. Das wird im folgenden Kapitel näher zu beschreiben sein.[40]

Die Bedeutung des Pietismus für das "Echolot"

Jeder Tag im zehnbändigen "Echolot"-Werk wird mit einer Herrnhuterschen Losung eingeleitet, mit je einem kurzen Bibelzitat aus dem Alten und dem Neuen Testament also, das auch heute noch den Angehörigen der Gemeinschaft als

---

[38] Zit. nach Hempel: *Walter Kempowski*. S. 206 f.
[39] Walter Benjamin: *Das Passagen-Werk*. Zwei Bände. Frankfurt/M: Suhrkamp 1983, S. 572 bzw. S. 574 (Aufzeichnungen N 1, 10 bzw. N 1 a, 8).
[40] Zweifellos wäre es an der Zeit, das Verhältnis zwischen *Passagen-Werk* und *Echolot* eingehender herauszuarbeiten.

"Wegzehrung"[41] durch den Tag dient. In Anbetracht dieser einzigartigen und auffallenden Konstanz erscheinen einige Überlegungen zum Pietismus, genauer gesagt: der Pietismus Herrhuterscher Prägung, als angebracht[42], bevor dann auf die Bedeutung der Losungen im besonderen eingegangen wird.

Innerhalb des Protestantismus ist der Pietismus die wohl bedeutendste religiöse Reformbewegung. Im 18. Jahrhundert, auf dem Höhepunkt seiner Wirksamkeit,

> dringt der Pietismus auf Individualisierung und Verinnerlichung des religiösen Lebens, entwickelt neue Formen persönlicher Frömmigkeit und gemeinschaftlichen Lebens, führt zu durchgreifenden Reformen in Theologie und Kirche und hinterläßt tiefe Spuren im gesellschaftlichen und kulturellen Leben der von ihm erfaßten Länder.[43]

Bis heute besteht die von Nikolaus Ludwig Graf von Zinzendorf begründete Herrnhutersche Brüdergemeine. Zinzendorf, der von Lessing in seinen um 1750 entstandenen "Gedanken über die Herrhuter" zusammen mit Sokrates und Jesus zu den großen Erziehern der Menschheit gerechnet wurde, erlaubte 1722 einer Gruppe von Glaubensflüchtlingen die Ansiedlung auf seinem Gut Berthelsdorf bei Zittau in der Oberlausitz. Innerhalb von wenigen Jahren wuchs die Siedlung auf über 300 Personen an, die überwiegend handwerklichen Berufen nachgingen. Die Verfassung, die Zinzendorf der Gemeinschaft gab, schrieb u.a. Freiheit von aller Leibeigenschaft und Selbstverwaltung fest. Wie Johannes Wallmann darlegt, war das religiöse Leben in der Gemeinschaft von "einzigartiger Lebendigkeit und Vielseitigkeit".[44] Den Problemen, die sich naturgemäß aus dem Verhältnis des Einzelnen zur Gemeinschaft ergeben, versuchte man dadurch zu begegnen, dass man die Gemeinde in kleine Gruppen aufteilte, die sogenannten "Banden": kleinere Gemeinschaften, die, nach Geschlechtern getrennt, zur "wechselseitigen Förderung im geistlichen Wachstum" zusammentrafen. Sie wurden später durch die "Chöre" abgelöst, die sich nach dem Alter und Lebensstand zusammensetzten und ebenfalls für die sowohl geistliche als auch geistige Erziehung des Einzelnen zuständig waren. Anders als im übrigen Protestantismus entfaltete sich bei den Herrnhutern auch eine rege Missionstätigkeit, die u.a. zu Gemeindegründungen in Nordamerika und Westindien führte.

---

[41] So die Formulierung im Geleitwort zur 273. Ausgabe der *Losungen*, Herrnhut – Bad Boll – Lörrach – Basel: Friedrich Reinhardt 2002, S. 5. Durch die Missionsarbeit der Herrnhuter sind die Losungen inzwischen in beinahe jedem Land der Welt bekannt. Das erste Buch der *Losungen* erschien 1731. Die Herrnhuter Brüdergemeine informiert über die Geschichte der Losungen unter *www.losungen.de* (02.07.2005). Auch die Losung für den Tag findet sich unter dieser Adresse.
[42] Die folgenden Ausführungen stützen sich im Wesentlichen auf die Ausführungen bei Johannes Wallmann: *Der Pietismus*. Göttingen: Vandenhoeck & Ruprecht 2005 und auf die entsprechenden Bände der großen, erst 2004 abgeschlossenen *Geschichte des Pietismus*.
[43] Wallmann: *Pietismus*. S. 21 sowie S. 187 ff.
[44] Diese und die folgenden Angaben nach Wallmann: *Pietismus*. S. 190 f.

Auf die deutsche Literatur des späten 18. Jahrhunderts hat die sprachbildende und persönlichkeitsprägende Kraft des Pietismus, wie er etwa im protestantischen Pfarrhaus gelebt wurde, einen überragenden Einfluß ausgeübt, von dem hier nicht näher gehandelt werden muss. Heinz Schlaffer spricht davon, dass "(m)it der Übernahme religiöser Sprachgebärden der Aufstieg der deutschen Literatur (beginnt), mit der Ersetzung der Religion durch die Kunst ist er vollendet".[45]

In seiner polemischen "kurzen Geschichte der deutschen Literatur" hat Schlaffer allerdings auch die problematischen Folgen deutlich gemacht: etwa die später auftretende "Übertreibung und Überschätzung des Zuständigkeitsbereichs der Literatur" und die "Weltlosigkeit der deutschen, dem Kommerz und der Politik entrückten Dichtung" als "zuverlässige Garantie ihrer Autonomie"[46].

Abschließend seien noch die bis heute wirksamen Bemühungen des Pietismus auf pädagogischem Gebiet erwähnt, wie sie am prominentesten August Hermann Francke in den Halleschen Erziehungsanstalten begründet hat.[47]

Die Losungen der Herrnhuterschen Brüdergemeine zählen neben Bibel und Gesangbuch zu den am weitesten verbreiteten Texten innerhalb des weltweiten Protestantismus.[48] Seit nun 275 Jahren dienen die knappen Zitate aus dem Alten und Neuen Testament, die bis heute jeweils im Vorjahr für das nächste Jahr ausgelost werden, der alltäglichen, geistlichen Orientierung einer weltweiten Gemeinde. Bereits der Zimmermann Christian David, einer der frühesten Gefolgsleute Zinzendorfs, hatte auf den durchaus militärischen Charakter der Losungen hingewiesen. Allerdings dienen sie, folgt man Renkewitz, weniger einer Gemeinde als Erkennungszeichen im Kampf gegen äußere Feinde als vielmehr in der Auseinandersetzung mit "*dem* Feind in der eigenen Mitte und im eigenen Herzen".[49] Von ihrem ersten Erscheinen 1731 bis zu seinem Tod 1760 wurden die Losungen von Zinzendorf selbst zusammengestellt. Die Losungen sollten weder die Bibelkenntnisse der Gemeindemitglieder verbessern noch zu abstrakt-theologischen Spekulationen Anlass geben. Sie sollten auch nicht gewohnheitsmäßig heruntergebetet werden, sondern unmittelbar die Verbindung zwischen dem Wort Gottes und dem alltäglichen Leben der Gemeinde herstellen. Sie wollten also gerade der von Schlaffer beschriebenen Gefahr der

---

[45] Heinz Schlaffer: *Die kurze Geschichte der deutschen Literatur.* München und Wien: Hanser 2002. S. 93.
[46] Schlaffer: *Die kurze Geschichte der deutschen Literatur.* S. 99 bzw. S. 63 f.
[47] Vgl. dazu Werner Loch: *Pädagogik am Beispiel August Hermann Franckes.* In: Martin Brecht/Klaus Deppermann/Ulrich Gäbler/Hartmut Lehmann (Hg.): *Geschichte des Pietismus.* Band 4. Göttingen: Vandenhoeck & Ruprecht 2004. S. 264 ff.
[48] Die folgenden Ausführungen stützen sich im Wesentlichen auf die Ausführungen bei Heinz Renkewitz: *Die Losungen. Entstehung und Geschichte eines Andachtsbuches.* Hamburg: Wittig o.J.
[49] Renkewitz: *Losungen.* S. 8. Vgl. dazu auch die Äußerung von Zinzendorf, wiedergegeben bei Renkewitz: *Losungen.* S. 18 f.: "Losungen sind das, was man im

"Weltlosigkeit" entgegenwirken. Die Tatsache, dass die Losungen 'ausgelost' wurden, der Auswahl also ein Element des Zufälligen nicht abzusprechen ist, hat immer wieder dazu geführt, dass sie als 'Orakelsprüche' angesehen werden, die es zu deuten gilt. Das haben die Herrnhuter allerdings immer zurückgewiesen.[50] Wie die Texte im "Echolot" markieren die Losungen also ein Spannungsfeld, in das nach pietistischer Auffassung der Mensch hineingestellt ist: nämlich in ein Leben, das einerseits von schicksalhaften Kräften geprägt ist, andererseits aber auch der individuellen Gestaltung fähig erscheint. Besonders in Kriegszeiten ist das von Menschen immer wieder so empfunden worden.

So gibt pietistisch geprägter Protestantismus die Prinzipien vor, die das "Echolot" strukturieren: eine stark religiös-ethisch geprägte Kraft der Selbstbefragung, die in enormem Maße auch künstlerische und wirtschaftliche Kreativität freisetzt; die Betonung der Eigenverantwortlichkeit vor allen staatlichen und religiösen Institutionen; schließlich der deutlich pädagogische Impetus. In den Losungen, deren 'militärischer Charakter' durchaus auch die Poetik des "Echolots" prägt, verkörpern sich diese Prinzipien am augenfälligsten. Dass all das im Übrigen auch Eigenschaften der Person Walter Kempowski sein dürften, verraten die Tagebücher "Sirius"[51] und "Alkor" darstellt.[52] Weit über das regelmäßige Spielen von Chorälen hinaus[53] zeigt sich hier ein gemeinsames Strukturprinzip, welches das "Echolot" mit den Tagebüchern verbindet, eine Gemeinsamkeit, auf die Kempowski selbst, wenn auch nicht ausdrücklich in diesem Zusammenhang, immer wieder verwiesen hat.[54]

„Der rote Hahn"

In "Der rote Hahn" arrangiert Kempowski teils Texte neu, die schon im "Echolot" erschienen sind, fügt aber auch neue hinzu. Interessanterweise nimmt Kempowski im Unterschied zu "Echolot" auch Texte eines Historikers auf, nämlich aus Götz Bergangers Buch über die Bombardierung von Dresden.[55] Damit zieht er dem Ganzen eine Metaebene ein, bedient sich einer 'Beglaubigungsstrategie',

---

Kriege die Parole nennt, daraus sich die Geschwister ersehen können, wie sie ihren Gang nach *einem* Ziele nehmen könnten". Eine, allerdings von erbaulichen Untertönen nicht freie, Blütenlese zu diesem Aspekt der Geschichte der Losungen findet man bei Renkewitz: *Losungen*. S. 46.

[50] Vgl. dazu Renkewitz: *Losungen*. S. 18.
[51] Walter Kempowski: *Sirius. Eine Art Tagebuch*. München: Albrecht Knaus 1990.
[52] Hempel: *Walter Kempowski*. S. 30 berichtet von einer frühen religiösen Prägung durch die (allerdings katholische) Mutter.
[53] Walter Kempowski: *Alkor*. S. 7 f., 72 f., 110, 138 u.ö.
[54] In *Culpa*. S. 139 spricht Kempowski von einer "dialogischen Beziehung", die zwischen "Echolot" und "Sirius" bestünde.
[55] Vgl. Bergander: *Dresden im Luftkrieg*, a.a.O.

deren Berechtigung nicht recht ersichtlich erscheint und die auch im knappen Vorwort nicht diskutiert wird.

Eine signifikante Veränderung zeigt sich allerdings schon im Titel: es fehlt das bedeutsame Bild des "Echolots", das die Möglichkeit einer technisch exakten Auslotung historischer Tiefen immerhin als erkenntniskritisches Ideal noch vorgegeben hatte. Es fehlt auch die bereits beschriebene spannungsreiche Verbindung, die ein "kollektives Tagebuch" zu konstituieren vermag. An seine Stelle ist die dürftige alte Landsknechtsredewendung vom "roten Hahn" getreten, den man jemandem "aufs Dach setzt"[56]: ein erster Hinweis auf die recht eindeutige Zuschreibung der Täter- und der Opferrolle, die Kempowski in "Der rote Hahn" vornimmt. Es fehlen auch die pietistischen Losungen, die das geschilderte Geschehen wieder auf den Einzelnen zurückführen und ihn an seine Verantwortung mahnen. Und schließlich sind, bis auf das schockierende Bild einer mumifizierten Leiche auf der Straße, auch die Fotos verschwunden, die den im "Echolot" versammelten Stimmen Gesichter und so eine eigene historische Wahrheit verliehen hatten. An die Stelle eines Dialogs mit den Stimmen der Vergangenheit ist ein Monolog getreten.

Diese 'neue Eindeutigkeit' gilt auch für das Vorwort, in dem Kempowski Folgendes ausführt:

> In meiner letzten Publikation, dem "Echolot 1945", der "Fuga furiosa", habe ich bereits alles erreichbare Material über die schrecklichen Ereignisse vom Februar 1945 ausgebreitet. Ich stellte es einen größeren Zusammenhang und versuchte damit deutlich zu machen, was mit dem Satz "Wer Wind sät, wird Sturm ernten" gemeint ist.

Das Zitat aus Hosea 8,7 legt genau fest, wer Täter ist: die Deutschen haben den Wind gesät und den Sturm geerntet. Genau diese Zuschreibung findet sich aber im "Echolot" gerade nicht. Versucht der Autor doch dort, jede Stimme in ihrer historischen Bedeutung zu erfassen. Diese Ausführungen sind umso merkwürdiger, als Kempowski sich im nächsten Abschnitt offensichtlich widerspricht, indem er sich nämlich gerade vom simplen Täter/Opfer-Schema wieder distanziert:

> Ich war noch einmal kurz nach der Februar-Katastrophe dort und später, als man bereits die Reste der alten Stadt abzuräumen begann. Und wieder stand ich drüben am andren Ufer, und es stellte sich ganz von selbst die Frage: Wie konnte das geschehen? Ein solches Maß an Zerstörung läßt sich doch nicht abtun mit einem Hinweis auf Ursache und Wirkung, oder etwa mit dem Achselzucken so mancher Nachkriegsdeutscher: Selber schuld...[57]

Im nächsten Absatz wird deutlich, welches Publikum mit "Der rote Hahn" angesprochen werden soll.

---

[56] Vgl. dazu die Ausführungen bei Lutz Röhrich: Artikel *Hahn*. In: *Lexikon der sprichwörtlichen Redensarten*. Band 2. Freiburg – Basel – Wien: Herder [4]1991, S. 625 f.
[57] Beide Zitate aus Kempowski: *Alkor*. S. 5.

Der Wiederaufbau der Frauenkirche, dieses Unterfangen eines von Liebe durchdrungenen Trotzes der Bürger. Wer Augenzeuge wird der Sorgfalt, mit der er vorgenommen wird, der umsichtigen Organisation, mit der Vernichtetes ersetzt, Aufbewahrtes an die rechte Stelle gerückt wird, ist bewegt von dem heilsamen Aufbruch, durch den das für immer verloren Geglaubte neu entsteht.

Auch die Rekonstruktion von etwas Vernichtetem gehört in den Sinnzusammenhang jenes oben zitierten Wortes: "Wer Wind sät, wird Sturm ernten". Denn jeder Wiederaufbau ist eine Reaktion auf die Aussaat des Windes. Man könnte es mit dem Wort des jungen Goethe ausdrücken, das Böse betreffend, das eben doch letzten Endes das Gute provoziert (...)

Wir hören nicht auf uns zu wundern über die Gewissenlosigkeit einzelner, die auf rote Knöpfe drücken, und über den Mut und die Tatkraft der anderen, die immer wieder alles aufräumen müssen.[58]

Mit der Wiedergabe eines Artikels aus der "Westfalenpost" vom 13. Februar 1995 endet das Buch auch. Thema: "Wunden des Krieges heilen. Die letzten Ruinen Dresdens werden jetzt wieder aufgebaut".

So hat also der Bombenangriff auf Dresden wenigstens dazu geführt, dass das Bürgertum Tugenden wie Fleiß, Umsicht und Beharrlichkeit zu aktivieren vermochte? Eine verwunderliche Kausalkette, auch wenn man die Verdienste der Bürger um den Wiederaufbau der Frauenkirche gar nicht bezweifeln will. Auch auf das recht simple Täter/Opfer-Schema des letzten Satzes sei hier hingewiesen. Wer ist gemeint mit den "Einzelnen, die auf rote Knöpfe drücken": die Nazis? Die alliierten Bomberpiloten? Oder potentiell jeder Machthaber, der dann das "Aufräumen" dem Volk überlässt? Hier wird eine historische 'Gesetzmäßigkeit' konstruiert, die in ihrem Fatalismus für keinerlei Differenzierungen mehr offen zu sein scheint. All das ist im "Echolot" nicht zu finden.

Über die Gründe, die den Autor zur Veröffentlichung von "Der rote Hahn" bewogen haben, gibt das Vorwort letztlich keine befriedigende Auskunft. Ich halte kommerzielle Interessen des Verlags für wahrscheinlich. Es erschien mir angebracht, so ausführlich aus dem Vorwort zu zitieren, weil mir die Problematik von "Der rote Hahn" hier ganz deutlich zu werden scheint. An die Stelle des Aushaltens von Widersprüchen ist eine simple, auch gedanklich sehr unscharfe, ja eigentlich in sich widersprüchliche Versöhnungs- und Beweihräucherungsrhetorik getreten: eine sehr einseitige und unreflektierte Privilegierung des pietistischen "Sensus communis" und seiner Hochschätzung der "Weisheit auf der Gasse".[59]

Fazit und Ausblick

Es wurde versucht zu zeigen, welches Potential ein Werk wie das "Echolot" zu entfalten vermag. Es sprengt nicht nur die Grenzen zwischen historischer

---

[58] Kempowski: *Alkor*. S. 6 f.
[59] Vgl. zum "sensus communis" Johannes Wallmann: *Der Pietismus*. S. 234.

Materialsammlung und Literatur, sondern ist, in seiner Verbindung von pietistisch geprägter Selbstschau und der Entfaltung großer historischer Zusammenhänge, ein bedeutendes Lehrstück über die immer ewige 'Gleichzeitigkeit des Ungleichzeitigen'. Die Montage historisch gewordenen Stoffes, ohne eine der Stimmen zu privilegieren[60], wie sie der Autor schon in der "Deutschen Chronik" betrieb, dort allerdings noch in einem fiktionalen Rahmen, ist hier zur Hauptsache geworden, ohne doch das Hauptthema zu verdrängen: nämlich einerseits die Verantwortung des Einzelnen für sich und seine Entwicklung, wie sie der Pietismus so wirkungsmächtig gefordert hat; andererseits die Aufforderung an die Nachgeborenen, den Toten zuzuhören und ihnen "mindestens ihre Verblendung als ein überindividuelles Schicksal gewissermaßen zugutezuhalten".[61] Als deutlichster, und von der Kritik bisher übersehener, Ausdruck pietistischen Glaubens im Text dienen jeweils die "Losungen" der Herrnhuterschen Brüdergemeine, die "Gottes Wort und unseren Alltag zusammenbringen"[62] sollen. Eine zusätzliche Bedeutungskomponente, vom Autor möglicherweise nicht intendiert, ergibt sich durch den militärischen Charakter der Losungen, auf den bereits Zinzendorf hingewiesen hatte.

Nicht nur, dass Kempowski über die Jahre hinweg seelisch, geistig und körperlich in erheblichem Maße vom "Echolot"-Projekt beansprucht wurde (einen leichteren Schlaganfall schrieb der Autor selbst seiner Arbeit an diesem Werk zu), sondern auch die Tatsache, dass das ganze Werk außerhalb aller Fachinstitutionen und mindestens in den ersten Jahren auch gegen den Zeitgeist konzipiert und durchgehalten wurde, ist bezeichnend für Kempowski stark protestantisch-asketisch geprägtes Arbeitsethos.

Neben den Romanen der "Deutschen Chronik" dürfte aber auch die Bedeutung der großen Tagebücher "Sirius" und "Alkor" für die Poetologie des "Echolots" deutlich geworden sein: der fast angelsächsisch geprägte *common sense*, mit dem sich der Autor hier immer wieder inszeniert, seine Skepsis gegenüber allen institutionalisierten Formen gesellschaftlicher Teilhabe an Kunst und Politik, seine Marotten und Schrullen, seine Beharrlichkeit im Versuch, die Spannungen auszuhalten zwischen dem Wunsch nach vollständiger Rekonstruktion der Vergangenheit (und sei es die elterliche Bibliothek[63]) und dem Wissen um die Unmöglichkeit, dieses Ziel zu erreichen. Denn als

---

[60] Hier hat Peter Fritzsche gerade unrecht, der im "Echolot" eine Privilegierung der (deutschen) Opferperspektive zu erkennen meint. Vgl. dazu ders.: *Volkstümliche Erinnerung und deutsche Identität nach dem Zweiten Weltkrieg*. In: Konrad Jarausch/Martin Sabrow (Hg.): *Verletztes Gedächtnis. Erinnerungskultur und Zeitgeschichte im Konflikt*. Frankfurt/M: Campus 2002. S. 83.
[61] So Drews: *Die Toten sind nicht wirklich tot*. S. 233, der allerdings nur im Zusammenhang mit den Deutschen von "Verblendung" spricht.
[62] So Renkewitz: *Losungen*. S. 12.
[63] Vgl. dazu etwa Kempowski: *Alkor*. S. 366, S. 479 u.ö.

Projekt ist das "Echolot", wie jedes Lebenswerk, prinzipiell unabschließbar. "Echolot" ist also alles andere als ein "Coffeetable book" für das Bürgertum. Anders liegt der Fall in "Der rote Hahn". Die Struktur des Hauptwerkes wird hier auf den ersten Blick zwar durchgehalten. Der Verzicht auf das pietistische Strukturprinzip führt allerdings zu einer entscheidenden Entwertung des Ganzen: zu einer verschwommenen Rhetorik nämlich, die es bei einem simplen 'Preis des Bürgertums" belässt, ohne die Widersprüche auszuhalten. Kempowskis immerwährendes Staunen über die 'Gleichzeitigkeit des Ungleichzeitigen' erwächst wohl aus einer sehr komplexen Gefühlsgemengelage: die Dankbarkeit dafür, überlebt zu haben, und zwar sowohl den Krieg als auch die DDR-Zeit, die Scham des Überlebenden[64] und die daraus resultierende Verpflichtung, Zeugnis abzulegen, der pädagogische Impetus schließlich, der sich in der Rettung ansonsten unwiederbringlich verlorenen Materials zu erkennen gibt, das über die Generationen weitergegeben werden kann. Bezeichnend ist in diesem Zusammenhang auch das Vertrauen Kempowskis auf die Sprache, wohl ebenfalls ein Erbteil des Pietismus: wo andere regelmäßig nur private Aufzeichnungen ohne literarischen Rang sehen, findet er Zeugnisse, die, entsprechend montiert, eine Sammlung von oft bestürzender Kraft ergeben. Aus der Hoffnung auf die Möglichkeit eines "aere perennius" speist sich das Werk Walter Kempowskis zu einem nicht unwesentlichen Teil.

Wie sehr der Künstler Walter Kempowski das "Echolot" als integralen Bestandteil, ja vielleicht sogar als "Krönung"[65] seines ganzen Werkes sieht, hat er immer wieder hervorgehoben – etwa im folgenden emphatischen Tagebucheintrag:

> Mein "Sysiphus" besteht aus drei Teilen:
> I. Die unabhängigen Biographien (…) (gemeint sind die Autobiographien, etwa die des Bomberpiloten Ray Matheny[66], von denen Kempowski einige im Rahmen einer kurzlebigen Reihe im Knaus Verlag veröffentlicht hatte, HT)
> II. Die Chronik
> III. Das "Echolot"
> Das sind drei Komplexe, die einander bedingen und ergänzen. Ist das so abwegig?[67]

Wir müssen uns den Sysiphos Walter Kempowski also tatsächlich als einen glücklichen Menschen vorstellen.

---

[64] Vgl. dazu die folgende Tagebucheintragung vom 28. April 1992 aus *Culpa*. S. 218: "Es kommt mir so vor, als müsse ich mit dem "Echolot" Schuld abtragen. Ich habe mal ein Klassenfoto gesehen, auf dem waren die später dann Gefallenen mit Bleistift eingekreist. Das wirkte so, als ob man sie für den Tod ausgewählt hätte".
[65] So Jörg Drews: *Die Toten sind nicht wirklich tot*. S. 234.
[66] Ray T. Matheny: Die Feuerreiter. *Gefangen in "Fliegenden Festungen"*. München – Hamburg: Albrecht Knaus 1988.
[67] Kempowski: *Alkor*. S. 103. So auch *Culpa*. S. 255 (Eintragung vom 26.12.1993).

Jennifer Bajorek

Holding Fast to Ruins: The Air War in Brecht's *Kriegsfibel*

This essay interrogates received notions about the relationship between aesthetics and politics through readings of two montages from Brecht's Kriegsfibel. *Drawing on Walter Benjamin's as well as Brecht's own ideas about the representational limits of the photographic image, it suggests that these limits are connected in an essential way with what Brecht's text endeavors to teach or show. In exploring these lessons, the essay also develops connections between history, allegory, and photography, suggesting that these connections come into play in exemplary ways in the* Kriegsfibel's *treatment of the air war.*

"Sie sahen nicht . . . daß die Menschen aus dem Krieg nichts lernen".
Bertolt Brecht[1]

It is a well-known fact of aesthetic and media theory after Walter Benjamin that the work of art, in the era of its technical reproducibility, ceases to be founded on the principle of the work as a unique and self-identical instance and opens instead onto a fundamentally *political* aesthetic praxis.[2] Disseminated, nomadic, and seemingly horizontal in its recourse to a temporality of infinite repeatability, this new "foundation" of art is in truth rigorously vertical, shot through with the restless punctuality of the *Augenblick* or instant. The artwork is, as a result, utterly ungrounded and pierces the sedimented layers of history wherever it falls. Unless in so falling upon history, in finding history sedimented, waiting to be pierced, the technically reproducible artwork actually produces history otherwise. It is at the very least clear that for Benjamin (and judging not only from the themes of his late writings) this newly political foundation of art will correspond to a new theory of history, one that breaks in a radical way with the very principles of uniqueness and self-identity, of aesthetic

---

[1] Bertolt Brecht: *Schriften zum Theater*. Frankfurt/M: Suhrkamp 1964. Vol. 6. P. 161.
[2] "An die Stelle ihrer Fundierung aufs Ritual hat ihre Fundierung auf eine andere Praxis zu treten: nämlich ihre Fundierung auf Politik [Instead of being founded on ritual, [art] is based on a different practice – politics]", *Das Kunstwerk im Zeitalter seiner technischen Reproduzierbarkeit. Zweite Fassung.* Walter Benjamin: *Gesammelte Schriften.* Ed. Rolf Tiedemann and Hermann Schweppenhäuser. Frankfurt/M: Suhrkamp 1989. Vol. 7. Part 1. P. 357; "The Work of Art in the Age of Its Technological Reproducibility: Second Version". Trans. Edmund Jephcott and Harry Zohn. Walter Benjamin: *Selected Writings, Volume 3: 1935–1938.* Ed. Howard Eiland and Michael W. Jennings. Cambridge: Harvard UP 2002. P. 106. I quote from the second version of the essay, *passim.*

objects as well as therefore of aesthetic subjects, which in the era of technical reproducibility we are forced more explicitly than ever to give up.

Thus the *Kunstwerk* essay seeks both to historicize the idea that "[T]he work of art has in principle always been reproducible",[3] and, in tracking the historical mutation of this principle, to sketch the ways the technically reproducible artwork can give rise to "the formulation of revolutionary demands in the politics of art".[4] The essay also seeks to illuminate an essential connection between the artwork and man's ability to "capture" or "seize" the past (*die Vergangenheit festzuhalten*), as Benjamin puts it in *Über den Begriff der Geschichte*, in the form of an image which "flashes up in the moment of its recognizability", after which it will not be seen again. If indeed it *ever is* seen. For the very conditions of the image's visibility are themselves for Benjamin totally in history, exposing themselves only in, or as, a "moment of danger". As he famously writes in the late text on history: "The true image of the past flits by".[5]

The danger of the lightning flash – the possibility, at bottom, that we have only one chance to recognize the past (hence the "spark of hope",[6] but also the emergency, that always passes for the past in Benjamin) – ensures that the revolutionary politics which Benjamin seems almost to want to lay out as a program, in art or by means of art, in the *Kunstwerk* essay will remain radically inassimilable to any such advance programming. The aesthetics, in a word, keep the politics from being easy. Threatening to disappear as much as to appear, the notion of the past-as-image developed by Benjamin gives both history and revolution its chance. It also ensures that communism – which Benjamin promises will respond to fascism's "aestheticization of politics" with a "politicization of art" – will remain on the side of a technical rather than a natural way of seeing, a

---

[3] "Das Kunstwerk ist grundsätzlich immer reproduzierbar gewesen". Benjamin: *Gesammelte Schriften*. Vol. 7(1). P. 351; *Selected Writings*. Vol. 3. P. 102.

[4] "[Die im folgenden neu in die Kunsttheorie eingeführten Begriffe] sind zur Formulierung revolutionärer Forderungen in der Kunstpolitik brauchbar". Benjamin: *Gesammelte Schriften*. Vol. 7(1). P. 350; *Selected Writings*. Vol. 3. P. 102.

[5] "Das wahre Bild der Vergangenheit *huscht* vorbei. Nur als Bild, das auf Nimmerwiedersehen im Augenblick seiner Erkennbarkeit eben aufblitzt, ist die Vergangenheit festzuhalten"; "Vergangenes historisch artikulieren heißt nicht, es erkennen 'wie es denn eigentlich gewesen ist'. Es heißt, sich einer Erinnerung bemächtigen, wie sie im Augenblick einer Gefahr aufblitzt". Benjamin: *Gesammelte Schriften*. Vol. 1(2). P. 695; "On the Concept of History". Trans. Harry Zohn. *Selected Writings, Volume 4: 1938–1940*. P. 392. "Festhalten," it is worth noting, can mean not simply to "seize" or "hold fast," but to "capture," as when we speak of the capture of images. Thus Benjamin also writes, perfectly naturally, of capturing images in a camera, in *Kleine Geschichte der Photographie*. "Männern, die unabhängig voneinander dem gleichen Ziele zustrebten: die Bilder in der camera obscura, die spätestens seit Leonardo bekannt waren, festzuhalten." Benjamin: *Gesammelte Schriften*. Vol. 2(1). P. 368.

[6] Benjamin: *Gesammelte Schriften*. Vol. 1(2). P. 695; *Selected Writings*. Vol. 4. P. 392.

technical rather than a natural optics. This link between communism and a specifically technical optics becomes still clearer in a remark the critic makes in a footnote at the essay's end: "Mass movements, *and above all war*, are a form of human behavior especially suited to the camera" (my emphasis).[7] That communism is, through its special relationship to the camera, also linked to war is a lingering and highly ambivalent consequence of Benjamin's thought.

Some of the most compelling critical work on Benjamin in recent decades has begun to explore this aesthetico-political theory of history – what it might look like, what it will never look like, and what it puts at stake – in light of its articulation with and through an insistent reflection on the image. More specifically, this work has focused on the articulation of Benjamin's theory of history with and through the twin concepts of allegory and photography.[8] But it remains to be asked: How might this theory of history, corresponding to this new foundation of art in politics, actually inform our reading of a photograph?

The Textbook Example

Bertolt Brecht's *Kriegsfibel*, or *War Primer*, takes as its framing gesture and most fundamental premise the idea that there is a connection between what the photographic image has to show or teach us and the limits of what there is to learn – if, that is, there is anything to learn – from war. Ruth Berlau, who was not only Brecht's collaborator and lover but also his editor when the *War Primer* was finally published in 1955 (one year before his death and 16 years after he started work on the project), suggests in her preface that Brecht conceived of the book first and foremost as a kind of "vision primer", in which he would pursue an "education of vision" through the medium of the war photograph. Berlau writes:

> This book aims to teach the art of reading images. Because it is, for the untrained, as hard to read an image as any hieroglyphics. The great ignorance about social relations,

---

[7] "Das heißt, daß Massenbewegungen, und an ihrer Spitze der Krieg, eine der Apparatur besonders entgegenkommende Form des menschlichen Verhaltens darstellen", Benjamin: *Gesammelte Schriften*. Vol. 7(1). P. 382; *Selected Writings*. Vol. 3. P. 133. It is worth noting that Benjamin intensifies the pitch of the remark between the first and the second versions of the essay, substituting "*above all* war [und an ihrer Spitze der Krieg]" for "*including* war [und so auch der Krieg]".

[8] See Eduardo Cadava: *Words of Light: Theses on the Photography of History*. Princeton 1997; Beatrice Hanssen: *Walter Benjamin's Other History: Of Stones, Animals, Human Beings, and Angels*. Berkeley: University of California Press 1998; and Samuel Weber: "Mass Mediauras: Art, Aura, and Media in the Work of Walter Benjamin". In Samuel Weber: *Mass Mediauras: Form, Technics, Media*. Stanford: Stanford UP 1996.

which capitalism painstakingly and brutally maintains, turns the thousands of photos in the illustrated magazines into true hieroglyphic tablets, indecipherable to the unsuspecting reader.[9]

Brecht began work on the book in the years leading up to the war, when he and his wife, Helene Weigel, who was Jewish, were already in exile (first in Denmark, Sweden, and Finland, then in New York and Santa Monica). The work was "finished" in 1945, in the sense that the last photographs date from that year. Presenting photographic images clipped from newspapers and magazines together with rhymed quatrains written by Brecht, the *War Primer* takes as its topic the war in Europe, as it were from A to Z: from the production process of weapons to the bodies of the dead, from the beaches of Cherbourg to the bombed-out ruins of European capitals, from Adolf Hitler gesticulating at the podium to Jane Wyman "showing her medals" in Hollywood. A little-known work that has garnered comparatively little critical attention[10] (one scholar has called it *"ein Stiefkind der Forschung"*[11]), the book appears to have suffered, both in the years leading up to and for many years following its publication, from the perception that it was "too broadly pacificist in its opposition to the war".[12] This and other negative editorial comments that Brecht received in the nearly eight years that it took him to get the book published in East Germany have generally been interpreted as meaning that the *War Primer* was insufficiently anti-American in its positions.[13] It was not until 1978, when the leftist West German press Zweitausendeins issued a reprint of the original Eulenspiegel edition, that the work acquired a certain cult status in the context of the West German peace movement.[14]

Berlau's preface has the virtue of redeeming the *War Primer* for Brecht's communist politics, in regard to which the project may indeed have seemed

---

[9] "Dieses Buch will die Kunst lehren, Bilder zu lesen. Denn es ist dem Nichtgeschulten ebenso schwer, ein Bild zu lesen wie irgendwelche Hieroglyphen. Die große Unwissenheit über gesellschaftliche Zusammenhänge, die der Kapitalismus sorgsam und brutal aufrechterhält, macht die Tausende von Fotos in den Illustrierten zu wahren Hieroglyphentafeln, unentziffbar dem nichtsahnenden Leser", Ruth Berlau, preface to Bertolt Brecht: *Kriegsfibel*. Berlin 1955. P. i.
[10] For a review of the literature, see the foreword to Welf Kienast: *Kriegsfibelmodell: Autorschaft und 'kollektiver Schöpfungsprozess' in Brechts* Kriegsfibel. Göttingen: Vandenhoeck und Ruprecht 2001.
[11] Jan Knopf, quoted in Kienast: *Kriegsfibelmodell*. P. 9.
[12] For an illuminating account of Brecht's several failed attempts to get the book published, as well as his political difficulties in the GDR more generally, see John Willett's afterword to his English translation, in Bertolt Brecht: *War Primer*. Ed. and trans. John Willett. London: Libris 1998. The official is Kurt Pincus, quoted in Willett, afterword to Brecht: *War Primer*. P. xiii.
[13] Willett, afterword to Brecht: *War Primer*. P. xiii.
[14] Kienast: *Kriegsfibelmodell*. Pp. 8–9.

heretical, especially when we recall his famous 1931 indictment of photography as a tool of bourgeois ideology:

> The tremendous development of photojournalism has contributed practically nothing to the revelation of the truth about the conditions in this world. On the contrary, photography, in the hands of the bourgeoisie, has become a terrible weapon *against* the truth. The vast amount of pictured material that is being disgorged daily by the press and that seems to have the character of truth serves in reality only to obscure the facts. The camera is just as capable of lying as is the typewriter. The task of the *A-I-Z* (*Arbeiter-Illustrierte-Zeitung aller Länder* [a popular workers' periodical]) . . . is to restore the truth.[15]

But the *War Primer* stands in a peculiar position with respect to this longed-for vindication of photography as a weapon of class struggle. Indeed, the whole project seems too smart to buy into this restorative notion of truth and is even designed to critique or expose as ideological this belief in the possibility of overcoming ideology ("obscured" facts and "seeming" truth) by means of the camera. For the *War Primer* substitutes a highly mediated understanding of truth in the place of any possible restoration or overcoming, asking what we learn, precisely not "from war", but from photographs of it.

In this regard, Brecht's text anticipates the move of later theorists of wartime photography, who have often remarked that, when it comes to the facts of war, photographs can obscure as much as they reveal.[16] Of course, after Barthes it is hard not to think that this observation actually holds for all photography, or better, for every photograph.[17] The history of photography, in other words, cautions that it would be naive to grant wartime photography any true theoretical specificity regarding an obscurity that marks every photograph. And yet there seems to be a connection – the *War Primer* asserts it as a "textbook" one – between a

---

[15] Quoted in Reinhold Grimm: "Marxist Emblems: Bertolt Brecht's *War Primer*". *Comparative Literature Studies* 12.2 (1975). P. 266.
[16] Particularly where these facts are thought to have moral or ethical implications. See, for example, Bernd Hüppauf: "Modernism and the Photographic Representation of War and Destruction". In *Fields of Vision: Essays in Film Studies, Visual Anthropology, and Photography*. Ed. Leslie Devereaux and Roger Hillman. Berkeley: University of California Press 1995. Pp. 94–124; and Dagmar Barnouw: *Germany 1945: Views of War and Violence*. Bloomington and Indianapolis: Indiana UP 1996.
[17] It is worth recalling in this context that Barthes's formulation of a radically photographic singularity (the assertion that there is "no photography", only photographs, the discovery of the "punctum" and the peculiarly photographic relationship to death) comes into its own in an interpretation of a photograph by Alexander Gardner, who made his reputation as a photographer of the American Civil War. Roland Barthes: *La chambre claire: Note sur la photographie*. Paris: Éditions de l'Étoile, Gallimard, Le Seuil 1980. Pp. 16, 148–51; Roland Barthes: *Camera Lucida: Reflections on Photography*. Trans. Richard Howard. New York: Hill and Wang 1981. Pp. 5, 94–7.

general obscurity of photography and whatever it is we hope or expect to see in the so-called war photograph.

One way that the *War Primer* asserts this connection is at the level of its form. The book has been described as "an unusual mixture of a coffee-table book, a history book", and Brecht's "last great lyric publication",[18] and the critics have not been able to agree as to whether it is principally a work of poetry or of photographs. Elisabeth Hauptmann, the editor of Brecht's complete works in German, describes the text as "a collection of photographs which the author cut out of newspapers and magazines and for each of which he composed a quatrain".[19] John Willett, the text's English translator, calls it "a new kind of war poetry, [matching] epigrams in the lapidary tradition with photographs from the mass-circulation press".[20] Such disagreements are symptomatic and leave the question of the status of photography within the larger project unsettled. They do not so much address as ignore the true interest of the text's formal complexity and generic indefinition, which is the *textual* nature of the "confrontation between poem and photograph"[21] and the referential dislocations it foregrounds.

Multimediaticity is, we may therefore venture, more than just a formal question here, for it pushes us to think critically about the nature and the import of these dislocations. What is it that the *War Primer* wants to teach us about reading images that requires that these images be "matched" with verbal inscriptions? No matter its form, its genre, or what we call it, Brecht's text suggests that whatever truths it has to teach will be taught only by calling our attention to an essential lack or absence that becomes visible or legible in the so-called war photograph.

Flitting By

Two montages allow us to frame this lack with exceptional clarity.[22] Both deal with the air war, or better, with images of its aftermath in the form of bombed-out

---

[18] Kienast: *Kriegsfibelmodell*. Pp. 296, 8, respectively.
[19] Elisabeth Hauptmann. In Bertolt Brecht: *Gesammelte Werke*. Frankfurt/M: Suhrkamp 1967. Vol. 10. P. 25. Quoted in Grimm: "Marxist Emblems". P. 263.
[20] Willett, afterword to Brecht: *War Primer*. P. vii.
[21] Stefan Soldovieri. "War-Poetry, Photo(epi)grammetry: Brecht's *Kriegsfibel*". In *Bertolt Brecht: A Reference Companion*. Ed. Siegried Mews. Westport/New York: Greenwood Press 1997. P. 139.
[22] I use the term "montage" here for the sake of convenience and in order to skirt the whole huge debate over whether or not the compositions can be considered epigrams (and if so whether they are descended from the Greek versus the Renaissance or Baroque traditions, etc.). Brecht himself reportedly referred to the compositions as "photo-epigrams". Willett, afterword to Brecht: *War Primer*. P. x.

ruins. The topos of the ruin is no accident. Between the piercing verticality of the aerial image and the questions Brecht raises in the quatrains there emerges an allegory of history that would be proper to the technically reproducible image. These are questions, primarily, about what becomes visible only in the instant of a blinding flash and what remains legible in its aftermath, suggesting that this allegory will be connected, in a special way, with ruins. The flash at issue here is, in a literal sense, the flash of bombs exploding but also, I will argue, of the light that inscribes the photograph.

The montage numbered 21 in the 1955 Eulenspiegel edition (23 in the English), presents an aerial photograph of unknown origin depicting the effects of bombing on oil installations and, under it, a quatrain dated October 6, 1940.[23] At the center of the image is a billowing column of smoke. The play of light on the smoke as it rises into the sky divides and organizes the image into three fields: the column, a darker field to the right, and a lighter field to the left, with the possible addition of a fourth field if we count the tightly packed geometrically aligned circles of the storage tanks from which the column rises. From top to bottom, the column is striated and produces an impression of movement – or better, from bottom to top, as the smoke traces the reverse trajectory of the bombs. This impression of movement gives rise in its turn to a narrative effect, for it implies if not a cause and effect relation, then at the very least a movement between origin and end. Even as the eye is compelled to follow the smoke in a continuous skyward movement, it is compelled to look ever more closely at the smoke's earthly origin, in the sharply focused field of circles. This narrative effect is heightened by a second element of composition, which also complicates it: the fact that, by virtue of the camera angle or some trick of wind direction, or both, the smoke can be said to move both toward and away from the camera's "eye". It moves toward the eye insofar as that eye flies above the scene of its origin, as a result of aerial technique and in conformity with the illusion of aerial omniscience. At the same time, however, it moves away from the eye, or enough away from it, that the scene of the smoke's origin is left exposed. As is the camera.

In capturing this double movement, the photograph is able to say or show something about the conditions of its own visibility. On the one hand, to be sure, the photograph is just a photograph. For example, of a cloud of smoke and thus of a certain obscurity (smoke always obscures) or at least a tendency toward disappearance. (What is obscured can only appear negatively, by not appearing, in the photograph.) But it is also a photograph of a certain negation of obscurity, and therefore of light's appearance. The photograph could not be a photograph if its depiction of the smoke were not sufficiently limited to leave

---

[23] Willett gives the most comprehensive notes as to the sources of the photographs and dates of the poems in an addendum to his translation. Brecht: *War Primer*. P. iii.

something, or things, exposed. This includes the light that is the condition of possibility of all seeing, photographic or other. Light is (among other things) seeing's minimal condition, and this photograph exposes us to this minimum, like every photograph.

Light, as condition of visibility, is likewise taken up by the quatrain that accompanies the photograph:

Daß sie da waren, gab ein Rauch zu wissen:
Des Feuers Söhne, aber nicht des Lichts.
Und woher kamen sie? Aus Finsternissen.
Und wohin gingen sie von hier? Ins Nichts.

A cloud of smoke told us that they were here.
They were the sons of fire, not of the light.
They came from where? They came out of the darkness.
Where did they go? Into eternal night.[24]

On the one hand, the first line states exactly what we have just been seeing. The smoke functions as a sign, carrying the mind (if not the eye) forward and backward along a narrative (temporal) axis. It conveys knowledge or tells us something about what is no longer there. It is a trace of an event whose agent, once present, has fled. We may furthermore note that the quatrain not only repeats the photographic narrative about cause and effect, origin and end, but raises it to the level of the question: Who did this? Where are they now? Just because we do not see them does not mean that they were never there. The smoke says otherwise. It speaks of the bombs, the flash of fire, the explosion, as having once been present in the same way that the photograph shows these things: without actually showing them, or at least not their presence, and therefore, we might say, allegorically.

This could even be a definition of allegory: a figural or rhetorical movement whereby the fact of something's having-once-been-present is indicated only as its not-being-there-now. This is why Benjamin defines allegory, in *Zentralpark*, as an "extinguishing of appearances"[25] (*Auslöschung des Scheins*). In a strict and literal sense, Brecht's quatrain thematizes this figural or rhetorical negation or destruction of appearances by thematizing the allegorical operation of the smoke. If we cannot see who did this, it is precisely *not* because they have been obscured by smoke. On the contrary, says the quatrain, it is smoke that gives them away: "*Daß sie da waren, gab ein Rauch zu wissen*". The traces of their action, after the fact and in their absence, are our only link to their fugitive

---

[24] I quote the text of the 1955 Eulenspiegel edition and Willett's English translations, *passim*.
[25] Benjamin: *Gesammelte Schriften*. Vol. 1(2). Pp. 669–70.

presence. The writing of these traces, which has less to do with an appearing to vision (and so with anything aesthetic in the strict sense) than with disappearing, is not just allegorical but photographic.

We may have the impression that the quatrain is able to say or "show" us the absence of these agents more immediately or clearly than the photograph ever will. (If there is one thing the photograph will never be able to show clearly, it is what does not appear before the camera.) But this impression of referential superiority is more than matched by a different surplus of the photographic image: one having to do with us. For there is one thing that the quatrain does not touch on, which the photograph nonetheless presents as evidence: the fact that, on an inescapable level, our own agency is always implied or implicated in the photographed event. On an inescapable level, we may always know who did this because we are seeing, through the "eye" of the camera, the traces of an action of which "we" ourselves may always have been the agent. It may always have been us, from the moment that we "see" the traces of this action from the bomber's perspective.

At stake here is not simply some formal quality of the aerial view, nor even any ethics or politics of the "logistics of perception", at least insofar as these logistics have been too narrowly identified with the technics of the war machine,[26] but rather something like a rigorously photographic purview of the event. This purview inheres in the technics of photography and remains, for this very reason, ethically and politically ambivalent. In the case of the quatrain, we, as readers, are guilty only of ignorance – "*Und woher kamen sie? Und wohin gingen sie von hier*"? As readers, we are in the dark with respect to these questions. Whether or not we might once have seen them, we are not there at the right time, and we don't. In the case of the photograph, by contrast, as viewers, we are not and will never be as much in the dark as we would like. It may be the case that the gaze has always been guilty, but the point is that this guilt takes on new significance both with the technical development of photography and in wartime. The locus of the guilt, however, is less the photographic "eye" that has been prosthetically grafted onto the deadly weapon than the photographic "I" that comes into being only with this grafting, and which has interesting consequences for our understanding of the war photograph.

As Benjamin explains in the *Kunstwerk* essay, it is not even really photography or technical vision per se that implicates us in the event, but rather the history to which photography gives us access. "We" cannot "see" this history. No human eye could "see" its own implication in history and live to tell, that is, to record and transmit the image of what it saw of history to other eyes,

---

[26] Paul Virilio: *Guerre et cinéma*. Paris: Éditions de l'Étoile 1984; Paul Virilio: *War and Cinema*. Trans. Patrick Camiller. London and New York: Verso 1989.

without the mediation of the photograph. It is, in part, the forgetting of this mediation that Benjamin calls "fascism":

> "Fiat ars – pereat mundus", says fascism, expecting from war, as Marinetti admits, the artistic gratification of a sense of perception altered by technology. This is evidently the consummation of *l'art pour l'art*. Humankind, which once, in Homer, was an object of contemplation for the Olympian gods, has now become one for itself. Its self-alienation has reached the point where it can experience its own annihilation as a supreme aesthetic pleasure. *Such is the aestheticizing of politics, as practiced by fascism.*[27]

Brecht's montage writes this history as a war history, and so writes about the same event in which fascist violence achieves its maximum by making the self-annihilation of humankind the object of a pleasurable looking. In contradistinction to fascism, however, which covers over the history of war by aestheticizing it, Brecht's text writes this history anti-aesthetically, "showing" this self-annihilation precisely without showing it, at the limits of what can be seen or shown. Through the allegorical operation of the smoke, the montage teaches that we would have no reason to look at the war photograph if the events it depicts were not, in some sense, precisely *not* meant for our eyes. Our blindness, therefore, does not get us off the hook but rather implicates us definitively. For, as the montage also teaches, we are implicated in the event of war precisely insofar as it is not something aesthetic, and will never adequately become the object of an aesthetic looking but rather only a photographic one.

Holding Fast

A second montage makes still clearer how the *War Primer* teaches against the praxis of fascist aestheticization, bearing witness instead to the politicization of art promised by Benjamin, or at least to one possible interpretation of this politicization.

In montage 22 in the 1955 Eulenspiegel edition (25 in the English), a photograph from an unidentified Swedish newspaper dated October 1940 is printed above a quatrain dated December 24, 1940.[28] The photograph depicts a human figure searching through the rubble of a building. A caption, in Swedish, is laid over the bottom lefthand corner: *"BRITISH BOMBERS OVER BERLIN.*

---

[27] "'Fiat ars – pereat mundus' sagt der Faschismus und erwartet die künstlerische Befriedigung der von der Technik veränderten Sinneswahrnehmung, wie Marinetti bekennt, vom Kriege. Das ist offenbar die Vollendung des l'art pour l'art. Die Menschheit, die einst bei Homer ein Schauobjekt für die olympischen Götter war, ist es nun für sich selbst geworden. Ihre Selbstentfremdung hat jenen Grad erreicht, der sie ihre eigene Vernichtung als ästhetischen Genuß ersten Ranges erleben läßt. *So steht es um die Ästhetisierung der Politik, welche der Faschismus betreibt*", Benjamin: *Gesammelte Schriften*. Vol. 7(1). Pp. 383–4; *Selected Writings*. Vol. 3. P. 122.

[28] Brecht: *War Primer*. P. iii.

In late summer 1940 the RAF mounted several raids on Hamburg, Bremen, and other major German towns of industrial and military importance. The British bombed Berlin for the first time on 10–11 September [1940]. The picture shows a house in Berlin after a British raid". The rest, as they say, is history. The date of the first bombing raids over Berlin stands out in relation to the larger composition, calling our attention to the lack of another date, or to a lack of precision regarding this date: the date of this bombing. Was it the 10th? The 11th? Or some other date altogether? Even before we read the quatrain, the gap that opens between the caption and the photographic image suggests that the date stands in a highly mediated relation to the photographed event. This is counter to our expectations regarding a certain temporal or historical specificity of the photograph.[29] The date may change many data (for example, who has died or what has been lost and, in this sense, change the whole event), but it will never change the brute facts of the bombing: ruin, loss, the reduction of a house to rubble. This house. In a sense, the photograph is the mediation of this gap, which is in truth not just a gap between the caption and the image, but between this date and all the others, including our own.

The peculiar mechanism of this mediation is what becomes singularly legible in the human figure. For this figure, even if it is not given a date, is in a distinct sense given an *address* by the photograph. Even if this is not this woman's house,[30] she stands in for all the other figures, who have lived or died in all the other houses, which are furthermore no longer houses but rather, thanks to the bombing, precisely ruins. This was someone's house, the photograph tells us, even without the caption. But in order to tell us this, in order to make this figure stand in for all the others, this house for all the others, this photograph for all the others – without which substitution the *War Primer* could not be a textbook, a "primer" – the photograph must give this figure an address. On a surface level the caption seems to do this. It says: This was in Berlin. But on another level the photograph, as a photograph of ruins, had already given the house an address. It may be the case that not all bombs reach their destination (see, for example, montage 16/17, depicting London after the blitz). But it is also the case that to bomb something is to give it an address, to transform it into a target in order to destroy it.[31]

---

[29] Barthes famously theorizes this overwhelming specificity via what he calls the "ça-à-été", "this-was", or "this-has-been". Barthes: *Camera Lucida. Passim*.

[30] Re the question of gender, it is difficult not to read (as does Brecht) the figure as feminine, although it would be interesting to think further about this. How/where is gender legible here? In the headscarf? The posture? The fact of being left behind in the domestic space? What, if anything, happens to the legibility of gender in a domestic space reduced to ruins?

[31] For a provocative treatment of this problem in light of our latest wars, see Samuel Weber: *Targets of Opportunity: On the Militarization of Thinking*. New York: Fordham UP 2005.

This is what Brecht's quatrain poetizes, addressing the problem of the bombers' absence (as in the previous montage), but also raising the question of a peculiarly photographic target or address:

Such nicht mehr, Frau: du wirst sie nicht mehr finden!
Doch auch das Schicksal, Frau, beschuldige nicht!
Die dunkeln Mächte, Frau, die dich da schinden,
Sie haben Name, Anschrift und Gesicht.

Stop searching, woman: you will never find them
But, woman, don't accept that Fate is to blame.
Those murky forces, woman, that torment you
Have each of them a face, address and name.

The interest of the quatrain is not just that it thematizes this fugitive presence of the agents of the bombing (as in the previous montage: Stop searching! "*Du wirst sie nicht mehr finden!* / You won't ever find them"!), but rather the way it gives rise to a disorienting futurity by thematizing the target or address. For the remaining lines suggest that, regardless of the fact that they are gone, lost to the camera, missing from the image, these agents too have been targeted: despite their invisibility or absence, they have, and will continue to have, this face, this name, this address. Addressing itself to this strange yoking of the visible and the invisible, the quatrain casts loss, absence, the fact of not-being-there in the present tense. That is to say, it casts all of these things in the present tense and, therefore, into the future, from the perspective of the events depicted in the photograph.

And what about the photograph's future? Is it possible to conceive of a corresponding casting-into-the-future in the case of the photograph? Does it even make sense to speak of a futurity that would be properly photographic? What can the future have to do with ruins? Perhaps, with all this talk of dates and addresses, this is what Brecht's montage pushes us to ask. Among the fragments of letters in the signage that litters the ruins in the photograph, we find written (on the wall to the left, still intact): "*-isse*". The first letter appears to be there but illegible. It could be "wisse", to follow the grammar of the quatrain, but also what we might call the more general grammar of the *War Primer*. Stop searching and know, Brecht's text says, with this inscription repeated in every photograph. Stop searching for what you think you will find, and look at what I have to "show" instead, not in the light but in (its) ruins. And in ruins not least of all from the point of view of a certain interpretation of photography: one that would finally, simply, shed light on, in order to reveal or restore the truth. As Benjamin writes (also in *Zentralpark*): "Allegory holds fast to ruins (*hält an den Trümmern fest*)".[32]

---

[32] Benjamin: *Gesammelte Schriften*. Vol. 1(2). P. 666.

Whenever we speak (or fail to speak) of photography in the language of allegory – whenever we speak of the photograph at the very least as a bearer of history – we have already been engaged by this command. It attaches itself to the image and addresses itself to us. The command to look and, in looking otherwise, to know, not simply what is obscured and what is brought to light in a given image, but what can be known or brought to light only by virtue of remaining invisible, not aestheticizable. Look and don't know. Look and fail to see. Fail to see with your "own" eyes and see with another's instead.

This opening to alterity suggests that what becomes visible or legible in the war photograph can only from a very narrow point of view be understood as a lack. For from this lack emerges the possibility of a different future, a future which, as Benjamin suggested earlier, takes on new significance in the case of the war photograph. Either the photograph puts us into relation with its referent as a past event whose recording and transmission "through history" to us depends on an act of simple retrospection, leaving all of the old histories intact (including the histories of violence and self-annihilation in which we are always implicated); or it puts us in relation to something else. Either the photograph gives us access to a past whose pastness is guaranteed, secure; or it gives us the event in some radically different way; in excess of the ordinary (ideo)logics of knowledge, time, and inspection; according to other conceptions of who sees and what comes to light; and with reference to a future that would, or at least could be, radically different from the past.

This opening to the future can be thought in connection with the moment when, for Benjamin, photography is torn from its bit part as the historical record of a past that would be purely and simply retrospective and becomes the index of a conception of history at once revolutionary and messianic. The photographic image bears us toward the future even as it inscribes us as (its) history, writing history on the lenses of our eyes or, better, through the shutters of our cameras. Our eyes, which, like the famous "angel of history" in Benjamin's *Über den Begriff der Geschichte*, we hold wide open, despite their blindness. Our cameras, which we must continue to let open. And then close.

I take this to be the *War Primer*'s lesson: not that we must keep our eyes open in the face of the growing mound of rubble, but that we must continue to take photographs. For the image that history gives us to recognize as its future may always not have flashed before us yet. Photography, like allegory, ensures the past its future by holding these ruins fast.

Illustration No. 1. Aerial photograph of unknown origin depicting the effects of bombing on oil installations. Montage 21 in the 1955 Eulenspiegel edition (23 in the English). Photograph excerpted from Bertolt Brecht, *Kriegsfibel*. Printed with kind permission of the Bertolt-Brecht-Archiv. Photographer and journal unknown.

Illustration No. 2. Photograph from an unidentified Swedish newspaper dated October 1940, depicting a human figure searching through the rubble of a building. Montage 22 in the 1955 Eulenspiegel edition (25 in the English). Photograph excerpted from Bertolt Brecht, *Kriegsfibel*. Printed with kind permission of the Bertolt-Brecht-Archiv. Photographer and journal unknown.

Thomas C. Fox

East Germany and the Bombing War

In East Germany, far more so than in the West, memories of the bombing war remained public and omnipresent. This applied especially to Dresden, the "German Hiroshima". The essay examines East German reactions to the destruction of Dresden, both in propaganda and in literature. East German discourse allowed for a German popular response to the bombing campaign. Elements of that discourse have now entered the mainstream in post-unification Germany, where observers often mistakenly characterize them as new.

When the British Queen visited Germany in late 2004, the German newspaper with the highest circulation, the tabloid *Bild*, demanded she apologize for the bombing of Dresden in February 1945. That demand, which caused considerable furor in Germany and Great Britain, provides a particularly public example of the discourse of victimization current in Germany. With the term discourse of victimization I refer to the phenomenon that since 1989, Germans have been characterizing themselves with increasing frequency as victims of World War II.

The discourse of victimization has assumed various forms in Germany, and can signify variously or simultaneously Germans as victims of the Soviets (referring to the rapes and other crimes committed before and after the conquest of Germany and the resulting Stalinist dictatorship), as victims of the Poles and Czechs (referring to the mass expulsions after WW II), as victims of international conspiracies, especially Jewish ones, and as victims of the Allied air war. Some post-1989 publications, all best-sellers in Germany, that deal with those respective issues include Günter Grass's *Im Krebsgang*, Norman Finkelstein's *The Holocaust Industry*, and Jörg Friedrich's *Der Brand*. Observers disagree as to the reasons for this phenomenon. Some attribute it to a natural progression within the "memory boom" that started in West Germany in the 1980s. After directing significant attention to victims of Germans, Germans may now, according to this line of thought, appropriately memorialize their own tragedies. Other German or international observers see a resurgence of the *tu quoque* tradition (in other words, you did it too), and an effort by the newly unified and independent Germany to incorporate the notion of offsetting guilt into its evolving and still elusive sense of national identity. What is significant in the marketing and reception of these works is the repetition of the term "taboo-breaking", as though in the new Germany one can "finally" speak of that which, for whatever reason, was long suppressed.

A further striking aspect of this discussion is the historical amnesia, or perhaps mere ignorance, regarding East Germany. In the former German Democratic Republic the discourse of victimization functioned on several different and sometimes contradictory levels. Unofficially, of course, the East Germans perceived themselves as victims of the Soviets; officially, they participated in an official discourse that portrayed Germans as victims of fascism and then of the western allies. It is that latter aspect that I wish to underscore in this essay, for the bombing war and its results were ever-present in East Germany. In the following I will first investigate the East German discussion of the bombing war as evidenced in selected examples from film, newspapers, speeches, and scholarship; I follow that with an examination of the bombing campaign as portrayed in East German literature. I propose that we take seriously the East German propaganda effort, which does not mean that we accept its claims at face value, but which also rules out the equally simplistic strategy of contemptuous dismissal. Propaganda may create a fantasy world, but if it is to be at all effective, that world must somehow connect with the fantasies of the intended audience. In its populism, "leftist" East German propaganda proved at times not so far removed from the "right-wing" discourse of the West German *Stammtisch*. I will argue that East German propaganda provided an outlet, a public sphere for a genuine, if coded, popular German discourse, aspects of which have now entered the German mainstream. Ignoring this part of East German culture will lead to misapprehension of contemporary Germany. Put in another way, there is a direct and logical line between East German discourse regarding the Allied bombing campaign and the demands of *Bild* for an apology regarding Dresden.

The Ideological Framework

Let me begin by citing three intellectuals who, to my mind, draw incorrect conclusions about contemporary Germany precisely because they omit the East German context. In his now famous Zurich lectures later published as *Luftkrieg und Literatur*, W. G. Sebald alleges a paucity of discussion in postwar "German" literature concerning the Allied bombing of Germany, and speaks of a taboo. When alerted by a reader to the fact that East Germany had commemorated the bombing of Dresden every year, Sebald dismissed those efforts as a propagandistic instrumentalization of suffering by the state.[1] Volker Hage adds some East German titles to Sebald's list, but does not investigate the East German context in any detail; ultimately he affirms the essential truth of Sebald's thesis: "Alles in allem haben die Luftangriffe auf Deutschland in der deutschen Literatur bisher keine nennenswerte Rolle gespielt – erstaunlich, in der Tat ... ".[2] In his essay "Air War Legacies: From Dresden to Baghdad",

---

[1] W.G. Sebald: *Luftkrieg und Literatur.* Munich: Hanser 1999. Pp. 85–6.
[2] Volker Hage: "Feuer vom Himmel". In: *Propheten im eigenen Land. Auf der Suche nach der deutschen Literatur.* By Volker Hage. Munich: Deutscher Taschenbuch Verlag 1999. P. 317. See also his *Zeugen der Zerstörung. Die Literaten und der Luftkrieg. Essays und Gespräche.* Frankfurt/M.: Fischer 2003.

Andreas Huyssen writes of the German opposition to the second Iraq war: *"For the first time*, the peace movement bolstered its positions by referring directly to the experience of the strategic bombings of German cities in World War II" (my italics). He asserts that the references to German victim status were also new and asks: "Given that the memory of the bombings in World War II had not been part of public German memorial culture for several decades, how could it happen that it suddenly returned with a vengeance, occupying a central part of the discourse about the Iraq war and world peace"?[3] Huyssen then adds a footnote referring to East German propaganda, but it has the quality of an afterthought, and except in the title of his essay the East German context plays no role in his discussion of "the Germans". This in turn leads to incorrect or at least insufficient answers to the central question he poses.

The bombing war never strayed far from the surface of East German official and, one can argue, collective memory. A journalist wrote in 1994: "Wenn man in Dresden aus dem Zug steigt, setzt der Taxifahrer auf dem Weg ins Hotel bei seinen Erklärungen detaillierte Kenntnisse über den Untergang der Stadt im Februar 1945 voraus".[4] The very cityscape of the East encouraged a topography of memory inasmuch as East Germany, as opposed to the West, could not be rapidly rebuilt. Until well into the 1970s, many of East Berlin's major buildings lingered in ruins, and some rubble landscape, for example on East Berlin's *Museumsinsel* or Dresden's city center, remained until 1989. The official memory of the bombing was not static, however. It developed in stages in the Soviet Occupation Zone, became more or less frozen after the founding of East Germany and the escalation of the Cold War, and changed again during the final years of the GDR. Literary authors, though always in (sometimes strained) dialogue with the official discourse, presented yet more nuanced views.

For those in the East, Dresden served as symbol of East German victimhood in the bombing war, and I will concentrate on that city in the following. The first anniversary of the bombing of Dresden was, however, primarily a local affair, and this would remain the case until 1950. In 1946 the Soviet commander issued orders that the ceremony not become an act of mourning. Too much sadness, he surmised, might provide a rallying point against the allies.[5] Walter Weidauer, the mayor of Dresden, wrote a piece for the *Sächsische Volkszeitung*

---

[3] Andreas Huyssen: "Air War Legacies: From Dresden to Baghdad". *New German Critique* 90 (2003). Pp. 164–5.
[4] Horst Pöttker: "Blinde Flecken". www.journalistik-journal.de/archiv/220-2/texte/editorial.htm. P. 1.
[5] Gilad Margalit: Der Luftangriff auf Dresden. Seine Bedeutung für die Erinnerungspolitik der DDR und für die Herauskristallisierung einer historischen Kriegserinnerung im Westen. In *Narrative der Shoah. Repräsentationen der Vergangenheit in Historiographie, Kunst und Politik*. Ed. by Susanne Düwell and Mathias Schmidt. Paderborn: Schöningh 2002. Pp. 190–1.

in which he blamed German imperialists and the Nazi "bandits" being tried at Nuremberg for the destruction of the city. He did not once mention Allied airplanes.[6] Such sentiments were not uncommon during the first five postwar years in the Soviet Occupation Zone. In 1946 the East Berlin DEFA studios released a documentary film entitled *Dresden*; the film also contained fictional scenes, including one of a prisoner in a Nazi cell. Through an interior monologue he characterizes Germany as a land of lies, a land without conscience, a land in which people did not protest. For these reasons, his voice continues, Germany would collapse. This is followed by air raid alarms and the sound of bombs exploding, although the bombers are again not identified. The documentary *Dresden warnt und mahnt* from 1951, though far more polemic, couples the destruction of Germany with the Holocaust. At this point in the Cold War, however, the East Germans emphasized the Anglo-American bombers, and noted that the city had no military targets and the raids no strategic purpose.

The emphasis on guilt had begun to shift in the late 1940s. In 1949, on the occasion of the fourth bombing anniversary, Walter Weidauer, now the High Mayor of Dresden, published another newspaper article, this time in the SED national Party organ, *Neues Deutschland*. For the first time *Neues Deutschland* covered the Dresden ceremony in detail, committing most of its Sunday supplement to the event. The paper published pictures of the destruction, including the burning of bodies on the *Altmarkt*. (When, in 2002, Jörg Friedrich published such pictures in his book *Brandstätten*, reviewers termed it a taboo-breaking event). Weidauer's article now gives the Western Allies alone the responsibility for the destruction of Dresden, which he terms a criminal and barbaric act that the Soviets would never have committed and which the Americans are prepared to commit again.[7]

For the fifth bombing anniversary Dresden hung signs with such slogans: "Wir hassen die amerikanischen Kriegstreiber, die Mörder Dresdens"; "Amerikanische Bomben mordeten, die Sowjetunion bombardierte keine wehrlosen Frauen und Kinder"; "Hier zerstörten amerikanische Bomber eine Kulturstätte". Speeches emphasized German martyrdom and Anglo-American terror. A brochure contained pictures of burned bodies and a text explaining that the allies destroyed Dresden as an anti-communist, anti-Soviet act: they knew Dresden would become part of the GDR.[8]

After this the importance of the Dresden commemoration grew yearly, as did the number of participants and the national and international coverage. For the tenth anniversary, the preparations for which commenced two years in

---

[6] *Sächsische Volkszeitung*, 13 February 1946. P. 2.
[7] Walter Weidauer: "Vor vier Jahren sank Dresden in Asche". *Neues Deutschland*, 13 February 1949, Sonntagsbeilage.
[8] Margalit: Der Luftangriff auf Dresden. P. 195.

advance, a secret memorandum noted: "Die Zerstörung Dresdens war ein Glied in dem großen Verbrechen gegen die Menschheit, das von den deutschen Militaristen und Imperialisten 1939 mit dem kriegerischen Überfall auf Polen und der Zerstörung Warschaus eingeleitet wurde". Thus the United States becomes equated with Nazi Germany, an equation one finds often in 1955 as East Germany tried, in shrill tones, to prevent West Germany's acceptance into NATO. The same document warns of an alliance of the murders of Coventry and Rotterdam with those of Dresden and Hamburg, Berlin and Hiroshima.[9] One can add in this context that the East German equation of the United States and Hitler's Germany has become increasing common in the post-unification German public sphere, most famously in 2003 when Herta Däubler-Gmelin, German Minister of Justice and a ranking member of the ruling SPD, likened Bush's political strategies to those of Hitler.[10]

At the tenth anniversary commemoration, which had the character of a national event, Walter Weidauer held a speech in which he termed the destruction of Dresden a war crime.[11] Dresden echoed throughout the GDR in 1955. At a ceremony in the former concentration camp Sachsenhausen, speakers equated the SS murderers at that site with the US *Luftgangster* who murdered Dresden and Berlin.[12] The film *Dresden mahnt Deutschland* contains such text as "Frauen und Männer, Säuglinge und Greise wurden durch Bomben zerfleischt, verbrannt, zerrissen. – Mütter und Kinder wurden gejagt, zerfetzt und niedergemetzelt .... Das Blut dieser Opfer ist das Gold der amerikanischen Kriegstreiber. Das war Dresden im Februar 1945, das ist Korea von heute ... ".[13] Or, to speak with Huyssen, that is Baghdad today. But none of this is new.

At the latest the commemoration of 1955 had established a number of tropes, a *Sprachregelung*, that would continue to inform East German discourse on the bombing war until 1989. Walter Weidauer would collect many of these in his book *Inferno Dresden*, first published in 1965 and reprinted in seven editions, the last of which appeared in 1989, where Weidauer warns in the preface that the Americans are preparing an atomic war.[14] Weidauer's book advances the following theses: 1) The United States had hoped to unleash the first atom bomb on Dresden. Only the unexpectedly quick victory of the Soviet Union prevented Dresden from serving as more than the metaphorical German Hiroshima. 2) Imperialists in Germany, Great Britain, and the United States

---

[9] Margalit: Der Luftangriff auf Dresden. Pp. 197–8.
[10] Similarly, Ulrich Wickert, anchorman for the state-sponsored ARD television news, likened certain thought processes of Bush to those of Osama bin Laden.
[11] Margalit: Der Luftangriff auf Dresden. P. 198.
[12] Margalit: Der Luftangriff auf Dresden. P. 198.
[13] Cited in Margalit: Der Luftangriff auf Dresden. P. 199.
[14] The preface is from 1982 but has been included in the 1989 edition. Weidauer died in 1986.

wished to make a separate peace in order to create a united front against the Soviet Union. The destruction of Dresden was a demonstration designed to shock and awe the Soviet Union. Weidauer emphasizes Churchill's role here, and one can construct a direct line from Weidauer through Rolf Hochhuth's drama *Soldaten* (1967) to Friedrich's *Der Brand*, both of which sharply criticize the British Prime Minister. 3) The destruction was part of a concerted effort to destroy cities in what would become the GDR. 4) The destruction was a barbaric act of calculated terrorism, and was directed against civilian targets, cultural-historical treasures, refugees, and not against any military objectives. 5) The Soviet Union did not request or support the bombing. In contrast to the western allies, the Soviet Union made heroic efforts to protect cultural-historical monuments and civilian populations. The Soviet Union has also supported East Germany's reconstruction efforts. 6) The ideological twin brother of fascism is anti-communism: "Nichts unterscheidet die grausame Aggression der USA in Vietnam von den Methoden, mit denen die deutschen Faschisten die Völker überfielen und beherrschten".[15]

Weidauer's book on Dresden, as well as Max Seydewitz's similar *Die unbesiegbare Stadt*,[16] served as standard reference points for the formulaic East German language on the bombings. Newspapers, schoolbooks, and history books repeated their basic points. A popular history of Dresden published in 1986 characterizes the bombing as an act of terrorism designed to intimidate the Soviet Union and thus providing a barbaric preface to the Cold War. The "cruel murder" of thousands of women, children, and old people demonstrates the "menschenfeindliche Wesen des Imperialismus".[17] On a page showing the burning bodies on the *Altmarkt* the author notes that only the quick Soviet victory saved Dresden the fate of Hiroshima and Nagasaki.[18] An art history book on the *Zwinger* characterizes the attack as one of the cruelest crimes of the war.[19] All of this is, literally, written in stone; one can still see at an entrance to the *Zwinger* an inscription noting the destruction by Anglo-American bombers, while at another entrance a plaque contains what one East German text celebrated as "ein schlichtes Denkmal der deutsch-sowjetischen Freundschaft: 'Das Museum wurde geprüft, keine Minen, geprüft Chanutin.' "[20] The East German

---

[15] Walter Weidauer: *Inferno Dresden. Über Lügen und Legenden um die Aktion "Donnerschlag"*. 7th ed. Berlin: Dietz 1989. P. 141.
[16] Max Seydewitz, *Die unbesiegbare Stadt. Zerstörung und Wiederaufbau von Dresden*. 4th ed. Berlin: Kongress-Verlag 1961.
[17] *Dresden. Geschichte der Stadt im Wort und Bild*. Ed. by Rudolf Förster et al. East Berlin: Deutscher Verlag der Wissenschaften 1986. Pp. 173–4.
[18] *Dresden. Geschichte der Stadt im Wort und Bild*. P. 179.
[19] Artur Dänhardt: *Der Zwinger*. Leipzig: VEB E.A. Seemann 1966. P. 15.
[20] Manfred Bachmann: "Vorwort". In *Gemäldegalerie Alte Meister Dresden. Katalog der ausgestellten Werke*. 2nd ed. Dresden: Staatliche Kunstsammlungen Dresdens 1982. P. 10.

catalog of the Dresden Gallery of Old Masters, published in 1982, writes of the "barbaric, militarily senseless Anglo-American air attack" and recalls with gratitude the Soviet "Rettungskommando" that saved German artworks by transporting them to the Soviet Union for safe-keeping.[21] The post-Communist ninth edition of the same catalog from 1992 states simply: "Am 13. Februar 1945 wurde Dresden zerstört". The Soviet "Rettungskommando" becomes, in this edition, a "Trophäenkomission" designed to loot German art treasures for Soviet museums.[22]

One finds the final example of East German discourse on the bombing war in *Bombenkrieg gegen Deutschland* by Olaf Groehler, the leading East German historian on these matters. Groehler completed his study in 1988 but it first appeared (with some last-minute revisions) in 1990, after the fall of the Wall; as such it possesses unusual historical interest. Groehler retains many of the East German tropes concerning the bombing of Dresden. He emphasizes that the attacks destroyed no important industrial targets,[23] mentions U.S. strafing of civilians (which is still a topic of controversy among historians),[24] declares that the bombing took place as a demonstration of US strength meant to intimidate the Soviets,[25] and makes a special effort to demonstrate that the Soviets had little or no foreknowledge of the attacks.[26] In a kind of foreshadowing of Jörg Friedrichs's association of the bombing campaign with the Holocaust, Groehler includes pictures of the burning piles of corpses on the *Altmarkt*, a cremation organized by SS soldiers who had worked as guards in Treblinka: "Das Verfahren gleicht der in den faschistischen Massenvernichtungslagern praktizierten Opferbeseitigung".[27] Regarding the question of guilt, Groehler reverts to the stance Weidauer voiced early after the war, condemning the Nazis who destroyed Spanish cities in the thirties and then started the Second World War. He assigns the main blame for the destruction of Dresden to the

---

[21] Bachmann: "Vorwort". Pp. 10–11. See the almost identical formulation in Manfred Bachmann: "Zur Geschichte der Staatlicher Kunstsammlungen Dresden". In: *Dresden: Stadt der Museen*. Gütersloh: Prisma 1978. Pp. 7–13. (Copyright Edition Leipzig 1978, and printed in the GDR).
[22] Harald Marx: "Zur Geschichte der Dresdener Gemäldegalerie Alte Meister". In: *Gemäldegalerie Dresden. Alte Meister. Katalog der ausgestellten Werke.* Leipzig: Staatliche Kunstsammlungen Dresdens und E.A. Seemann 1992. Pp. 19–20.
[23] Olaf Groehler: *Bombenkrieg gegen Deutschland*. Berlin: Akademie 1990. P. 414.
[24] Groehler: *Bombenkrieg*. P. 414. Götz Bergander: *Dresden im Luftkrieg. Vorgeschichte, Zerstörung, Folgen*, Vienna: Böhlau 1994, asserts there was no strafing. See also Helmut Schnatz: "Luftkriegslegenden in Dresden". <http://www/bombenkrieg.historicum.net/themen/Dresden.html>.
[25] Groehler: *Bombenkrieg*. Pp. 403–4.
[26] Groehler: *Bombenkrieg*. Pp. 400–2.
[27] Groehler: *Bombenkrieg*. P. 412.

local Nazi functionaries,[28] and professes to have little patience with "self-pitying commentaries by German historians" who cannot empathize with the situation of Allied airmen.[29] Nonetheless, Groehler also emphasizes the psychological damage caused by the bombings on German civilians, and notes that this trauma has been passed on to future generations.[30] Here we can already see the German children carrying placards with the slogan "We know what it is like to be bombed" that Huyssen notes in his article.

Groehler at several points criticizes East German historiography of the bombing war. He asserts that East German historians had difficulty maintaining professional integrity, that they proceeded in an undifferentiated manner and characterized Allied attacks as the expression of international imperialist barbarism. Groehler believes his colleagues interchanged the dollar symbol and the swastika too easily, and that they employed Goebbels's word "Luftgangster" in unconscionable fashion (14).[31] Near the end of his book he writes:

> Die Aufarbeitung dieses Stücks deutscher Vergangenheit steht besonders in den östlichen Teilen eines vereinigten Deutschlands an. Dort war häufig genug eine selbstgerechte, vulgarmaterialistische und vor allem Haß erzeugende Art und Weise des Umgangs mit diesem Teil deutscher Vergangenheit vorherrschend. Sie war jahrzehntelang weniger auf die Besinnung an die Opfer des Krieges ausgerichtet als vielmehr an politischem Mißbrauch für jeweils aktuelle Zwecke orientiert, der sich der Geschichte wie in einer Art Warenhaus bediente. Das trug zu Verzerrungen des Geschichtsbildes bei.[32]

Groehler finds examples of the East German instrumentalization of the air war in artificially inflated numbers of victims, in the use of the bombing war to excuse the sorry state of the urban infrastructure, or in the "legend" that the allies concentrated on bombing the territory of the future East Germany.

To be sure, Groehler himself contributed to the very abuses he here lambastes. In 1988 he speaks of the challenges the air war provides to the "sober language of the historian" who attempts to reach an "objective judgment",[33] but in the fourth edition of his *Geschichte des Luftkrieges 1910–1980*, published in 1982 by the *Militärverlag der Deutschen Demokratischen Republik*, he dutifully rehearses the standard East German tropes regarding the air war: "Die britische Fernfliegeroffensive war somit Ausdruck einer Ermattungsstrategie

---

[28] Groehler: *Bombenkrieg*. P. 411.
[29] Groehler: *Bombenkrieg*. P. 14.
[30] Groehler: *Bombenkrieg*. Pp. 450–1.
[31] Groehler: *Bombenkrieg*. P. 14.
[32] Groehler: *Bombenkrieg*. P. 450.
[33] Groehler: *Bombenkrieg*. Pp. 410–11, 450.

besonders reaktionärer Kreise des Weltimperialismus, die der Sowjetunion die Hauptlast des Krieges aufbürdeten. Sie war zugleich Ausdruck des antihumanen Wesens jeder imperialistischen Kriegsführung und terrorisierte in erster Linie die deutsche Bevölkerung".[34] Groehler speaks of Anglo-American barbarism,[35] of Allied attempts to intimidate the Soviet Union,[36] and of Churchill's attempts to destroy cities especially in eastern Germany.[37] The attack on Dresden provided a highpoint in this "Massaker aus der Luft";[38] the atom bombs were, according to Groehler, the prelude to World War III.[39]

When *Der Spiegel*, Germany's leading weekly newsmagazine, published a special issue in 2003 on the air war against Germany, it recommended Groehler's second book and cited him several times as an authority. There is no mention of his first book on the air war.[40]

East German Literature and the Bombing War

In the first part of this essay I have investigated East German newspapers, speeches, memorial practices, history, and art history in order to demonstrate that the bombing war remained omnipresent in East Germany. In the second half I will examine East German literary responses to the bombing of Dresden, literature ignored by Sebald and only cursorily touched on or overlooked by Volker Hage. I begin with a brief look at three East German novels dealing with the bombing war. Although all contributed to the official discourse, they were written at different times, and hence offer varying perspectives, especially regarding the question of guilt. Furthermore, although the novels were written to serve propaganda purposes, they are also works of literature and employ a language that at times collides with their intended purpose. In the remaining space I introduce the so-called *Sächische Dichterschule*, a loosely defined group that included among others Karl Mickel, Volker Braun, and Heinz Czechowski. Within official government rituals the poets of Dresden carved out a space for memory and mourning. The government viewed with suspicion these poets' elegiac *Trauerarbeit*, their backwards-looking sense of melancholy and sadness so at odds with the optimism of the new socialist

---

[34] Olaf Groehler: *Geschichte des Luftkrieges 1910–1980*. 4th ed. Berlin: Militärverlag der Deutschen Demokratischen Republik 1982. Pp. 377–8.
[35] Groehler: *Geschichte*. P. 453.
[36] Groehler: *Geschichte*. Pp. 453–4.
[37] Groehler: *Geschichte*. Pp. 456–7.
[38] Groehler: *Geschichte*. P. 458.
[39] Groehler: *Geschichte*. P. 492.
[40] *Spiegel Special*. "Als Feuer vom Himmel fiel. Der Bombenkrieg gegen die Deutschen". Nr. 1/2003. See for example pp. 10, 14, 18, and 20.

spirit.[41] Nonetheless, their writing constitutes the most sophisticated East German literature dealing with the bombing of Dresden, and their work continues to echo in post-unification German literature.

Published in 1954, during the early part of the Cold War, Max Zimmering's *Phosphor und Flieder* summarizes in literary form the official East German attitudes towards the bombing of Dresden. Early in the novel, the positive KPD hero Reichardt educates a well-meaning but less enlightened SPD man that the bombs dropped on Dresden were in fact meant as a warning to the Soviets.[42] Later in the novel he sees that the United States has also bombed Czechoslovakia because it assumes that country will fall under Soviet domination.[43] The main thrust of the novel is a condemnation of capitalist imperialism; thus it echoes the official plaque at the *Frauenkirche* that condemned "imperialist barbarism". The British and American bourgeoisie betray the working classes,[44] while German capitalists near the end of the war strike deals with the western capitalists and in fact make money on the war and on the destruction of Dresden.[45] There is mention of the DEFA film *Rat der Götter*, which also treats this theme in detail.[46]

By positing a connection between a global capitalist conspiracy for which the simple people in the end must always pay,[47] the novel equates the Americans with the Nazis as fascist imperialists:

"Na und Dresden..."? Er wies mit dem Daumen über die Schulter. "Das verdanken wir auch den Nazis".
"Und den Herren Amerikanern und Engländern", warf Reichhold ein.
"Ja", fuhr Bergius fort, "Barbaren gibt es nicht nur in Deutschland...".[48]

Fascism is a category, one not limited by time or place; hence the novel often parallels the destruction of Leningrad[49] or Warsaw[50] by the (German) fascists with the destruction of Dresden by the (US) fascists, because: "Der Faschismus ist immer und überall barbarisch".[51] While remaining well within the framework of SED ideology, then, the novel establishes common Germans as victims, and Zimmering reinforces this movement when he describes the burning of

---

[41] Renatus Deckert: Auf eine im Feuer versunkene Stadt. Heinz Czechowski und die Debatte über den Luftkrieg. <http://www.online-merkur.de/seiten/lp200403b.php>. P. 2.
[42] Max Zimmering: *Phosphor und Flieder. Vom Untergang und Wiederaufstehung der Stadt Dresden*. East Berlin: Dietz 1954. P. 16.
[43] Zimmering: *Phosphor und Flieder*. P. 123.
[44] Zimmering: *Phosphor und Flieder*. P. 49.
[45] Zimmering: *Phosphor und Flieder*. Pp. 142–3, 228.
[46] Zimmering: *Phosphor und Flieder*. P. 435.
[47] Zimmering: *Phosphor und Flieder*. See for example pages 22, 24, 63, or 230.
[48] Zimmering: *Phosphor und Flieder*. P. 37.
[49] Zimmering: *Phosphor und Flieder*. P. 208.
[50] Zimmering: *Phosphor und Flieder*. Pp. 438, 457.
[51] Zimmering: *Phosphor und Flieder*. P. 457.

corpses on the Dresden *Altmarkt*. The burning pyres there have always brought associations with the Holocaust, as we have seen in the first part of this essay, but Zimmering takes this association a step further by introducing a character who notes that in 1349 the Markgraf of Meissen had had Jews burned alive on that very spot: "Und so wurden sie eben verbrannt...zur Fastnacht...Wenn unschuldige Menschen den Flammentod sterben sollen, wählen sich die Herren anscheinend gern diesen Tag...".[52] In these passages the novel associates innocent German victims with innocent Poles, Soviets, or Jews.

The assignment of guilt is hence clear, though at one point the novel does ponder such questions from another perspective. When Wallner, an exile German returning to Dresden, is appalled by the barbarism of the destruction, another exile, Lilly, reminds him of Coventry, Rotterdam, and Stalingrad. Wallner admits this argument has weight, but insists that no military necessity existed for the Dresden bombing and that the innocent always suffer most. Lilly, whose two brothers had been murdered in Dachau, responds that no innocent people live in Germany, a statement that Wallner reluctantly accepts. Germans are not innocent, he reasons, if only in the sense that they did not resist Hitler more actively: "Und für diese Schuld würde das ganze Volk zu zahlen haben".[53] To be sure, Wallner, a poet and a dreamer, casts his reflections primarily as open questions. Furthermore, they are not necessarily inconsistent with the SED demand for an educational dictatorship; indeed, the novel characterizes the Party as "teacher, father, and mother"[54] and often infantilizes the German people. Nonetheless, this latter perspective co-exists uneasily with the dominant characterization of German victimhood, and one may furthermore legitimately inquire as to how much guilt one may assign a child.

Six years after Zimmering's *Phosphor und Flieder*, Eberhard Panitz published his novel *Die Feuer sinken*, also depicting the destruction of Dresden, which the author had witnessed. The publishing house signals the importance the novel and its theme held for the East Germans: *Verlag des Ministeriums für nationale Verteidigung*. The novel describes a Dresden populace terrorized by twin evils: the desperate SS and the Anglo-American "Luftgangster".[55] The novel notes that the bombs targeted the civilian population and not military objectives, though the wealthy part of the city remained unharmed, and the affluent knew in advance they would be spared.[56] Panitz embodies the upper class in Ottokar Wugk, a wealthy financier rumored to have Swiss bank accounts and

---

[52] Zimmering: *Phosphor und Flieder.* P. 63.
[53] Zimmering: *Phosphor und Flieder.* P. 52.
[54] Zimmering: *Phosphor und Flieder.* P. 265.
[55] Eberhard Panitz: *Die Feuer sinken.* East Berlin: Verlag des Ministeriums für Nationale Verteidigung 1960. P. 136.
[56] Panitz: *Die Feuer sinken.* P. 19.

secret conspiratorial meetings with his many international contacts that extended beyond European capitals.⁵⁷ Wugk had helped finance the rise of the SS, and he supplies certain SS cronies with advance information about the air raids, allowing them to save themselves, their families, and their assets. Wugk also indirectly participates in the 20 July 1944 plot to murder Hitler. (As opposed to West German commemorations of the plotters as heroes, East Germans saw them as reactionaries attempting to restore the status quo ante Hitler). In Wugk we encounter once again the international capitalist conspiracy that victimized average Dresdeners while sparing wealthy ones. Panitz however provides this emplotment, familiar to us from Zimmering, with an additional twist. Wugk's son denounces his father in a letter as a "Blutsauger", a "Wucherer, fast so schlimm wie ein Jude". As a result of his hatred of his father, he adds, he had become a dedicated Nazi, committed to the "Ausrottung des Weltjudentums".⁵⁸ Thus in the figure of Ottokar Wugk the novel brings together associations of Jews, Americans, and international conspiracies directed against the German common man. These are of course all elements of the Nazi *Feindbild*, but as Jeffrey Herf and others have demonstrated, the East Germans adopted some of these elements in their campaign against (Jewish) cosmopolitanism conducted in the 1950s.⁵⁹ Once again, these tropes are also strikingly similar to the West German *Stammtisch* discourse, and Dan Diner has outlined the fashion in which the connection between America and the Jews has a long history in German popular thought, including the post-unification peace movement.⁶⁰

Panitz's *Leben für Leben*, published in 1987 during a period of increasing *glasnost*, proceeds very differently when addressing the question of guilt. When a working class hero first sights the bombs, he notes grimly to himself that it served the Nazis right, though he revises this opinion when he sees the widespread destruction.⁶¹ Nonetheless, there is no mention of the nationality of the planes carrying the bombs, no implication of international imperialist conspiracies, and the same character later muses: "Schuld oder Unschuld, wie

---

⁵⁷ Panitz: *Die Feuer sinken*. P. 85. Wugk may be a reference to the figure of a factory owner named Noble, who in the GDR was incorrectly rumored to have directed the air raids from his villa in the wealthy city section Dresden-Weißer Hirsch. See Weidauer: "Vor vier Jahren sank Dresden in Asche". Pp. 89–98.
⁵⁸ Panitz: *Die Feuer sinken*. Pp. 160–1.
⁵⁹ See Jeffrey Herf: *Divided Memory. The Nazi Past in the Two Germanys*. Cambridge, MA: Harvard UP 1997. See also my *Stated Memory: East Germany and the Holocaust*. Rochester: Camden House 1999.
⁶⁰ See Dan Diner: *Feindbild Amerika. Über die Beständigkeit eines Ressentiments*. Munich: Propyläen 2002. See also Henryk Broder: *Kein Krieg. Nirgends*. Berlin: Berlin Verlag 2002.
⁶¹ Eberhard Panitz: *Leben für Leben. Roman einer Familie*. Halle/Leipzig: Mitteldeutscher Verlag 1987. P. 160.

dicht lag das beisammen".⁶² Whereas in Panitz's earlier novel the SS and the Americans present Janus-faced threats, the emphasis here is on the SS. The author's assignment of guilt also remains more ambiguous: "Why"? asks one of Panitz's figures when witnessing the firestorm,⁶³ and this East German novel does not provide the usual easy answers. Uncharacteristically, a Protestant pastor plays an important and positive role; he notes at one point: "wir haben uns alle schuldig gemacht".⁶⁴ This sentiment is later echoed by a West German theology professor from Tübingen: "Schließlich haben wir uns alle auf die eine oder andere Weise schuldig gemacht".⁶⁵ One of the common people muses: "Wir sind betrogen und belogen worden, vielleicht haben wir nichts anderes verdient".⁶⁶ The Germans may be victims, but if so, they should – perhaps – blame themselves, a sentiment echoed elsewhere in the novel.⁶⁷ This explanation, common in the Soviet Zone of Occupation until the Cold War and still present, if in a submerged fashion, in Zimmering's novel of 1954, here reemerges in the final years of the GDR. Significantly, the novel also tells of a letter written by a German infantryman and deserter held as a Soviet POW. He recognizes the horrors occasioned in the Soviet Union by the Germans and the need for restitution, but he complains of being held with true war criminals while others less guilty than he have been released. The Party official in Dresden manipulates and falsifies the letter before publishing it in a newspaper in order to further the Party's agenda.⁶⁸ We encounter here a criticism of the Party's instrumentalization of the question of guilt. It is worth mentioning that this official, Frau Sälzer, is rumored, incorrectly it turns out, to be Jewish.

Dresden's destruction received its most extensive treatment in the East German poetry of the *Sächische Dichterschule*. The poets in this group published elegiac, multivalent works that extended and at times undermined the parameters of official discourse. An example is Karl Mickel's "Dresdener Häuser", which begins with a depiction of Dresden's rich suburb Weißer Hirsch, the location of such villas as the one owned by Panitz's Ottokar Wugk:

Die hier wohnten
Inmitten großer Industrie, erhabener
Natur, die Stadt zu Füßen, setzten in Gang
Des Todes Fließband.⁶⁹

---

[62] Panitz: *Leben*. P. 451.
[63] Panitz; *Leben*. P. 159.
[64] Panitz: *Leben*. P. 212.
[65] Panitz: *Leben*. P. 538.
[66] Panitz: *Leben*. P. 229.
[67] See, for example, Panitz; *Leben*. P. 265.
[68] Panitz; *Leben*. Pp. 422–7.
[69] Karl Mickel: Dresdener Häuser (1958/65). In: *Vita nova mea. Gedichte*. By Karl Mickel. Reinbek bei Hamburg: Rowohlt 1967. P. 45. Licensed edition of Aubau Verlag.

If Mickel follows the SED in blaming the German bourgeoisie for Auschwitz and the destruction of Dresden, he abruptly rejects the Aufbau pathos at the beginning of the next strophe: "Das Neue Leben blüht nicht aus Ruinen/ Da blüht Unkraut". "Das Neue Leben" served as a motto in the early years of the GDR; it is taken from a line in Schiller's *Wilhelm Tell*: "Das Alte stürzt, es ändert sich die Zeit,/ Und neues Leben blüht aus den Ruinen". Zimmering's novel about the destruction and reconstruction of Dresden contains numerous references to the fact that the new Dresden, like the new Warsaw, will be more beautiful than the old one, a prophecy that later East German guidebooks claim to have been fulfilled. One can take as an example of the official bombast a sentence from Max Seydewitz, an important East German politician, the General Director of Dresden's museums, the holder of the GDR National Prize, and the author of a book on Dresden that enjoyed numerous editions: "Das Neue Dresden mit seinen vielen modernen Wohnvierteln und dem aus Schutt und Trümmern wieder aufgebauten kulturhistorischen Zentrum … bis hin zum Kulturpalast und dem attraktiven Hotel- und Touristenzentrum der neuen Prager Straße ist schöner noch als das im Bombenhagel des 13. Februar 1945 zerstörte Dresden, das vielgepriesene Elbflorenz".[70] In contrast, the poet Thomas Rosenlöcher spoke of three-fold destruction: bombing, clearance, reconstruction.[71] Heinz Czechowski writes in "Charon":

> In der Heimatstadt, der dreimal zerstörten,
> In die ich zurückgekehrt bin: Ich
> Das gebrannte Kind einer Zeit,
> Die ich Vergangenheit nenne[72]

Volker Braun writes with bitter irony of the fashion in which the past undercuts the false optimism of the present: "*Das liebe Dresden* Tal der Ahnungslosen/ Die wollten doch das NEUE LEBEN sehen/ Die Toten blicken in die rosige Zukunft".[73] In the 1980s the ruins of Dresden mutated into an additional signifier. Beginning in 1982, members of the East German peace movement would gather at the rubble of the Frauenkirche, where a plaque condemned imperialist barbarism, to light candles and carry out silent vigils in protest of their government's policies. As the decade progressed, the calls for peace and disarmament

---

[70] Max Seydewitz: "Einleitung". In: *Die Dresdener Gemäldegalerie. Alte und Neue Meister*. Leipzig: VEB G.A. Seemann 1972. P. v.
[71] Cited in Deckert: Auf eine im Feuer versunkene Stadt. P. 5.
[72] Heinz Czechowski:, "Charon". In: *Sanft gehen wie Tiere die Berge neben dem Fluß*. By Heinz Czechowski. Bremen: neue bremer presse n.d.[1989]. P. 69.
[73] Of course, Braun's mention of the "Tal der Ahnungslosen" is also a reference to Dresden's lack of western television reception and its resulting provincialism and isolation.

became louder and were directed at the Soviet Union as well as at the United States.[74]

No poet returns more insistently to the theme of Dresden than Heinz Czechowski, who witnessed the destruction as a boy of ten: "Ich/ Bin verschont geblieben, aber/ Ich bin gebrandmarkt".[75] At the latest his poem "Auf eine im Feuer versunkene Stadt", published in 1967, signals a preoccupation not merely with Dresden but with its destruction. Over and again his melancholy poems feature themes and motifs of transitoriness, death, decay, irreparable destruction, trauma, and memory. As Ruth Owen points out, Czechowski's poem "Augustusweg" from 1987, which features a lyrical "I" wandering between different historical eras, epitomizes the theme of transitoriness. As such, it reiterates the connection of Dresden with death, but also suggests the political point that the GDR, too, will pass.[76]

Czechowski's lyrics served as intertext for other poets writing of Dresden. His early sonnet "An der Elbe", with its evocation of the gentle nature in which the city is embedded, presents an attempt, artificial and ultimately unsuccessful, to create a *locus amoenus* for two lovers outside the environs of the city on the banks of the Elbe river. The first line of the poem ("Sanft gehen wie Tiere die Berge neben dem Fluß") echoed with other poets of the *Sächische Dichterschule*, first with B.K. Tragelehn in his "Dresdener Elegie, für Heinz Czechowski", then with Mickel and Braun, whose visions of the river banks preclude the idyllic or the bucolic.[77] In Mickel's poem "Die Elbe" traumatic memories of death on the riverbanks disrupt the present in the form of chaotic, surrealistic visions rendered with splintered syntax. The "Tiere" of Czechowski's poem become "Bestien", referring to the zoo and circus animals unleashed by the bombing attacks and also to human beings trapped in a scene of chaos and madness:

…Eine liegt am Boden
Gespickt rundum, und Reisig kerbt die Hüfte
Dann ziehen ihre Blicke aus der Leiche

---

[74] For more on the role of the *Frauenkirche*, especially after reunification, see Susanne Vees-Gulani: *Trauma and Guilt. Literature of Wartime Bombing in Germany.* New York/Berlin: Walter de Gruyter 2003. Pp. 56–9.
[75] Heinz Czechowski: Ich und die Folgen. In: '*Auf eine im Feuer versunkene Stadt.*' By Heinz Czechowski. Halle/Leipzig: Mitteldeutscher Verlag 1990. P. 87.
[76] Ruth Owen: Eine im Feuer versunkene Stadt. Dresden in Poetry. In: *Gegenwartsliteratur. Ein germanistisches Jahrbuch.* Ed. by Paul-Michael Lützeler and Stephan Schindler. 1/2002. Tübingen: Stauffenburg 2002. Pp. 89–90.
[77] For a discussion of this see Gerrit-Jan Berendse: "Zu neuen Ufern: Lyrik der 'Sächischen Dichterschule' im Spiegel der Elbe". In: *Studies in GDR Culture and Society 10. Selected Papers from the Fifteenth New Hampshire Symposium on the German Democratic Republic.* Ed. by Margy Gerber et al. Lanham: UP of America 1991. Pp. 197–212.

Passanten. Glimmend um die Trümmer
Kreist das Volk von Weixdorf bis Pesterwitz
Sanft wie die Berge neben dem Fluß
(Czechowski) kriechen Bestien in die, aus dem
Zoo, bei Kindern, nach dem Angriff
Achselhöhlen....[78]

In his "Material IX: Dresden als Landschaft" Volker Braun also cites Czechowski's line, first in its entirety, then in altered form to signal memories of the deadly river banks: "Die SS in den Nestern/ Die konnten dich, wie Tiere neben dem Fluß".[79] In 1982 Czechowski reduced his sonnet to its slightly altered first line only:

An der Elbe
Sanft wie Tiere gehen die Berge neben dem Fluß.
.
.
.
1957[80]

Like the city it describes, Czechowski's sonnet has been reduced to a ruin; painful, incandescent images from the past derail its attempt to create an escapist space in the present.

Of the bombing war, Czechowski has written: "Man hat keinen Grund, sich zu beschweren. Wir haben schließlich mit Coventry und Rotterdam angefangen",[81] an attitude one also finds in his poem "Sic transit Gloria mundi". In 1990 Czechowski wrote: "Ein in Schuld verstricktes Volk zahlt immer den Preis für seine Duldsamkeit gegenüber den Machthabern".[82] As Renatus Deckert points out, Czechowski's early poem "Frühe", from 1963, already warns of the danger of replacing the past with a lie; in "Auf eine im Feuer versunkene Stadt" he speaks of the "Stadt/ Mit ihren Häusern/ Und ihren guten Vergessern".

Conclusions

The preceding overview has shown, first of all, that the bombing war was a constant presence in the Soviet Occupation Zone and in East Germany, though its signification remained unstable and variable. Even official explanations

---

[78] Karl Mickel: Die Elbe. In: *Eisenzeit. Gedichte.* By Karl Mickel. Halle/Leipzig: Mitteldeutscher Verlag 1975. N.p.
[79] Volker Braun: Material IX: Dresden als Landschaft. In: *Langsamer knirschender Morgen. Gedichte.* By Volker Braun. Frankfurt/M.: Suhrkamp 1987. P. 59.
[80] Heinz Czechowski: An der Elbe. In: *Ich, beispielsweise. Gedichte.* By Heinz Czechowski. Leipzig: Phillipp Reclam jun. 1982. P. 5.
[81] Cited in Deckert: Auf eine im Feuer versunkene Stadt. P. 6.
[82] Deckert: Auf eine im Feuer versunkene Stadt. P. 6.

could change, as was the case between 1946 and 1951 or after 1985, and within the official version, various aspects could receive different emphasis, depending on policy exigencies but also on the sensibilities of the speaker. As we have seen from the three "official" novels, written at different intervals and attempting to hew to the Party line, the question of guilt and responsibility remained unsettled. In other words, East German discourse on the bombing war, at first glance monolithic, reductionist, and crude, allowed for nuances.

Hence it will not do simply to dismiss the East German propaganda as an instrumentalization unworthy of further investigation, as is Sebald's stance, or to assert, with Christoph Dieckmann of *Die Zeit*, that East Germans were more concerned with US rock n' roll than with SED intonations of "angloamerikanische Luftgangster" and were hence not anti-American.[83] Neither of these positions can explain the phenomenon of eastern German schoolchildren who, in 2003, took to the street with signs proclaiming "We know what it is like to be bombed". Nor can it explain the plea to German Chancellor Schröder by seventy-three-year-old Wolfgang Ullmann, a former East German dissident, not to support the US invasion of Iraq. Ullmann asserted that those who, like he, had experienced "die Bombardierung der nahezu vollkommen wehrlosen Bevölkerung von Dresden", would be forever convinced that there could be no plausible legitimation for the employment of such weapons.[84]

Some East German citizens no doubt rejected outright the claims of their government's propaganda, while others will have accepted them on some level, especially inasmuch as the propaganda allowed for a "German" popular response to the catastrophe. That response included many of the tropes circulating in post-unification Germany: Germans as victims, capitalists and/or communists as Jews, and Americans as war-mongering fascists. Yet other citizens will have, like Ullmann, performed their own private acts of deconstruction, taken pieces of the discourse, and made it their own. This led to attempts to imbue government-sponsored commemorations, at the ruins of the *Frauenkirche* for example, with a more genuine sense of mourning and with calls for pacifism. That process was in a sense prepared by the poets of the *Sächsische Dichterschule*. Represented foremost by Heinz Czechowski, these writers created literary space for the delicate task of mourning and responsibility, precisely those qualities Margarete and Alexander Mitscherlich found lacking in the "Germans" in their famous study regarding the inability to mourn.

In terms of an epilog we can note that the East German discourse on the bombing war continues through former East German writers who often return to the theme. In 1995 Volker Braun published an autobiographical text about his

[83] Christoph Dieckmann: "Dresden, Chile, Rock 'n Roll". <http://www.zeit.de/2003/11/Amerika>.
[84] *Spiegel Special*. Nr. 1/2003. P.9.

Heimat, and Czechowski has not ceased to pen poems and texts about Dresden and its destruction. Younger Dresden poets, for example Barbara Köhler or Durs Grünbein, write in the same tradition. Grünbein (born in 1964), who during East German times lamented a "Dresden/ grausam zurückgebombt um ein/ weiteres kaltes Jahrhundert der Müdigkeit",[85] continues his references to East German *topoi* in his "Europa nach den letzten Regen", published in the unified Germany: "Ach, Hiroshima war nur zweite Wahl./ Premiere haben sollte sie (sagt man) in Dresden./Die Bombe, die heut jedes Schulkind malt —"[86] At another point in the same cycle he appears to draw on the animal imagery of Mickel's "Die Elbe":

> ...Zirkustiere
>
> Waren die letzten, die sie fliehen sahn ins Feuer
> Ein Pferd, das rechnen konnte, und der Tiger,
> Den William Blake rief. Keins ein Ungeheuer,
> Verglichen mit den smarten Jungs, den Fliegern,
> Die sich im Tiefflug Mensch und Bestie holten.[87]

Ruth Owen finds that this poem is "remarkably clear in apportioning blame",[88] while Amir Eshel, citing Holocaust references in other poems of the same cycle, asserts that Grünbein has created a new poetic space for the combination of a heretofore divided memory.[89] Regardless of which reading one accepts, both possibilities always already existed in the literature and culture of East Germany.

In 1995 Grünbein received the Büchner prize, the most prestigious German literary award. In 2003 *Der Spiegel*, Germany's leading weekly magazine, cited Olaf Groehler, the ranking East German historian of the air war. In 2004 the most popular German newspaper called on the British queen to apologize for the bombing of Dresden. East German discourse on the bombing war has entered the German mainstream, but it will only be termed "new" by those unfamiliar with forty-five years of "other" German history and culture.

---

[85] Durs Grünbein: No. 8. In: *Grauzone morgens. Gedichte*. By Durs Grünbein. Frankfurt/M.: Suhrkamp 1988. P. 40.
[86] Durs Grünbein: Europa nach dem letzten Regen. In: *Nach den Satiren*. By Durs Grünbein. Frankfurt/M.: Suhrkamp 1999. P. 149.
[87] Durs Grünbein: Europa nach dem letzten Regen. P. 151.
[88] Owen: Eine im Feuer versunkene Stadt. P. 104.
[89] Amir Eshel: "Diverging Memories? Durs Grünbein's Mnemonic Topographies and the Future of the German Past". *The German Quarterly* 74.4 (2001): 407–16.

Benedikt Jager

Die gepolsterte Nussschale des Bootes – Der Luftkrieg aus der Sicht skandinavischer Korrespondenten

This essay focuses on reports of Scandinavian newspaper correspondents (mostly Theo Findahl and Jacob Kronika) who worked in Berlin between 1939 and 1945. Their books make it possible to view the air war from a Scandinavian rather than a German angle. Not being German collaborators (their respective countries, Denmark and Norway, had been occupied by the Third Reich) it might be expected that they would have welcomed the bombing. On the other hand they were struggling with existential experiences such as anxiety in the face of death during these attacks. To minimize the tensions between these two extremes both Kronika and Findahl try to adopt a position of exterritoriality. Their reports illustrate also the difficulty of maintaining this position in the long run.

UND WEIL ICH UNTER DEM GELBEN STERN
IN DEUTSCHLAND GEBOREN BIN
DRUM NAHMEN WIR DIE ENGLISCHEN BOMBEN
WIE HIMMELSGESCHENKE HIN
(Wolf Biermann: Fegefeuer der Bombennacht)

Einleitung

Der Untergang Berlins, so wie er im Augenblick in der cinematographischen Repräsentation geschildert wird, erhebt sich zu einem rein deutschen Ereignis, das zum Teil mythologische Dimensionen annimmt. Doch können die exklusiv deutschen Anrechte auf den Blick ins Herz der Finsternis nicht unbedingt aufrecht erhalten werden, denn Berlin war zwischen 1939 und 1945 eine internationale Stadt, wenn auch in sehr viel geringerem Ausmaße als vor- und nachher. So befanden sich neben Diplomaten ausländischer Vertretungen auch Korrespondenten verschiedener befreundeter und okkupierter Länder bis zum Sieg der Roten Armee in der Reichshauptstadt. Andere wiederum hatten mehrere Jahre in Berlin verbracht und vor dem Ende des 2. Weltkriegs Deutschland verlassen. Jedoch gemeinsam ist beiden Gruppen, dass sie ihre Erfahrungen nach ihrer Rückkehr in ihren Heimatländern publizierten, so dass der schwedische Journalist Arvid Fredborg ironisch bemerken konnte: "Fast jeder Journalist, der Berlin verlässt, gibt ein Buch heraus".[1] Diese fremden Blicke ins und auch

---

[1] Arvid Fredborg: *Bakom stålvallen. Som svensk korrespondent i Berlin 1941–43.* Stockholm: Norstedt 1943. S. 5. (Alle Übersetzungen vom Verfasser B.J. aus den skandinavischen Originalausgaben.)

aus dem Herz der Finsternis sind in vielerlei Hinsicht interessante Dokumente, wie dies zum Beispiel der von Oliver Lubrich herausgegebene Sammelband mit ausländischen Reisebeschreibungen von 1933–1945 dokumentiert.[2] Aus sprachlichen und praktischen Gründen[3] beschränkt sich diese Untersuchung auf die Augenzeugenberichte skandinavischer Korrespondenten in Berlin während des Krieges – besonders den Norweger Theo Findahl[4] und den Dänen Jacob Kronika. Die Texte des Schweden Arvid Fredborg und der Dänen Henrik Ringsted und Helge Knudsen werden nur ergänzend und summarisch berührt werden.[5] Ebenso ausgeklammert bleiben Reiseberichte skandinavischer Autoren und Journalisten, die Deutschland in den ersten Nachkriegsjahren bereisten.[6]

---

[2] Oliver Lubrich: *Reisen ins Reich 1933–1945*. Frankfurt/M: Eichborn 2004.

[3] Wobei Skandinavien hier sprachwissenschaftlich gefasst werden soll und somit die nordgermanisch sprechenden Länder umfasst. Das Kriegstagebuch der finnischen Korrespondentin Ada Norna (*Kun venäläiset tulivat Berliiniin: Päiväkirjan lehtisiä Hitlersaksan viime ajoilt*. Porvoo: WSOY 1946. *Als die Russen nach Berlin kamen – Tagebuch aus den letzten Hitler Jahren*.) findet daher hier keine Beachtung.

[4] Theo Findahls (1891–1976) Biographie ist in vielerlei Hinsicht eine interessante Lektüre. Bis 1939 arbeitete er als Lehrer und gab in den 20er und 30er Jahren Reisebeschreibungen aus den USA und der Sowjetunion heraus. Erst mit 48 Jahren wurde er hauptberuflich Journalist und gleich seine erste Station als Auslandskorrespondent für Aftenposten war von 1939–1945 Berlin. Im April 1940 versuchte er die Gerüchte über eine bevorstehende Okkupation Norwegens in einem Artikel zu vermitteln, der jedoch durch das norwegische Militär in Oslo gestoppt wurde. Während seiner Berliner Zeit arbeitete er zudem für den britischen Geheimdienst und fungierte als Mittelsmann für Paul Rosbaud, der Material über die deutsche Atomforschung nach London lieferte. 1945 geriet Findahl in russische Gefangenschaft und war mehrere Monate in Moskau interniert. Nach seiner Rückkehr nach Norwegen war er Auslandskorrespondent für Aftenposten in London, New York und Rom, wo er starb. Rom als letzte Station fügt sich organisch in Findahls Lebensweg ein, da er vor dem Krieg zum katholischen Glauben konvertiert war. Zur Biographie Findahls siehe: *Norsk biografisk leksikon*, Band 3. Oslo: Kunskapsforlag 2001. S. 98–9. Ebenso: Rune Ottosen: *Fra fjærpenn til internett. Journalister i organisasjon og smafunn*. Oslo: Aschehoug 1996. S. 193–95.

[5] Fredborg wurde 1943 ausgewiesen und hat daher die schwersten Luftangriffe auf Berlin nicht miterlebt. Knudsen, der ebenfalls 1943 seine Akkreditierung als Journalist verlor, misst den Alliiertenluftangriffen keine große Bedeutung zu. Henrik Ringsteds *Hva Hitler saaede*. Kopenhagen: Thanning & Appel 1947. (*Was Hitler säte*) enthält ein ganzes Kapitel über das ausgebombte Berlin (Berlins Ruinen, S. 68–81.), jedoch ist der Text in der Nachkriegszeit angesiedelt und enthält daher nur wenige brauchbare Passagen, die verdeutlichen, dass Ringsted Augenzeuge gewesen ist – er war von 1939–1945 Korrespondent für die dänische Zeitung Politikken in Berlin.
Darüber hinaus werden nur Texte herangezogen, die in der direkten Nachkriegszeit erschienen sind, wodurch Erinnerungsbücher aus den 60er und 70er Jahren der oben genannten Autoren (Findahl, Ringsted) fehlen.

[6] Thomas Seiler hat die skandinavische Sicht auf das ausgebombte Deutschland untersucht, ohne auf die hier gewählten Texte einzugehen. In seiner Arbeit steht vor allem Stig Dagermanns Reisebericht *Deutscher Herbst* (1947) im Vordergrund, sowie Reiseberichte

Durch diese Beschränkung wird der Untersuchungsgegenstand nicht weniger komplex, da sich Schweden als neutrales Land anderen Herausforderungen gegenüber sah als z.b. Norwegen und Dänemark, die seit dem 9. April 1940 von Deutschland okkupiert waren. Auch vor diesem Hintergrund scheint die Ausklammerung Finnlands sinnvoll, da durch die besondere Relation Finnlands zum 3. Reich die Übersichtlichkeit dieser kleinen Studie arg strapaziert worden wäre.

Einem ähnlichen, wenn auch sehr viel gravierenderem Problem der Differenzierung sahen sich bereits 1945 die Journalisten gegenüber, zuallererst im Kontakt mit der roten Armee, der sie beweisen mussten, dass sie ausländische Staatsbürger waren und zudem davon überzeugen mussten, dass sie keine kollaborierenden Journalisten gewesen waren:

> Mehrere russische Offiziere haben ihre große Überraschung darüber geäußert, dass es überhaupt noch eine funktionierende dänische Gesandtschaft in Hitlers Kriegs-Berlin gibt. Fremde Diplomaten und Journalisten, die sich während des gesamten Krieges in Deutschland aufgehalten haben, müssen ihrer Meinung nach Hitler aktiv unterstützt haben![7]

Für sowohl Kronika als auch Findahl ging die Heimreise via Moskau, wo in einem 'Internierungslager' mehrere Monate lang ihre Biographie überprüft wurde. Die Frage, ob derjenige der bis zum bitteren Ende in Berlin ausgeharrt hatte, nicht doch enger mit dem nationalsozialistischen System verflochten war, prägt sicherlich auch die kurz nach dem Krieg erschienenen Texte. Auf den ersten Blick ist ein Rechtfertigungsgestus für das Heimatpublikum kaum spürbar, jedoch kann aus anderen Texten der Nachkriegszeit eine Stimmung in den Heimatländern extrapoliert werden, der sich die Berliner Korrespondenten sicherlich nur schwer entziehen konnten. So berichtet der norwegische Schriftsteller Odd Eidem, der im Frühjahr 1947 Deutschland bereiste und dessen Reiseschilderungen in der Zeitung *Verdens Gang* veröffentlicht wurden, von Leserbriefen, die ihn aus Norwegen erreichten: "Ich bekam einen Brief ohne Unterschrift: 'Sie sind so eifrig über Deutschland – Deutschland – Deutschland zu schreiben. Sollen uns die am Ende leid tun? Wollen sie – das? Lassen Sie uns lieber noch ein paar Bilder von den zerbombten Städten genießen.'"[8] Der fremde

---

von Tania Blixen und Gedichte von Tove Ditlevsen. Vgl. Thomas Seiler: Die Deutsche Ruine. Skandinavische Berichte aus dem zerbombten Deutschland. In: *Verschränkung der Kulturen. Der Sprach- und Literaturaustausch zwischen Skandinavien und den deutschsprachigen Ländern. Zum 65. Geburtstag von Hans-Peter Naumann.* Hg. von Oskar Bandle et al. Tübingen: Francke 2004. S. 555–73.

[7] Jacob Kronika: *Berlins undergang.* Kopenhagen: Hagerup 2. Aufl. 1946. S. 167.
[8] Odd Eidem: *Varm aske.* Oslo: Dreyer 1947. S. 168.

Blick ist daher selbstredend eingebettet in einen Kommunikationszusammenhang im eigenen Land, der immer mitbedacht werden muss. Diesen Zeugnissen kann deshalb keine höhere Objektivität zugesprochen werden, ohne gleichzeitig ihre spezifischen Erkenntnispotentiale zu negieren.

In Bezug auf das Thema Luftkrieg muss relativierend vorausgeschickt werden, dass die ausländischen Korrespondenten sich bewusst waren, dass Berlin im Gegensatz zu Hamburg eine Stadt war, die auf Grund der städtebaulichen Gegebenheiten nicht mit den schlimmsten Konsequenzen – dem Feuersturm – zu rechnen hatte. Fredborg, der 1943 nach Schweden zurückkehrte, berichtet sogar von der Enttäuschung ausländischer Berlin Besucher, die in den Jahren 1941–42 nur geringe sichtbare Schäden vorfanden.[9] Dennoch bildet in den hier ausgewählten Texten die Bombardierung Berlins aus der Luft ein durchgehendes Accompangement, dem besonders bei Findahl und Kronika mehr Platz eingeräumt wird. Anhand des Textes von Findahl kann zudem die steigende Intensität der Luftangriffe beobachtet werden, da er sich während des gesamten 2. Weltkriegs in Berlin aufhielt.

Luftkrieg und Literatur

Auch wenn Sebalds Thesen über den Luftkrieg nicht unproblematisch sind,[10] so dürften sie einen guten Startpunkt bieten, von dem aus die Differenzen und Ähnlichkeiten der Beobachtung durch ausländische Journalisten profiliert werden können. Die Hauptthese, eine Tabuisierung des Bombenkrieges habe in Deutschland statt gefunden, um die eigene Vergangenheit zu verdrängen und so Energie für den Wiederaufbau freizusetzen,[11] kann selbstredend nicht direkt auf Beobachtungen angewendet werden, die zum einen niedergeschrieben wurden und zum anderen in einen anderen kulturellen Kontext eingehen, der weitaus weniger Schuld beladen ist als der deutsche. In Norwegen und Dänemark stößt man auf andere Tabus, die sich meistens auf die Nachkriegszeit beziehen und von der Behandlung der Kollaborateure, der Frauen, die sich mit deutschen Soldaten eingelassen hatten und deren Kindern handeln. Im Gegensatz dazu dürften die von Sebald aufgeworfenen Fragen der Darstellbarkeit, denen er in letzter Konsequenz meines Erachtens ausweicht, eine fruchtbare Annäherung auch an die hier gewählten Texte darstellen.

---

[9] Vgl. Fredborg: *Bakom stålvallen*. S. 289.
[10] Die von Sebald ausgelöste Debatte dokumentiert Volker Hage: *Zeugen der Zerstörung – Die Literaten und der Luftkrieg*. Frankfurt/M: Fischer 2003. S. 113–31.
[11] "[…] daß die neue bundesrepublikanische Gesellschaft die in der Zeit ihrer Vorgeschichte gemachten Erfahrungen einem perfekt funktionierenden Mechanismus der Verdrängung überantwortet hat, der es ihr erlaubt, ihre eigene Entstehung aus der absoluten Degradation zwar faktisch anzuerkennen, zugleich aber aus ihrem Gefühlshaushalt völlig auszuschalten […]" W.G. Sebald: *Luftkrieg und Literatur. Mit einem Essay zu Alfred Andersch*. München: Hanser 1999. S. 20.

Sebald arbeitet verschiedene Charakteristika der Bombenprosa heraus, die alle mit seiner Grundthese der vollständigen Verdrängung zusammenhängen. Am pointiertesten hebt er dies an der Formelhaftigkeit der von ihm untersuchten Texte hervor: "Die Redensart 'An jenem furchtbaren Tag, an dem unsere schöne Stadt dem Erdboden gleichgemacht wurde,' [...] ist in Wahrheit nichts als eine Geste zur Abwehr der Erinnerung".[12] Die Redensartlichkeiten dienen als Deckformulierungen, die etwas benennen ohne jedoch die Erinnerung daran zu befördern, wohingegen den Berichten, die unter diesen Deckmantel schauen möchten "[...] in aller Regel etwas Diskontinuierliches an[haftet], eine eigenartig erratische Qualität, die so unvereinbar ist mit einer normalen Erinnerungsinstanz, daß sie leicht den Anschein von Erfindung und Kolportage erweckt".[13] Die Bomben haben also nicht nur die physischen und psychischen Grundlagen, sondern auch die Möglichkeit von Narration in Schutt und Asche gelegt.

Die Konsequenzen für Sebalds Argumentation sind paradox: der Rückfall ins Formelhafte und Stereotype[14] ist demnach ex-negativo eine authentischere Beschreibung, da sie die Unfassbarkeit der Geschehnisse widerspiegelt, während das Weiterlaufen der Normalsprache ihm verdächtig ist: "Das scheinbar unbeschadete Weiterfunktionieren der Normalsprache in den meisten Augenzeugenberichten ruft Zweifel herauf an der Authentizität der in ihnen aufgehobenen Erfahrung".[15] Wie eine angemessene Beschreibung aussehen könnte, verbleibt unklar und es stellt sich eher die Frage, ob Sebald unbewusst nicht doch eine Fortschreibung und Verschiebung des Adornoschen Auschwitz-Diktums formuliert hat.[16] Die Kritik an Nossack, Kasack, Peter de Mendelssohn, Arno Schmidt und mit Abstrichen Heinrich Böll, sowie Gert Ledig, deren Verfahren alle von unzureichend bis problematisch eingestuft werden, legt den Gedanken nahe, dass die Gräuel des Bombenkrieges in letzter Konsequenz nicht kommunizierbar sind.[17]

---

[12] Sebald: *Luftkrieg und Literatur.* S. 34.
[13] Sebald: *Luftkrieg und Literatur.* S. 34.
[14] "Andererseits aber bleibt erstaunlich, in welch stereotypen Bahnen das, was zu Protokoll gegeben wird [Augenzeugenberichte], zumeist verläuft". (Sebald: *Luftkrieg und Literatur.* S. 93).
[15] Sebald: *Luftkrieg und Literatur.* S. 35.
[16] Vgl. zum Verständnis von Adornos Auschwitz Diktum: Stefan Krankenhagen: *Auschwitz darstellen. Ästhetische Positionen zwischen Adorno, Spielberg und Walser.* Köln: Böhlau 2001.
[17] Hage referiert ein Gespräch mit Sebald, das in diese Richtung weist. "In einem Gespräch sagte er: Man könne sich 'mit all diesen Dingen' nicht sehr lange beschäftigen, 'ohne Schaden zu nehmen, auch an der eigenen Gesundheit'. Selbst wenn man nur versuche, 'das zu skizzieren', sei das eigentlich mehr, 'als man aushalten kann.' " Volker Hage: Berichte aus einem Totenhaus. In: *Als Feuer vom Himmel fiel. Der Bombenkrieg in Deutschland.* Hg. von Stephan Burgdorff und Christian Habbe. Bonn: Bundeszentrale für politische Bildung 2004. S. 114. (Schriftenreihe der Bundeszentrale für politische Bildung. Band 447).

Diese Beobachtung muss jedoch kontextualisiert werden, damit nicht der Eindruck entsteht, Sebald solle hier auf eine Stufe mit dem NPD Abgeordneten Jürgen Gansel gestellt werden, der am 21.1.2005 im sächsischen Landtag den Luftangriff auf Dresden mit dem Holocaust gleichsetzte und die Vokabel Bombenholocaust benutzte. Sebalds Züricher Vorlesungen erfüllen, auch wenn sie umstritten sind, mit Sicherheit nicht den Straftatbestand der Volksverhetzung, wie das Postskriptum deutlich belegt, wo er auf die Kausalität der Ereignisse verweist.[18] Sebald ist kein Revanchist.[19] Das Problematische in seinen Vorlesungen entsteht meines Erachtens durch den Bezug auf unterschiedliche Kategorien, die sich eigentlich aufheben. Zum einen die eben erwähnte Figur der historischen Verankerung und der damit einhergehenden Einbettung des Bombenkrieges in komplexe Zusammenhänge. Auf der anderen Seite steht dem der Rekurs auf die Kategorie des Erhabenen gegenüber, das durch Ereignisse hervorgerufen werden kann, die den Erkenntnisapparat und die körperliche Existenz des Menschen übersteigen – die unfassbar und damit unbeschreibbar sind. Im englischen Wort 'sublime' tritt die Wurzel des Wortes deutlicher hervor, das sich von 'limes' – 'Grenze' ableitet. Das Erhabene ist eine Erscheinung, die alle Grenzen überschreitet und sich nicht fassen lässt. Durch die Einschreibung in den Kontext des Erhabenen wird die historische Situierung überblendet, da das Erleben des Erhabenen nicht in eine historische Kontinuität gebracht werden kann. Sebalds Vorlesungen werden so als ein widersprüchliches Palimpsest lesbar. In der Untersuchung der skandinavischen Korrespondentenberichte interessiert daher, welche Kommunikationsbeschränkungen das Thema Luftkrieg hier erkennen lässt, das heißt, ob sich Sebalds These bestätigt, der Luftkrieg sei letztendlich unkommunizierbar, oder ob dieses Problem der besonderen Situation der Nachkriegsjahre innerhalb der deutschen Literatur gestundet ist.[20] Die Differenzen zwischen ausländischer und deutscher Sicht lassen sich besonders

---

[18] Vgl. Sebald: *Luftkrieg und Literatur.* S. 119f.
[19] Ähnliches ist zu Jörg Friedrichs Buch *Der Brand* formuliert worden. Hans-Ulrich Wehler bemerkt anhand der Wortwahl Friedrichs eine ähnliche Tendenz: "Die 'Bomber Group 5' mutiert zur 'Einsatzgruppe', Bombenopfer werden zu 'Ausgerotteten', ihre Keller werden zu 'Krematorien' erklärt. Das ist unverhohlene sprachliche Gleichstellung mit dem Horror des Holocaust." (Hans Ulrich Wehler: Wer Wind sät, wird Sturm ernten. In: *Ein Volk von Opfern? Die neue Debatte um den Bombenkrieg 1940–1945.* Hg. von Lothar Kettenacker. Berlin: Rowohlt 2003. S. 143.) Und lässt diese Beobachtung in eine (rhetorische?) Frage einmünden: "Soll man einem reflektierten Autor wie Friedrich unterstellen, dass ihm diese semantische Entgleisungen zufällig unterlaufen sind." (Ebd.).
[20] Hierbei ist sicherlich auch zu überlegen, ob mögliche Differenzen den verschiedenen Textsorten (Sachprosa vs. Belletristik) zuzuschreiben sind. Sebalds Vorlesungen scheinen eine solche Unterscheidung nur in sehr geringem Maße vorzunehmen – eine Sonderstellung wird lediglich den protokollierten und nicht zur Veröffentlichung bestimmten Augenzeugenberichten zugesprochen.

anhand der Konstruktion der Beobachtungsposition und der Anbindung des Bombenkrieges an andere Kontexte profilieren.

Exterritorialität

Den retrospektiven Beschreibungen des Bombenkrieges von ausländischen Korrespondenten fehlt in aller Deutlichkeit der Ballast, den die deutschen Beobachter als Schuldfrage mit sich tragen. Ihre Texte bedürfen keiner Austarierung der Täter-Opfer Relativierung, da ihre Beobachterposition von anderen Faktoren bestimmt wird. Die Texte von Kronika und Findahl inszenieren ihren besonderen Beobachtungsstatus mehrfach in Handlungssequenzen, die ihren gemeinsamen Nenner in dem Begriff *Exterritorialität* haben. Sowohl die dänische Gesandtschaft als auch der dänische Bunker im Tiergarten gehören nach internationalem Recht zum dänischen Staatsgebiet – eine Insellage, die allerdings im 'aera bombing' keine reellen Vorteile bot und ebenso im Häuserkampf um Berlin verteidigt werden musste:

> Am Nachmittag müssen wir in der Botschaft selbst ein hartes Stück Arbeit ausführen. Bisher hat die deutsche Wehrmacht die Exterritorialität des Hauses respektiert. Damit scheint nun Schluss zu sein. […] Die Offiziere müssen doch wissen, dass die Gesandtschaft einer nicht kriegführenden Macht nicht für militärische Kampfhandlungen benutzt werden kann. Wir protestieren. […] Das OKW teilt einige Minuten später über Telefon mit, dass deutsches Militär überhaupt nichts auf dem Boden der Botschaft zu suchen hat. […] Die beiden Herren müssen mit ihren 6 Soldaten abziehen.[21]

Auch Findahl, der die letzten Tage des Krieges in Dahlem erlebte, verteidigt mit dem Siegel der schwedischen Neutralität die bezogene Villa sowohl gegen deutsche [22] als auch russische Truppen.[23] Das Moment der Exterritorialität bot zwar nicht gering zu schätzende Vorteile wie bessere Bunker, doch waren die Journalisten natürlich nicht der Gesamtsituation enthoben. Sie befanden sich dennoch in einer völlig anderen Beobachterposition als die restlichen Bewohner Berlins, da sie sowohl an einer Innen- als auch einer Außenperspektive teilhatten. Sie waren in Berlin außerhalb von Berlin und erlebten dennoch wie die deutsche Zivilbevölkerung den Luftkrieg und die Befreiung durch die Rote Armee als existentiell bedrohlich. Diese Perspektive wird jedoch vom exterritorialen Blick durchkreuzt, durch den sie geschichtlich und politisch mit den Opfern des Nationalsozialismus in Verbindung stehen. Der exterritoriale Blick paart die Schärfe des Opferblicks mit der Neutralität eines Beobachters, der sich, obwohl

---

[21] Kronika: *Berlins undergang*. S. 149–50.
[22] Theo Findahl: *Undergang. Berlin 1939–1945*. Oslo: Aschehoug 1945. S. 158f.
[23] Findahl: *Undergang*. S. 166. Auch Fredborg hebt seine Neutralität besonders hervor. Vgl. Fredborg: *Bakom stålvallen*. S. 296.

er vor Ort ist, als Außenstehender definieren kann. Diese Beobachtung wird bei Kronika durch die Besonderheiten seiner Biographie noch verstärkt, die er in einer kurzen Passage seines Tagebuches zusammenfasst:

> Heute habe ich der Presseabteilung der Reichsregierung mitgeteilt, dass ich meine deutsche Staatsbürgerschaft als annulliert ansehe. Es gibt keine Aufgaben mehr für den Sprecher der dänischen Volksgruppe in Berlin. [...] Es kommen keine Einwände von deutscher Seite. Im Gegenteil. Die Reaktion ist volles Verständnis. Ich bekomme neue Ausweispapiere ausgehändigt, in denen 'dänischer Staatsbürger' [...] anstelle von bisher 'Volksdäne' [...] steht.[24]

Er gehörte als deutscher Staatsbürger der dänischen Minderheit in Schleswig an und hatte schon auf Grund dieser Tatsache einen zweifachen Blick. Anhand dieser Heterogenität der Beobachterposition soll den von Sebald aufgeworfenen Fragen weiter nachgespürt werden und überlegt werden, ob seine Züricher Vorlesungen nicht besser den Titel Luftkrieg und deutsche Literatur tragen sollten.

Kollidierende Kontexte

Die oben beschriebene Beobachtungsposition ist jedoch nicht durchgehend spürbar, vielmehr ist auch sie durchsetzt vom Topos der Unaussprechlichkeit: "Es ist etwas, das man nicht gerne beschreiben möchte und auch nicht kann".[25] Auch bei Findahl findet sich eine ähnliche Figur, der Tagebuchaufzeichnungen in seinen Text integriert, da die Erinnerung schon 1945 verschwimmt:

> Nachdem das 'area bombing' ins System gesetzt worden war, wurden alle Luftangriffe mehr oder weniger bedrohlich für die Zivilbevölkerung. In der Erinnerung verketten sie sich zu einem einzigen langen Albtraum, ich kann das eine nicht vom andern in der Erinnerung trennen und muss deshalb zum Tagebuch greifen.[26]

Fredborg widerspricht zudem der hier aufgestellten These explizit, indem er die existentielle Bedrohung als Medium schildert, das alle Unterschiede auslöscht: "Im Augenblick der Gefahr sind die Menschen in einem Schutzraum keine Nazis oder Anti-Nazis mehr, sondern Menschen".[27] Der Schluss liegt nahe, dass alle Differenzierungen nivelliert werden, wenn der Mensch sich den großen Mysterien des Daseins – Angst, Tod – gegenüber sieht.

Dieser Bezugsrahmen wird in fast allen Beschreibungen durch den Rekurs auf überzeitliche Erklärungsmuster aktualisiert. Sowohl Findahl als auch Kronika treten in ihren Texten als gläubige Christen hervor, so dass der Bezug auf

---

[24] Kronika: *Berlins undergang*. S. 101f.
[25] Fredborg: *Bakom stålvallen*. S. 297. Aussage Fredborgs über die Luftangriffe der Alliierten.
[26] Findahl: *Undergang*. S. 69.
[27] Fredborg: *Bakom stålvallen*. S. 299.

die Bibel wenig überrascht. Kronika verweist mehrfach, allerdings recht summarisch, auf die Apokalypse, während der biblische Bezug bei Findahl stärker ausgeprägt ist und sich im Gebrauch von Bibelzitaten und biblischen Vergleichen niederschlägt. So wird Berlin bei Findahl mehrfach mit Ninive[28] verglichen und über weite Strecken des Buches Anti-Jerusalem genannt. Der Sprachduktus nähert sich in diesen Passagen der Sprache des Alten Testamentes an, um die mythische Dimension des Geschehens zu unterstreichen und den Rückfall in gewaltbeherrschte Zeiten zu illustrieren:

> Anti-Jerusalem ist in seinem Herzen hochmütig gewesen und glaubte sich selbst sicher und unangreifbar, tief in der Zitadelle der Festung Europa, beschützt von der unbesiegbaren und unvergleichlichen Luftarmada des Reichsmarschalls. Dann aber – spät schließlich – segelten die Kriegsflugzeuge der Atlantikreiche in immer dichteren Scharen heran und legten ihre Bombenteppiche über größere und größere Teile der Stadt; es war zu spät, die Schätze und Reichtümer zu retten – woher sollte man wohl die Lastwagen, das Benzin und die Arbeitskräfte bekommen.[29]

Interessant an diesem Zitat ist vor allem die sprachliche Uneinheitlichkeit. Ein biblischer, archaischer Tonfall wird angeschlagen, der jedoch in eine vollkommen nüchterne Betrachtung über praktische Probleme einmündet, die durch den letzten Gedankenstrich vom vorher Gesagten abgetrennt ist. Diese Verschiebung scheint mir weniger einen stilistischen Mangel bei Findahl zu bezeichnen, als verschiedenen Referenzsystemen auf den Bombenkrieg geschuldet zu sein.

Eine Annäherung an dieses "unfassbare Geschehen"[30] besteht wie bereits erwähnt in einer biblischen und mythischen Kontextualisierung. Die Stadt Berlin wird in der Verlängerung der Linie großer zerstörter Städte wie Karthago, Pompeji, Rom gesehen.[31] Der Bombenkrieg regnet auf Gerechte und Ungerechte[32] herab und das Schicksal der Berliner wird mit der klassischen Beerdigungsformel umschrieben: "'Zu Staub sollst du werden' – sicherlich haben die Wunder der Technik das Tempo in diesem Prozess erhöht, der nach der natürlichen Ordnung langsam und gradweise vor sich gehen sollte".[33] Erneut der für Findahl charakteristische Gedankenstrich, der das Nachdenken über den Bombenkrieg an verschiedene Kontexte anbindet. Der biblisch-mythische Kontext wird immer wieder durch Verweise durchkreuzt, die gerade nicht auf das Überzeitliche, Ewige des Geschehens verweisen, sondern vielmehr um eine Verortung im speziellen historischen Kontext bemüht sind.

---

[28] Findahl: *Undergang*. S. 90f. Ninive war die Hauptstadt des assyrischen Reiches und wurde 612 vor Christus von den Babyloniern und Medern zerstört. Die Ruinen der Stadt befinden sich am linken Tigrisufer gegenüber von Mosul.
[29] Findahl: *Undergang*. S. 96.
[30] Findahl: *Undergang*. S. 72.
[31] Vgl. Findahl: *Undergang*. S. 72.
[32] Findahl: *Undergang*. S. 68.
[33] Findahl: *Undergang*. S. 95.

Doch selbst in den Bibelzitaten findet sich meines Erachtens eine Gelenkstelle, die dieses entgegengesetzte Deutungsmuster anklingen lässt: "Im Luftkrieg säte Deutschland Wind und erntete einen Sturm, der schlimmer wurde als alles, wovon der Mensch träumen konnte, einen Sturm, der wie jedes andere Unwetter des Herren über Gerechte und Ungerechte hinbrauste, Zivile und Militärs, ohne Ansehen der Person".[34] Dieses Zitat findet sich im Einleitungsteil des Kapitels 'Unter dem Bombenteppich', dem nach der Schilderung der Eroberung durch die Rote Armee zweitlängsten Kapitel des Buches. Ihm vorangestellt wurde ein Kapitel über die Vergeltungswaffe V1, das sozusagen das Präludium zur Beschreibung des Bombenkrieges bildet. Schon die Platzierung dieses Kapitels und die Durchbrechung der Chronologie, denn die V1 geht in eine spätere Phase des Luftkrieges ein, machen deutlich, dass Findahl an einer Klarstellung von Ursache und Wirkung interessiert ist. Dafür spricht auch, dass dieser Komplex nicht in das lange Kapitel über den Bombenkrieg integriert wurde, was sachlich keine Brüche zur Folge gehabt hätte. In der Textchronologie findet im Kapitel 'V1' die Aussaat statt, wodurch verdeutlicht wird, dass Säen und Ernten bei Findahl nicht durchgängig in einer transzendentalen Sphäre angesiedelt sind, die sich der menschlichen Verantwortung entzieht.

Auf das Kapitel 'Unter dem Bombenteppich' folgen drei kürzere Kapitel – 'Von Groß-Berlin zu Klein-Berlin', 'Kurfürstendamm' und 'Tragikkomik im Tiergarten' – wobei dem letzteren Teil eine ähnliche Funktion zukommt wie dem Kapitel 'V1', wodurch eine Rahmung der Ereignisse angedeutet wird. Die dort beschriebene Szene findet sich in geraffter Form auch in Kronikas Buch wieder. Beide Korrespondenten, die übrigens eng befreundet waren, flanieren in ihren Texten durch die von Wilhelm II. angelegte und von den Nationalsozialisten umplatzierte Siegesallee mit dazugehörigem Skulpturenensemble. Das heute nicht mehr in seiner Ganzheit existierende Ensemble stellte die Geschichte der Hohenzollern von Albert dem Bären bis zu Wilhelm I. dar, wobei den Hauptfiguren je zwei Trabanten und zwei Adler beigegeben waren. Für Kronika wird die zerbombte 'via triumfalis' zu einem kurzen Abriss der deutschen Geschichte:

> Die Siegesallee erzählt auf eine bedenkenswerte Art eine ganze Menge über die deutsche Geschichte. [...] Streckt der erste Hohenzollern das Kreuz über den Betrachter, so präsentiert der letzte in der Reihe das Zubehör des Krieges und nichts anderes: Pickelhaube, Schwert, Fernglas, Feldmantel.[35]

Die Überhand nehmende Militarisierung der deutschen Gesellschaft findet für Kronika im Nationalsozialismus seinen Höhe- und Schlusspunkt, weshalb er

---

[34] Findahl: *Undergang*. S. 68.
[35] Kronika: *Berlins undergang*. S. 82f.

eine direkte Filiation zwischen Preußen und dem Dritten Reich sieht: "Es ist diese preußische Säkularisierung, die in einer logischen Entwicklung zum Hakenkreuz geführt hat."[36]

Sein norwegischer Kollege äußert ähnliche Ansichten, die den Bombenkrieg in einem längeren zeitlichen Kontinuum verankern und ihn somit – wenn auch sehr knapp – historisch herleiten.[37] Diese Aussage muss bei Findahl jedoch erneut modifiziert werden, da seine Beschreibung erneut in zwei Teile zerfällt. Der erste, längere Abschnitt beschreibt die Verheerungen des Skulpturenparks in einer schwarzhumorigen Perspektive: "Es ist wie eine Art Offenbachiade über den Olymp, aber auch ein Hohnlachen über den Wahnsinn des Krieges".[38] Diese Passage wird vom Gelächter über die Eitelkeit des Menschen grundiert und findet ihren Ordnungsrahmen in allgemeine Vanitas-Vorstellungen. Die Funktion des Gedankenstriches, der sonst häufig den Übergang von einem zu anderen Referenzrahmen andeutet, übernimmt in diesem Kapitel der durch eine Leerzeile markierte Absatz. Die existentielle Todesverfallenheit des Menschen wird nach der Leerzeile in einem geschichtlichen Rahmen verortet – ein Verfahren, das Findahl auch von der deutschen Bevölkerung einfordert: "Seltsam wie der Bombenlärm die Menschen hier dazu bringt, alles andere zu vergessen – Gomel, Kiev, Vitebsk – aber wie lange"?[39] Die Städtenamen Gomel, Kiev, Vitebsk, die für Gräueltaten der deutschen Truppen an der Ostfront stehen, bilden die Gegennamen zur Trias Kathargo, Pompeji, Rom in Findahls widersprüchlichen Kontextualisierungen des Bombenkriegs.

Gleitende Beobachtung

Wendet man sich von den Kontextualisierungsmöglichkeiten ab und erneut der Konstruktion der Beobachterposition zu, so bestätigt sich die oben formulierte Ausgangsthese der Exterritorialität. Die Texte der skandinavischen Korrespondenten, die den Bombenkrieg ausführlich thematisieren sind nicht vom Phänomen des 'friendly fire' affiziert, und direkte Ausbrüche der Verfluchung der zukünftigen Befreier, wie sie Friedrich anhand der Bombardements französischer Städte beschreibt,[40] fehlen vollständig. Verschiedene Ursachen lassen

---

[36] Kronika: *Berlins undergang*. S. 83.
[37] Die These, dass der Nationalsozialismus lediglich ein gesteigertes Preußentum darstelle, wird jedoch an anderer Stelle von Findahl abgelehnt. Siehe dazu die Kapitel 'Das Attentat' (besonders S. 124f.) und 'Der Tod des alten Preußens'.
[38] Findahl: *Undergang*. S. 107.
[39] Findahl: *Undergang*. S. 74.
[40] "Die Überlebenden, die in der Wucht des Angriffs [auf Rouen] ihre letzte Stunde gekommen wähnen, irren zwischen den Bombentrichtern und schreien nur 'Bastards, Bastards'". Jörg Friedrich: *Der Brand. Deutschland im Bombenkrieg 1940–1945*. München: Propyläen 2002. S. 125.

sich erneut am deutlichsten an Findahl ablesen. Die relativ nüchterne Betrachtung der Vorgänge steht mit dem journalistischen Ethos der Objektivität im Zusammenhang. Findahl notiert am 25. November 1943 im Bunker des Hotels Kaiserhof:

> Ich sage zu mir selbst: denk nun an deine Arbeit als Journalist, denk daran, dass du es deinen Lesern schuldig bist, so gut zu beobachten, wie du es vermagst, und was du siehst und hörst präzis niederzuschreiben ... Ich nehme Block und Bleistift hervor. Wahrlich ein magerer Stoff für nervenaufreibende Schilderungen. Nervosität? Nein, alle scheinen felsenfest sicher zu sein, dass der Bunker hält ... Einige dösen, andere lesen Zeitungen, einzelne fragen mit großem Eifer nach Kaffee, ein Mann hat weder Rast noch Ruh, bevor ihm nicht jemand sagen kann, wo man *rauchen* kann. Tiefer Ernst im Angesicht des Todes. Ich weiß es nicht. Es wirkt nicht so.[41]

Findahl fordert also von sich selbst die strengstmögliche Objektivität, blendet alles Individuelle aus, um sich als Chronist installieren zu können und versucht so, das Ideal der Exterritorialität anzustreben. Jedoch wird schnell deutlich, dass diese Position des Darüberstehens nur sehr bedingt haltbar ist. Schon in der nächsten Tagebucheintragung reflektiert er anhand der bizarren Gerüchte über brennende Totenzüge, die ohne Aufenthalt durch den Berliner Ring rasen, oder der makabren an poesche Texte erinnernden Ereignisse im Zoo, erneut über sein Schreiben: "Ist wirklich die Kunst, aus allen Dingen muntere Unterhaltung zu machen, der Kern der Journalistik auch in diesen Tagen? 'Ein Erdbeben ist besser als gar keine Ereignisse.' "[42] Diese Selbstreflexion zeigt deutlich, dass er sein Tun nicht vollständig von ethischen Maßstäben loslösen möchte.

Wenn man das vom Bombenkrieg dargestellte Bild genauer betrachtet, um über diesen Weg weitere Rückschlüsse über die Beobachtungsposition zu ziehen, fällt auf, dass die gewöhnlichen Metaphernbereiche zur Beschreibung der Angriffe gewählt werden: die Bunker sind Schiffe, die beigedreht den Taifun und die Riesenwellen über sich ergehen lassen, die Stadt befindet sich am Abgrund und so weiter. Auch die geschilderten Reaktionen der Bevölkerung auf die Bombardements, ihre Apathie,[43] die Müdigkeit, ihren Hass auf die selbstherrlichen Luftschutzwarte und die zunehmende Abstumpfung fügen sich in das Bild ein, das zum Beispiel Friedrich, Mommsen,[44] und Bickerich[45] von der psychischen Situation der Bevölkerung im Bombenkrieg zeichnen. Das gleiche gilt für die materiellen Schäden. Es ist jedoch sehr auffällig, dass Findahl an

---

[41] Findahl: *Undergang*. S. 73.
[42] Findahl: *Undergang*. S. 74.
[43] Vgl. Findahl: *Undergang*. S. 91.
[44] Vgl. Hans Mommsen: Wie die Bomben Hitler halfen. In: *Als Feuer vom Himmel fiel*. S. 115–21.
[45] Vgl. Wolfram Bickerich: Die Moral blieb intakt. In: *Als Feuer vom Himmel fiel*. S. 202–10.

detaillierten Beschreibungen der schlimmsten Grausamkeiten des Luftkrieges spart.[46] Die direkte physische Vernichtung der Berliner Bevölkerung sowie die Beschreibung von Leichen wird ausgeblendet. Dies kann erneut unterschiedliche Gründe haben. Zuerst könnte es der je eigenen Kommunikationssituation geschuldet sein, in der es sicherlich nicht ratsam war, in den Verdacht zu geraten, am Stockholmsyndrom zu leiden. Für die Leser in den ehemals okkupierten Ländern war die Opfer-Täter Unterscheidung vollkommen unzweifelhaft, und sollte es anscheinend auch bleiben. Zudem war Berlin nicht Hamburg, Dresden, Wuppertal oder Pforzheim und schwer in Brand zu setzen, weshalb der Prozentsatz der Tötungen niedriger ausfiel.[47] Außerdem hatte er als ausländischer Journalist Zugang zu besseren Bunkern (Hotel Kaiserhof, Keitel Bunker, der weniger frequentierte östliche Bunker am Großen Stern, Bunker der Gesandtschaften) als die Zivilbevölkerung. Doch dieses Privileg ließ sich nicht fünf Jahre lang aufrecht erhalten, wollte man seine Bewegungsfreiheit nicht entscheidend eingrenzen. Für einen Journalisten eine unakzeptable Situation, weshalb sich bei Findahl Passagen finden, die die bisherigen Befunde erodieren.

Die Beschreibung des großen Luftangriffes vom 3. Februar 1945, in dem Rudolf Freisler umkam – Findahl erwähnt auch den Treffer auf den Volksgerichtshof – ist in dieser Hinsicht sehr aufschlussreich. Er erlebt diesen Angriff in einem S-Bahn Tunnel zwischen Potsdamer Platz und Anhalter Bahnhof, einem wenig sicheren Schutzraum, wie er selbst bemerkt: "Sieben schwere Bomben fallen auf die Gegend hernieder [...] Sieben mal fahren *wir* drinnen im S-Bahntunnel zusammen. Das Licht fällt aus. Der Tunnel ist so schwarz wie die Nacht, voll von Ruß und Rauch, unheimlich wie ein Totenreich".[48] Das 'ich' der Beobachtung geht im 'wir' der Bedrohten auf, und die Identifikation geht weiter. Eine Frau ruft erfolglos nach einem Arzt oder einer Krankenschwester, was Findahl kommentiert: "Ich bin auch krank, habe Fieber, Halsschmerzen und entscheide mich, direkt nach Hause zu gehen um zu schlafen, so wahr wir dies hier nur überleben". Das 'auch' deutet schon eine Verbindung zwischen dem 'ich' und der hilfebedürftigen Frau an, und so

---

[46] Dasselbe gilt für Kronika und Fredborg. Bei Helge Knudsen spielt der gesamte Bombenkrieg nur eine untergeordnete Rolle und wird nur summarisch in einer Handvoll von Passagen erwähnt. Da er im Sommer 1943 das Deutsche Reich verließ, könnte dies also an mangelnder Anschauung liegen. Jedoch belegt eine Passage, dass der Bombenkrieg sehr wohl für Knudsen existent gewesen war: "Im Frühjahr 1943 war ich zum letzten mal in der Stadt an der Moldau. Mein ältestes Mädchen sollte Europas klassische Barockstadt sehen. Meine Frau wollte sich in ihre Leidenschaft für böhmisches Glas vertiefen. Außerdem brauchten wir einige Tage, um aus dem Berlin der Bombenalarme wegzukommen". (Helge Knudsen: *Hitler bandt min pen*. Kopenhagen: Gyldendal 1945.)
[47] Vgl. dazu Friedrich: *Der Brand*. S. 116f.
[48] Findahl: *Undergang*. S. 83. (Hervorhebung B.J.) Die folgenden Zitate ebd. S. 83–5.

mündet dieser Satz erneut ins Wir-Gefühl ein, das auch noch nach dem Angriff anhält, auch wenn die Menschen aus dem Tunnel sich in alle Himmelsrichtungen zerstreuen. Das Erlebnis der Zerstörung (ohne dass Tote erwähnt werden) hält das Band aufrecht: "Wir sind nicht im geringsten neugierig, weitere Ruinen und weitere Brände zu sehen, nur müde; alles ist hässlich und ekelhaft anzuschauen". Der nächste Abschnitt enthält eine Bewertung des Erlebten in Bezug auf die Demoralisierung der Deutschen – besser gesagt die fehlende. Das 'wir' schwächt sich in dieser Passage zum schon unspezifischeren 'einige' und 'man' ab.

Es ist sicherlich kein Zufall, dass die bereits beschriebenen stilistischen Eigenheiten Findahls hier erneut auftreten. Gerade dieser Absatz endet erneut mit einem Gedankenstrich und der sich logisch direkt anschließende Absatz wird durch eine Leerzeile getrennt. In seiner Wohnung in der Kielganstraße angelangt, hat Findahl überdeutlich wieder zur Position des 'ich' zurückgefunden: "Ich habe einen Wolfshunger und esse, bevor ich zu Bett gehe, schlafe lange bis um sieben Uhr. Ich stehe auf". Die hohe Frequenz des Pronomens 'ich' wird auch in ein Bild der Abschließung und der besonderen Position des ausländischen Journalisten gegossen: "Wieder kommt dieses seltsame Gefühl, in einer gepolsterten Nussschale eines Bootes zu sitzen und zwischen den fürchterlichen Brechern an gähnenden Abgründen vorbei zu segeln". Der Leser spürt noch ein leichtes Nachbeben der Kollektiverfahrung: "Auch dieses mal ist man mit dem Leben davon gekommen". Doch die Nussschale der Abgrenzung bekommt das letzte Wort in dieser Eintragung: "Ein tiefes Dankbarkeitsgefühl steigt in mir auf, für diese seltsame kleine Dämmerungsstunde, die ich nun erlebe". Das Ich hat sich der kollektiven Erfahrungen entwunden und entmischt.[49]

Der anonyme Massentod

In diesem Zusammenhang lässt sich ein weiterer Sachverhalt, den man Angst vor der Vermassung nennen könnte, nicht nur als Angstneurose des Bombenkrieges, sondern als selbstreflexive Aussage zur Beobachterposition lesen. Findahl verbringt den Passionssonntag in Hessenwinkel im heute noch existierenden norwegischen Ruderclub und beobachtet von dort einen Angriff auf das Zentrum Berlins:

> Ich denke: wenn das Schicksal es will, dass die Bomben einen hier treffen, wäre man direkt schön begraben. Ein kleines Holzkreuz oben auf das Loch hier, könnte

---

[49] Für die hier vorgebrachten Beobachtungen ist es nicht bedeutungslos, dass gerade die Tagebucheintragung vom 3. Februar 1945 keinen Eingang in das 1964 herausgegebene Kriegstagebuch von Findahl gefunden hat, während andere Eintragungen vollkommen identisch sind. Vgl. z.B. die Eintragung zum 18. März 1945. In: Theo Findahl: *Lange skygger. Dagbok fra Krigens Berlin 1939–1945*. Oslo: Dreyer 1964. S. 183–86.

zeigen, wo wir ruhen. Auf eine seltsame Weise finde ich das tröstlich, viel besser als in einem Massengrab tief inmitten von Berlin verstaut zu werden [...][50]

Das Grab in Hessenwinkel würde nicht nur die Individualität im Tode wahren,[51] sondern wäre zudem eine letzte Ruhestätte auf einer erneut 'norwegischen Insel' im deutschen Reichsgebiet. Das Streben nach einer nicht der Masse unterworfenen Beobachtungsposition verbindet sich hier mit dem schon beschriebenen Zug der Exterritorialität. Ein Konstrukt, das selbst heute noch im norwegischen Ruderclub spürbar ist: "Alle Norweger, andere Nordeuropäer und Freunde der nordischen Sprachen und Kultur sind auf dem 'norwegischem [sic!] Territorium' im Hessenwinkel stets herzlich willkommen"![52]

Doch auch dieser Befund wird durch ein weiteres Detail unterlaufen, das diese Eintragung aus dem Textkorpus Findahls heraushebt. Äußerst selten wird mehr als das Datum der Eintragungen erwähnt, wodurch die Spezifizierung des Datums '18. März 1945. Passionssonntag' besonderes Gewicht erhält. Dies wird noch verstärkt durch die Wahl des Begriffes 'Passionssonntag', der im Norwegischen äußerst ungewöhnlich ist und den ein norwegischer Leser sicherlich als Ostersonntag falsch verstehen würde. Der Passionssonntag ist der Sonntag vor Palmsonntag und das nach katholischer Liturgie, die Findahl als gläubigem Katholiken[53] geläufig gewesen sein dürfte, dazu gehörige Evangelium erzählt die Gefangennahme Jesu durch die Soldaten des Hohen Priesters. Die genaue liturgische Bedeutung dieses Tages dürfte zumindest den norwegischen Lesern vollkommen unklar gewesen sein, wodurch allein die Bedeutung des Wortes Passion im Sinne von Jesu Tod aktualisiert worden sein kann. Daher stellt sich zwingend die Frage, wessen Schicksal hier im Licht der Passion gesehen wird. Zwar wird der Abschuss eines amerikanischen Bombers beschrieben, doch die ungleich längeren Passagen schildern die Verwüstungen und das Leid der Ausgebombten. Findahls Projekt einen distanzierten Blick auf das Geschehen zu werfen, erfährt erneut eine identifizierende Durchmischung, die seinem Text untergründig eingeschrieben ist und zeigt, dass das Grenzen aufhebende Ereignis des Luftkriegs, die Grenzen zwischen Innen und Außen kollabieren lässt. Der Vatikan wird zu einem gewöhnlichen Stadtteil von Rom.

---

[50] Findahl: *Undergang*. S. 88. Ein ähnlicher Gedanke findet sich bereits in der Eintragung zum 22. November 1943, die das erste Flächenbombardement thematisiert. Vgl. Findahl: *Undergang*. S. 70.
[51] Dieses Thema bewegte allerdings laut Kronika auch die deutsche Bevölkerung, die im Bunker über Gerüchte diskutiere, es würden leere Särge beerdigt und die Toten nicht einzeln kremiert. Vgl. Kronika: *Berlins undergang*. S. 67f.
[52] Ulrich F. Brömmling: *Norwegischer Ruderclub in Berlin*. http://www.broemmling.de/_html_d/ruderclub_d.html – 14.1.2005.
[53] Aus seinem Tagebuch geht hervor, dass er in seinem Zimmer Rosenkränze und ein 'liturgische Uhr' verwahrte, die auf eine tiefe Gläubigkeit schließen lassen. Vgl. Findahl: *Lange skygger*. S. 104.

Luftkrieg und fremdsprachige Literatur?

Anhand der hier vorgelegten Überlegungen stellt sich abschließend die Frage, ob die Texte fremdsprachiger Korrespondenten einen differenten Blick auf den Luftkrieg werfen können? Das Bild ist erneut uneinheitlich! Gemeinsam ist Findahl und Kronika das Bestreben, differenziert über die deutsche Bevölkerung zu berichten und keine kollektiven Schuldzuweisungen auszusprechen. Dies gilt auch für die Luftangriffe der Alliierten: "Luftgangster! Luftpiraten! Sind die Ausdrücke über englische und amerikanische Flieger, die ich hunderte Male in der deutschen Presse gesehen habe, aber niemals irgendeinen Menschen in Berlin habe sagen hören".[54] Auch Kronika widmet der Profilierung des anderen Deutschlands lange Abschnitte seines Textes, wobei auffällig ist, wie beherrschend der christliche Glaube als Ordnungsrahmen ist, da die Vertreter des anderen Deutschlands vor allem Kirchenvertreter sind.[55] Mit dieser Verankerung kann es nur wenig überraschen, dass Kronikas Bericht von einer Geschlossenheit geprägt ist, die jedoch antiquiert und nicht adäquat wirkt: "Das Kreuz in der Hand ist von Bomben zerschossen worden. Aber die Kraft, die Deutschland verwandeln und erneuern wird, lebt in den Deutschen, die sich zu diesem Zeichen bekennen. – – –"[56] Der Gebrauch der Gedankenstriche steht hier nicht wie bei Findahl, um den Übergang von inkommensurablen Kategorien anzudeuten, sondern markiert die Privilegierung des christlichen Kontextes vor allen anderen.

Bei Findahl gibt es jedoch nicht nur Gläubige und Ungläubige, wobei auch bei ihm der Wunsch nach einer homogenen Beobachtungsposition deutlich spürbar ist. Die fast vollständige Ausblendung der Grausamkeiten des Luftkrieges spricht dafür. Das Gleiten der Beobachtungsposition und die gegenläufigen Kontextualisierungen der Luftangriffe zeigen die Aporien dieser Konstruktion auf, verweisen somit auf die Probleme der Darstellbarkeit der Bombenangriffe. Sobald das beobachtende Subjekt Erklärungsmuster abruft, die keiner transzendentalen Begründung geschuldet sind, verstrickt sich die Beschreibung in Widersprüchlichkeiten, die an der Möglichkeit der Beschreibung des Luftkrieges zweifeln lassen. In diesem Punkt konvergieren Sebalds Befunde zur deutschen Literatur mit den Strukturen zumindest bei Findahl. Durch diesen Konnex eröffnet sich die Frage, ob die von Sebald propagierte Tabuisierung der Luftangriffe weniger durch die Schuldproblematik als durch die Traumatisierung der Betroffenen bedingt wird.

---

[54] Findahl: *Undergang*. S. 67.
[55] Vgl. Kronika: *Berlins undergang*. S. 90–6 und S. 46–51.
[56] Kronika: *Berlins undergang*. S. 83.

II
THE GERMAN EXPERIENCE

Timm Menke

W.G. Sebalds *Luftkrieg und Literatur* und die Folgen: Eine kritische Bestandsaufnahme

In his book On the Natural History of Destruction, *W.G. Sebald argues that the Allied bombing of German cities and its aftermath was never sufficiently thematized by postwar German authors. According to Sebald, there existed not only a taboo on writing about Germans as victims of World War II, but he also dismissed most of the extant body of works on this topic as aesthetically inferior. This essay investigates the ensuing international discussion of* On the Natural History of Destruction *and takes issue for the first time with Sebald's polemic against the attempt by Arno Schmidt in his 1953 novel* Scenes from the Life of a Faun *to describe the air raids.*

Die Sebald-Debatte: Die Thesen

Die deutsche Literaturgeschichte der Nachkriegszeit ist reich an Diskussionen und literarischen Streitgesprächen, und es ist nicht notwendig, bis zur modernen 'klassischen' Expressionismus-Debatte zwischen Brecht und Lukács zurückzugehen, um die Intensivität der Kontroversen über gesellschaftliche Wirklichkeit und ihre angemessenen literarischen Darstellungsmöglichkeiten ins Gedächtnis zu rufen. Ich möchte nur einige der wichtigsten nennen: bald nach dem Krieg entspannte sich nach seiner Rückkehr aus Amerika die kontrovers geführte Diskussion über Thomas Manns Äußerungen zu Deutschland; das Jahr 1966 sah den Zürcher Literaturstreit um die Poetik Emil Staigers; knapp 20 Jahre später, 1985, fanden die Auseinandersetzungen um den vermeintlichen Antisemitismus in Rainer Werner Fassbinders Stück *Der Müll, die Stadt und der Tod* statt; und nach der Wende entbrannte dann der deutsch-deutsche Literaturstreit um Christa Wolf und die Thesen Frank Schirrmachers von der Zweitrangigkeit der DDR-Literatur als auch die "Bocksgesang"-Debatte um Botho Strauß.[1]

Die Stadt Zürich wurde, zum zweiten Mal seit 1966, Ausgangsort einer weiteren, der wohl zunächst letzten deutschen Literaturdebatte. Auf Einladung der Universität hielt dort der in England lehrende Autor W.G. Sebald im Spätherbst 1997 eine vierteilige Vorlesungsreihe, in der er sich mit dem Verhältnis der deutschen Nachkriegsliteratur zum alliierten Bombenkrieg und zur Zerstörung der deutschen Städte auseinandersetzte. Seine in Zürich geäusserten Thesen erschienen zwei Jahre später (leicht erweitert) in Buchform. Sie stiessen schon

---

[1] Siehe zu diesem Komplex den Aufsatz von Robert Weninger: "Literatur als mediales Ereignis. Eine Symptomatik deutscher Literaturdebatten seit 1945". *Colloquia Germanica* 3 (1988). S. 205–236.

im Jahr 1997 beim Schweizer Publikum auf nachhaltiges Interesse: der Saal im Zürcher Puppentheater war von mal zu mal besser besucht, und auch die Schweizer Zeitungen beschäftigten sich ausführlich mit seinen Vorlesungen.[2]

In seinen Vorlesungen ging Sebald, der sich wie wohl kein anderer deutscher Schriftsteller in seinen Büchern angemessen und taktvoll mit der Unfassbarkeit des Holocaust auseinandergesetzt hat, der – selbstgestellten – Frage nach, warum der alliierte Bombenkrieg nur wenige Spuren in den Texten der Nachkriegsliteratur hinterlassen habe, ja fast völlig verdrängt beziehungsweise mit einem Tabu belegt worden sei. Und das, obwohl bei den Bombenangriffen mindestens eine halbe Million Zivilisten den Tod fanden und Millionen von Menschen verwundet wurden und/oder an langfristigen seelischen Traumata zu laborieren hatten; ganz zu schweigen von dem Verlust unersetzlicher Kulturgüter.

Sebalds Hauptthesen laufen auf den Vorwurf hinaus, die westdeutschen Intellektuellen (Autoren der DDR werden in seine Überlegungen nicht mit einbezogen) hätten ihre jüngste Geschichte nur äusserst mangelhaft – quantitativ und qualitativ – aufgearbeitet, das heisst sie nicht bewältigt.[3] Das Echo auf Sebalds Äusserungen war – nach einer ersten Phase positiver, zustimmender Rezeptionen – ungewöhnlich kritisch. Nach dem Erscheinen seines Buchs entspannte sich eine Kontroverse, bei der nach einer Periode der Überprüfung und des Zweifels Sebald dann auch bald lebhaft widersprochen wurde. Drei wichtige Gegenargumente hat Volker Hage ins Feld geführt. Sebalds Hauptthese, der Luftkrieg und seine Folgen seien in der Nachkriegsliteratur verdrängt und vergessen worden und seine Behandlung weitgehend tabuisiert gewesen, beruhe auf einem Mangel an Kenntnis der Literatur selbst und sei unangemessen. Bei den Deutschen, so Sebald, habe der Luftkrieg "kaum eine Schmerzensspur" hinterlassen.[4] Hage stellt freilich fest, dass deutsche Autoren sich sehr wohl dieses Themas angenommen hätten[5], und er argumentiert weiter, dass in diesem Punkt Sebalds Theorien am angreifbarsten seien. Eine Bemühung um eine quantitative Erfassung der – wenn auch oft nur schwer zugänglichen – Bombenkriegsliteratur ergebe ein "literaturhistorisches Gesamtbild"[6], das durchaus der Behauptung Sebalds widerspricht. Schon rein zahlenmässig gesehen zwinge die Zahl der

---

[2] Die gründlichste Aufarbeitung der Sebald-Debatte findet sich bei Volker Hage: *Zeugen der Zerstörung. Die Literaten und der Luftkrieg*. Frankfurt/M: Fischer 2003.
[3] W.G. Sebald: *Luftkrieg und Literatur*. München/Wien: Hanser 1999. Die Thesen Sebalds müssen im Kontext mit anderen Untersuchungen zur Literatur der Nachkriegszeit gesehen werden, so z.B. Ernestine Schlant: *The Language of Silence. West German Literature and the Holocaust*. New York: Routledge 1999, und Klaus Briegleb: *Mißachtung und Tabu. Eine Streitschrift zur Frage: Wie antisemitisch war die Gruppe 47?* Berlin/Wien: Philo Verlagsgesellschaft 2003.
[4] Sebald: *Luftkrieg und Literatur*. S. 12.
[5] Hage: *Zeugen der Zerstörung*. S. 118.
[6] Hage: *Zeugen der Zerstörung*. S. 119.

Texte zur einer Revidierung von Sebalds These. Die Lücke, die er empfunden habe, sei "weniger eine der Produktion als der Rezeption".[7] Es existierten in der Tat zahlreiche Arbeiten zum Bombenkrieg, nur seien sie in der Leseöffentlichkeit kaum zur Kenntnis genommen worden. Das beste Beispiel dafür sei Gert Ledigs Roman *Vergeltung* von 1956. Und nicht nur in der erzählenden Prosa, sondern in der Lyrik und in Essays sei das Thema ebenfalls zur Sprache gekommen.

Der zweite Punkt bei Hage ist die Ansicht Sebalds, das Thema deutschen Leidens sei ein Tabu-Stoff für die Autoren gewesen, und das Schweigen der Autoren sei zu begrüßen, verstelle beziehungsweise relativiere doch das Sprechen über deutsche Leiden den Blick auf das Schicksal der europäischen Juden und die von deutschem Boden ausgegangenen Kriegsverbrechen. Die Nachkriegsschriftsteller seien sich bewußt gewesen, durch die Darstellung deutscher Leiden in die Gefahr zu geraten, die deutschen Verbrechen zu beschönigen. Ein solches Geschichtsverständnis habe die Literaten von der Beschäftigung mit dem Thema abgehalten, es ihnen moralisch verwehrt: das Trauma der deutschen Schuld habe ein Tabuisierung zur Folge gehabt.

Wenn auch das quantitative Argument (Mangel an Texten) kaum zutrifft, so gesteht Hage dem Tabu-Argument einen weitaus grösseren Wahrheitsgehalt zu. Tatsächlich habe es besonders unmittelbar nach dem Krieg und in den fünfziger Jahren so etwas wie Scheu und Berührungsängste vor den Themen gegeben. Wenn man mit den Begriffen eines ungeschriebenen Gesetzes oder einer stillschweigenden gesellschaftlichen Übereinkunft operiert, über bestimmte Themen nur vorsichtig sprechen zu dürfen, dann wird man, so folgert Hage, Sebald in diesem Punkt Recht geben müssen.[8] Noch brisanter als für die Autoren und Leser in Westdeutschland war es ja in der DDR, über die Leiden der deutschen Zivilbevölkerung zu sprechen, wie zum Beispiel durch die Übergriffe der Soldaten der Roten Armee. Dort hatte man für derartige Äußerungen mit harten Gefängnisstrafen zu rechnen. Diese beiden Thesen sind in der Debatte immer wieder akzentuiert worden und sie waren es, an denen sich zunächst der Literaturstreit um Sebald entzündete.

Ein drittes Argument Sebalds, eine These zu formalästhetischen Fragen, wurde bei der Literaturkritik nur mit Zurückhaltung aufgenommen oder kam gar nicht zur Sprache. Sebalds Skepsis gegenüber den von ihm beispielhaft untersuchten Texten über den Bombenkrieg ist weitgehend qualitativer, das heisst literarischer Art. So bezweifelt er die Echtheit und objektive Zuverlässigkeit von Erinnerungstexten unmittelbar Betroffener: "Das anscheinend unbeschadete Weiterfunktionieren der Normalsprache in den meisten Augenzeugenberichten

---

[7] Hage: *Zeugen der Zerstörung*. S. 119.
[8] Hage: *Zeugen der Zerstörung*. S. 127.

ruft Zweifel herauf an der Authentizität der in ihr aufgehobenen Erfahrung".[9] Er vertritt die Ansicht, die Überlebenden könnten unmöglich auch sprachlich intakt dem Flammenmeer entkommen sein: die Sprache müsse zwangsläufig Spuren der Zerstörung aufweisen. Gleichzeitg verwehrt er aber auch solchen Texten eine literarische Qualität, die beschäftigt seien mit "Herstellung von ästhetischen oder pseudoästhetischen Effekten aus den Trümmern einer vernichteten Welt".[10]

Damit fallen für Sebald von vornherein viele Texte aus. So ignoriert er das Werk Dieter Fortes ganz, erkennt Kempowskis *Echolot*-Projekt nicht als Literatur an und findet an Ledigs *Vergeltung*, eines der für die überwiegende Mehrzahl der Kritiker überzeugendsten Meisterwerke der Luftkriegsliteratur, vieles "unbeholfen und überdreht".[11] Freilich wird im Interview Volker Hages mit Sebald vom Februar 2000 auch deutlich, wie unsicher Sebald nach der Veröffentlichung seiner Thesen in Buchform doch gegenüber der Kritik geworden war, denn er scheint sie hier teilweise zu relativieren:

> Sicher beruht es [das Buch von Forte] auf authentischen Erinnerungen, aber ich glaube, daß in einem Kontext wie diesem solche Erinnerungen nicht unbedingt das leisten, wonach einer sucht, der nicht dabei war und etwas darüber erfahren will. Wie gesagt, man müßte die Erfahrungen sehr vieler Menschen in irgendeiner Form synthetisieren, arrangieren. Viele der individuellen Erinnerungen sind nur Versatzstücke, sie verstellen den Blick auf das, worum es wirklich geht.[12]

Wenn auch Sebald mit dem letzten Satz der berechtigten Gefahr entgegenwirken will, die Deutschen als Opfer des (von ihnen entfachten) Krieges zu sehen, und man nie vergessen sollte, dass die Luftwaffe es war, die mit dieser Art von Kriegsführung begonnen hatte, scheint sich Sebald in einen Widerspruch zu verwickeln. Denn haben nicht eben Gert Ledig in *Vergeltung* und Kempowski im *Echolot*-Projekt die diesbezüglichen Erfahrungen höchst unterschiedlicher Menschen und Menschengruppen literarisch gelungen gestaltet? So schildert Ledig die Stunde eines Bombenangriffs aus der Perspektive von Freund und Feind gleichermassen; und Kempowski verwebt heterogenste Briefe und Tagebücher als authentisches Material zu einem Netz geschichtlicher Erfahrung. Diese Verfahren dürften der Forderung nach dem Formprinzip von Synthetisierung und Arrangement durchaus entsprechen. Für Sebalds literarischen Anspruch ist es nur folgerichtig, dass der von ihm genehmigte Kanon sich auf Erzählwerke beschränkt, die sich vor allem durch emotionale Distanzierung und diskursive Elemente auszeichnen. Solche Texte, so Hage, entsprächen Sebalds eigenem ästhetischen Ideal. Sebald vertritt in *Luftkrieg*

---

[9] Sebald: *Luftkrieg und Literatur*. S. 35.
[10] Hage: *Zeugen der Zerstörung*. S. 123.
[11] Hage: *Zeugen der Zerstörung*. S. 123.
[12] Hage: *Zeugen der Zerstörung*. S. 274.

und Literatur ein ästhetisches Programm mit einem normativen Anspruch, der entscheidet, was gute Bombenkriegsliteratur ausmacht. Gerade diese Forderung eines unbeschadet Davongekommenen (er erlebte selbst nie einen Bombenangriff mit, sondern sah lediglich seit 1949 die Ruinen, hat dann doch viele Kritiker auf den Plan gerufen.[13] So schreibt zum Beispiel Jörg Drews, und er wird auf die formalen Aspekte in Sebalds Texten über den Bombenkrieg rekurriert haben: "Ich halte diese luftkriegsarbeit von Sebald fuer eine seiner schwaechsten arbeiten. Tut mir leid, dies ueber einen autor sagen zu muessen, den ich sonst hoch schaetze, aber da versagte sein unterscheidungsvermoegen ..."[14]

Andere Stimmen und Perspektiven

Die Diskussionen über Sebalds Arbeit liefen dann auch nicht mehr über die Frage der Existenz von Bombenkriegsliteratur: in diesem Punkt hatte man Sebald deutlich widerlegt, noch über die Schwierigkeiten der deutschen Autoren, sich dieses Themas überhaupt anzunehmen: es handelte sich offensichtlich um ein Rezensions- und weniger um ein Produktionsproblem. In den Vordergrund rückte die Frage, in welcher literarischen Form eine angemessene Umsetzung des Bombenkriegs-Thematik überhaupt möglich sei. Hat Sebald denn Recht, wenn er auf einer distanzierten, mit diskursiven Elementen durchsetzten Form besteht?

Christian Schulte wiederholt 2003 in seinem Beitrag zu *Luftkrieg und Literatur* im Sammelband *W.G. Sebald* bei text + kritik die Thesen des Autors und geht näher auf dessen Kritik an den Bombenkriegstexten von Kasack, Nossack und de Mendelssohn ein. Er stellt noch einmal das Programm des Sebaldschen Realismus dar, in dem die unmittelbare emotionale, spontane Erinnerung der Opfer an die Bombenabwürfe als Schreibweise abgelehnt wird, ebenso wie auch eine 'modernistische' Umsetzung als inadäquat erklärt wird. Im Gegensatz dazu werden konkrete sachliche Erinnerungen, Genauigkeit, Langsamkeit bei der Beschreibung, und vor allem Distanz, gefordert: eine retrospektive Objektivität einer Darstellung, wie Sebald sie teilweise in Alexander Kluges Beschreibung der Bombenabwürfe in "Der Luftangriff auf Halberstadt am 8. April 1945" aus den sechziger Jahren, verwirklicht findet. Doch selbst Kluges Text wird nur partiell als gelungen bewertet, enthält doch auch er modernistische Aspekte.[15]

Die Kurzsichtigkeit Sebalds zeige sich in seiner Beurteilung des wohl wichtigsten und gelungensten Buches zum Thema, von Gert Ledigs Roman

---

[13] Siehe das Interview mit Hage: *Zeugen der Zerstörung*. S. 261.
[14] Jörg Drews: Email an den Autor. 8. März 2004.
[15] Christian Schulte: "Die Naturgeschichte der Zerstörung. W.G. Sebalds Thesen zu *Luftkrieg und Literatur*". In: *W.G. Sebald*. München: text + kritik, *Zeitschrift für Literatur IV/03*. S. 82–94.

Vergeltung, einem Werk, das Sebald in seinen Vorlesungen gar nicht erwähnt (weil er es wohl zu diesem Zeitpunkt noch nicht kannte) und dann erst nachträglich in seine Buchfassung aufnimmt. Ledigs Roman beschreibt aus verschiedenen Perspektiven eine einzige Stunde während eines Bombenangriffs, schildert die unmittelbare Reaktion der Betroffenen, und ist, so Schulte, ein "Kaleidoskop von hin und her springenden Momentaufnahmen, die mal die Perspektive der heranfliegenden Bomberpiloten, mal die verschiedenen Perspektiven der in Trümmern und Luftschutzkellern Zuflucht suchenden Menschen wiedergeben". Es ist die Darstellung eines komplexen Geschehenszusammenhanges, "dessen erzählendes Subjekt der Krieg selbst zu sein scheint".[16] Die künstlerische Leistung des Romans wird von Sebald aus formalästhetischen Gründen skeptisch beurteilt, denn er paßt nicht in seine stilistischen Kategorien; er findet ihn "unbeholfen und überdreht" und weise "ästhetische Schwächen" auf.[17] Seine später vorgenommenen Glättungsversuche nach den teilweise scharfen Reaktionen im Feuilleton und in der Literaturkritik versucht Schulte apologetisch mit dem Hinweis zu erklären, es sei Sebalds Intention gewesen, mit seiner Polemik und seinen Pauschalisierungsversuchen beziehungsweise durch das Unabgeschlossene seiner Ausführungen eben diejenige Debatte auszulösen, die dann tatsächlich stattfand.

Nun hat schon bereits im Jahr 2001, also zwei Jahre früher als Hage und Schulte, der amerikanische Germanist Andreas Huyssen weitaus dezidierter den problematischen Komplex von *Luftkrieg und Literatur* in einem Aufsatz untersucht, der bei Hage nicht erwähnt wird und im Sebald-Band bei *text + kritik* lediglich in der Bibliographie aufgelistet wird.[18] Dieser Aufsatz stellt die Thesen Sebalds in den weiteren Rahmen von Versuchen nachkriegsdeutscher Vergangenheitsbewältigung und argumentiert, es hätte nach dem Krieg durchaus eine Reihe von Versuchen einer Neuschreibung der literarischen und historischen Vergangenheit seit 1945 gegeben, über Generationen und Jahrzehnte hinweg. Das sei bereits im Jahr 1945 geschehen ("Kahlschlagsliteratur"), dann 1968 während der Studentenbewegung (These "Tod der Literatur") und ein weiteres Mal nach den Wende 1989/90 und der Vereinigung der beiden deutschen Staaten. Sebald unternehme in seinem Buch den derzeit letzten und gescheiterten Versuch einer solchen Aufarbeitung, im vorliegenden Fall eben die deutsche kollektive Erinnerung an das allierte "aerial bombing".

Wie Hage verwirft auch Huyssen die These von der inneren Zensur, dem Verbot, über das Thema nachzudenken, zumindestens was die Autoren selbst

---

[16] Schulte: "Die Naturgeschichte der Zerstörung". S. 93.
[17] Sebald: *Luftkrieg und Literatur*. S. 110.
[18] Andreas Huyssen: "On Rewritings and New Beginnings: W.G. Sebald and the Literature About the *Luftkrieg*". In: *Zeitschrift für Literaturwissenschaft und Linguistik* 31; Nr. 121–124, 2001. S. 72–90.

angehe. Und auch er weist das quantitative Argument zurück, eben die Auffassung, es existierten kaum Texte zu diesem Komplex: "*Both* the Holocaust und the strategic bombings were very much part of the post-war social imaginary in Germany from the very beginning, and neither could be had without the other".[19] Huyssen geht es um das Problem der ästhetischen Form, um die Angemessenheit der literarischen Darstellung. Sebald freilich – so Huyssen – erklärt seine eigene literarische Bearbeitung der Bombenkriegsereignisse als die einzig überzeugende und qualifiziert so indirekt alle anderen Texte über dieses Thema ab. Huyssen vermeidet eine Kritik, die auf den Vorwurf eines 'Formalismus' hinausläuft, und schlägt dagegen vor, Sebalds Text selbst als eine Wiederholung, als Neu- und Besserschreibung der von ihm als zweitrangig empfundenen Texte der ersten Generation zu verstehen. Gegen die 'mangelhaften' Texte von Nossack, Kasack und anderen halte Sebald, so Huyssen, als 'gelungenes' formales Vorbild einen seiner eigenen Texte, die *Ausgewanderten* von 1992. Dieses Werk beschäftigt sich inhaltlich zwar nicht mit dem Bombenkrieg, sondern mit dem Schicksal heimatvertriebener Juden, doch das in ihm entwickelte literarische Konzept sei für Sebald eine angemessene Form auch für das deutsche Trauma des Bombenkriegs. Bei Kluges Text zum Beispiel störe Sebald das modernistische Tempo und die schnelle Montagetechnik des Diskurses. Bei der Prosa Nossacks sind es deren expressionistische Züge: "For unmistakably, Sebald's essay [*Luftkrieg und Literatur*] is not just an analysis of those earlier writers' work, but a hidden rewriting [i.e. improvement] of both Nossack and Kluge's texts themselves".[20] Er selbst habe sich in den *Ausgewanderten* in die Nähe der langsameren Erzählstrategien des 19. Jahrhunderts begeben. Und mit seiner "Naturgeschichte der Zerstörung" (der englische Titel des Buchs lautet: *On the Natural History of Destruction*) schreibe Sebald das Konzept einer traditonellen Metaphysik der Natur in der Nähe Adalbert Stifters fort, die in vielen seiner Schriften feststellbar sei. Huyssen spricht folgerichtig von einem "blind spot" bei Sebald:

> His reductive attack on German writers of an earlier generation and their failure to represent and commemorate the Luftkrieg becomes a kind of compensation [because Sebald] has no access to the experience or memory of the air war except through these earlier texts which he is compelled to rewrite, a kind of literary version of transgenerational traumatization.[21]

Was die Vehemenz von Sebalds Angriffen angehe, so richte sich sein Zorn weniger gegen diejenigen, die den Luftkrieg selber als Betroffene erfahren hätten, sondern gegen die politische Repressionen dieser Ereignisse durch die

---

[19] Huyssen: "On Rewritings and New Beginnings". S. 81.
[20] Huyssen: "On Rewritings and New Beginnings". S. 83.
[21] Huyssen: "On Rewritings and New Beginnings". S. 84.

Mitglieder seiner eigenen, eben Sebalds Generation. Was bleibt, sind dennoch – man mag Huyssens Erklärung in das Zentrum des Sebaldschen Aufsatzes stellen oder nicht – die Angriffe gegen die formalen Schwächen seiner Vorläufer und Sebalds Postulierung einer eigenen literarischen Norm, eines Kunstgesetzes, dessen Formel lautet: "Synchronismus und Kontinuität".[22]

Auch das englischsprachige Feuilleton setzte sich nach der Veröffentlichung der Übersetzung im Jahr 2003 ausgiebig mit Sebalds Aufsatz auseinander, wobei die Kritiker freilich kaum kritisch auf die Sebaldschen Thesen eingingen; sie wurden weitgehend unüberprüft akzeptiert.[23] Stellvertretend für die angelsächsische Rezeption können die Beiträge von Christian Schütze in *London Review of Books* (21.8.2003) und von Christopher Hitchens in *The Atlantic Monthly* ("The Wartime Toll on Germany" (1/2, 2003)) gelten. Beide Autoren hinterfragen die Validität der Thesen Sebalds nicht, sondern explorieren eher den weiteren (moralischen und historischen) Kontext der "aerial bombings". Während Schütze lediglich die Argumente Sebalds noch einmal wiederholt und zu dem Ergebnis kommt, sie hätten eine größere Öffentlichkeit nicht erreicht und es habe auch kein Bedürfnis nach den Erinnerungen an die Bombardements gegeben, bedauert Hitchens, dass durch den unerwarteten Tod Sebalds dieser nicht mehr an den sich entspannenden Debatten über sein Buch habe teilnehmen können. Hitchens diskutiert dann die weitergehende Frage nach einer möglichen Kollektivschuld der jüngeren Generation (also Sebalds Altersgruppe), an den deutschen Kriegsverbrechen, um diesen Vorwurf dann zurückzuweisen.

Diese Sichtweise nähert sich – wenn auch indirekt und wohl unabsichtlich – an die Überzeugung Huyssens an, Sebald unterliege in seinem Buch einem Wiederholungszwang eines Neuanfangs, einem generationsversetzten Bewältigungsversuch einer höchst problematischen Vergangenheit. Ganz in diesem Sinne schreibt auch Zofia Smardz in der *Washington Post* über Sebalds Intention in *Luftkrieg und Literatur*:

> He just wants an excuse for doing it instead [d.h. selbst eine angemessene ästhetische Form für Schreiben über den Bombenkrieg zu finden]. And so he does. Meticulously, point by point, detail by detail, he reconstructs the destruction that was visited upon his land, sparing no horror.[24]

Was also die Sebaldsche Beanstandung der Qualität der zeitgenössischen Texte betrifft, so rührt seine Kritik eher aus dem Selbstbewußtsein, diese Ereignisse aus der ihm ermöglichten historischen Distanz selber besser literarisch verarbeiten

---

[22] Hage: *Zeugen der Zerstörung*. S. 269.
[23] W.G. Sebald: *On the Natural History of Destruction*. New York: Random House 2003. Transl. Anthea Bell. Der Band enthält neben den Züricher Vorlesungen und dem Aufsatz zu AlfredAndersch zwei weitere Beiträge: über Jean Améry and Peter Weiss. Nähere bibliographische Informationen online bei *The Complete Review*.
[24] Zofia Smardz: *The Washington Post* 23.3.2003.

zu können als die Vertreter der ersten Generation, die literaturästhetisch unangemessen auf die Katastrophe reagiert hätten.

Der vergessene Text: Arno Schmidts Eibia-Szene

In seiner Arbeit beschäftigt Sebald sich mit einem weiteren Text der deutschen Nachkriegsliteratur, auf dessen Verriss bisher überhaupt noch kein Kritiker näher eingegangen ist (nur Schulte erwähnt ihn en passant). Es handelt sich um eine Szene in Arno Schmidts Roman *Aus dem Leben eines Fauns* aus dem Jahr 1953. An dieser Passage lässt sich die Problematik von Sebalds Anspruch auf literarische Normativität besonders eindrücklich demonstrieren. Der Ich-Erzähler im Buch berichtet von einem Luftangriff auf die riesige Munitionsfabrik Eibia (und deren Explosion) ganz in der Nähe seines Wohnortes: er wird Augenzeuge des Massensterbens und selbst Beinah-Opfer der furchtbaren Zerstörung im Dorf. Dieses unmittelbare, authentische Erzählen funktioniert auf eine abstrahierende und kalt-metaphorisierende und anthropomorphisierende Weise, als erlebe der Beobachter teilnahmslos und gefühllos das Grauen seiner Umwelt.

An dieser von Sebald als literarisch schwach monierten Passage läßt sich die formalästhetische Problematik verdeutlichen. Die Schilderung des Bombenangriffs durch Schmidts Ich-Erzähler (also einer *fiktiven* Figur) kommentiert er in *Luftkrieg und Literatur* folgendermassen:

> Ich sehe nichts von dem, was da beschrieben wird, sondern sehe immer nur den Autor, eifrig und verbissen zugleich, über seiner *linguistischen Laubsägearbeit* [meine Hervorhebung]. Es ist bezeichnend für den *Hobbybastler* [meine Hervorhebung], daß er nach einem einmal entwickelten Verfahren immer wieder das gleiche produziert, und so bleibt auch Schmidt, selbst in diesem äußersten Fall, unbeirrt bei seinen Leisten: kaleidoskopartige Auflösung der Konturen, anthropomorphe Vision der Natur, das Marienglas aus dem Zettelkasten, die eine oder andere lexikalische Rarität, Groteskerien und Metaphorisches, Humoristisches und Lautmalerei, Ordinäres und Erlesenes, *Brachiales, Brisantes und Brutistisches* [meine Hervorhebung].[25]

Im nächsten Satz spricht Sebald dann offen von seiner "Abneigung gegen den demonstrativen Avantgardismus der Schmidtschen Etüde".[26] Was kann Sebald so sehr an Schmidts Text irritieren, dass er dermassen polemisch auf ihn reagiert? Sicherlich hat er das Recht, Schmidts modernistische Schreibweise nicht zu mögen: ein solches Urteil sagt zwar noch wenig über den tatsächlichen literarischen Wert und die Qualität der Episode aus, könnte aber den persönlichen Ärger Sebalds bezeichnen, dass niemand, selbst Schmidt nicht, der "Bargfelder Wortkünstler"[27], den Bombenkrieg nach der von Sebald

---

[25] Sebald: *Luftkrieg und Literatur*. S. 70.
[26] Sebald: *Luftkrieg und Literatur*. S. 70.
[27] Sebald: *Luftkrieg und Literatur*. S. 69.

sanktionierten Art dargestellt hat. Jörg Drews und Doris Plöschberger, führende Schmidt-Forscher, reagierten dann auch schon im Jahr 2001 kopfschüttelnd auf Sebalds Verdikt: "Man hörte doch gerne einmal eine Polemik gegen die schnellfertige Verdammung der Schilderung des Bombenangriffs auf die Eibia in *Aus dem Leben eines Fauns* durch den ansonsten so bedächtigen W.G. Sebald".[28]

Wie verhält es sich also mit Schmidts "dynamischem Sprachaktionismus"?[29] Schon bei einer flüchtigen Lektüre der entsprechenden Stelle in Schmidts Roman zeigt sich, wie unzulässig Sebald den Text verkürzt. Während in Schmidts Roman die Passage mehr als sechs Seiten (ca. 240 Zeilen) ausmacht, wird sie in Sebalds Kritik auf ganze acht Zeilen reduziert und pars pro toto genommen. Weist bereits Sebalds quantitatives Argument hier gegen ihn selbst zurück? Nicht nur reißt er die von ihm zitierte Stelle aus dem Kontext der Episode, er setzt sie autonom, das heisst er sieht sie nicht im Gesamtgefüge des Romans. Oder macht ihn sein reduktives Verfahren blind für mehrere zum Verständnis dieser Passage unabdinglicher inhaltlicher, nur konzertiert zu verstehender Aspekte des Buches, durch die die Eibia-'Etüde' erst ihren tatsächlichen sprachlichen und inhaltlichen Stellenwert erhält?

Auch in formaler Hinsicht unterschätzt Sebald den literarästhetischen Wert der Passage. Um dies zu belegen, werden einige grundsätzliche Bemerkungen zu *Aus dem Leben eines Fauns* notwendig. Die Eibia-Szene ist eine konsequente Weiterführung der von Schmidt im Roman praktizierten assoziativen Diskontinuitätstechnik und als solche nicht nur ein Charakteristikum seines spätavantgardistischen Stils, sondern hat darüber hinaus inhaltlich-philosophische Bedeutung. Die Technik dieser Stelle führt ganz folgerichtig die fragmentisierte Weltsicht des Protagonisten Heinrich Düring weiter, die bereits in der oft zitierten Eingangsszene des Romans exemplarisch den Ton angibt. Mehr noch: sie wird hier rasant verstärkt. Wie ein Fanal steht auf der ersten Textseite

> *Mein Leben*?!: ist kein Kontinuum! (nicht bloß durch Nacht und Tag in weiß und schwarze Stücke zerbrochen! [...]: ein Tablett voll glitzernder snapshots.
> *Kein Kontinuum, kein Kontinuum!*: so rennt mein Leben, so die Erinnerungen (wie ein Zuckender ein Nachtgewitter sieht): [Es folgt die Beschreibung von Blitzeinschlägen, die die Nacht für Sekundenbruchteile zum Tage erhellen und die Welt sichtbar machen]. [...] *Aber* als majestätisch fließendes Band kann ich mein Leben nicht fühlen; nicht ich![30]

---

[28] Jörg Drews und Doris Plöschberger: "Vorwort". In dies. (Hg.): *Starker Toback, voller Glockenklang. Zehn Studien zum Werk Arno Schmidts*. Bielefeld: Aisthesis 2001. S.7.
[29] Jörg Drews: Starker Toback, voller Glockenklang. S. 69.
[30] Arno Schmidt: *Aus dem Leben eines Fauns*. In *Bargfelder Ausgabe I/1*, S.301–302. Die Werke Schmidts werden nach dieser Ausgabe zitiert. Im Folgenden: *BA* (mit Band- und Seitenangabe).

Die Eingangspassage liest sich wie eine Vorausdeutung auf den furchtbaren Höhepunkt am Ende des Romans, die Bombenexplosionen in der Eibia-Szene. Die zersplitterte Erzählweise im Buch ist gleichermaßen Ausdruck des modernen Weltverständnisses des Protagonisten, dessen Einheitsidee einer zerbrochenen, ja, geplatzten Welterfahrung Platz gemacht hat. Und eben dieses Bewußtsein unterscheidet den Ich-Erzähler von seinen Mitbewohnern und Zeitgenossen. Heinrich Düring, der Protagonist des von Februar 1939 bis Ende 1944 in einem kleinen niedersächsischen Dorf spielenden Romans, ist ein kleiner Beamter und gesellschaftlicher Aussteiger, der sich aus Protest gegen die faschistische Gehirnwäsche der Bevölkerung in die innere Emigration und ein intellektuelles Privatreich geflüchtet hat. Er ist ein Aussenseiter, dem selbst seine eigene Familie fremd geworden ist. Düring führt (wie ein Faun) ein nahezu unsichtbar hermetisch abgeriegeltes Eigenleben und lebt eine alternative Doppelexistenz zu Hause und in einer abgeschiedenen Waldhütte. Seine Verweigerung der vom nationalsozialistischen System praktizierten Massenpsychose steht im Zentrum des Romans und wird zur Zeit- und Gesellschaftskritik des Autors. Düring, den das gegenwärtige Leben eigentlich nichts mehr angeht, wird unempfindlich gegen seine Umwelt. Selbst den Tod seines Sohnes an der Ostfront nimm er kaum mehr schmerzlich wahr.

Vor diesem Hintergrund (von dem man bei Sebald nichts erfährt) muss die Gefühlskälte des Ich-Erzählers bei der Beschreibung des Feuersturms und seiner Opfer verstanden werden. Was Sebald bekrittelt ("kaleidoskopartige Auflösung der Konturen, Groteskerien, Ordinäres und Erlesenes, Brutistisches"), ist wohl weniger das Produkt einer "linguistischen Laubsägearbeit" nach einem einmal entwickelten Verfahren, sondern in totaliter integraler Bestandteil des Romankonzepts und von hohem literarischem Gehalt. Vielleicht verwechselt Sebald die scheinbare Mitleidslosigkeit des Erzählers, seine 'Unmenschlichkeit', mit der Sichtweise äußerster Distanz. Dass dem Heinrich Düring seine Gefühle abhanden gekommen sind, ist ja gerade das Furchtbare an seiner Existenz, einer literarisch-historischen Existenz, die auf die Verbrechen der Nationalsozialisten zurückweist und als Anklage des Autors gegen ein mörderisches System zu lesen ist.

Auch übersieht Sebald bei seiner Kritik, dass das Gespenstische der Bombardierungsszene ("Groteskerien und Metaphorisches") nur mit Dürings Entfremdung von seiner Umwelt erklärbar ist.[31] Er sieht als Unbeteiligter und Ausgestossener die Katastrophe vor sich wie im Traum, als ob ein Film vor ihm abrollte. Die nächtlichen Explosionen der riesigen Munitionsfabrik lassen immer nur blitzlichtartig Fragmente der Wirklichkeit aufleuchten: die Katastropher *kann nur* verzerrt und grotesk ins Bewußtsein des Wahrnehmenden

---

[31] Sebald: *Luftkrieg und Literatur*. S.70.

aufgenommen werden. Von daher dürfte Sebalds Einschätzung, die Eibia-Episode sei als eine "grundsätzliche form- und sprachkonservative Einstellung" des Autors zu verstehen, eher auf einem Mißverständnis beruhen.[32]
Auch der antiklerikalen Metaphorik der Szene wird Sebald nicht gerecht, denn er übersieht, dass genau vor dem Einsetzen der nächtlichen Bombardierung im Romantext eine 'langsame Stelle' steht, in der Düring scharf mit der christlichen Kirche und ihrer Duldung der nationalsozialistischen Politik ins Gericht geht. ("Der Papst litt schon wieder an schweren Marienerscheinungen".)[33] Und wenn Sebald schreibt, er sehe nichts von den im Text verwendeten literarischen Bildern Schmidts, unterschlägt er die Strukturen der Düringschen Welt- und Selbsterfahrung, eben dessen eingestandenes partielles Wahrnehmungsvermögen der Wirklichkeit ("kein Kontinuum"). Eher wird dem Roman ein Verständnis gerecht, dass ihn als Versuch Arno Schmidts im Jahre 1953 begreift, nach der faschistischen Kontaminierung der deutschen Sprache mit seiner fragmentarischen, assoziativen Stilistik eine adäquate Erzähltechnik für die Darstellung der Katastrophe zu entwickeln, ohne verdorbenen Sprachmustern aufzusitzen. Sein Roman – die Analyse des Überlebensversuchs einer intellektuellen Existenz während des Zweiten Weltkrieges – läßt sich literaturgeschichtlich als Versuch einer Fortsetzung der 1933 abgerissenen Avantgarde verstehen, und Schmidt unternimmt das eben mit den Mitteln einer von den Nationalsozialisten abgewürgten Kunstform.
Dass die Eibia-Szene nicht "in nach einem einmal entwickelten Verfahren" produziert wurde[34], hat Bernd Rauschenbach nachgewiesen, der Schmidt gefragt hatte, wie die Eibia-Szene entstanden sei. Schmidt gab zu Protokoll, dass er, wenige Jahre nach Kriegsende, eines Nachts aus einem Traum aufgewacht sei und plötzlich Erinnerungen an Explosionen aus ihm hervorgesprudelt seien, unaufhörlich, die er wie in einem Schreibkrampf, in einer Art Eruption sich auf Zetteln notiert und sich damit anscheinend von sämtlichen Explosionsbildern des Krieges befreit habe. Am nächsten Morgen habe er 500 Zettel vorgefunden, von denen freilich nur knapp die Hälfte lesbar gewesen seien. Daraus habe er die Eibia-Szene zusammengesetzt.[35] Rauschenbach folgert, dass die Eibia-Explosion unter einer Art von Inspiration geschrieben worden sei: "Es dürfte bekannt sein, daß Schmidt ansonsten nichts von dichterischer Inspiration hält, sondern mehr die handwerkliche Arbeit am Text schätzt".[36] Diese für Schmidt ungewöhnliche Arbeitsweise widerspräche dann

---

[32] Sebald: *Luftkrieg und Literatur.* S.70.
[33] Schmidt: *Aus dem Leben eines Fauns.* S. 179.
[34] Sebald: Luftkrieg und Literatur. S.70.
[35] Bernd Rauschenbach: "Doppelexplosion bei Arno Schmidt". In: *Sprache im technischen Zeitalter.* 61/1977. S. 83–84.
[36] Rauschenbach: Doppelexplosion. S. 83.

Sebalds Auffassung, bei dieser Stelle handle es sich lediglich um eine Art repetitiver Handübung, um eine "linguistische Laubsägearbeit" aus dem Zettelkasten. Hätte Sebald die Eibia-Szene als integralen Teil einer Gesamtkomposition des Romans verstanden, dann wäre seine Polemik möglicherweise weniger heftig ausgefallen. Ironisch wirkt, dass er sich mit bei seinen eigenen Überlegungen enger an Arno Schmidts poetische Theoreme annähert, als er geahnt haben mag. So vertritt Sebald in einem Interview mit Volker Hage vom Februar 2000 die Ansicht, man könne die Luftkriegsthematik nicht in chronologischer Form erzählen; bei der Virulenz dieses Themas müßte die künstlerische Umsetzung, so Sebald, eine gemischte Form sein, "weil eigentlich ein Erzähltext dieser Art ähnlich eingerichtet sei wie das menschliche Erleben: in unseren Köpfen gibt es ja auch nicht diesen chronologischen Ablauf, sondern dort existiere 'Synchronismus und Kontinuität'".[37] Damit reiteriert Sebald eigentlich ein Konzept aus den theoretischen Prosaüberlegungen Arno Schmidts, besonders den *Berechnungen I*, in denen Schmidt von schnellen und langsamen Stellen bei guter Prosa spricht (§ 4), während er die Vorstellung von einem 'Epischen Fluß' des Erzählens ablehnt (§ 5) und eine poröse Struktur der menschlichen Erinnerungsvermögen dagegen hält, eine "Perlenkette kleiner Erlebniseinheiten".[38] Das ist möglicherweise literaturtheoretisch gar nicht so sehr weit entfernt von Sebalds Idee von "Synchronismus und Kontinuität", stammt allerdings schon aus dem Jahr 1955.

Und wenn Sebald schon Schmidts Bombenangriffs-Szene als modernistischen Fehlversuch ablehnt, müsste er dann nicht auch eine formale Kritik an einem durchaus vergleichbaren Kunstwerk üben, das ebenfalls eine Anklage gegen die Zerstörung von Städten und gegen das Massensterben von Zivilisten darstellt? Müsste er nicht gleichermassen gegen Picassos *Guernica*-Gemälde polemisieren? Die künstlerische Substanz von sowohl Picassos Bild als auch Schmidts Bombardierungs-Szene weist eine Reihe von Gemeinsamkeiten auf, vor allem, was die artistische beziehungsweise literarische Umsetzung von Zerstörungsbildern durch modernistische Collagetechnik betrifft: Fetzen und momentane Einzeleindrücke anstatt des Versuchs einer aposteriorisch geordneten Gesamtdarstellung hier wie dort. Es läßt sich kaum eine bessere Parallele zwischen visueller und literarischer Darstellung von Kriegsgreuel finden. Nicht zufällig gemahnt die Eibia-Szene an eine Vergeltung (wenn auch indirekt) für Aktionen eben der deutschen Luftwaffe, die für die Zerstörung der nordspanischen Stadt verantwortlich war. Die prinzipielle Frage, ob eine Fortsetzung der Sprachmittel einer früheren Epoche (der Zeit vor 1933), dem Wirklichkeitsempfinden der Menschen nach dem Zweiten Weltkrieg noch

---

[37] Hage: *Zeugen der Zerstörung*. S.269.
[38] Arno Schmidt: *BA III.3*, S.167.

angemessen ist, ist damit freilich noch nicht beantwortet. Sie muss ausserhalb dieses Themenkompexes diskutiert werden.

Wie hoch Schmidt selbst den literarischen Stellenwert seiner Bombenkriegsszene einschätzt, geht aus seiner Erzählung *Goethe und Einer seiner Bewunderer* hervor, in der ein für einige Stunden wiederbelebter Goethe von einem Schmidt-Doppelgänger bei seinem 16-stündigen Erdenaufenthalt im Jahr 1956 durch Darmstadt begleitet wird und wo Goethe auf seine Frage nach den grossen deutschen Autoren seit ihm auch den Namen Schmidt hört. Daraufhin schlägt der Altmeister einen Band Schmidts auf und gerät an eben die Eibia-Stelle, eine, so der Erzähler "schnelle Stelle". Goethe liest die Passage und: "er nickte, anerkennend verkantet; begann aber zu schaudern und legte's verdrießlich beiseite (demnach die Explosion, ensanglanter la scène; daskonnte er ja gar nicht vertragen)".[39]

Wenn Schmidt Goethe genau diese von Sebald 40 Jahre später verrissene Stelle lesen und positiv beurteilen läßt, ist das ein Beleg für die Bedeutung, die Arno Schmidt ihr beimisst; doch selbst Schmidt-Kenner übersehen diese Passage oft.

Resümee

Fassen wir zusammen. Bald nach den Züricher Vorlesungen kam es in der deutschen Kritik zu einer Debatte über Sebalds Thesen zur literarischen Bewältigung des Bombenkriegs. Nachdem man ihm zunächst durchaus beipflichtete, entspannte sich nach der Veröffentlichung der Thesen in Buchform eine kontrovers geführte Diskussion, deren Generaltenor eine Prüfung und partielle Zurückweisung von Sebalds Argumenten war. Insbesondere Sebalds Meinung, es sei kaum Literatur über den Bombenkrieg vorhanden, konnte überzeugend widerlegt werden; weitergehende Zustimmung fand seine These von einem unbewußtem Tabu bei diesem Thema auf grund der Gefahr, durch eine deutsche Opferstilisierung könnten die deutschen Kriegsverbrechen beschönigt oder teilweise aufgehoben werden. Dieses Tabu existiere in der Tat: es sei aber weniger eins der Autoren und Schriftsteller, also der Produktion, als eher eines der Rezeption. Die deutsche Öffentlichkeit habe nicht auf die Arbeiten der Intellektuellen reagiert: darin bestehe das tatsächliche selbst auferlegte Tabu. Sebalds dritte These trifft am wenigsten ins Schwarze; eben diejenige, die Autoren hätten formalästhetisch unangemessen auf das "aerial bombing" reagiert. Sebald weist die Qualität von Augenzeugenberichten zurück und misstraut sowohl chronologischen als auch avantgardistischen Erzählhaltungen. Er vertritt heimlich die Ansicht, nur eine Mischung von Reflexion und chronologischer Kontinuität, könne dem Phänomen des Bombenkriegs literarisch gerecht werden. Damit setzt Sebald eine literarische

---

[39] Arno Schmidt: *BA I/2*, S.204.

Norm, das heisst er erhebt einen normativen ästhetischen Anspruch. Oder krasser ausgedrückt: er begibt sich in die Gefahr, Kunstgesetze für die angemessene literarische Abwicklung eines bestimmten Themas aufzustellen. Gerät er damit nicht in die – wenn auch ungewollte – historische Nähe von Georg Lukács, der ja in der Expressionismus-Debatte avantgardistische Stile als Formen bürgerlicher Dekadenz ablehnte und für eine ganz bestimmte literarische Form als die einzig angemessene plädierte? Wenn auch nicht wie in seinem Fall für den Realismus des 19. Jahrhunderts, und wenn seine Motivation auch nicht aus ideologischen Gründen erfolgt, sondern aus einem generationspsychologischen Wiederholungszwang heraus. Es bleibt freilich das grosse und eindeutige Verdienst Sebalds, diese Debatte überhaupt in Gang gesetzt zu haben. Sie ist ein entscheidender Bestandteil der 'coming to terms with the past' der Deutschen.[40]

Sebald nun, so die überzeugende Argumentation von Andreas Huyssen, hatte als vorbildliche literarische Form die eines eigenen Werkes, seiner *Ausgewanderten*, im Hinterkopf und unternimmt nun in *Luftkrieg und Literatur* den Versuch, in einer Art Aufarbeitung der zweiten Generation den formal 'richtigen' Beitrag zu liefern.

Nun sind Sebalds taktische Literaturmanöver aber anderer Natur als Arno Schmidts Konkurrenzgebaren mit Goethe. Sebald will übertreffen. Und um das literarische Feld der Bombenkriegsliteratur für den 'richtigen' Ansatz freizumachen, bedarf es eines Mängelbefunds an der Vorgängerliteratur. Die Texte der ersten Generation erfahren eine Abwertung durch Sebald, die ihm dann gestattet, seine eigene, jetzt freigewordene literarische Position einzunehmen. Wie zutreffend Huyssens Befund ist, belegt eine Passage im Interview mit Sebald, in der Volker Hage folgende Frage an ihn richtet: "Es klingt fast so, als wäre das [die richtige Form der Darstellung] für sie ein konkretes Projekt. Kann es sein, daß Ihr theoretischer Text über *Luftkrieg und Literatur* eine Art Prolegomena dazu ist"? Mit der spontanen und lapidaren Antwort Sebalds, die einem Eingeständnis nahekommt, dürfte sich der Argumentationskreis schließen. Sie lautet, und man lese und staune: "Gut möglich".[41]

---

[40] Wie virulent gegenwärtig die Diskussion um die angemesse Form von Bombenkriegstexten noch ist, zeigt der Fall von Marcel Beyer, über dessen Vorstellung zu Arbeiten über den Luftkrieg Richard David Precht in der Zeitschrift *Literaturen* schreibt. Er berichtet, dass Beyer im Heft 27 der Literaturzeitschrift *Lose Blätter* sich gegen Beliebigkeit bei der Darstellung von Ereignissen wir der Bombardierung Dresdens wehre und dagegen von den Autoren "ein Maximum an historischer Authentizität" verlange, um etwas literarisches Gültiges zu Papier zu bringen. (*Literaturen*, Mai 2004. S. 71.) Überrascht von einer solchen Position zeigt sich Precht, weil Beyer es hier tatsächlich wage "eine Norm zu formulieren". Er plädiert gegen Beyer (und indirekt damit auch gegen Sebald) für eine Offenheit in Sachen literarische Ästhetik.
[41] Hage: *Zeugen der Zerstörung*. S.269.

Florian Radvan

Religiöse Bildlichkeit und transtextuelle Bezüge in Gert Ledigs Luftkriegsroman *Vergeltung*

The novel Vergeltung *is one of the few examples of post-war literature that depict in detail the bombing of German cities during the Second World War. In several passages the text refers to the Bible by alluding, paraphrasing or quoting from the Old and New Testament. Additionally, the novel raises the question of whether – given suffering, death, and wide-reaching destruction – God really exists. As a consequence of the air raid, many characters find themselves with a changed relation to their own faith, some apparently strengthened, other seemingly disillusioned. In the scenes involving the American Sergeant Strenehen there are parallels to the Passion, both in respect of the action itself and concerning literary motifs. By using the terminology on transtextuality developed by Gérard Genette, the article deals with the question of how biblical quotes, motifs and narrative strategies but also elements of Christian iconography have been integrated into the account of the air raid. What significance does transtextuality have with respect to characterisation on the one hand and the reception of the novel on the other hand?*

In *Vergeltung*, dem 1956 erstmals publizierten Roman von Gert Ledig, wird mit außerordentlicher Grausamkeit ein Luftangriff auf eine deutsche Stadt beschrieben.[1] Der Text ist dabei ebenso präzise wie ausschnitthaft, ebenso detailliert wie lückenhaft. Es bleibt unklar, um welche Stadt es sich handelt, und auch der Zeitpunkt des Bombardements lässt sich nur vage auf das Jahr 1944 datieren. Militärisch-strategische oder politische Aspekte werden nicht thematisiert, sodass dem Zweiten Weltkrieg als historischem Ereignis keine besondere Rolle zukommt.

Wie schon in Ledigs erstem Roman, *Die Stalinorgel*, sind die Figuren fast ausschließlich unter ihrem militärischen Rang bekannt. Es sind auf Funktionen – Funker, Bergungstrupp, Melder, Geschützführer – und Dienstgrade – Leutnant, Major, Feldwebel, Sergeant – reduzierte Menschen. Dass die Figuren entpersonalisiert sind, weist gleichzeitig darauf hin, dass Ledig (arche-)typische Konstellationen zeigt, etwa universelle menschliche Erfahrungen wie den Zwang zur Subordination oder die Funktionalisierung beziehungsweise Fremdbestimmung von Einzelnen oder Gruppen. Vom Schicksal der Figuren erzählt *Vergeltung* in zwölf, teilweise miteinander verknüpften Erzählsträngen.

---

[1] Stellenverweise im Text beziehen sich auf die folgende Ausgabe: Gert Ledig: *Vergeltung: Roman*. Frankfurt/M: Suhrkamp 1999. – Alle Zitate aus der Bibel folgen der Einheitsübersetzung (Freiburg: Herder 1980).

Alle Ereignisse finden in oder über dem Angriffsziel statt, sodass das Bomdardement das verbindende Moment für die Erzählstränge darstellt. Dabei gibt es in Ledigs Roman keine Intensitätssteigerung. Gleich zu Beginn setzt das Stakkato der Gewaltbeschreibung ein. Da der gesamte Text mit dem Prinzip der Kumulation arbeitet, entsteht ein Panorama von Versehrung, Grausamkeit und Tod, das nur durch 13 jeweils kursiv gedruckte biografische Abrisse zu den Figuren unterbrochen wird.

Bei *Vergeltung* ist die Erzählzeit länger als die erzählte Zeit, und der 69-minütige Bombenangriff wird somit, nicht zuletzt durch die Auffächerung in die verschiedenen Erzählstränge, verlangsamt und gedehnt. Ledig ermöglicht einen mikroskopischen Blick in die Zeit, der die Zerstörungen fotografisch genau als eine Aneinanderreihung infernoartiger Bilder wiedergibt. Dennoch wird – bedingt durch die parataktische, stakkatohafte Hauptsatzsyntax des Romans – ein Eindruck von Atemlosigkeit hervorgerufen.

An zahlreichen Stellen bezieht sich der Erzähltext auf die Bibel, zitiert entweder wörtlich oder sinngemäß aus dem Alten und Neuen Testament. Ferner wird von einigen Figuren die Frage nach der Existenz Gottes angesichts von Leid, Tod und Verwüstung gestellt. Durch diese Anspielungen auf das Theodizee-Problem, aber auch durch die Verwendung religiöser Metaphern oder pseudoreligiöser Wahlsprüche fällt den Themen Glauben, Religion und Gott eine besondere Rolle zu. Darüber hinaus wird vom Schicksal eines Priesters erzählt, der sich freiwillig zu einem Bergungstrupp meldet, aber noch vor dem Erreichen des Einsatzorts qualvoll zu Tode kommt. Schließlich lehnt sich der Erzählstrang um den amerikanischen Sergeant Strenehen (die einzige konsequent mit Namen bezeichnete Figur in *Vergeltung*) strukturell und motivisch an die Passionsgeschichte an.

Mir scheint, dass die Verweise auf die Bibel – vom einzelnen Zitat bis hin zum strukturgebenden Erzählmuster –, aber auch die Verwendung religiöser Bildlichkeit für das Verständnis von *Vergeltung* zentral sind. Sie werden deshalb im Folgenden mit Bezug auf die von Gérard Genette entwickelte Terminologie zur Transtextualität untersucht, worunter er im weitesten Sinne die offenkundigen oder verborgenen Beziehungen von Texten untereinander versteht. Besondere Bedeutung kommt dabei den Unterkategorien der Inter-, Para- und Hypertextualität zu.[2]

---

[2] Vgl. insbesondere die von Gérard Genette in *Palimpseste: Die Literatur auf zweiter Stufe* (Frankfurt/M: Suhrkamp 1993) und *Paratexte: Das Buch vom Beiwerk des Buches* (Frankfurt/M: Suhrkamp 2001) entwickelte und systematisierte Terminologie. Für einen Überblick zu weiteren theoretischen Ansätzen vgl. Henriette Herwig: Literaturwissenschaftliche Intertextualitätsforschung im Spannungsfeld konkurrierender Intertextualitätsbegriffe. In: *Zeitschrift für Semiotik* 24, H. 2/3 (2002). S. 163–76.

Intertextualität: Zitate, Plagiate, Anspielungen

Um den Irrsinn des Bombardements besonders pointiert darzustellen, hat Ledig bereits zu Beginn des Prologs einen Satz aus dem Neuen Testament übernommen und ihn ohne Anführungszeichen in den Erzähltext integriert: "Lasset die Kindlein zu mir kommen" bezieht sich ursprünglich auf die von den Synoptikern geschilderte Segnung der Kinder durch Jesus (vgl. Mt 19,13–15, Mk 10,13–16, Lk 18,15–17).[3] Anders als in der Bibel ist der Satz in *Vergeltung* allerdings nicht als Hinweis auf die allumfassende Liebe Gottes zu verstehen, der – im positiven Sinne – von einem kindlich-naiven Standpunkt aus verstanden werden soll. Bei Ledig steht er im Kontext der Bombardierung eines Friedhofs, wo noch nicht beerdigte Kinderleichen liegen, die durch den Luftdruck detonierender Sprengkörper gegen eine Mauer geschleudert werden. Da der biblische Satz in einen radikal anderen Kontext gestellt wird, mündet die Intertextualität in einem kalten Sarkasmus. Seine Wirkung beruht darauf, dass die Bibelstelle weder durch Interpunktion explizit als Zitat ausgewiesen noch durch einen Kommentar kontextualisiert wird und so erzählerisch direkt auf die schrecklichen Konsequenzen des Bombardements bezogen werden kann.

In Genettes Definition handelt es sich bei dieser Art des intertextuellen Bezugs um ein Plagiat, das heisst eine wörtliche Übernahme ohne Kennzeichnung, wobei er Intertextualität allgemein als eine "Beziehung der Kopräsenz zweier oder mehrerer Texte, d.h. in den meisten Fällen, eidetisch gesprochen, [...] [die] effektive Präsenz eines Textes in einem anderen Text" bestimmt.[4]

Eine weitere Art der Bezugnahme findet sich zu Beginn des zweiten Kapitels, wo der Anflug eines Bombergeschwaders beschrieben wird: "Sie kamen in Schlachtformation. Die erste Welle. Heuschreckenschwärme mit menschlichem Verstand. Vier Kilometer hoch krochen sie durch die Luft".[5] Obwohl der Verweis auf die Bibel hier nicht eindeutig ist, spielt das Wort "Heuschreckenschwärme" dennoch auf die in Exodus geschilderten Plagen an. So wird die Bedeutung dieses Textabschnitts assoziativ erweitert um die im zweiten Buch Mose geschilderten Szenerien der Gewalt: von Krankheiten bei Menschen und Tieren bis hin zur vollkommenen physischen Zerstörung von Städten und der sie umgebenden Natur (vgl. Ex 7–11).

Auch der Epilog ist von intertextuellen Bezügen geprägt, die dem Roman somit eine erzählerische Klammer verleihen. Ledig fügt beispielsweise "Gott mit uns" ein, den Wahlspruch der preußischen, später der kaiserlichen Armee und schließlich auch der Wehrmacht.[6] Ab 1848 verzierte er die Koppelschlösser

---

[3] Ledig: *Vergeltung*. S. 9.
[4] Genette: *Palimpseste*. S. 10.
[5] Ledig: *Vergeltung*. S. 32.
[6] Ledig: *Vergeltung*. S. 198.

aller Soldaten und Offiziere. Es wird damit auf die Jahrhunderte zurückreichende Tradition angespielt, dass Kriege religiös verbrämt und kirchlich legitimiert wurden. Indem Ledig die Devise im folgenden Satz – "Aber mit den anderen war er auch". – jedoch umgehend relativiert, führt er sie und die militärgeschichtlich mit ihr verbundenen Rituale (wie auch die Förderung von Nationalismus und Krieg durch die Kirchen ganz allgemein) ad absurdum.[7]

Zum Schluss des Romans spielt Ledig, mit Bezug auf den Titel, auf weitere christlich-religiöse Vorstellungen an: "Nur das Jüngste Gericht. Das war sie [die Vergeltung] nicht".[8] Im Alten wie im Neuen Testament ist das Gottesgericht ein zentraler theologischer Inhalt, der gewöhnlich mit der Vorstellung einer Strafe für Sünder verbunden ist. Indem Gott – wie etwa in den Psalmen oder neutestamentarisch von Johannes dem Täufer – als ein gerechter Richter eingesetzt wird, werden die Menschen vice versa auf die Eigenverantwortlichkeit ihres Tuns hingewiesen, ebenso wie auf ihre Verpflichtung, gegenüber anderen verantwortungsbewusst zu handeln.

Zum Ende des Romans dissoziiert Ledig das Jüngste Gericht jedoch unmissverständlich vom Diskurs über die militärische Vergeltung, auf die sich der Text hier bezieht, und spricht den Bombenangriffen somit eine religiöse Tragweite ab: Sie seien nicht gottgewollt und nach biblischem Verständnis keine Strafe für sündhafte Taten, sondern nur, so könnte der Subtext zu dieser intertextuellen Referenz lauten, ein Resultat militärischer Strategie. Folglich lassen sie sich auch nicht mehr in einen religiösen Rechtfertigungskontext stellen. Gabriele Hundrieser formuliert dazu: "Anders als das 'Jüngste Gericht', dessen heilsmetaphysische Aufgabe das Scheiden von Gute und Böse, von Opfern und Tätern, von legitimem/sinnvollem und illegitimem/ sinnlosem Handeln ist, präsentiert sich die Realität der Vergeltung bar jeden Sinns".[9] Dennoch: Indem das Jüngste Gericht hier als Bezugspunkt für die Vergeltung fungiert (und sei es auch ex negativo), werden die Luftangriffe auf der Grundlage von biblischen Katastrophenbildern ethisiert, wie sie auch ikonographisch häufig mit dem Gottesgericht verbunden sind.

Paratextualität: Romantitel und Widmung

Transtextuelle Bezüge zur Bibel finden sich jedoch nicht erst im Roman selbst, sondern schon in einigen Elementen "jenes Beiwerk[s], durch das ein Text zum

---

[7] Ledig: *Vergeltung*. S. 198.
[8] Ledig: *Vergeltung*. S. 199.
[9] Gabriele Hundrieser: Die Leerstelle der Leerstelle? Das Phänomen Gert Ledig, die Ästhetik der Gewalt und die Literaturgeschichtsschreibung. In: *Weimarer Beiträge* 49 (2003). S. 361–79. Hier S. 372.

Buch wird und als solches vor den Leser und, allgemeiner, vor die Öffentlichkeit tritt".[10] Genette bezieht sich damit auf

> Titel, Untertitel, Zwischentitel; Vorworte, Nachworte, Hinweise an die Leser, Einleitungen usw.; Marginalien, Fußnoten, Anmerkungen; Motti; Illustrationen; Waschzettel, Schleifen, Umschlag und viele andere Arten zusätzlicher, auto- oder allographer Signale, die den Text mit einer (variablen) Umgebung ausstatten und manchmal mit einem offiziellen oder offiziösen Kommentar versehen.[11]

Alle diese Texte subsumiert Genette unter der Bezeichnung des Paratextes. Im Hinblick auf Ledigs Roman sind zwei Elemente von besonderer Bedeutung: der Titel und die Widmung.[12]

Der Romantitel besitzt einen weiten Assoziationsraum: Er ist juristisch, militärisch-politisch und religiös konnotiert. Als Teil des Paratextes werden die von ihm ausgelösten Erwartungen zu einem interpretativen Bezugspunkt für den gesamten Roman. Juristisch steht Vergeltung im Kontext der so genannten absoluten Straftheorien, die davon ausgehen, dass ein Ausgleich der Schuld der maßgebende Strafzweck ist und dass die Strafe auf (konsequenter) Reziprozität beruhen sollte.

Bis weit in die Nachkriegszeit waren mit dem Wort auch militärisch-politische Assoziationen verbunden, da es bis 1945 u.a. im Zusammenhang stand mit den von deutschen Militärs in der Heeresversuchsstelle Peenemünde entwickelten Raketen, die propagandistisch als 'Vergeltungswaffen' bezeichnet wurden. Die damals allgemein bekannte, in der Presse vielfach lancierte Bezeichnung war verknüpft mit einem von der Propaganda erwarteten so genannten Endsieg der Deutschen im Zweiten Weltkrieg.[13] Auch in einigen Reden von Propagandaminister Joseph Goebbels wurde auf einen militärischen Gegenschlag angespielt, insbesondere im Jahr 1943, als die alliierten Bombardements auf das Ruhrgebiet sich deutlich intensivierten: "Vergeltung für den Tod an der Ruhr"

---

[10] Genette: *Paratexte*. S. 10.
[11] Genette: *Palimpseste*. S. 11.
[12] Gut zwei Jahre nachdem *Vergeltung* veröffentlicht worden war, erschien am 15. November 1958 unter dem Titel "Gott und die Intellektuellen" in *Die Kultur: Eine unabhängige Zeitung mit interntionalen Beiträgen* ein Artikel von Gert Ledig. Dabei handelt es sich – in Genettes Definition – um ein paratextuelles Element, "das nicht materiell in ein und demselben Band als Anhang zum Text steht, sondern gewissermaßen im freien Raum zirkuliert, in einem virtuell unbegrenzten physikalischen oder sozialen Raum". (Genette: *Paratexte*. S. 328) Ledig beschreibt darin, warum (aus seiner Perspektive) der Glaube an Gott bei Intellektuellen nicht mehr als en vogue gelte und konstatiert dementsprechend: "An Gott glauben ist altmodisch: Heuchelei, Komik, Dummheit". Im Laufe des Artikels wird allerdings deutlich, daß Ledig sich dieser Position nicht anschließen möchte.
[13] Vgl. Horst Boog et al.: *Das Deutsche Reich in der Defensive: Strategischer Luftkrieg in Europa*. Stuttgart: Deutsche Verlags-Anstalt 2001. S. 380 ff. Insb. S. 384 f.

lautete beispielsweise der Titel einer Goebbels-Rede, gehalten am 19. Juni 1943 in Düsseldorf.[14] Sicherlich lässt sich der Titel auch auf die britischen und amerikanischen Luftangriffe beziehen, die sich ebenfalls als eine militärische Vergeltung für die Bombardements von Coventry, London, Rotterdam und anderen Städte, wie sie zuvor von der deutschen Luftwaffe durchgeführt worden waren, verstanden.

Schließlich besitzt der Romantitel auch religiöse Signifikanz, wenngleich es unwahrscheinlich ist, dass er ausschließlich einen Verweis auf biblische Texte darstellt. Alttestamentarisch ist das Motiv der Vergeltung von großer Bedeutung und grenzt an die Bedeutungsfelder von Rache, Blutrache und *Ius talionis*. So wird sie dort – beispielsweise in den Büchern der Lehrweisheit und der Propheten – nicht nur als eine vordergründige, gelegentlich blindwütig wirkende Rachsucht beschrieben, die auf dem Gedanken einer konsequenten Reziprozität basiert, sondern auch kritisch betrachtet und teilweise abgelehnt. Neutestamentarisch ist das Motiv anders akzentuiert. Es bekommt eine eschatologische Prägung und steht, besonders in den Evangelien, im Kontext von Vergebung und Gnade.[15]

Ledig positioniert *Vergeltung* im Spannungsfeld dieser unterschiedlichen Assoziationen, sodass die thematischen Relationen des Titels durchaus vieldeutig sind, auch wenn er im Prolog und Epilog auf die Bombardements bezogen und vornehmlich in dieser Bedeutung markiert wird.[16] Entscheidend scheint jedoch, dass das Wort 'Vergeltung', das hier mit einer Militärstrategie (sowie der Kritik daran) verknüpft ist, im kollektiven Unbewussten bereits durch andere Diskurse semantisch vorgeprägt ist. Dabei dürfte es sich weitestgehend um eine biblische Färbung des Begriffs handeln, die dem militärischen Verständnis von Vergeltung vorgelagert ist und als eine Art (literarisches) Echo in Ledigs Roman widerhallt. Dies gilt verstärkt, da sich in der Bibel einige der Referenztexte für Vergeltung finden, und sie im Alten wie im Neuen Testament als Rechtspraxis kodifiziert ist beziehungsweise in Frage gestellt wird.

Die posthume Dedikation ("Einer Toten gewidmet, die ich als Lebende nie gesehen habe".) nimmt Bezug auf die Tradition des stellvertretenden Gedenkens.[17] Da die Widmung ihren eigentlichen Adressaten nicht mehr erreicht

---

[14] Vgl. Übersicht über Reden und Artikel, die zwischen 1933 und 1954 von und über Goebbels verfasst wurden: Goebbels, Joseph: 1933–1935. In: <http://hsozkult.geschichte.hu-berlin.de/daten/2002/goebbels_1933-54.pdf>
[15] Vgl. Ludger Schwiedenhorst-Schönberger: Vergeltung. In: *Lexikon für Theologie und Kirche*. Bd. 10. Freiburg: Herder 2001. Sp. 654–6.
[16] Vgl. Ledig: *Vergeltung*. S. 9, 199. Sicherlich kann Ledigs Roman auch in Bezug gesetzt werden zu den zahlreichen anderen Texten, die das Sujet der Vergeltung beziehungsweise der Rache thematisieren (vgl. Eintrag zu "Rache" in: Horst S. und Ingrid Daemmrich: *Themen und Motive in der Literatur*. Tübingen: Francke 1987. S. 257–60).
[17] Ledig: *Vergeltung*. S. 7.

(und somit nur für die Leser intendiert ist), kann sie als Memento mori gelesen werden. So vertritt die namenlose Frau als pars pro toto gleichsam alle Figuren, die im Roman als ebenso unbenannt bleibende Menschen den Tod finden. *Vergeltung* ist, wenngleich implizit, folglich auch ihnen gewidmet. Gleichzeitig aber, so schreibt Genette in *Paratexte*, wird der Widmungsempfänger in der Wahrnehmung der Leser zwangsläufig als "eine Art idealer Inspirator" empfunden.[18] Womöglich hat der Anblick von Hunderten für ihn anonymer Toter, den Ledig während der Luftangriffe auf Leipzig und München gehabt haben könnte, einen (späten) Schreibimpuls dargestellt. Sicherlich aber wird der Aspekt des unvorhergesehenen und unvermuteten Sterbens sowie des Totengedenkens, bedingt durch die Widmung, schon von Anfang an zu einem interpretativen Bezugspunkt.

Hypertextualität: Passionsgeschichte Jesu als Prätext

Der gewaltsame Tod des Sergeants Strenehen ist eine der eindrucksvollsten und gleichzeitig bedrückendsten Szenen des Romans.[19] Sein Sterben bildet den Kulminationspunkt des einzigen Handlungsstrangs, in dem die angreifenden Amerikaner thematisiert werden. Gleichzeitig stellt er eine komplexe hypertextuelle Anspielung auf die Passionsgeschichte dar. Unter Hypertextualität versteht Genette "jede Beziehung zwischen einem Text B (den ich als *Hypertext* bezeichne) und einem Text A (den ich, wie zu erwarten, als *Hypotext* bezeichne), wobei Text B Text A auf eine Art und Weise überlagert, die nicht die des Kommentars ist".[20]

"An der Eisentür stand er wie gekreuzigt".[21] Dies ist der erste Hinweis darauf, dass es zwischen dem Schicksal des Sergeants und der Passion sowohl in der Motivik wie in der Handlungsführung Parallelen gibt: Strenehen wird, zumindest andeutungsweise, zu einer Postfiguration Christi. Schon die erste Erwähnung der Figur des amerikanischen Soldaten ("Ausgelöst hatte sie [die Brandbomben] Sergeant Strenehen, von dem es später hieß: ein Mensch".) spielt auf das *ecce homo*-Motiv an und damit auf die Präsentation Jesu durch den römischen Präfekten Pilatus (vgl. Mt 27,20–26).[22]

In beiden Geschichten werden die Protagonisten öffentlich verspottet, mit einem Stock beziehungsweise einem Schürhaken geschlagen. Beide werden verhöhnt und erniedrigt, indem man ihnen fremde Kleidung anzieht. Die Soldaten, heisst es in Mt 27,28, "zogen ihn [Jesus] aus und legten ihm einen purpurroten Mantel um". Im zwangsweisen Entkleiden wird auch die bewusste

---

[18] Genette: *Paratexte*. S. 133.
[19] Vgl. Ledig: *Vergeltung*. S. 186–188, 193–195.
[20] Genette: *Palimpseste*. S. 14f. – Genette bezeichnet den Hypotext auch als Prätext.
[21] Ledig: *Vergeltung*. S. 109.
[22] Ledig: *Vergeltung*. S. 11.

Degradierung und Entwürdigung Strenehens sinnfällig. Der Arzt fragt: "Hat denn niemand ein Lätzchen? Der Affe soll servieren"! (vgl. Mt 27,37).[23] Beide – Jesus und Strenehen – sind später nackt, womit nicht nur eine Erniedrigung verbunden ist, sondern auch auf ihre Verletzlichkeit hingewiesen wird. Ähnlich wie Jesus im Garten Getsemani an eine "große[] Schar von Männern, die mit Schwertern und Knüppeln bewaffnet waren", übergeben wird (Mt 26,47), wird auch Strenehen ausgeliefert, zunächst an den rachsüchtigen und brutalen Arzt, später an die Menschen im Luftschutzkeller.[24]

In beiden Texten gibt es allerdings nicht nur die Handlungsmotivation der Rache, sondern auch die der Einsicht. Bei Ledig sind es die Menschen im Luftschutzbunker, die Strenehen helfen und Schamgefühl und Reue zeigen. Sie lassen sich nicht zur Lynchjustiz anstiften, obwohl die Projektion von Hassgefühlen auf den ihnen unbekannten Amerikaner so nahe liegend scheint. In der Bibel handelt es sich um den "Hauptmann und die Männer, die mit ihm zusammen Jesus bewachten" (Mt 27,54) und, schockiert durch die Ereignisse um dessen Kreuzigung, ein Schuldbewusstsein entwic??keln. Ähnlich Jesus, der auf bildlichen Darstellungen häufig von einem Nimbus umgeben ist, so steht auch Strenehen im Großbunker "in einem Kreis von Strahlen".[25] Zwei weibliche Figuren helfen ihm, indem sie ihn mit einem Mantel beziehungsweise einer Decke schützen: "Sie trat auf Strenehen zu und hüllte ihn ein. Er dachte: Ich danke dir, Mutter".[26]

Im Hochbunker befindet sich Strenehen in einem Delirium-ähnlichen Zustand, der mit einer fundamentalen Verkennung der Realität einhergeht. In seiner Vorstellungswelt, in der Rauch und Feuer plötzlich vergessen sind, fügen sich die ebenso überwältigenden wie disparaten Eindrücke (Flug, Bombenabwurf, Abschuss seines Flugzeugs, Fallschirmabsprung, Gefangennahme, Bedrohung durch die Bombardierung, erlittene Misshandlungen) zu einem beinahe glückseligen Bild zusammen: "Hier war er zu Hause".[27] Gerade dass in seiner Wahrnehmung die Wirklichkeit verschwimmt und verschiedene Erlebnisinhalte darin zusammenfließen, ermöglicht es ihm, dem Geschehen einen Sinn zu verleihen. Dem Arzt spricht er spontan eine Vaterrolle zu, womöglich weil dieser Befehle erteilt, Gewalt über ihn ausübt und so dem stereotypen Bild einer autoritären Vaterfigur entspricht. Die Wahnidee, zu Hause bei seiner Familie angekommen zu sein, gibt er auch nachdem ihm mit einem Schürhaken

---

[23] Ledig: *Vergeltung*. S. 187.
[24] Vgl. Ledig: *Vergeltung*. S. 193.
[25] Ledig: *Vergeltung*. S. 194.
[26] Ledig: *Vergeltung*. S. 187. Hier lässt sich auch eine Verbindung zur christlichen Bildtradition und Symbolik herstellen, insbesondere zum Schutzmantelmotiv, das Hilfe, Nähe und Fürsorge impliziert und seit dem 13. Jahrhundert in der Marienikonographie bekannt ist.
[27] Ledig: *Vergeltung*. S. 186.

einzelne Knochen gebrochen worden sind nicht auf: "Vater, dachte Strenehen, wenn ich nur bei dir bin"![28] Am Ende der Szene: "Vater […] was tust du mir"?[29] Gleichzeitig besitzen Strenehens Äußerungen durch das Wort "Vater" (Jesu Anrede für Gott), durch die anachronistisch wirkende Formulierung und durch den Gestus des Fragens wiederum Anklänge an Bibeltexte, beispielsweise an Jesu Deklamation am Kreuz: "Mein Gott, mein Gott, warum hast du mich verlassen"? (Mt 27,46)

Dass Strenehen das höhnische Lachen des Arztes als Zeichen der Gutmütigkeit verkennt, ist wohl einerseits auf seine Entkräftung, andererseits auf eine Traumatisierung und die permanente Todesgefahr zurückzuführen. In dieser infernoartigen Situation haben sich sowohl seine Wahrnehmung als auch seine Urteilsfähigkeit verschleiert. Die religiös inspirierten Vorstellungen ermöglichen es ihm somit, dem realen Geschehen zu entkommen beziehungsweise eine Aura der Unangreifbarkeit zu kreieren. Indem Strenehen den brutalen NS-Arzt falsch einschätzt und ihm eine Vaterrolle attribuiert, bildet er einen psychischen Schutzraum um sich herum. Erklären ließe sich diese Realitätsverkennung auch aus einer psychotraumatologischen Perspektive. Nachdem die physischen und psychischen Extrembelastungen bei Strenehen zu einer akuten Traumatisierung geführt haben, wird die religiös inspirierte Realitätsflucht zu einer Überlebensstrategie und ist damit ebenso nachvollziehbar wie verständlich.

Beide Texte – die Passionsgeschichte des Neuen Testaments ebenso wie der Erzählstrang um Strenehen – sind konsequent auf den Tod der Protagonisten hingeschrieben. Dabei wird das Sterben zu einem Moment religiöser Fokussierung. Nach Strenehens Tod beten die Menschen im Luftschutzbunker das Vaterunser und folgen dabei einzelnen Ritualen (Aufstehen, Falten der Hände, Abnehmen des Hutes), wie sie auch in Kirchen praktiziert werden. Jesus versichert den Jüngern nach seiner Auferstehung: "Mir ist alle Macht gegeben im Himmel und auf der Erde. […] Seid gewiß: Ich bin bei euch alle Tage bis zum Ende der Welt" (Mt 28,18–20) – und zerstreut damit ihre Glaubenszweifel. Indem Ledig im Erzählstrang um Strenehen die Passionsgeschichte transformiert, spielt er auf kulturell vertraute, von den christlichen Religionen geprägte Muster von Schuldzuweisung und Vergebung an.

Es wird deutlich, dass die Bezugnahme auf die Bibel hier über intertextuelle Zitate, Plagiate oder Anspielungen weit hinausreicht. Ohne dass sie explizit erwähnt oder Abschnitte aus ihr zitiert würden, dient die Passionsgeschichte, aus der einzelne Handlungselemente und Motive übernommen werden, als ein Erzählmuster. Indem sie palimpsestartig unter dem Erzählstrang durchschimmert, wird dessen Bedeutung um die mit der biblischen Geschichte verbundenen Assoziationen erweitert und somit für die Figurencharakterisierung in

---

[28] Ledig: *Vergeltung*. S. 187.
[29] Ledig: *Vergeltung*. S. 188.

Vergeltung bedeutend und sinnstiftend. Einerseits wird Strenehens Sterben überhöht und verklärt. Dies findet seine Resonanz in den von ihm gebrauchten Wörtern "Heimat" und "zu Hause", die auf die als Heimkehr zum Vater – also zu Gott – apostrophierte Kreuzigung Jesu anspielen. Der Tod ist für den Sergeant, wie auch für Jesus, eine Erlösung von physischen Qualen. Andererseits lässt sich der hypertextuelle Bezug auch als Ironie verstehen, indem eher die Gegensätze zwischen beiden Figuren betont werden als dass auf Gemeinsamkeiten hingewiesen wird: der in einen religiös sinnstiftenden Kontext eingebettete Tod Jesu versus das weitgehend folgenlose Sterben Strenehens.

Zentral ist jedoch, dass in beiden Geschichten vom Schicksal eines Einzelnen in einer feindlichen Umgebung beziehungsweise angesichts einer fanatisierten Masse erzählt wird: *Vergeltung* nimmt so Bezug auf den mit der Passion verbundenen Diskurs vom friedlichen Außenseiter, um die Frage nach dem Sinn von Strenehens Tod aufzuwerfen. Dabei ist insbesondere die Idee der Stellvertretung, das heisst des Sterbens für andere, interessant, da sie für das Verständnis vom Tod Jesu zentral ist. Im zweiten Brief des Apostels Paulus an die Korinter wird sie folgendermaßen gedeutet: "Er ist aber für alle gestorben, damit die Lebenden nicht mehr für sich leben, sondern für den, der für sie starb und auferweckt wurde" (2 Kor 5,15). Ähnlich heißt es im Brief an die Römer: "Wisst ihr denn nicht, dass wir alle, die wir auf Christus Jesus getauft wurden, auf seinen Tod getauft worden sind? Wir wurden mit ihm begraben durch die Taufe auf den Tod; und wie Christus durch die Herrlichkeit des Vaters von den Toten auferweckt wurde, so wollen auch wir als neue Menschen leben" (Röm 6,3–4).

Auch Strenehen wird eine Stellvertreterrolle zugewiesen, und seine Bestrafung als Sündenbock rangiert, zumindest für den fanatisierten Jungen und den NS-Arzt, weit vor Hilfeleistung und Mitgefühl. Ebenso wie das Volk, von den Hohepriestern und Ältesten indoktriniert und aufhetzt (vgl. Mt 27,20–26), den Tod Jesu fordert, ohne sich über seine Schuld im Klaren zu sein, wird auch Strenehen misshandelt, ohne dass die anderen Figuren über seine Sabotage des Bombardements Bescheid wüssten. In beiden Geschichten finden sich so Spuren einer Deutungstradition, die schon im Alten Testament begründet liegt, nämlich der des leidenden Gerechten, also eines Menschen dessen eigentlich untadelige Taten durch Verhöhnung, Missachtung oder körperliche Verletzung bestraft werden.

Schließlich ist mit der Idee der Stellvertretung auch die grundlegende Frage verbunden, ob es möglich ist, Schuld auf andere zu übertragen beziehungsweise sie für andere zu übernehmen. Wenn man sich militärische Hierarchien und Befehlsketten oder auch die Schuldgefühle einzelner Soldaten angesichts der durch den Kampf angerichteten Verheerungen vor Augen führt, hat die Frage auch jenseits der hypertextuellen Bezugnahme auf die Passionsgeschichte eine Relevanz – insbesondere im Kontext von Kriegs- und Antikriegsliteratur.

Gott und Religion als Themen

Während des Luftangriffs beziehen einige Figuren sich und ihr Handeln auf Gott zurück. Es wird ein direktes Kausalverhältnis hergestellt zwischen der Existenz Gottes einerseits und dem eigenen Überleben andererseits. Darin unterscheiden sich weder die Angreifer noch die Angegriffenen: "Ich glaube an Gott, wenn sie [die Tür] jetzt aufgeht. [...] Wenn sich die Tür öffnet, gibt es einen". – denkt etwa Strenehen.[30] Schon zuvor heißt es über Ohm, ein anderes Mitglied der amerikanischen Flugzeugbesatzung: "In dieser Minute war nichts so wichtig wie Beten. Mit gefalteten Händen stammelte er vor sich hin".[31] Die ebenso unbestimmbare wie unfassbare Gefahr, die von der Bombardierung ausgeht, ist für die Figuren aber nicht nur ein Impuls zur Religiosität, sondern kann auch eine Glaubensabkehr bewirken: "Wenn meine Tochter eines normalen Todes gestorben wäre, würde ich auch noch an Gott glauben"!, so eine unbekannte Stimme im Großbunker.[32]

Als Folge des Bombardements befinden sich viele Figuren im Spannungsfeld von (vermeintlicher) Glaubensbestärkung und (vermeintlichem) Glaubensverlust. Implizit werden damit zwei klassische Positionen des Theodizee-Problems skizziert, das sich auf "die Rechtfertigung des Glaubens an Gott angesichts des Einwandes seiner offenkundigen Widersprüchlichkeit bzw. Irrationalität" bezieht.[33] Die scheinbare Widersprüchlichkeit in Gottes Verhalten entsteht aus dem Glauben an einen sittlich vollkommenen und omnipotenten Gott einerseits und der unmittelbaren und fundamentalen Erfahrung von Krieg, Tod, Krankheit, Zerstörung und Leid andererseits. Das Theodizee-Problem setzt sich mit der Skepsis an Gottes Allmächtigkeit und Güte auseinander und stellt sich ferner die Frage, ob ein theistisches Bekenntnis in Anbetracht menschlicher Leiderfahrung nicht obsolet ist und Gott überhaupt existiert: Kann Gott der Garant für eine sinnhafte und gerechte Welt sein? Dabei geht es jedoch "nicht notwendig um die Erklärung der Tatsache einzelner konkreter Leiderfahrungen, sondern um die Erklärung der allgemeinen Tatsache von Übel und Leid".[34]

Es ist evident, dass die Frage nach einem Gott in existenziellen Gefahrensituationen von großer Bedeutung ist. Er gilt den Figuren als (möglicher) Garant des Überlebens, und das Gebet ist ihr Mittel zur Kontaktaufnahme. Dass sie sich gerade in Krisen- und Entscheidungssituationen an Gott wenden beziehungsweise sich auf biblische Grundsätze berufen, lässt sich auch an

---

[30] Ledig: *Vergeltung*. S. 114.
[31] Ledig: *Vergeltung*. S. 15.
[32] Ledig: *Vergeltung*. S. 162.
[33] Armin Kreiner: *Gott im Leid: Zur Stichhaltigkeit der Theodizee-Argumente*. Freiburg: Herder 1997. S. 24.
[34] Kreiner: *Gott im Leid*. S. 27.

einer weiteren Textstelle belegen: " 'Der Herr spricht: Die Rache ist mein.' " und " 'Auge um Auge! Zahn um Zahn!' "[35] Dies sind Äußerungen eines Monteurs und eines Ingenieurs, denen Strenehen in einem Umspannwerk begegnet. Die beiden Deutschen diskutieren, ob und wie der (vermeintliche) Feind ermordet werden solle. Mit den Zitaten aus dem Alten Testament, einerseits aus dem "Lied des Mose" (vgl. Dtn 32,35, wieder aufgenommen in Ps 94,1, Röm 12,19 und Hebr 10,30), andererseits aus "Das Bundesbuch" (vgl. Ex 21,24, wieder aufgenommen in Lev 24,19–20, Dtn 19,21 und neutestamentarisch widerlegt in Mt 5,38–42), möchten sie die – später doch nicht durchgeführte – Tötung legitimieren, indem sie sich auf den Gebotscharakter der Äußerungen ("Der Herr spricht") berufen. Dadurch, daß der Ingenieur das erste Zitat unmittelbar durch eine Inversion appropriiert (" 'Die Rache ist mein. Der Herr bin ich!' "), wird verdeutlicht, wie er sich – mit sarkastischem Unterton – den alttestamentarischen Begriff von Vergeltung zu Eigen machen möchte.[36]

In drei Szenen des Romans stellt der Priester die zentrale Figur dar.[37] Er entschließt sich freiwillig zur Teilnahme an einem Bergungstrupp, wird in der brennenden Stadt aber unter einem Eisenträger eingequetscht und verbrennt qualvoll. Von anderen Figuren, aber auch von ihm selbst werden seine Rolle als Geistlicher thematisiert und seine Motivationen zur Teilnahme an der Rettungsmission hinterfragt. Obwohl er Priester ist, hat er ein Gefühl der Minderwertigkeit gegenüber Gott. Sein Tod, so meint er, würde von ihm gar nicht bemerkt werden: "Ich bin zu unbedeutend".[38] Mit seiner Teilnahme am Bergungstrupp möchte er, so scheint es, ein praktisches Engagement in Nächstenliebe demonstrieren, begibt sich allerdings in eine missverstandene Märtyrerrolle, in der auch seine fundamentalen Glaubenszweifel deutlich werden: "Dass er jetzt betete, schien ihm sinnlos".[39]

Seine Mithilfe und Opferbereitschaft für andere enden schließlich im eigenen Tod. In der letzten Szene wird geschildert, wie er sich sterbend in die Rolle eines Heiligen hineinfantasiert: "Wenn ich ein Heiliger bin, bekomme ich ein Hemd, dachte er. Plötzlich war er einfältig wie ein Kind. Er erinnerte sich an das Kreuz. Mit dem Kreuz in der Hand wollte er verbrennen. Ein Heiliger stirbt nach Vorschrift. Er dachte: Wenn es einen Gott gibt, muß er sich jetzt melden. Eine väterliche Stimme voller Liebe".[40] Dass der Priester verbrennt, lässt sich auch als Anspielung auf die besonders in der römisch-katholischen

---

[35] Ledig: *Vergeltung*. S. 91, 100.
[36] Ledig: *Vergeltung*. S. 91.
[37] Vgl. Ledig: *Vergeltung*. S. 51ff., 67f., 85f.
[38] Ledig: *Vergeltung*. S. 68.
[39] Ledig: *Vergeltung*. S. 86.
[40] Ledig: *Vergeltung*. S. 86.

Glaubenstradition verankerte Vorstellung des Purgatoriums, die vermeintlich von Sünden reinigende Wirkung des Feuers, lesen.
Unmittelbar auf diese Szene folgt die Wiedergabe seiner Kurzbiografie: Die Glaubensgewissheit, die sich darin artikuliert ("Aber ich bin froh in Jesu! [...] Ich bete und glaube, mich läßt er nicht fallen".), wird durch den zuvor geschilderten Tod konterkariert.[41] Es besteht ein deutlicher Kontrast zwischen der Heilserwartung beziehungsweise der Gefasstheit vor einem möglichen Tod und der äußersten Brutalität seines Sterbens, von dem ebenso lakonisch wie letztlich zynisch erzählt wird: "Dem Priester schwollen die Adern über der Stirn, so schrie er. Viermal sechzig Sekunden hatte er Zeit. Er stellte einen Rekord auf im Schreien. Bevor er verbrannte".[42] Sein Sterben ist nicht, wie von ihm selbst erwartet, mit einer spirituellen Erfahrung verbunden, und es stellt kein transzendierendes Erlebnis dar. Der Tod bleibt hier auf das rein physische Erlebnis, auf das qualvolle Verbrennen bei lebendigem Leibe reduziert. Ob Ledig damit sogar bewusst Bezug nimmt auf die im Mittelalter gängige Praxis der Hinrichtung von vermeintlichen Ketzern durch die kirchliche Inquisition, mag dahingestellt bleiben.

Religiöse Motivik und biblische Bildlichkeit

Auch von den als Vergeltung apostrophierten Bombardements, die als "unaufhaltsam"[43] beschrieben werden, lassen sich Parallelen zur biblischen Bildlichkeit ziehen, etwa zum Gottesgericht: Gott und seine Präsenz werden metaphorisch mit Flammen, Glut, Hitze in Verbindung gebracht (vgl. Mal 3,2). Feuer ist obendrein das Instrument göttlichen Prüfung und Strafe: "Das Feuer wird prüfen, was das Werk eines jeden taugt". (1 Kor 3,13, vgl. auch 2 Kön 1,10–14, Jer 11,16, Sach 9,4) In diesem allgemeinen Zusammenhang besteht eine Verbindung zwischen Gott, dem Jüngsten Gericht und Feuer. Die vielfältige Feuermetaphorik und -symbolik in biblischen Texten bildet also eine Rezeptionsfolie für die Schilderung von Zerstörung in *Vergeltung* und ist assoziativ mit dem Roman verbunden – freilich ohne explizit auf den Gedanken einer Läuterung hinzuweisen. In jedem Fall spricht dieses (auch unter Gesichtspunkten der erzählerischen Ökonomie sehr effiziente) Verfahren religiös geprägte Angst- und Fantasievorstellungen an.[44]
Ledigs Roman knüpft ästhetisch an die literarische, in gewisser Weise auch an die ikonographische Tradition der Apokalypse an, ohne allerdings deren grundlegendes Strukturmuster, das heisst die Prophezeiung von Untergang

---

[41] Ledig: *Vergeltung*. S. 87.
[42] Ledig: *Vergeltung*. S. 86.
[43] Ledig: *Vergeltung*. S. 199.
[44] Für einen Überblick zur sozialen und kulturellen Bedeutung des Feuers vgl. Johan Goudsblom: *Die Entdeckung des Feuers*. Frankfurt/M: Insel 2000.

und Erlösung, aufzunehmen. Es handelt sich eher um eine "kupierte Apokalypse",[45] um die Darstellung einer apokalyptischen Szenerie ohne Eschatologie. Der Roman nimmt vornehmlich die tradierten Bilder der Zerstörung (Feuer, Rauch, Verfinsterung, verwüstete Städte, Angst, Panik, Blut und tote Menschen) auf.[46] Über die Zerstörung von Wohngebäuden und Industrieanlagen hinaus wird auch die Vernichtung von Kirchengebäuden oder sakralen Gegenständen beschrieben. Zweifellos haben diese Passagen einen Symbolcharakter, und in ihnen ist ein erschütterter Gottesglauben beziehungsweise der Verlust von Religion als sinnstiftendem System, wie ihn die Figuren an anderer Stelle explizit ausdrücken, versinnbildlicht: "Bomben rissen in einer Kirche Christus vom Kreuz [...]. Das Bildnis einer Madonna wurde aus dem Rahmen gefetzt, die Handschrift eines Heiligen verweht und das Bein eines Lebendigen angesengt".[47]

Anhand einer weiteren Textstelle lässt sich verdeutlichen, dass und wie sich – gelegentlich fast unmerklich – auch religiöse Praktiken als eine Art Prätext in *Vergeltung* eingeschrieben haben und als Schemata für die Wahrnehmung der Ereignisse dienen. Über einige Menschen, die vor den Bombenangriffen Schutz in einem Kellergewölbe gesucht haben, heißt es beispielsweise: "Der Mann umklammerte den Riegel, aber die Tür ging plötzlich von selbst auf. Steine polterten herab. Der Mann wandte sich um. Er breitete die Arme aus, als verkünde er eine Botschaft. Er sprach: 'Wir sind verschüttet!'"[48] Durch den geschilderten Bewegungsablauf (Haltung der Arme), in Verbindung mit dem biblisch anmutenden Sprachgebrauch ("der Herr sprach", "göttliche Botschaft"), werden Assoziationen an die Segnung einer Gemeinde geweckt. Durch den symbolischen Vorgang wird hier allerdings keine göttliche Lebenskraft zugesprochen, eher besiegelt die an eine Segensformel erinnernde Äußerung des Mannes ("'Wir sind verschüttet!'") ihren Tod im Keller. Gerade dass der Ausspruch in einer hoffnungslosen Situation getätigt wird, scheint die Gottesgewissheit von christlichen Gläubigen ("Denn wir sind gerettet, doch in der Hoffnung"., Röm 8,24) und damit den Kern der Heilslehre zu konterkariert. In einer von Gott vermeintlich verlassenen Welt scheint Hoffnung auf ihn obsolet. Gebete finden kein Gehör, die Schwachheit keinen Geist, der für sie spricht (vgl. Röm 8,18–30). Auf etwas zu hoffen, das man nicht sehen kann,

---

[45] Klaus Vondung: Apokalyptik, kunstgeschichtlich. In: *Religion in Geschichte und Gegenwart*. Bd. 1. 4., völlig neu bearb. Aufl. Tübingen: Mohr 1998. Sp. 598.
[46] Klaus Vondung hat "in den unterschiedlichen Formen und Texten die Gemeinsamkeiten ästhetischer Erscheinungsweisen 'des Apokalyptischen'" herausgearbeitet (Klaus Vondung: *Die Apokalypse in Deutschland*. München: DTV 1988. S. 265ff.).
[47] Ledig: *Vergeltung*. S. 198, vgl. auch 159.
[48] Ledig: *Vergeltung*. S. 39.

die Rettung nämlich, ist den Verschütteten vielleicht fremd. Daher mutet der fatalistische Ausruf 'Wir sind verschüttet!' geradezu agnostizistisch an.

Schluss

Da die von Ledig aufgegriffenen biblischen Prätexte zweifellos zum Kernbestand der kulturellen Semantik gehören, bedarf es keiner philologischen Akribie, um die transtextuellen Bezüge zu identifizieren (das heisst die Rezipienten müssen auch nicht außerordentlich bibelfest sein). Dies ist von Bedeutung, wenn man die textdeskriptive Theorie zur Transtextualität, wie sie von Gérard Genette entwickelt wurde, um eine rezeptionsästhetische Perspektive erweitern möchte: Wird beziehungsweise kann Transtextualität als narratives Phänomen von den Lesern überhaupt wahrgenommen werden?

Dass Passagen aus dem Alten und Neuen Testament als transtextuelle Bezüge herangezogen werden, liegt wohl darin begründet, dass in der Bibel vielfach von Extremsituationen und Leiderfahrungen erzählt wird. Sie ist ebenfalls ein Referenztext für die Szenarien des Infernos und der Apokalypse und, insbesondere im Alten Testament, für kollektive Erfahrungen, etwa während Kriegs- und Krisensituationen. Häufig wird dort thematisiert, was einer Gemeinschaft, einem Volk zustößt. So bestehen analoge inhaltliche Momente zu *Vergeltung*, auch wenn diese nicht immer eindeutig zu benennen sind.

Dass die transtextuellen Bezüge aufgeschlüsselt werden, ist ein wesentlicher, wenn auch nicht zwingend notwendiger Teil eines Interpretationsprozesses.[49] In ihnen hat Ledig die Sinngebung von Leiderfahrungen zu einem der zentralen Themen des Romans entwickelt. Die von den Figuren nach und an Gott gestellten Fragen verhallen ohne Antwort; ein Priester kommt – wie auch viele andere Menschen – qualvoll zu Tode; Kirchengebäude und sakrale Gegenstände werden zerstört; das Leiden des Sergeants Strenehen wird durch Anspielungen auf die Passionsgeschichte zwar ästhetisiert, aber auch in seiner ganzen Brutalität und Sinnlosigkeit gezeigt. Ebenso werden Bibeltexte in ihrer ursprünglichen Bedeutung dekonstruiert und sarkastisch umgedeutet.

Mir scheint, dass die Art und Weise, wie die Prätexte hier aufgegriffen und in den Roman integriert werden, indikativ ist für den Verlust eines theologischen Ordnungsparadigmas. In *Vergeltung* wird Religion als ein sinnstiftendes System in Frage gestellt – jedoch nicht explizit, sondern durch die zahlreichen transtextuellen Bezüge, in denen der Glauben an Gott oder an eine religiöse Sinnstiftung ebenso von der allumfassenden Zerstörung erfaßt werden wie auch die Kirchengebäude den Bombardements nicht standhalten können.

---

[49] Anders als bei Genres, für die gerade das Erkennen von Hypertextualität unabdingbar ist (etwa bei Parodien), muß der Hypotext Passionsgeschichte bei einer Interpretation hier nicht zwangsläufig im Vordergrund stehen.

Walter Pape

"Mich für mein ganzes Leben verletzendes Geschehen als Erlebnis": Die Luftangriffe auf Salzburg (1944) in Thomas Bernhards *Die Ursache* und Alexander Kluges *Der Luftangriff auf Halberstadt am 8. April 1945*

The problem of 'totality' that is addressed in the recent debates on the bombing war over Europe cannot be understood in aesthetic terms as a kind of mimetic realism or analyzable whole; 'totality' can only be achieved by means of symbolization. Only the mimesis of the ways of perception might be called 'realistic' or 'total'. The works of Alexander Kluge and Thomas Bernhard focus the issue of perception and perspective. However, whereas Kluge adopts the avant-garde techniques of montage, Bernhard concentrates on a narrative that thematizes violence and the impact of violence on the mode of perception.

Trieb zur Totalität

Der erste Teil des Codex Vaticanus Urbinas 1270 enthält Leonardo da Vincis Abhandlung über die Malerei vom Ende des 15. Jahrhunderts; dort heißt es:

> The eye which is said to be the window of the soul, is the principal means by which *senso commune* may so copiously and magnificently consider the infinite works of nature, and the second way is the ear, made noble by being told about things that the eye has seen. If you historiographers or poets or mathematicians, had not seen things with your eyes, badly would be able to refer to them through your writings.[1]

Die Dominanz der optischen Wahrnehmung, die Betrachtung der 'unendlichen Werke der Natur' sind in einen Diskurskomplex eingebunden, der vom platonischen Theoriebegriff ausgeht (Theorie "bezeichnet im emphatischen Sinn den Blick für das Ganze und Umfassende"[2]) und in Hegels Totalitäts-Denken, das sich ästhetisch vor allem in seiner Epos-Theorie manifestiert, seinen Höhepunkt und seine ästhetisch fruchtbarste Darstellung findet. Danach verdankt sich epische Totalität nicht einer bestimmten Technik der Narration, sondern einer (geistigen) Anschauung. Für Hegel hat sich das Epos "wie jedes andere Kunstwerk poetisch als ein in sich organisches Ganzes abzurunden, das sich jedoch in

---

[1] Claire Farago: *Leonardo da Vinci's Paragone: A Critical Interpretation with a New Edition of the Text in the Codex Urbinas*. Leiden: Brill 1991. S. 209.
[2] G. König und H. Pulte: "Theorie". In: *Historisches Wörterbuch der Philosophie*. Hg. Joachim Ritter, Karlfried Gründer und Gottfried Gabriel. [Bisher] Bd.1–12 [A–Z]. Darmstadt: Wissenschaftliche Buchgesellschaft 1971–2004, Bd. 10. Sp. 1128–54, hier 1128.

objektiver Ruhe fortbewegt, damit uns das Einzelne selbst und die Bilder der lebendigen Wirklichkeit interessieren können".³ Wenn von der in der Moderne verlorenen "Kraft eines epischen Gedächtnisses" im Roman des 19. Jahrhunderts die Rede ist,⁴ so steht dahinter nicht nur die Utopie einer gewaltigen Erzählung eines einzelnen, sondern auch die Kategorie einer fiktiven oder imaginierten Augenzeugenschaft.

Solche Totalitätsvorstellungen sind im letzten Jahrhundert vehement verabschiedet worden; an ihre Stelle traten jedoch, ging es um *geschichtliche Erfahrungen*, neue ästhetische Modelle, die zumindest in der *Lektüre* ein Ganzes entstehen lassen. Die Perspektivenvielfalt, die angeblich zum "Zerfall" der Geschichte führe,⁵ soll in der Lektüre zusammengeführt werden. Doch allen avantgardistischen oder dekonstruktivistischen Verabschiedungen von Totalität zum Trotz scheint es einen "Trieb zur Totalität" zu geben.⁶ Nur so läßt sich die partielle Euphorie bei der Rezeption von Jörg Friedrichs *Der Brand* erklären;⁷ Martin Walser fährt in seiner Focus-Rezension gleich zwei Geschütze aus dem Hegelianischen Totalitätsreservoir auf. Vom "Eposhaften" ist die Rede und vom "Vernichtungszusammenhang": "Dieses Kriegsgesamte ist so zum ersten Mal zur Sprache gebracht worden".⁸ Ob und wie dieses Kriegsgesamte und speziell der Bombenkrieg überhaupt – im wörtlichen Sinne – zur Sprache kommen kann, ist nicht nur eine Frage der *political correctness*, der Frage nach den Opfern und den Tätern, sondern auch eine damit aufs engste verknüpfte ästhetische Frage, das heißt eine Frage der Wahrnehmung und der (perspektivischen) Darstellung. Immer wieder ist zu lesen, daß das "Ereignis Luftangriff [...] als Ganzes nicht mehr erfaßbar" sei.⁹ Wir haben es je nach Intention mit einer doppelten Darstellungsproblematik zu tun: Für eine Erfahrung, die in einen

---

³ Hegel: *Ästhetik*. In: Hegel: *Werke in zwanzig Bänden*. Hg. Eva Moldenhauer und Karl Markus Michel. Frankfurt/M: Suhrkamp 1976, Bd. 15. S. 330-1 (Theorie-Werkausgabe), Hervorhebung von mir.
⁴ Burkhardt Lindner: "Halluzinatorischer Realismus. 'Die Ästhetik des Widerstands,' die 'Notizbücher' und die Todeszonen der Kunst". In: *Die Ästhetik des Widerstands*: Materialien. Hg. Von Alexander Stephan. Frankfurt/M: Suhrkamp 1983. S. 164–204, hier S.164.
⁵ Vgl. dazu Lucian Hölscher: *Neue Annalistik. Umrisse einer Theorie der Geschichte*. Göttingen: Wallstein 2003 (Göttinger Gespräche zur Geschichtswissenschaft 17); siehe auch die Diskussion Daniel Fuldas in diesem Heft.
⁶ Hegel: "Differenz des Fichteschen und Schellingschen Systems der Philosophie (1801)". Hegel: *Werke* Bd. 2. S. 15.
⁷ Friedrich: *Der Brand. Deutschland im Bombenkrieg*. München: Propyläen 2002; siehe dazu Daniel Fuldas Beitrag in diesem Heft.
⁸ Martin Walser: "Bombenkrieg als Epos. Martin Walser nennt Jörg Friedrichs Bestseller ein 'Denkmal' für Luftangriffe auf Hitler-Deutschland". In: *Focus*, Nr. 50 vom 9. 12. 2002. S. 78, 80.
⁹ Stefanie Carp: *Kriegsgeschichten. Zum Werk Alexander Kluges*. München: Fink 1987. S. 142.

individuellen oder kollektiven Erfahrungshorizont nicht angemessen einzuordnen ist, muß eine Analogie gefunden werden, und diese Erfahrung muß dann perspektivisch einem irgendwie gearteten 'Ganzen' zugeordnet werden: der 'Geschichte' oder der eigenen 'Biographie.'
Doch sollte es eine literatur- und sprachwissenschaftliche Binsenweisheit sein, daß Literatur (auch die Geschichtsschreibung) es höchstens in einer idealistischen Theorie oder im Hinblick auf Fragen der Struktur oder der Narration mit dem Problem der Ganzheit zu tun hatte und hat, nicht aber mit der Frage mimetischer Darstellung einer wie immer gearteten 'Gesamtheit' (wie bei Walser). Wäre eine Mimesis des Kriegsgesamten einer extrem annalistischen Geschichtsschreibung noch tendenziell möglich, so wird Mimesis auch einer nicht mehr an der Totalität, sondern am Fragmentarischen und der Perspektivierung orientierten literarischen Schreibweise zum Problem, auch wenn sich das 'Ereignis Luftangriff' im Zweiten Weltkrieg aus der Opfer- wie der Täterperspektive gerade durch Fragmentarisierung und Beschränkung auf eine Perspektive auszeichnet.

Denn wie wohl keine andere Erfahrung stellten die Angriffe für die Betroffenen eine anonyme und plötzliche sinnliche – körperliche, visuelle und akustische – Gewalterfahrung dar, die sich allen Analogien der Erfahrung verschließt oder unangemessene Analogien evoziert. Im Gedächtnis der Überlebenden bleibt die innere, die psychische Verletzung im Trauma der zwanghaften bildlichen und akustischen Erinnerung, im kollektiven Gedächtnis bleiben jedoch die Bilder und hier wahrscheinlich sogar bloß die Photographien der zerstörten Städte repräsentativ, wie es eindrucksvoll W. G. Sebald belegt, der mit seinen Zürcher Vorlesungen "Luftkrieg und Literatur" die aktuelle Diskussion mit angestoßen hat. Er beschreibt die Verletzung und die Gedächtnisfunktion der visuellen Zeugnisse fast wie ein unmittelbar Betroffener:

> Ich habe meine Kindheit und Jugend in einer von den unmittelbaren Auswirkungen der sogenannten Kampfhandlungen weitgehend verschonten Gegend am Nordrand der Alpen verbracht. Bei Kriegsende war ich gerade ein Jahr alt und kann also schwerlich auf realen Ereignissen beruhende Eindrücke aus jener Zeit der Zerstörung bewahrt haben. Dennoch ist es mir bis heute, wenn ich Photographien oder dokumentarische Filme aus dem Krieg sehe, als stammte ich, sozusagen, von ihm ab und als fiele von dorther, von diesen von mir gar nicht erlebten Schrecknissen, ein Schatten auf mich, unter dem ich nie ganz herauskommen werde.

Die Folge davon sei, daß ihm die "irreal gewordenen frühkindlichen Idyllen […] mit den Bildern der Zerstörung" verschwömmen und gerade diese "so etwas wie ein Heimatgefühl" in ihm hervorriefen.[10] Die Bilder dienen Sebald offenbar als sinnstiftende Chiffren in einer unlesbar gewordenen Geschichte.

---

[10] W. G. Sebald: *Luftkrieg und Literatur. Mit einem Essay zu Alfred Andersch*. München: Hanser 1999. S. 83.

Das wird deutlich, wenn er in einer Abschweifung von einem Schlafzimmerbild seiner Eltern, Christus vor der Passion zeigend, erzählt, das er ähnlich zusammen mit Auschwitz-Gedenk tafeln in einer Kirche in Korsika gesehen habe und das die Eltern in Bamberg erworben hätten, wo sein Vater im selben Kavallerieregiment Schirrmeister war, in dem früher Stauffenberg seine militärische Laufbahn begann. Diese Überblendung von nur 'zufällig' und nur in einer individuellen Geschichte vorhandenen Bildern mit solchen der kollektiven Geschichte wird ihm zum Sinnbild der Geschichte: "Solcher Art sind die Abgründe der Geschichte. Alles liegt in ihnen durcheinander, und wenn man in sie hinabschaut, so graust und schwindelt es einen".[11] Sinngebung scheint nicht wie in der Geschichtsschreibung über narrative Strukturen herstellbar, an Stelle der narrativen Perspektive tritt der Fluchtpunkt der Einzel-Bilder.

Ich will im folgenden zeigen, daß Bilder beziehungsweise die Kategorie der "Anschaulichkeit" gerade dann im historischen oder autobiographischen Erzählen eine bedeutende Rolle spielen kann, wenn die Sinngebung nur schwer über narrative Strukturen vermittelbar ist. Für viele Historiker gilt letztlich auch heute noch, daß die Geschichtsschreibung zwar nicht mehr der Hegelsche Weltgeist durchweht, diese aber dennoch eine Struktur, Einheit, Ganzheit oder Totalität vermittelnde Perspektive (Idee?) haben muß; doch kann solche Perspektive selten vor Sebaldschen Schwindelgefühlen bewahren. Von der "Anschaulichkeit der historischen Chiffre" bei Alexander Kluge spricht auch Götz Großklaus; sie mache Geschichte lesbar, in ihr komme "das verdeckte, abstrakte Gesellschaftsverhältnis plötzlich in einem Punkt der Kristallisation zur sinnlichen Anschauung".[12] Es ist also kein mimetischer Realismus, keine annalistische Gesamtheit, wodurch so etwas wie literarisch evozierte Totalität oder Ganzheit entsteht, sondern das genuin literarische Verfahren anschaulicher Symbolisierung oder Chiffrierung. 'Realistisch' ist dann allerdings die Mimesis der Wahrnehmung.

Kaum vergleichbar mit der Erschütterung, die auch beste Filme auslösten: Analogielosigkeit

Im Unterschied zu historiographischen Darstellungen des Bombenkriegs geht es bei den beiden Autoren, die ich behandeln will, um unmittelbar vom Bombenkrieg Betroffene; für Thomas Bernhard (1931–1989) wie für Alexander Kluge (*1932 in Halberstadt) sind die Luftangriffe auf unterschiedliche Weise Schlüsselerlebnisse, persönlich, aber auch ästhetisch; die Niederschrift erfolgte

---

[11] W. G. Sebald: *Luftkrieg und Literatur*. S. 85–6.
[12] Götz Großklaus: "Katastrophe und Fortschritt. Alexander Kluge: Suche nach dem verlorenen Zusammenhang deutscher Geschichte". In: *Die Schrift an der Wand. Alexander Kluge: Rohstoffe und Materialien*. Hg. von Christian Schulte. Osnabrück: Universitätsverlag Rasch 2000. S.175–202, hier S. 175.

bei beiden erst rund 30 Jahre später. Bernhard schildert vor allem den Luftangriff auf Salzburg am 16. Oktober 1944 in seinem ersten autobiographischen Text, der 1975 erschienenen *Ursache*.[13] Kluges *Der Luftangriff auf Halberstadt am 8. April 1945*[14] kam zwei Jahre später heraus. Beide Autoren sind insofern modern, als sie auf je unterschiedliche Art und Weise die menschliche Wahrnehmung zu einem zentralen Fokus ihrer Werke machen.

Bernhards Œuvre wird gern eine radikal antimimetische Einstellung attestiert. Doch erweist sich allmählich ein Bernhard-Bild, das lediglich die scheinbar "austauschbare Monotonie einer selbstzufriedenen Kunstwelt" wahrnimmt,[15] als zu sehr von *einem* Wissenschaftsparadigma inspiriert. Christa Bürger hatte noch den Bernhardschen Autobiographien, ausdrücklich "aus der Beobachterperspektive des theoretisch informierten Literaturwissenschaftlers" formulierend,[16] unterstellt, in ihnen seien keine "Spuren des Autors" zu finden, die "Andeutungen des Schreibenden führen immer weg von der großen Leerstelle der Fragmente: dem Ich".[17] Sie spricht von der "autobiographischen Falle", in die der Leser laufen könne und vom Übertreibungsstil Bernhards als Versuch, "das Realismusverbot der Moderne zu unterlaufen".[18] So wie ich Bernhards Darstellung des Luftangriffs mit der Alexander Kluges vergleichen will, kontrastiert Christa Bürger Bernhard mit Peter Weiss und dessen "halluzinatorischem Realismus" (Burkhardt Lindner) in der *Ästhetik des*

---

[13] Vgl. jetzt die Werkausgabe Bernhard: *Werke*. Hg. von Martin Huber u. Wendelin Schmidt-Dengler. Bd. 10: *Die Autobiographie*. Hg. von Manfred Huber und Manfred Mittermayer. Frankfurt/M: Suhrkamp 2004. Zu Bernhard und Salzburg siehe Harald Waitzbauer: *Thomas Bernhard in Salzburg. Alltagsgeschichte einer Provinzstadt 1943–1955*. Wien u. a.: Böhlau 1995 (Schriftenreihe des Forschungsinstituts für Politisch-Historische Studien der Dr.-Wilfried-Haslauer-Bibliothek. 3); *Thomas Bernhard und Salzburg. 22 Annäherungen*. Hg. von Manfred Mittermayer und Sabine Veits-Falk. Salzburg: Museum Carolino Augusteum 2001; zu den Luftangriffen auf Salzburg: *Bomben auf Salzburg. Die "Gauhauptstadt" im "Totalen Krieg"*. Hg. von Erich Marx. Mit Beiträgen von Reinhard Rudolf Henisch u. a. Unter Mitarb. von Margaret Shannon. Salzburg: Informationszentrum der Landeshauptstadt 1995 (Schriftenreihe des Archivs der Stadt Salzburg 6).
[14] Kluge: *Der Luftangriff auf Halberstadt am 8. April 1945*. In: Kluge: *Chronik der Gefühle*. Bd. 2: *Lebensläufe*. Frankfurt/M: Suhrkamp 2000. S. 9–453: *Unheimlichkeit der Zeit*. S. 27–82: *Luftangriff*. – Zuerst als: Kluge: *Neue Geschichten*. Hefte 1–18. Frankfurt/M: Suhrkamp 1977. S. 33–106 (Heft 2) (Edition Suhrkamp. 819).
[15] Bernhard Sorg: "Thomas Bernhard". In: *Kritisches Lexikon zur deutschsprachigen Gegenwartsliteratur auf CD-ROM*. Hg. von Heinz-Ludwig Arnold. München: edition text + kritik 2004. S. 10.
[16] Christa Bürger: "Schreiben als Lebensnotwendigkeit. Zu den autobiographischen Fragmenten Thomas Bernhards". In: *Sehnsuchtsangst*. Hg. von Alexander von Bormann. Amsterdam: Rodopi 1987. S. 43–62, hier S. 59 (Amsterdamer Beiträge zur neueren Germanistik. 21).
[17] Bürger: "Schreiben als Lebensnotwendigkeit". S. 58.
[18] Bürger: "Schreiben als Lebensnotwendigkeit". S. 58 und 59.

Widerstands, der eine "bis ins *Körperliche* reichende Mimesis des Beschriebenen" erzeuge.[19]

Begriffe wie 'Mimesis' und 'Realismus' scheinen hier allerdings zu pauschal und eindimensional gebraucht, wie die stillschweigende Normierung der Poetik der Moderne ('Verbot') verrät. Ein Blick auf Alexander Kluges *Luftangriff auf Halberstadt* kann das komplizierte Geflecht von Wahrnehmung und Darstellung historischer Realität verdeutlichen, Thomas Bernhards *Ursache* wird dann zeigen, wie Wahrnehmung und Erfahrung des Angriffs auf der einen Seite und die Subjektbildung auf der anderen Seite ursächlich aufeinander bezogen werden.

Kluge verbindet im *Luftangriff auf Halberstadt* Texte und Bilder, wobei Texte wie Bilder ganz verschiedenen Genres angehören. Die Text-Erzählungen, die sich mit den Ereignissen während des Luftangriffs beschäftigen, sind in höchstem Grade anschauliche Berichte, insofern als der Erzähler das zu erreichen versucht, was in der klassischen Fiktionstheorie "ideal presence"[20] genannt wurde. Ein Beispiel, gleich aus der ersten Erzählung *Abgebrochene Matinee-Vorstellung im 'Capitol', Sonntag, 8. April, Spielfilm 'Heimkehr' mit Paula Wessely und Attila Hörbiger*:

> Jetzt sah Frau Schrader, die in die Ecke geschleudert wird, dort, wo die Balkonreihe rechts an die Decke stößt, ein Stück Rauchhimmel, eine Sprengbombe hatte das Haus geöffnet und ist nach unten, zum Keller, durchgeschlagen. Frau Schrader hat nachsehen wollen, ob Saal und Toiletten nach Voll-Alarm restlos von Besuchern geräumt sind. Hinter der Brandmauer des Nachbarhauses, durch die Rauchschwaden, flackerte Brand. Die Verwüstung der rechten Seite des Theaters stand in keinem sinnvollen oder dramaturgischen Zusammenhang mit dem vorgeführten Film. Wo war der Vorführer? Sie rannte zur Garderobe, von wo aus sie die repräsentative Eingangshalle (geschliffene Glas-Pendeltüren), die Ankündigungstafeln sah, "wie Kraut und Rüben" durcheinander. Sie wollte sich mit einer Luftschutz-Schippe daranmachen, die Trümmer bis zur 14-Uhr-Vorstellung aufzuräumen.
>
> Dies hier war wohl die stärkste Erschütterung, die das Kino unter der Führung von Frau Schrader je erlebt hatte, kaum vergleichbar mit der Erschütterung, die auch beste Filme auslösten.[21]

Kluge versucht nicht nur die Wahrnehmungssituation, sondern auch den speziellen Wahrnehmungsprozeß seiner Frau Schrader dem Leser so anschaulich wie möglich vor Augen zu stellen. Er zeigt, wie die Sinne der Frau nicht auf das Ereignis eingestellt sind, wie die Bombenwirklichkeit weiter auf die gerade

---

[19] Burkhardt Lindner: "Halluzinatorischer Realismus". S.172.
[20] Henri Home, Lord Kames: *Elements of Criticism*. Sixth ed. With the author's last corrections and additions. Bd. 1–2. Edinburgh: J. Bell and W. Creech 1785, hier Bd. 1. S. 91. Vgl. Jochen Schulte-Sasse: "Aesthetic Illusion in the Eighteenth Century". In: *Aesthetic Illusion. Theoretical and Historical Approaches*. Ed. by Frederick Burwick and Walter Pape. Berlin, New York: de Gruyter 1990. S. 105–21, bes. S. 112–13.
[21] Kluge: *Der Luftangriff auf Halberstadt*. S. 27–8. – Vgl. auch die Ausführungen von Sebald: *Luftkrieg und Literatur*. S. 73–80.

aktivierten und die alltäglichen Wahrnehmungs-Raster trifft. Kluge hat betont, daß "die Verarbeitungsweise der menschlichen Sinne [...] eines der wichtigsten Kriterien für seine materialistische Schreibweise" sei.[22] Auch innerhalb der Texte des *Luftangriffs* weist Kluge mehrmals explizit auf dieses Problem des Anscheins: "Es handelte sich um einen vertrackten Anschein, denn natürlich waren die aufeinandergepackten Grasboden-Reste als Särge überhaupt nicht brauchbar".[23] An anderer Stelle heißt es: "die Uhrzeit, die gleichmäßig wie vor dem Angriff vorbeischnurrt, und die sinnliche Verarbeitung der Zeit laufen auseinander".[24] Diese Unmittelbarkeit der Wahrnehmung der Figur und der Versuch, sie ebenso unvermittelt wiederzugeben, werden beim Leser, der als Unbeteiligter naturgemäß einen anderen Wahrnehmungshorizont hat als die Figur, zum Eindruck einer scheinbar unangemessenen Reaktion der Figuren. Aus der Diskrepanz solcher unterschiedlichen Verarbeitungsweisen der Sinne entsteht das bekannte Phänomen des Grotesken und der Komik.

Kant hat in seiner *Kritik der reinen Vernunft* die komplexe Struktur der menschlichen Erfahrung durch das Wirken dreier Analogien (Substanz, Kausalität, Koexistenz) zu erklären versucht.[25] Kluge zeigt, wie ein fremder, gewaltsamer, unvorhergesehener Sinneseindruck das Zusammenspiel der Analogien stört. Vor allem die dritte Analogisierung arbeitet automatisiert und verfehlt damit eine dem Ereignis adäquate Wahrnehmung: "Alle Substanzen, so fern sie im Raume als zugleich wahrgenommen werden können, sind in durchgängiger Wechselwirkung".[26] Als Frau Schrader in den Keller des Kinos zurückkommt, heißt es:

> Im Kellergang lagen etwa 6 Besucher der Matinee, die Heizungsrohre der Zentralheizung waren durch Sprengwirkung zerrissen und hatten die Toten mit einem Strahl Heizwasser übergossen. Frau Schrader wollte wenigstens hier Ordnung schaffen, legte die gekochten und – entweder durch diesen Vorgang oder schon durch die Sprengwirkung – unzusammenhängenden Körperteile in die Waschkessel der Waschküche.[27]

---

[22] In einem Interview mit Heiner Boehncke in: "Die Rebellion des Stoffs gegen die Form und der Form gegen den Stoff: Der Protest als Erzähler". In: *Das Traven-Buch*. Hg. von Johannes Beck, Klaus Bergmann, Heiner Boehncke. Reinbek: Rowohlt 1976. S. 338–47, hier S. 341; zit. nach Stefanie Carp: *Kriegsgeschichten*. S. 143, Anm. 16.
[23] Kluge: *Der Luftangriff auf Halberstadt*. S. 30.
[24] Kluge: *Der Luftangriff auf Halberstadt*. S. 42.
[25] Kant: *Kritik der reinen Vernunft – Werke in zehn Bänden*. Hg. von Wilhelm Weischedel. Darmstadt: Wissenschaftliche Buchgesellschaft 1983, Bd. 3. S. 216–48. Vg. auch Marian Hobson: "What is Wrong with Saint Peter's? Or, Diderot, Analogy and Illusion in Architecture". In: *Reflecting Senses: Appearance and Perception in Literature, Culture, and the Arts*. Ed. by Walter Pape and Frederick Burwick. Berlin, New York: de Gruyter 1994. S. 53–74, hier S. 73.
[26] Kant: *Kritik der reinen Vernunft*. S. 216; Hervorhebung von mir.
[27] Kluge: *Der Luftangriff auf Halberstadt*. S. 29.

Es sind Erlebnis-Situationen "jenseits aller menschlichen Erfahrung".[28] Dennoch gelingt bildlich und perspektivisch eine Erzählung jenseits von Klischees. W. G. Sebald hat zu Recht das "irgendwie Unwahre der Augenzeugenberichte" betont, das sich in "einschlägigen Formulierungen wie 'ein Raub der Flammen', 'verhängnisvolle Nacht', 'es brannte lichterloh', 'die Hölle war los' [...]"[29] zeige. Demgegenüber hat Kluge darauf hingewiesen, daß solche Schock-Erfahrungen erzählt werden müssen: Es gibt etwas Lebensnotwendiges am Erzählen, nicht nur in der Literatur, sondern auch unter Menschen. Der Luftangriff ist erst wirklich, erst wahrnehmbar, wenn er erzählt wird".[30] Das klingt anders als ein germanistisches Statement zum Luftkrieg: "Vor diesem Ort kann die Literatur als gestaltende ästhetische Kraft nur scheitern". Ein traditioneller Gestalt-Begriff oder eine enge Mimesis-Vorstellung ("Muster der rein mimetischen Beobachtung") kann moderner Literatur nicht gerecht werden, der es im Grunde nie um eine "Beschreibungskompetenz" ging.[31] Moderne Literatur kann allenfalls Wahrnehmungs-Mimesis sein.

So wie Kluge in seinen Erzählungen die Unmittelbarkeit der Wahrnehmung zu rekonstruieren versucht, sprechen auch die anderen Materialien seines Textes den Leser scheinbar unvermittelt an: Das zitierte Interview von 1952 mit einem der Bomberpiloten, die Fotos von den Bombenangriffen, die Stadtpläne, die Fotos von den Planern und den Jungs des Bombenangriffs, die technischen Zeichnungen der verwendeten Bomben ("Strategie von oben"), das Gesicht der Gerda Baethe, die ihre "Strategie von unten"[32] nicht rechtzeitig 1938 begann.[33] All das summiert sich zu einem Angebot an die Sinne des Lesers, an die Seelen-Tätigkeit der drei Analogien der Erfahrung, wie Kant sagen würde, oder an den "Eigensinn", wie Kluge die "lebendige Arbeitskraft der menschlichen Sinne" nennt.[34] Hier trifft sich Kluges Absicht der "Parallelisierung" der Welt durchaus mit den Kantschen Analogien.[35] Der Akt der Sinnstiftung soll bei Kluge im Akt

---

[28] Alexander Kluge: "Lakonie als Antwort. Gespräch mit Volker Hage". – In: Volker Hage: *Zeugen der Zerstörung. Die Literaten und der Luftkrieg. Essays und Gespräche.* Frankfurt/M: S. Fischer 2003. S. 207.
[29] Sebald: *Luftkrieg und Literatur.* S. 34.
[30] Alexander Kluge: "Lakonie als Antwort. Gespräch mit Volker Hage". S. 205.
[31] Axel Schalk: "Schockerfahrung ist nicht erzählbar. Zum Problem des Luftkriegs in der Literatur". In: *Literatur für Leser* 26 (2003). S. 117–26, hier S. 120, 121, 125.
[32] Kluge: *Der Luftangriff auf Halberstadt.* S. 43.
[33] Kluge: *Der Luftangriff auf Halberstadt.* S. 47–8.
[34] Winfried Menninghaus: Geschichte und Eigensinn. Zur Hermeneutik-Kritik und Poetik Alexander Kluges. In: *Geschichte als Literatur. Formen und Grenzen der Vergegenwärtigung von Vergangenheit.* Hg. von Hartmut Eggert, Ulrich Profitlich, Klaus R. Scherpe. Stuttgart: Metzler 1990. S. 258–72, hier S. 260.
[35] Menninghaus: *Geschichte und Eigensinn.* S. 265.

des Lesens und in der Verbindung der unterschiedlichen Perspektiven geschehen. Kluge, rationaler und autoritärer Vermittlung mißtrauend, glaubt, daß der Leser "die 'Formenwelt des Zusammenhangs' einer abstrakt gewordenen, funktionalimaginären Wirklichkeit" nur auf diese sinnliche Weise in den 'Blick' bekommt.[36] Andererseits sollen "alle Teilmomente eines einzigen Katastrophen-Geschehens, wie es sich zu einem bestimmten Zeitpunkt, an einem bestimmten Ort ereignet" zu einer "historischen 'Totale' zusammengeführt" werden können;[37] die Konstruktivität solcher 'Totale' kann allerdings nicht allein durch die Addition der Perspektiven geleistet werden. Alexander Kluge ist klug genug, unter das letzte Bild im *Luftangriff* eine quellenlose Subscriptio zu setzen, die wie anderes (Halb-)Dokumentarische der Schaffung einer historischen Totale dient, als Zitat aus Karl Marx' *Ökonomisch-philosophischen Manuskripten* jedoch nicht kenntlich gemacht ist: "Man sieht, wie die Geschichte der *Industrie* und das gewordne *gegenständliche* Dasein der Industrie das *aufgeschlagne* Buch der *menschlichen Wesenskräfte*, die sinnlich vorliegende menschliche *Psychologie* ist...".[38]

Allerdings ist der einzig 'totale' Blick ein durchaus unsinnlicher; der visuelle Sinn der Bomberpiloten hat überhaupt keine 'normale' Funktion mehr. Auf die Bitte des Reporters an den Bomberpiloten Anderson: "Wenn Sie das mal *nicht aufzählen*, sondern *anschaulich* machen. Was sieht man"? weiß dieser keine Antwort: "Anderson konnte kein *anschauliches Bild* vermitteln".[39] Kluge gibt für diese Unfähigkeit eine Erklärung: "Daß [...] die Mehrzahl der Flugzeuge nicht nach Sicht, sondern nach Radar bombten, zeigt die Eigenschaft der Augen als Strategie und nicht als persönliche Organe der betreffenden Ausgucker".[40] Dem Leser soll hier das in der Ungeheuerlichkeit des Angriffs der "fliegenden Industrieanlagen" zum Ausdruck kommende "Abstraktionsprinzip der Geschichte"[41] bewußt gemacht werden. Die Bomberpiloten mit ihrem von allem außer der ökonomisch 'sinnvollen' und angeordneten Bombenverwendung ("vernünftige Angriffslinie", "Erfolgsbericht, der nach oben geht"[42]) abstrahierenden unsinnlichen Blick sind Ausdruck der kulturellen, technologischen

---

[36] David Roberts: "Alexander Kluge und die deutsche Zeitgeschichte: *Der Luftangriff auf Halberstadt am 8. 4. 1945*". In: *Sprache im technischen Zeitalter* H. 81 (März 1982). S. 1–25, hier S. 2.
[37] Großklaus: "Katastrophe und Fortschritt". S. 190.
[38] Kluge: *Luftangriff auf Halberstadt*. S. 79. – Marx: "Ökonomisch-philosophische Manuskripte aus dem Jahre 1844". In: Karl Marx, Friedrich Engels: *Werke*. Hg. vom Institut für Marxismus-Leninismus beim ZK der SED. Ergänzungsband. Erster Teil. Berlin: Dietz-Verlag 1981. S. 542.
[39] Kluge: *Der Luftangriff auf Halberstadt*. S. 59. Hervorhebung von mir.
[40] Kluge: *Der Luftangriff auf Halberstadt*. S. 54, Anm. 12.
[41] Roberts: "Alexander Kluge und die deutsche Zeitgeschichte". S. 1.
[42] Kluge: *Der Luftangriff auf Halberstadt*. S. 61 und 63.

und bürokratischen Moderne, der Zygmunt Baumann auch den Holocaust zurechnet.[43]

'Grauenhafter Eingriff der Gewalt': Körperliche Zerstörung und Selbstbewußtsein

Thomas Bernhard hat sich nie wie beispielsweise Kluge, Weiss, Enzensberger oder andere Poetae doctae in Form von diskursiver Theorie zu Fragen des Erzählens, der Erzähltheorie oder zum Verhältnis von Wirklichkeit und Fiktion geäußert. Solche Fragen spielen gleichwohl in seinen Texten eine Rolle, wo sie aber ebensowenig beantwortet werden wie in seinen ironischen Interviews. Liest man, was er auf die Frage nach der literarischen Bedeutung und Form seiner autobiographischen Bücher antwortete, so scheint er auf derselben Ebene zu stehen wie ein "lebensweltlich orientierter Leser", und wie ein solcher scheint er seine "Autobiographie wörtlich [zu] verstehen".[44] Sagt er doch:

> Ich weiß überhaupt nicht, ob's mit Literatur etwas zu tun hat. Das ist nur eine Aufarbeitung, würd' ich sagen, meiner Erinnerung, und die ergibt sich dann ziemlich von selbst. Ich hab' auch stilistisch gar keine Probleme, mir überhaupt nichts vorgenommen, [...]. Das ist für mich kein literarisches Buch, weil es ja keine erfundene Geschichte ist, es ist gar kein Sprachproblem drinnen, für mich. Das ist ein Buch, das einfach aus der Persönlichkeit, aus der Erinnerung sich mehr oder weniger selbst ergeben hat.[45]

In der *Ursache*, dem zuerst erschienenen Band seiner fünf autobiographischen Bücher, der allerdings lebenschronologisch gesehen der letzte ist, seine Salzburger Internatszeit behandelt und mit dem fünfzehnten Lebensjahr schließt, beruft er sich auf Montaigne:

> Manchmal geht es mir durch den Kopf, die Geschichte meines Lebens nicht preiszugeben. Diese öffentliche Erklärung aber verpflichtet mich, auf dem einmal beschrittenen Wege weiterzugehen, so Montaigne. Es dürstet mich danach, mich erkennen zu geben; mir ist gleichgültig, wie vielen, wenn es nur wahrheitsgemäß geschieht [...].[46]

---

[43] Baumann: *Dialektik und Ordnung. Die Moderne und der Holocaust*. Aus dem Englischen übers. von Uwe Ahrens. Hamburg: Europäische Verlagsanstalt 2002.
[44] Bürger: "Schreiben als Lebensnotwendigkeit". S. 59.
[45] Thomas Bernhard: *Von einer Katastrophe in die andere*. 13 Gespräche mit Thomas Bernhard Hg. von Sepp Dreissinger. Weitra: Bibliothek der Provinz 1992. S. 49–62 (publication PN 1), hier S. 52 und 60 (Gespräch mit Brigitte Hofer: "Das Ganze ist im Grunde ein Spaß").
[46] Thomas Bernhard: *Die Ursache*. S. 92–3. Die Montaigne-Zitate in der *Ursache* stammen samt und sonders aus Francis Jeanson: *Michel de Montaigne in Selbstzeugnissen und Bilddokumenten*. Aus dem Französischen und dem Altfranzösischen übertragen von Paul Mayer. Reinbek: Rowohlt 1958. S. 25 (rororo Monographie 21) – vgl. dazu den Kommentar in der Werkausgabe Bd. 10. S. 536.

Selbst-Erkenntnis erfolgt aber primär durch die Inbezugsetzung von erinnertem und erinnerndem Ich, ein Ansatz, der ebenso wie Kluges Rekonstruktion der Sinne das Wahrnehmungsproblem fokussiert:

> [...] diese Notizen müssen jetzt notiert sein und nicht später, und zwar in diesem Augenblick, in welchem ich die Möglichkeit habe, mich vorbehaltlos in den Zustand meiner Kindheit und Jugend und vor allem meiner Salzburger Lern- und Studierzeit zu versetzen mit der für eine solche Beschreibung als Andeutung notwendigen Unbestechlichkeit und aufrichtigen Schuldigkeit, dieser Augenblick, zu sagen, was gesagt werden muß, was angedeutet sein muß, muß ausgenutzt werden, der Wahrheit von damals, der Wirklichkeit und Tatsächlichkeit, wenigstens in Andeutung zu ihrem Recht zu verhelfen, denn allzu leicht kommt auf einmal nur mehr noch die Zeit der Verschönerung und der unzulässigen Abschwächung [...].[47]

In nur scheinbarem Gegensatz zu solchem Willen zur Wahrnehmungs-Wahrheit stehen im zweiten Band der Autobiographie Reflexionen über das Verhältnis von Wahrheit und Mitteilung, von Geschichte also im weitesten Sinne und von Erzählen:

> Die Wahrheit, denke ich, kennt nur der Betroffene, will er sie mitteilen, wird er automatisch zum Lügner. Alles Mitgeteilte kann nur Fälschung und *Ver*fälschung sein, also sind immer nur Fälschungen und *Ver*fälschungen mitgeteilt worden. Der Wille zur Wahrheit ist, wie jeder andere, der rascheste Weg zur Fälschung und zur *Ver*fälschung eines Sachverhalts.[48]

Aufgrund solcher Äußerungen hat man Bernhard, sicher zu Recht, in die Tradition sprachkritischer Literatur eingeordnet, und es gilt geradezu als feuilletonistischer wie literaturwissenschaftlicher Gemeinplatz, daß Bernhard sich "an Ludwig Wittgensteins Sprachphilosophie und der Idee von Sprachform als Denkform" orientiere.[49] Allerdings scheinen Klagen – wie die zitierte – über die Unmöglichkeit, die Wahrheit mitzuteilen, davon auszugehen, daß es eine je individuelle 'Wahrheit' gibt, die jedoch aufgrund ihrer Komplexität und Individualität sprachlich ebensowenig in ihrer Gänze mitgeteilt werden kann, wie die Sprache in der Lage ist, eine fotografisch genaue Beschreibung oder eben 'Totalität' zu mimetisch zu reproduzieren. Bernhard spielt jedoch mit sprachkritischen Diskursen, übertreibt sie, damit der Leser sich der grundsätzlichen Grenzen der Erinnerung und ihrer Darstellung bewußt wird, nicht aber,

---

[47] Bernhard: *Die Ursache*. S. 46.
[48] Thomas Bernhard: *Der Keller. Eine Entziehung – Werke* Bd. 10. S. 135 (Erstveröffentlichung 1976).
[49] Rossbacher: "Thomas Bernhard: Das Kalkwerk. 1970". In: *Deutsche Romane des 20. Jahrhunderts. Neue Interpretationen*. Hg. von Paul Michael Lützeler. Königstein/Ts.: Athenäum 1983. S. 372–87, hier S. 378.

um einer prinzipiellen Unsagbarkeit oder Nicht-Darstellbarkeit das Wort zu reden.[50]

Der Titel der ersten autobiographischen Schrift ist programmatisch: *Die Ursache*. Bernhards gesamtes Werk seit den 1970er Jahren ist durchzogen von Fragen nach der Herkunft und von einer Art 'Ursachenforschung'. Hans Höller hat zu Recht gesagt, das "durchgehende Thema seiner Prosa [sei] die Fixierung des Ich auf seine Ortschaften, seine Herkunft, seine spezifischen Existenzgründe".[51] Zweifellos hat diese Fixierung einen, wenn nicht gar den Grund in der psychischen Verletzung durch die Gewalt des Bombenangriffs.

Bernhard erlebte den Luftangriff auf Salzburg vom 16. Oktober 1944 nicht unmittelbar, sondern er schildert in der *Ursache*, daß er sich zur Zeit des Angriffs in einem der in den Mönchsberg getriebenen unterirdischen Luftschutz-Stollen befand. Dort hatten er und seine Mitschüler lediglich "auf einmal ein Grollen gehört, eine außergewöhnliche Erderschütterung wahrgenommen". Draußen angekommen, zweifelten sie "sofort an der Tatsache" des Angriffs und hatten sich "gleich wieder den Gedanken zu eigen gemacht, daß diese Stadt, die als eine der schönsten auf der Welt bezeichnet wird, nicht bombardiert werden würde":

> Der Himmel war klar, graublau, und wir hörten und sahen keinerlei Beweis für einen Bombenangriff. Plötzlich hieß es aber doch, die Altstadt, also der Stadtteil auf dem gegenüberliegenden Salzachufer sei zerstört, *alles* sei dort zerstört. Wir hatten uns einen Bombenangriff anders vorgestellt, es hätte die ganze Erde beben müssen und sofort [...].[52]

Auch bei Bernhard versagen die üblichen Wahrnehmungsmuster, aber anders als bei Kluge, wo der Angriff die Sinne überrascht, wird hier zunächst die Erwartung eines quasi apokalyptischen Geschehens mit der Berufung auf zwei im engeren Sinne ästhetische Argumente kontrastiert, nämlich mit dem Gedanken der Unzerstörbarkeit der Schönheit und der unveränderlichen Natur ("der Himmel war klar"). Und so wird die Zerstörung der Altstadt zunächst in

---

[50] Am Beispiel der Subjekt-Konstruktion in den Autobiographien sowie am Beispiel der Ich-Problematik der Hauptfiguren seiner _Erzählungen>, habe ich dargelegt, daß Bernhards autobiographisches wie erzählerisches Werk als eine einzige große Narrativierung der Subjektdiskussion gelesen werden kann. – Vgl. Pape: "'Mich interessiert nur mein Körper und mein Kopf und sonst gar nichts': Erzählerische und autobiographische Subjektivität bei Thomas Bernhard". In: *Geschichte und Vorgeschichte der modernen Subjektivität*. Hg. von Reto Luzius Fetz, Roland Hagenbüchle und Peter Schulz. Bd. 2. Berlin, New York: de Gruyter 1998. S. 1174–98 (European Cultures 11.2).
[51] Hans Höller: "'Ortschaft' bei Thomas Bernhard und Peter Weiss". In: *Thomas Bernhard. Traditionen und Trabanten*. Hg. von Joachim Hoell und Kai Luehrs-Kaiser. Würzburg: Königshausen und Neumann 1999. S. 19–27. S. 19.
[52] Bernhard: *Die Ursache*. S. 27.

dieses ästhetische Wahrnehmungsmuster integriert und besonders am zerstörten Salzburger Dom augenscheinlich:

> [...] eine riesige Staubwolke lag über dem fürchterlich aufgerissenen Dom, und dort, wo die Kuppel gewesen war, war jetzt ein ebenso großes Loch, und wir konnten schon von der Salmaecke aus direkt auf die großen, zum Großteil brutal abgerissenen Gemälde auf den Kuppelwänden schauen: sie ragten jetzt, angestrahlt von der Nachmittagssonne, in den klarblauen Himmel; wie wenn dem riesigen, das untere Stadtbild beherrschenden Bauwerk eine entsetzlich blutende Wunde in den Rücken gerissen worden wäre, schaute es aus. Der ganze Platz unter dem Dom war voll Mauerbrocken, und die Leute, die gleich uns von allen Seiten herbeigelaufen waren, bestaunten das exemplarische, zweifellos ungeheuer faszinierende Bild, das für mich eine Ungeheuerlichkeit als *Schönheit* gewesen war und von dem für mich kein Erschrecken ausgegangen war, aufeinmal war ich mit der absoluten Brutalität des Krieges *konfrontiert*, gleichzeitig von dieser Ungeheuerlichkeit *fasziniert* und verharrte minutenlang, wortlos das noch in Zerstörungsbewegung befindliche Bild, das der Platz mit dem kurz vorher getroffenen und wild aufgerissenen Dom für mich als ein gewaltiges, unfaßbares gewesen war, anschauend.[53]

Die Wahrnehmung der Ungeheuerlichkeit und der absoluten, das heißt auf keine Erfahrung und Ursache zurückführbaren Gewalt, geschieht nach wie vor "anschauend", wie es ausdrücklich heißt, d. h. ästhetisch. Es ist 'nur' ein schönes Bauwerk, dessen Körper jedoch nach der Zerstörung unterderhand bzw. unter dem Blick von einem Kunstwerk zu einem Naturwesen mutiert: Dadurch werden Wahrnehmungsweisen des Erhabenen aufgerufen, das Kant in der *Kritik der Urteilskraft* ja hauptsächlich Naturgegenständen vorbehält. Anstelle der schönen "Zweckmäßigkeit" in ihrer Form erscheint nunmehr der verwundete Dom "zwar zweckwidrig für unsere Urteilskraft, unangemessen unserm Darstellungsvermögen, und gleichsam gewalttätig für die Einbildungskraft [...], *aber* dennoch nur um desto erhabener zu sein".[54] Bernhards Darstellung ist fast so etwas wie ein Kommentar zu Kants berühmter:

> Verlegenheit, die, wie man erzählt, den Zuschauer in der St. Peterskirche in Rom beim ersten Eintritt anwandelt: Denn es ist hier ein Gefühl der Unangemessenheit seiner Einbildungskraft für die Ideen eines Ganzen, um sie darzustellen, worin die Einbildungskraft ihr Maximum erreicht, und, bei der Bestrebung, es zu erweitern, in sich selbst zurück sinkt, dadurch aber in ein rührendes Wohlgefallen versetzt wird.[55]

Bernhards Zerstörungs-Wahrnehmung fehlt jedoch sowohl diese Rührung als auch die Verankerung einer "Idee" im Anschauenden, die es ihm ermöglicht, dem Erhabenen "ohne Furcht" gegenüberzutreten "und unsere Bestimmung als über dieselbe erhaben zu denken".[56] Von Kants Erhabenem bleibt nichts als

---

[53] Bernhard: *Die Ursache*, S. 28–9.
[54] Kant: *Kritik der Urteilskraft – Werke in zehn Bänden*, Bd. 8. S. 329–30 (B 76/A 75).
[55] Kant: *Kritik der Urteilskraft – Werke in zehn Bänden*, Bd. 8. S. 338 (B 88/A 87).
[56] Kant: *Kritik der Urteilskraft – Werke in zehn Bänden*, Bd. 8. S. 353 (B 110/A 109).

die pure 'Unfaßbarkeit' durch die Sinne; ein solchergestalt gewandeltes Erhabenes ist aufgrund des gewandelten "Apperzeptionsapparates" von Walter Benjamin und Jean-François Lyotard für die Moderne reklamiert worden.[57] Erst zwei weitere "Anblicke" verändern in Bernhards *Ursache* nicht nur das Wahrnehmungsmuster, sondern führen auch zu einer psychischen Veränderung:

> Auf dem Weg in die Gsättengasse war ich auf dem Gehsteig, vor der Bürgerspitalskirche, auf einen weichen Gegenstand getreten, und ich glaubte, es handle sich, wie ich auf den Gegenstand schaute, um eine Puppenhand, auch meine Mitschüler hatten geglaubt, es handelte sich um eine Puppenhand, aber es war eine von einem Kind abgerissene Kinderhand gewesen. Erst bei dem Anblick der Kinderhand war dieser erste Bombenangriff amerikanischer Flugzeuge auf meine Heimatstadt urplötzlich aus einer den Knaben, der ich gewesen war, in einen Fieberzustand versetzenden *Sensation* zu einem *grauenhaften Eingriff der Gewalt* und zur Katastrophe geworden.[58]

Der dritte Anblick findet sich direkt im Anschluß daran. Als die Kinder "hinter dem Eisengitter der Grünanlage des sogenannten Konsums reihenweise mit Leintüchern zugedeckte Tote" sahen, "war uns augenblicklich und endgültig die Faszination der Sensation vergangen":

> Ich habe bis heute die im Vorgartengras des Konsumgebäudes liegenden mit Leintüchern zugedeckten Toten nicht vergessen, und komme ich heute in die Nähe des Bahnhofs, sehe ich diese Toten und höre ich diese verzweifelten Stimmen der Angehörigen dieser Toten, und der Geruch von verbranntem Tier- und Menschenfleisch in der Fanny-von-Lehnert-Straße ist auch heute und immer wieder in diesem furchtbaren Bild. Das Geschehen in der Fanny-von-Lehnert-Straße ist ein entscheidendes, mich für mein ganzes Leben verletzendes Geschehen als Erlebnis gewesen.[59]

Thomas Bernhard hat in dieser Schilderung das ganze Gewicht auf einen Wandel der Wahrnehmung ("Geschehen als Erlebnis") durch den Eingriff einer ungeheuerlichen, absoluten Gewalt gelegt. In den beiden ersten zitierten Schilderungen sind folgende Wörter durch Kursivdruck hervorgehoben: Schönheit, konfrontiert, fasziniert, Sensation, grauenhafter Eingriff der Gewalt. Die ersten vier Begriffe gehören dem Bereich der Ästhetik an, der letzte (grauenhafter Eingriff der Gewalt) signalisiert eine Störung bzw. Veränderung der Sensation, die hier auch buchstäblich im Sinne von Gefühl zu verstehen ist. Und im Bild der toten Konsumangestellten sind ausdrücklich drei Sinneswahrnehmungen

---

[57] Vergleiche einschlägig dazu Vera Bresemann: "Ist die Moderne ein Trauerspiel? Das Erhabene bei Benjamin". In: *Das Erhabene. Zwischen Grenzerfahrung und Größenwahn*. hg. von Christine Pries. Mit Beiträgen von K. Bartels [u. a.]. Weinheim: VCH 1989. S. 171–84.
[58] Bernhard: *Die Ursache*. S. 30.
[59] Bernhard: *Die Ursache*. S. 30–1.

angesprochen, die über das Erlebnis hinaus als zwanghafte bildliche, akustische und sensorische Erinnerung überleben und als Verletzung also bestehen bleiben. Neben die Gewalterfahrung des Bombenangriffs stellt Bernhard gleichberechtigt eine andere Art Gewalt: Zwei Ängste, so beschreibt er die Zeit im Salzburger Internat vor dem tatsächlichen Bombenangriff, hätten in dem Zögling "geherrscht": die "Angst vor dem Nationalsozialisten Grünkranz [dem Internatsleiter] einerseits" und die "Angst des Krieges in Form von Hunderten und Tausenden tagtäglich den klaren Himmel verdüsternden, dröhnenden und drohenden Flugzeugen andererseits".[60] Bernhard erfährt die gesamte Internatszeit als gewaltsame Unterdrückung, als Verletzung, aber erst die Plötzlichkeit des Bombenangriffs mit ihrer Verletzung der gewohnten Wahrnehmungsmuster wird die Ursache für die durchgängige Thematisierung von Wahrnehmung und Wahrnehmungsstörung in seinen Erzähltexten.

Weniger literarische, weniger ästhetisch reflektierte Berichte von Bombenangriffen markieren, wie mit Bezug auf Sebald bereits festgestellt wurde, in der Regel keine Problematik der Wahrnehmung; so erinnert sich, um nur ein Beispiel zu zitieren, die Salzburgerin Johanna Schuchter: "Wir befanden uns noch nicht lange im Raum, als in rapiden, dumpfen Stößen die Einschläge erfolgten, ein ungeheurer Luftdruck uns von einer Wand an die andere schleuderte und alles von einem Klirren begleitet war, als gingen sämtliche Fenster der Stadt zu Scherben".[61] Die Erinnerung der Johanna Schuchter wird in keinen wie immer gearteten Kontext gestellt, das Geschehene wird erinnert, sonst nichts. Die Schlüsselstelle von der abgerissenen Kinderhand scheint allerdings auf den ersten Blick vergleichbar mit der Schilderung eines jungen Salzburger Rettungsmannes:

> Es lagen die Trümmer im Hof des Bürgerspitals herum, auf der linken Seite hing ein Seil herunter, ich ging auf das Seil zu, nahm es in die Hand, das Seil war glitschig und ich sah hinauf, da ist eine Frau von außen her hinaufgeworfen worden in den 1. Stock. Da waren schwere Haken, um diese Blumenkisten zu halten und die Frau ist dort aufgespießt worden und der Bauch war offen und die Innereien hingen da herunter. Das war kein Seil, es war der Darm aus dem 1. Stock, der da herunterhing.[62]

Sicher ist hier, wie Pogatschnigg festgestellt hat, die "Verbindung von lakonischer Ausdrucksweise mit einem schockierenden Überraschungseffekt" beiden Schilderungen gemeinsam und sicher ist die Szene bei Bernhard "in einen über den Effekt hinausreichenden Bedeutungszusammenhang" integriert, doch sind es mehr als "gewisse stilistische Unterschiede", die den Rettungshauptmann

---

[60] Bernhard: *Die Ursache*. S. 23.
[61] Johanna Schuchter: *So war es in Salzburg. Aus einer Familienchronik*. 2., durchges. Aufl. Salzburg: Verlag der Salzburger Druckerei 1977. S. 120.
[62] *Bomben auf Salzburg*. Hg. von Erich Marx. S. 178.

von Bernhard trennen.[63] Es ist vor allem ein Wahrnehmungszusammenhang, den Bernhard darzustellen versucht. Insofern wird bei ihm der "surrealistische Schock-Ansatz"[64] überwunden durch eine die Ereignisse transzendierende Sinngebung im Rahmen einer Subjektgenese. Da in erster Linie eine körperliche Zerstörung wahrgenommen wird, die ein "*ganzes* Leben" verletzt, handelt es sich um eine auch durch die Sinne erfolgte körperliche Begründung des Selbstbewußtseins.[65]

Bei Bernhard evoziert das "entscheidende, mich für mein ganzes Lebens verletzende Geschehen", das nicht wie bei Kluge in den Kontext einer wohlarrangierten Montage gesetzt und somit der Sinnbildung und Erkenntnis durch den Leser überlassen wird, zusammen mit anderen 'Verletzungen' eine besondere Form der Wahrnehmungs-Mimesis. Bernhards Werk, dessen Orte und Figuren enge Beziehungen zur Erlebnisrealität Bernhards haben, ist in dem Sinne realistisch, daß die Darstellung und Thematisierung gesellschaftlicher, psychologischer, moralischer oder ästhetischer Fragen in der verzerrten, grotesken monomanen Perspektive der Erzählerfiguren Bernhards erfolgt. Der Bombenangriff und die damit zusammenhängenden Erlebnisse werden zu Symbolen des Sinnverlusts, die abgerissene Kinderhand ist das sinnfälligste; kein Kriegsgesamtes, keine Perspektivenvielfalt dient der Sinngebung, sondern die Integration in ein *Lebensganzes*. Es gibt für Bernhard offenbar nur eine je individuelle 'Wahrheit'.[66]

Ähnlich steht, um nur ein Beispiel zu nennen, in Bernhards erstem Roman *Frost* (1963) die Darstellung der aktuellen Gewalt (in Form der psychischen Strukturen und der Handlungen des Malers Strauchs, die schließlich zu seinem Tode führen) im Zeichen der Verkettung mit der Gewalt des Zweiten Weltkrieges: "Sie müssen wissen, ich bin diesem Ort verfallen. Alles, jeder Geruch, ist hier an ein Verbrechen gekettet, an eine Mißhandlung, an den Krieg, an irgendeinen infamen Zugriff ...".[67] Was der Maler Strauch über sich sagt, kann auch als poetologische Maxime Bernhards gelesen werden: "Er reißt die Wörter aus sich heraus wie aus einem Sumpfboden. Er reißt sich in diesem Wörterherausreißen blutig".[68]

---

[63] So Gustav-Adolf Pogatschnigg: "Erinnerung, Authentizität, Ästhetik. Faschismus und Krieg in den autobiographischen Romanen von Thomas Bernhard und Peter Weiss". In: *Il Confronto letterario* 13 (1996). S. 333–47, hier S. 346–47.
[64] Pogatschnigg: "Erinnerung, Authentizität, Ästhetik". S. 345.
[65] Vergleiche zu diesem Zusammenhang Pape: "Mich interessiert nur mein Körper und mein Kopf und sonst gar nichts".
[66] Vgl. Bernhard: *André Müller im Gespräch mit Thomas Bernhard*. Weitra: Publication PNE 1992. S. 65 (Bibliothek der Provinz).
[67] Bernhard: *Frost – Werke* Bd. 1. S. 56.
[68] Bernhard: *Frost*. S. 146.

Das Gewicht der ganzen Menschheit

Der Bombenkrieg wird bei Kluge wie bei Bernhard durch die Zerstörung des gewöhnlichen Wahrnehmungsapparates und seine Restitution im Schreiben durch fast emblematische Sinnen-Bilder anschaulich gemacht. Auch Jörg Friedrichs *Der Brand* arbeitet oft mit Emblemen, die jedoch nicht durch eine reale oder imaginierte Wahrnehmung von Opfern oder Tätern entstehen, sondern durch den gelehrten Blick des Historikers auf das Archiv der Geschichte. In seiner Schilderung des Luftangriffs auf Halberstadt strukturiert die bestens funktionierende Analogie des Historikers die Darstellung des Brandes dieser alten Fachwerkstadt. Es sind die in die Häuserbalken, "den Brennstoff", eingeschnitzten mittelalterlichen Ornamente der Halberstädter Fehde, und hier vor allem das Ornament des Fächers, welches das Analogiedenken in Gang setzt: Der Fächer "erzählte nichts über das Vergangene, sondern über das Zukünftige". 'Fächer' hieß ein "britisches Bombardierungsverfahren, das gute Sicht benötigte", weshalb die Bomber nicht die unter Industriedunst liegenden Städte Zerbst und Staßfurth, sondern das klar erkennbare Halberstadt als Angriffsziel wählten: "Der Fachwerkbestand ging bis auf Reste unter. Das Zeichen seines Untergangs stand ihm von Anbeginn auf der Stirn".[69] Offensichtlich wird hier das traditionelle teleologische Geschichtsdenken parodiert; die groteske Totalität speist sich allein aus den im Archiv der Geschichte bereitliegenden Analogien.

Bei Bernhard und Kluge jedoch wiederholt sich das tragische Grundmuster der Moderne, das wir schon vom Ersten Weltkrieg her kennen, wo auch der janusköpfige zivilisatorische Fortschritt[70] in Form von Gewalt, Zerstörung und Vernichtung mehr oder weniger indirekt zur Geburtsstunde einer neuen Kunst wurde. Anders als bei Kluge jedoch, der mit der Montage auf Darstellungsmittel der Avantgarde zurückgreift, bleibt Bernhard konzentriert auf ein Erzählen, aus dessen Übertreibungen, stilistischen und stofflichen Gewaltsamkeiten, Wahrnehmungsverzerrungen ex negativo ein utopischer Impuls zur Sinngebung von Geschichte hervorscheint. Bei Bernhard wie bei Kluge baut diese Utopie, und das ist das Gemeinsame der beiden Darstellungen der Luftangriffe, allerdings nicht primär auf die Vernunft, sondern auf die Sinne. Daß solche Kunst der Veranschaulichung von Geschichte in Chiffren und Bildsequenzen ohne *mimetische Darstellung* einer wie immer gearteten 'Gesamtheit' fast doch wieder im klassischen Sinne repräsentativ sein kann, hat Bernhard indirekt zugegeben: "Jedes Geschöpf trägt nach meiner Überzeugung strenggenommen das Gewicht der ganzen Menschheit".[71]

[69] Friedrich: *Der Brand*. S. 357–58.
[70] Baumann: *Dialektik der Ordnung*. S. 23.
[71] Gespräche mit Jean-Louis Rambures: "Alle Menschen sind Monster, sobald sie ihren Panzer lüften". In: Bernhard: *Von einer Katastrophe in die andere*. S. 104–13, hier S. 109.

Stuart Smith

"Das war nicht mehr wie vor Ilion": Servicemen, Civilians and the Air War in Gerd Gaiser's *Die sterbende Jagd*

A re-reading of Gerd Gaiser's novel Die sterbende Jagd *(1953) focusing on the depiction and interpretation of the bombing campaign conducted against Germany suggests it is central to an understanding of concepts of Germans as victims and perpetrators and reveals much about contestations of memory and identity and the legitimation of social and cultural hegemony since the early 1950s. Indeed, the narrative represents a forgotten early period in treatments of the Air War that constitutes the background against which to read later discourses. Analysis of the text as a memorial to the German war dead and guide to survivors to process recent experiences of aerial warfare demonstrates how Gaiser relativizes German guilt and accentuates the agony of German combatants and civilians by transforming historical events into archetypal and sacred drama in order to engender a veteran culture and a community of suffering integral to his hopes for post-war reconstruction.*

In debates on the theme of 'Luftkrieg und Literatur' and the wider issue of German wartime and post-war suffering, the name Gerd Gaiser, one of the most celebrated writers of the early Federal Republic, and his novel *Die sterbende Jagd*,[1] have featured only intermittently.[2] At best the writer remains listed as a peripheral figure whose work is compromised by his National Socialist past and conservatism. The novel's origins can be found in six pieces of prose published in the literary journal *Das Innere Reich* between May 1942 and May 1944.[3] These pieces form the nucleus of the novel, introducing the main characters, episodes and locations. Gaiser draws on personal experiences. The author was conscripted in the Luftwaffe in 1940 as a ground officer and later served as a fighter pilot in Poland, Norway, northern Germany, Rumania, Hungary and Italy and was interned as a prisoner of war by the British in Rimini

---

[1] Gerd Gaiser: *Die sterbende Jagd*. München: Hanser 1953.
[2] For example, the novel is ignored in the following publications: W.G. Sebald: *Luftkrieg und Literatur*. München: Hanser 1999; Jörg Friedrich: *Der Brand: Deutschland im Bombenkrieg 1940–1945*. München: Propyläen 2002, and *Brandstätten. Der Anblick des Bombenkriegs*. München: Propyläen 2003; Susanne Vees-Gulani: *Trauma and Guilt. Literature of Wartime Bombing in Germany*. Berlin/New York (NY): de Gruyter 2003.
[3] 'Die Unvollendeten.' In: *Das Innere Reich*, 9 (1942–43). Pp. 63–75; 'Der Seenotfall.' In: *Das Innere Reich*, 9 (1942–43). Pp. 451–68; 'Der Vater.' In: *Das Innere Reich*, 10 (1943–44). Pp. 33–7; 'Das heile Gesicht.' In: *Das Innere Reich*, 10 (1943–44). Pp. 115–27; 'Vom Tode des Leutnant de Bruyn.' In: *Das Innere Reich*, 10 (1943–44). Pp. 227–36; 'Unternehmen Drehbühne.' In: *Das Innere Reich*, 10 (1943–44). Pp. 355–69. The journal evinced a curious mix of Conservative Revolutionary, National Socialist and inner emigration tendencies.

in April 1945. Gaiser reworked and extended the fragments between 1950 and 1953, during the Korean War and the real prospect of Soviet expansion into Western Europe and amid debates on West Germany's remilitarization. The notion of a 'saubere Wehrmacht' and the restoration of honor to former soldiers were of central importance within discussions of the latter. Indeed, Gaiser's novel can be read as a contribution to this myth and the construction of a veteran culture founded on a reconfiguration of heroism and masculinity around a narrative of endurance, passive suffering, sacrifice and victimhood.

The sixty chapters of *Die sterbende Jagd* depict the Luftwaffe's 'Stalingrad,' a turning-point in the Air War over the North Sea in June and July 1943. Gaiser imagines the point of transformation of Germans from perpetrators to victims, from aggressors to defenders, from hunters to the hunted. The action ranges by air, land and sea from the west coast of Norway, 'Randvig' in the novel, to the north-west coast of Germany and a veiled reference to Hamburg in 'Schaaken.' The reader follows a group of fighter pilots with the hopeless task of repelling a numerically and technologically superior enemy, as they struggle to come to terms with defeat and the imminent destruction of their homeland. The pilots, a warrior elite in which age, rank and class count for little, must attempt to reconcile their military ethos with the realization that they have been serving a criminal regime.[4] There are few scenes of combat in the work; three key battles decide the pilots' fate. The first, which the Germans dominate, is followed by an encounter in which they are soundly beaten before the majority of the fighter pilots die in a final battle over Germany. The Allied bombing war on Germany and its consequences feature periodically throughout the book, as do memories of early German successes and German atrocities on the Eastern Front. Much the greater part of the novel depicts the doubts, frustration and inner turmoil these developments precipitate within pilots. As death and a sense of crisis and ending become increasingly pervasive, the role of women and the family as well as the cultural, spiritual and natural realms feature prominently as the basis for post-war regeneration and reconstruction.

A revealing sentence on the book's dust-jacket illustrates that the author and publisher intended the novel to stand as a "würdiges Denkmal für alle, die der Krieg forderte, und für die Lebenden eine Hilfe, die noch immer unverarbeiteten Ereignisse jener Jahre zu bewältigen".[5] In addition to processing the material, physical and psychological impact of combat, Gaiser had to address the fact that no political or moral meaning or justification could be ascribed to fighting and dying for the National Socialist cause. However, as a survivor he aimed to commemorate the war dead and the past trials and tribulations of

---

[4] Indeed, the reader may discern parallels with Carl Zuckmayer's *Des Teufels General*. Stockholm: Bermann Fischer 1946.
[5] Dust-jacket, Gerd Gaiser: *Die sterbende Jagd*.

veterans and their families he perceived as being betrayed and dishonored by the majority of a West German population enjoying the advent of consumer capitalism without remembering recent sacrifices. Accordingly, Gaiser's war story purports to provide a higher meaning to failure in war. The author creates a myth of heroic martyrdom and sacrifice in defeat, thereby transforming events into archetypal and sacred drama and engendering a community of suffering central to his hopes for post-war reconstruction. By identifying the causes of defeat, valorizing death and offering consolation and hope he endeavors to show sacrifices were not in vain. He provides an account in which readers could identify and interpret instances of suffering, guilt and personal dilemmas while simultaneously universalizing such notions. In the novel moral and legal categories of guilt and responsibility are obfuscated, events dehistoricized, human agency relativized and the reality and traumatic experiences of war abstracted, estheticized and transposed. Gaiser's strategy will be demonstrated by firstly examining his depiction of the formidable airpower of the Allies and then turning to attacks on civilians and their repercussions for the pilots powerless to prevent this before concluding with an analysis of the portrayal of combat and death in the novel's final battle.

The overwhelming enemy airpower is understood in mythical and biblical terms, as an act of divine retribution against which human resistance is impossible, with the Allies ravaging and visiting the vengeance of a wrathful God on the German homeland. The reader learns from information given by the narrator prior to The second battle that the Luftwaffe is fighting a hopeless battle. However, Gaiser has his men fight on, honorably discharging their duty. Ignoring larger developments in the course of the war, they concentrate on the job at hand. After the euphoria of swift advances and conquests, the enforced consolidation and violent reversal will come as a shock to all but the commanding officers who, aware of the material reality, sense impending doom throughout.

> Der Angriff hatte begonnen. Die Schlacht war da, [...] die jahrlange Schlacht, die am Himmel zog und ihr Land pflügte wie eine feurige Egge und ihre Kraft fressen sollte, ihre Maschinen, ihre Plätze und Werkstätten, endlich sie selbst, so viele noch übrig waren. Eine Schlacht ohne Aussicht für sie, sie konnten nicht gewinnen; sie war schon verloren, als sie begann. Das wußten wenige, denn sie waren gewöhnt worden zu siegen; sie taten das Ihre und Nächste und sahen nicht alles zugleich.[6]

The notion of an irresistible elemental force at work also permeates the description of the oncoming planes inundating the German defenses whilst attention is simultaneously drawn to the mass, mechanized and strategic nature of modern warfare.

---

[6] Gaiser: *Die sterbende Jagd*. P. 124.

> Auf den Glaskarten der Gefechtsstände flogen die Punkte an, die Ziele bedeuteten. Sie sammelten sich wie schwarze Schmeißfliegen [...] Bald mangelte es an Platz in den beflogenen Schneisen, die Punkte klumpten sich an wie Bienenschwärme [...] Die Punkte sammelten sich zu Bändern, die Bänder streckten sich und bildeten Ströme, die Ströme wälzten sich fort, sandten Arme aus, die sich verloren oder wieder in die allgemeine Flut einmündeten oder sie schnitten Rinnsale schlängelten sich daneben wie Alt- oder Gegenwässer.[7]

In an unequal conflict they cannot win, Gaiser constructs a myth of betrayal and heroism in defeat around the German pilots. The men are betrayed in three ways. Firstly, they are let down by the inept military and logistical decisions of the National Socialist leadership. Göring and Hitler appear oblivious to the advice of the professional military. Gaiser clearly separates the military from the political and depicts the Nazis as having no concern for the welfare of the men or comprehension of the gravity of the situation, as they stubbornly refuse to provide additional men and resources. Secondly, portrayed as warrior aristocrats, with feudal conceptions of a stratified society, many of the officers have a disdain for the masses, who are regarded as having aided the ascendancy of National Socialism and themselves risen in social status, and who now, as profiteers and opportunists, pollute the ethos of the services. Finally, the men are depicted facing an unfair and barbaric foe who prevails on account of sheer numbers, materiel and superior technology. With their might based on mass and industrial planning, Gaiser sees the Allies as the embodiment of the relentless progress of modernity. While the author once more somewhat disingenuously transforms the machines approaching the German coast into winged creatures he also underlines the vast manpower and resources of the United States by evoking an image similar to that of a production line conveyor belt. Indeed, Allied bombers were often referred to as 'factories of death.' Moreover, they are presented as an invincible force that appears periodically in history ushering in a new era of conflict, the modern counterpart of the medieval network of Norman castles.

> Das alles zog unter den Flächen der hochflossigen Vögel hinweg, der Fliegenden Festungen, der Ketten von Festungen, die im Raum hingen. Sie standen, und Erde und Meer spulten sich unter ihnen gemächlich ab. Die Zeit fraß den Raum unter ihnen. Sie standen aufgerückt zu Geschwadern und deckten einander, einer über dem andern, neben dem andern.[8]

In contrast, and in a fashion not dissimilar to comparable British views of the Royal Air Force in the Battle of Britain, Gaiser portrays the Luftwaffe fighter pilots as tragic heroes, a select few, a specialist elite. Described at intervals as sportsmen, hunters and knights of the air they are regarded as the epitome of

---

[7] Gaiser: *Die sterbende Jagd*. P. 125.
[8] Gaiser: *Die sterbende Jagd*. Pp. 129–30.

decency. Morally, spiritually and culturally superior to the enemy, they adhere to anachronistic standards of chivalry, thus heightening the drama of their destruction in modern total war. The author transfigures the men and events into the sacred and archetypal. This is achieved through a combination of narrative perspective and the use of dream and visions together with numerous religious, mythical, literary, historical and existential allusions. The author utilizes narratives of tragic-heroic victims, martyrs and battles from the German and wider European traditions. These precedents are taken from classical antiquity, the Bible, the Middle Ages and the early modern period, all reassuringly prior to National Socialism and total warfare. I will now demonstrate how Gaiser proceeds by exploring the author's representation of the bombing war on civilians followed by his interpretation of the novel's final battle.

Attacks on German cities are referred to in two ways. Firstly, they are filtered through the thoughts of Second Lieutenant[9] de Bruyn watching Private First Class Winckler sleep as they are on standby to scramble in the early hours.[10] De Bruyn imagines his comrade having a nightmare due to the psychological pressure of failing to protect his family from Allied bombs. Winckler's eleven-year old sister has been crippled in a bombing raid, and de Bruyn goes on to consider the fate of the relations of the servicemen and the predicament of their defenders. The pilots are unable to alleviate the situation and are consequently paralyzed by guilt and shame at their privileged position and the fact that they do not meet the expectations of their loved ones. In this way, both groups appear equally victimized and traumatized as a result of the increasing perfection of the machinery of killing. Rather than glorify war and the military, here Gaiser emphasizes the gap between the reality of war and the ideals of patriotism and heroism which had led him and others to support National Socialism and sustain themselves as Hitler's soldiers. The effect is to increase the sense of tragedy. Moreover, the pilots are set in a warrior tradition stretching back to Homer which has now come to an abrupt end in industrialized mass warfare.

> Lauter arme Luder, die in der Heimat, geduldig und vertrauend, und sie hatten es nicht gut und hockten in Kellerlöchern und bekamen keine Sonderverpflegung und warteten, daß ihre Söhne, ihre Gatten und Brüder es wenden würden, und ihre Söhne, ihre Gatten und Brüder hielten auch Wacht und bekamen ihre Fliegerzulagen und ihre Sonderverpflegung, aber sie konnten nichts wenden, und wenn sie in die Heimat kamen, schämten sie sich. Das war nicht mehr wie vor Ilion, keine Jugend mehr, die

---

[9] Ranks given correspond to the United States Air Force equivalent of the Luftwaffe.
[10] This episode is adapted from the prose piece 'Das heile Gesicht.' The original allusion to an air raid on Münster is despecified in the novel. The context also changes. In the wartime version de Bruyn has a vision whilst being driven through Norway as he accompanies a captured British airman to a Luftwaffe base. The defiant tone and justification of the war are absent in 1953, replaced by a sense of powerlessness and victimhood.

ihre Leiber schützend vor die Heiligtümer der Heimat zu werfen vermochte, damit war es aus, von oben kam es herab schütternd und blendend, zerreißend und Krüppel hinterlassend. De Bruyn wurde unruhig: wohin mit dem allem? Überall Klagen, die aus der Nacht ihre fahlen Häupter hoben, Klagen, die antworteten aus der eigenen Brust, Anfechtungen, die Männer zermürbten: wohin?[11]

In Chapters Six and Fifty-Four the reader is confronted with the effects of strategic area bombing in more detail. In keeping with the symmetrical and highly crafted structure of the novel, the two chapters complement each other, with the former showing a panorama of events across the Reich in a single night, and the latter depicting morning. The fragments forming Chapter Six combine to depict man's political and social constructs as transitory. In addition to being devalued by pointing to the existence of a parallel reality, human actions are further dehistoricized and made insignificant when compared to cosmic dimensions and natural forces oblivious to humans. As a result, violence and war are relativized and seen as the expression of a natural instinct to kill common to man and beast. Death and danger appear omnipresent. Yet, although humans are physically and psychologically vulnerable, the author points to key support mechanisms in man's struggle to survive and give meaning to experiences of suffering, the imagination and man's capacity to create and conceive of notions of a spiritual life: "Die Nacht allen Lebens, nach dem die Harpune des Tods zielte und das Fleisch grausen machte. Das Fleisch wand sich, warnte und sandte Träume herauf, und die Träume legten sich an die Schwellen des Geistes mit Seufzen und schreckten ihn".[12]

In the midst of this kaleidoscopic view of events the reader witnesses an air raid from three points of view, firstly, from the perspective of a pilot; secondly, from the ground; thirdly, from a bunker. In the first, killing is depicted as an impersonal, clinical and mechanical affair. By focusing on the pilot's perspective Gaiser diminishes human agency. Man simply becomes part of the machinery of modern technological warfare. The distance and detachment from the horrific results is enhanced as the subsequent explosion is likened to the striking of a match. However, this is immediately subverted when one considers that the discrepancy between the perception of the bomber and reality on the ground is grotesque. It is curious to note that the author juxtaposes this scene with that from a concentration camp or prisoner-of-war camp – it remains unclear which.[13] Gaiser's intention in the chapter as a whole is obvious, to despecify German actions and compare them with those of the Allies in order to set German atrocities in context.

---

[11] Gaiser: *Die sterbende Jagd*. Pp. 118–19.
[12] Gaiser: *Die sterbende Jagd*. P. 32.
[13] In the decade following the war this blurring was also common when evoking the plight of German prisoners of war remaining in the Soviet Union.

Die Nacht der einsamen Mosquito zehntausend Meter über dem Boden, die ihr Ziel suchte in der dröhnenden Stille: das Glimmern der Zeiger, die kleinen Lichter an Bord, das Flüstern der Atemdusche, die das Leben der Menschen speiste, die Menschen selbst Teile der Maschine und von ihr genährt, die Maschine ein Punkt in der Nacht, unfindbar, unsichtbar gelenkt und von Sendern angetastet und weitergereicht, andere Sendstrahlen nach ihr suchend; und dann die einzige grelle Entladung am Boden, von oben nicht stärker als das Aufzucken eines Streichholzes, und doch barsten Mauern darin und Skelette von Stahl verglühten, und Menschen erstickten dort unten und kamen um.[14]

At the level of impact the consequences are abstracted into apocalyptic dimensions. Civilians experience a holocaust in its original sense, a sacrifice by fire: "Die Nacht der getroffenen Stadt, in welche das Feuer aus einem röhrenden Himmel herunterfloß und die Seelen sich krümmten in Feuerstürmen, die Menschen wegschmolzen wie Staub, der auf heißer Platte funkt und zergeht; und der Engel des Herrn barg sein Angesicht, der das Unheil nicht wenden durfte".[15] The author draws on both Dante and on the Book of Revelation 20, 7–10, with its depiction of 'Der letzte Kampf.'[16] He leaves it to the reader to deduce what remains unstated here, but is explicit elsewhere in the novel: to link Hitler with the devil and the masses he seduces with the armies of the devil, and to regard the firestorms in Hamburg and Dresden as a just punishment. The masses are thus deemed unworthy of the sacrifice of both the Luftwaffe members and their loved ones while National Socialism is explained as a moral and metaphysical phenomenon. This highlights Gaiser's blindness to the movement's political and social context and his problematic relationship to the majority of civilians.

Finally the focus switches to a bunker as a mother is hunched over as if to protect herself and unborn child from the attention of a bomber which, true to its name, now appears as the incarnation of a tenacious animalistic instinct to kill. The woman carries what is presumably a serviceman's child, symbolizing regeneration and hope for the future: "Die Nacht einer jungen Mutter mit ihrem Kinde in sich, über ihr Kind horchend hingekrümmt, sie selbst über sich selber, indem sie dem Schwirren nachhorchte, das hoch in der Nacht hing, der mörderischen, dem Schwirren der Mücke, die giftig nach Leben trachtete, nach dem Leben in

---

[14] Gaiser: *Die sterbende Jagd*. P. 31.
[15] Gaiser: *Die sterbende Jagd*. Pp. 31–2.
[16] "7. Und wenn die tausend Jahre vollendet sind, wird der Satan losgelassen werden aus seinem Gefängnis. 8. Und er wird ausziehen, zu verführen die Völker an den vier Enden der Erde, Gog und Magog, und sie zum Kampf zu versammeln; deren Zahl ist wie der Sand am Meer. 9 Und sie stiegen herauf auf die Ebene der Erde und umringten das Heerlager der Heiligen und die geliebte Stadt. Und es fiel Feuer vom Himmel und verzehrte sie. 10. Und der Teufel, der sie verführte, wurde geworfen in den Pfuhl von Feuer und Schwefel, […]". *Die Bibel. Nach der Übersetzung Martin Luthers*. Stuttgart: Deutsche Bibelgesellschaft 1985.

ihr, nach ihrem eigenen Leben".[17] In Chapter Fifty-Four the reader is presented with a snapshot of the morning following the bombardment. The city referred to in Chapter Six now becomes merely one of many potential targets across Germany where, amid scenes of devastation and misery, survivors attempt as far as possible to re-establish a routine and thus order in their lives.

> Der Morgen zerstörter Städte mit ihrer übernächtigen Qual, wo die Menschen sich in den Bahnen drängten, so viele noch fuhren, in den Wagen, deren Scheiben zerplatzt waren, mit den Fußböden voll Splitter und Ziegelmehl, die Gesichter voll Staub, ungewaschen, die Menschen selbst Staub. Sie fuhren, fuhren und liefen wie jeden Morgen, sie suchten ihre Arbeit als Zeichen, daß ihre Welt noch nicht völlig vertilgt sei.[18]

Switching from the universal to the particular, the expectant mother is featured once again.

> Der Morgen der jungen Mutter mit ihrem Kinde in sich, die mit weißem Gesicht ihre Schale Milch wärmte, bevor sie ins Geschäft ging, in der unaufgeräumten Küche mit ihren Armutsgerüchen, dem Geruch nach undichten Gasleitungen, nach Ausguß und halbfeuchten Scheuerlappen; die junge Frau, die da stand in ihrem Elend und fröstelte und sich wünschte, der Tag wäre schon vorbei, der wie von Rossen gezogen kam.[19]

She is seen to defy her circumstances and to endure the present for the sake of her future family. For Gaiser, both instances testify to the indomitable human spirit that he imagines adversity brings to the fore and on which the post-war world can be built.

Turning now to deal with aerial combat, I revisit Second Lieutenant de Bruyn and a dream prophecy of his own death and the destruction of the Luftwaffe, occurring shortly before the second battle and the realization of certain defeat. The author returns to the Book of Revelation, this time to war in heaven, as the vision concerns Dürer's woodcut of St Michael and his angels fighting Satan in the form of the dragon, Revelation 12, 7–9.[20] Gaiser portrays the German airmen as satanic soldiers.

> [...] Das Gesicht des Engels wendete sich dumpf, er setzte die Lanze gegen das Echsengekröse; das warf sich und wirbelte, im Gewölk verpuffend, und quoll sogleich

---

[17] Gaiser: *Die sterbende Jagd*. P. 32.
[18] Gaiser: *Die sterbende Jagd*. Pp. 265–6.
[19] Gaiser: *Die sterbende Jagd*. P. 266.
[20] "7. Und es entbrannte ein Kampf im Himmel: Michael und seine Engel kämpften gegen den Drachen. Und der Drache kämpfte und seine Engel. 8. Und sie siegten nicht, und ihre Stätte wurde nicht gefunden im Himmel. 9. Und es wurde hinausgeworfen der große Drache, die alte Schlange, die da heißt: Teufel und Satan, der die ganze Welt verführt, und er wurde auf die Erde geworfen, und seine Engel wurden mit ihm dahin geworfen". *Die Bibel. Nach der Übersetzung Martin Luthers.*

wieder auf. Dann fielen tief unten am rechten Rand, über See, eines und dann noch ein paar winzige Flugzeuge aus dem Himmel und gingen schwärzlich ins Wasser nieder, das sich glatt und spurlos über ihnen schloß.[21]

As German planes descend into the abyss, National Socialism is viewed as the embodiment of evil and transposed on to a religious level. No self-reflection is required and defeat is deemed the logical conclusion for having allowed oneself to be in alliance with the devil. In Christianity the recognition and confession of sin allows for redemption. Indeed, the final section of the novel is concerned with this ritual.

The final, cataclysmic battle is related laconically in a single chapter, Chapter Fifty-Seven. In it we hear of the fate of the men and the scene is set for the remainder of the novel to describe the deaths of key characters, all of whom had problems with the war and its conduct, Schildknecht, von Schwersenz, Vehlgast and de Bruyn.[22] The reader is left with the impression of the men fighting courageously to the end in a bid to defend themselves and their homeland, learning that they succumb to the fact that the foe simply possessed better machines and more men. Nevertheless, there is also a sense of the men being overrun by history and falling victim to the innate primitive animalistic urge the author sees as being brought out when killing is sanctioned, especially in the victor. The Allied masses are depicted as a mixture of berserkers and cold-blooded, professional killers against which the German pilots appear as effective as Don Quixote. However, Gaiser pays tribute to the latter's courage and heroic resistance, honor and patriotism, comparing de Bruyn and his group to Leonidas and his army of three hundred Spartans, and contrasting anachronistic German standards with modern, mobile warfare: "Sie wollten die Thermopylen verteidigen, aber es gab keine Thermopylen mehr, und die Zeiten waren vorbei, in denen Schlachten mit prunkvollen Namen geschmückt wurden. Es war nicht einmal eine Schlacht, bloß ein unbedeutender Abschnitt, eine Teilhandlung aus den Ereignissen jenes Tages".[23] Moreover, this serves to accentuate the insignificance of the pilots' actions and the futility of their sacrifice.

The announcement that "Schildknecht, der Kommandeur, fiel gleich zu Beginn des Gefechts. *Et lux aeterna luceat ei* [...]" uses the Requiem Mass to introduce the funerary tone of the novel's climax.[24] In the following chapter, Chapter Fifty-Eight, the reader discovers how von Schwersenz is 'murdered.' The

---

[21] Gaiser: *Die sterbende Jagd*. P. 124.
[22] As the title suggests, the only casualty in the wartime prose piece is de Bruyn, see 'Vom Tode des Leutnant de Bruyn.' However, the recovery of his body is described in similar terms in both versions and forms the end of the novel. The heightened number of deaths is obviously intended to enhance the impact on the post-war reader.
[23] Gaiser: *Die sterbende Jagd*. P. 277.
[24] Gaiser: *Die sterbende Jagd*. P. 280.

incident is told from the perspective of Hörath and a British airman, whom, in a symbolic victory for the Luftwaffe, he brings down in a collision and takes prisoner. As they witness the scene from an elevation some distance away, proving chivalry is not dead by aiding each other and exchanging tokens of battle, two planes repeatedly attack von Schwersenz's disabled plane while he sits dying. This is seen as a barbaric act at which the new warrior-brothers are ashamed. The author compares the incident to reports of the cold-blooded murder of a Russian prisoner of war at a holding-camp in the East, claiming both arise from violent tendencies in humans, which are augmented through political propaganda dividing humans into good and evil; just as the Nazis killed out of racist and ideological hatred, the Allies kill as they envisage all Germans to be dangerous beasts.[25] Gaiser thus accounts for violent historical upheaval in anthropological terms by alluding to the existence of primitive and demonic forces inherent in the universe. He is thereby able to portray the Germans as the moral victors and conflate responsibility by blaming a general fall of man. In a reversal of received moral images of the war, the author describes the burning hull as its sits in a cornfield as "Kains Opfer", casting the Allies as the murderous Cain and the Germans in the role of innocent victim.[26]

In the penultimate chapter we observe the last minutes of Vehlgast's life. Injured and blown away from safety out to sea, he finds himself in the *Wattenmeer*. He is seen to die with less dignity than an animal: unable to lie down and die he must stand and drown. His demise is transposed to an existential level: "Ein tapferer Mann, der Hauptmann Vehlgast: es ist nicht leicht, vor einem Herrn Kontra tapfer zu sein, aber tapfer zu sein gegen das Nichts, das ist auch nicht einfacher".[27] This is followed by an common generic feature of the war novel, an attack on those in whose name war is waged, National Socialism and an ungrateful population, and a demand made by a doomed man that sacrifices are not forgotten in peacetime: "[...] verdammt und verflucht sollen die sein, die alles so haben kommen lassen, und verdammt und verflucht, die nachher nichts mehr davon hören wollen, und verdammt und verflucht, die es dann noch einmal probieren".[28] The chapter closes with Vehlgast glimpsing land, "[n]ur ein dünner Streif, wo Gott bei den Menschen wohnte in seiner Gnade;

---

[25] It is also an example of the common attempt amongst the post-war right to relativize German guilt by asserting that the Allies had similarly compromised war records, a tendency which has resurfaced in the wake of the *Historikerstreit* and unification. Note the recent discourses surrounding the sixtieth anniversary of Dresden and the end of World War Two.
[26] Gaiser: *Die sterbende Jagd*. P. 287.
[27] Gaiser: *Die sterbende Jagd*. P. 291. This is reminiscent of another war novel of the same period, Jens Rehn's *Nichts in Sicht*. Frankfurt/M: Schöffling & Co 2003. Originally published in 1954.
[28] Gaiser: *Die sterbende Jagd*. P. 291.

eine Warft und zwei Dächer, das Land der Menschen, geborgen, verloren, ganz unerreichbar".[29] The reference to Revelation 21, 3–4 will not have been lost on the contemporary reader, coming immediately after the 'Das Weltgericht' and referring to 'Das neue Jerusalem' where Jesus states: "Siehe da, die Hütte Gottes bei den Menschen! Und er wird bei ihnen wohnen, und sie werden sein Volk sein, und er selbst, Gott mit ihnen wird ihr Gott sein; und Gott wird abwischen alle Tränen von ihren Augen, und der Tod wird nicht mehr sein, noch Leid noch Geschrei noch Schmerz wird mehr sein; denn das Erste ist vergangen".[30] This suggests Vehlgast dies to abate suffering and enable redemption. The individual, community and nation are thereby regarded as cleansed of guilt and set among the righteous, reborn and given a second chance. The Captain's previous admonition is thus lent extra weight.

The imagery of sacrifice and redemption is emphasized further in the final chapter as de Bruyn returns dead on the third morning following the battle, washed onto a beach in the small life-boat issued to pilots: "Er lag zusammengekrümmt wie ein Kind im Mutterschoße, sein Haar war verkrustet, und ein Satz von Blut und bitterer Lake füllte die Wanne des Boots".[31] The symbolism of Easter is unmistakable. De Bruyn's death is interpreted as an *Imitatio Christi*, he dies on behalf of others, in order that the collective's sins be purged and forgiven. To further emphasize this point, Gaiser alludes to the Book of Revelation 20, 12–14, 'Das Weltgericht' whereby the dead are judged and resurrected and the sea gives up its dead.[32] Moreover, the fact he arrives in the fetal position as if in the womb suggests rebirth and regeneration, the advent of a new cycle, as a reference to his successor indicates. Indeed, the entire novel is lent circularity in that the image exhibits a striking similarity with that of an injured airman in the first chapter.

The fallen pilots are portrayed as victims and martyrs, suffering and dying for an 'alternative Germany' of moral and spiritual virtues and cultural values opposed both to the aims of National Socialism and to the materialist society of West Germany.[33] Their sacrifice suggests and aids the constitution of a

---

[29] Gaiser: *Die sterbende Jagd*. P. 292.
[30] *Die Bibel. Nach der Übersetzung Martin Luthers*.
[31] Gaiser: *Die sterbende Jagd*. P. 292.
[32] "12. Und ich sah die Toten, groß und klein, stehen vor dem Thron, und Bücher wurden aufgetan. Und ein andres Buch wurde aufgetan, welches ist das Buch des Lebens. Und die Toten wurden gerichtet nach dem, was in den Büchern geschrieben steht, nach ihren Werken. 13. Und das Meer gab die Toten heraus, die darin waren, und der Tod und sein Reich gaben die Toten heraus, die darin waren; und sie wurden gerichtet, ein jeder nach seinen Werken. 14. Und der Tod und sein Reich wurden geworfen in den feurigen Pfuhl. Das ist der zweite Tod: der feurige Pfuhl". *Die Bibel. Nach der Übersetzung Martin Luthers*.
[33] Indeed, the novel alludes to the Conservative Resistance against Hitler.

community of suffering consisting of veterans, wives, war-widows and families who were subject to hardship and loss. Gaiser thus contributes to contestations of memory, identity and social and cultural hegemony. The experience of combat functions as a rite of passage qualifying individuals to act as moral guides to censure the excesses of capitalism. Moreover, notions of the cult of the fallen and of individual and national sacrifice, central tenets of nationalist thinking in the Weimar and National Socialist periods are adapted for the group. The book typifies a period in which the main concern of West Germans was to commemorate and mourn their own losses. By utilizing the related symbolism of the Book of Revelation, the Requiem and Christ's Passion, Gaiser could commemorate the dead, ennoble suffering and legitimize the position and demands of veterans in the present, thereby consoling survivors and providing a mechanism for exculpation through vicarious display of contrition and a ritual of confession, judgment, punishment and forgiveness for complicity in Nazism. In doing so the author sidesteps any real confrontation with historical fact or the moral implications of involvement with National Socialism.

After the praise for Gaiser's *Eine Stimme hebt an*, *Die sterbende Jagd* was regarded as the fulfillment of the potential deemed inherent in his first novel.[34] Indeed his war narrative proved a commercial success and, unlike the apathy or hostility that met Hans Erich Nossack's *Der Untergang* or Gert Ledig's *Vergeltung* on their publication, critical acclaim for Gaiser was immediate, abundant and, initially, virtually without dissent.[35] The author was considered an innovator, at the vanguard of post-war writing and breaking new ground in war literature in German. Heinz Friedrich greeted the novel by claiming that "die deutsche Nachkriegsliteratur beginne sich zu erholen und stoße zu dichterischen Leistungen vor".[36] Helmut Günther saw the novel as as "modern in Sprache und Sache [...]. Bei Gaiser spürt man schon deutlich den Abstand vom Krieg, er ist imstande, ihn zu bewältigen und zu gestalten", for him the text represented "einen neuen Abschnitt in der deutschen Kriegsliteratur: den der epischen Formung".[37] Hans Egon Holthusen even went so far as to declare that the novel "steht auf einsamer Höhe, ist gewiß das bisher beste deutsche Kriegsbuch in Romanform überhaupt [...]. Das Buch ist 'realistisch' und symbolisch zugleich, die technisch-kriegerische Welt erscheint in einem hochpoetischen Licht".[38] Gaiser's work was thus seen to give form and meaning to

---

[34] Gerd Gaiser: *Eine Stimme hebt an*. München: Hanser 1950.
[35] Hans Erich Nossack: *Der Untergang*. Hamburg: Krüger 1948; Gert Ledig: *Vergeltung*. Frankfurt/M: Fischer 1956.
[36] Heinz Friedrich: '*Die sterbende Jagd* von Gerd Gaiser. Ein poetischer Kriegsroman.' In: *Wiesbadener Tagblatt*, 5–6 December 1953.
[37] Helmut Günther: 'Gerd Gaiser: *Die sterbende Jagd*.' In: *Welt und Wort*. 8 (1953). Pp. 378–79.
[38] Hans Egon Holthusen. *Der unbehauste Mensch*. 3rd edn. München 1955. P. 278.

overwhelming experiences of catastrophe and destruction. Furthermore, the perceived relevance and quality was interpreted as a guarantee of a long future within the German literary canon. According to Fred Hepp "dieses große Buch vom Todeskampf der deutschen Jagdflieger, in dem das Phänomen des zweiten Weltkrieges zum ersten Male geistig und künstlerisch bewältigt ist, wird seinen hervorragenden Rang innerhalb der deutschen Nachkriegsliteratur auf Jahrzehnte hin behaupten".[39] Bernt von Heiseler saw another reason for its predicted longevity in its authentic quality, as a document of its time and the trials and tribulations of Germans, depicting

> das Ringen der Seele mit der Bedrohung und Versuchung der Sinnlosigkeit. Ein wirklich gutes Buch. Es wird bleiben und auch den Lesern späterer Zeit sagen, wie das gewesen ist; Krieg führen, in fast aussichtslosem Luftkampf mit der Übermacht den Feind abzuwehren suchen von einem Land, das durch einen Besessenen regiert wurde – und das aber doch unser Vaterland war.[40]

Most contemporary reviews concentrate on the fate of the airmen, or allude to the victims of bombing in general terms. In a further article Helmut Günther uses the notion of airborne catastrophe to comment on the modern world and human condition and to translate recent experiences into existential terms: "Gaisers Buch ist ein Spiegel unserer Epoche". *Die sterbende Jagd* shows that flying is devoid of the "Zukunftspathos" and "heroisch-romantische Mystik der Zwanzigerjahre". A turning-point has been reached, flight is now associated with catastrophe and this has found its writer in Gaiser: "Im Krieg zeigte die Technik ihr satanisches Katastrophengesicht. Die Fliegerei wurde zum schrecklichen Symbol der Zerstörung [...]. Der Bomber ist das letzte Wort, der Bomber ist die Waffe im Zeitalter des Atomkrieges".[41] Günther gives voice to the continuing threat and fear and sense of trauma and injury that Germans now connected with aerial conflict, however, at the same time his comments display some critical potential. They serve as a warning in the shadow of Hiroshima and debates on the stationing of nuclear weapons in West Germany. Paraphrasing Gaiser's novel, Kurt Lothar Tank detects a sense of rupture, ending and loss, a "Schnitt, der das Gestern vom Heute trennt", signifying the discrepancy between Homeric notions of heroism and conflict and the reality of total material warfare.[42] Branding Gaiser as the heir to Ernst Jünger, he recommends the novel not only "weil es wirklich eine Dichtung ist, in welcher der Krieg an der Front und in der Heimat in jener unauflösbaren Verklammerung

---

[39] Fred Hepp: 'Des deutschen Jagdfliegers Glück und Ende.' In: *Süddeutsche Zeitung*. 31 October 1953.
[40] Bernt von Heiseler: 'Von neuen Erzählern.' In: *Zeitwende* 25 (1954). Pp. 133–34.
[41] Helmut Günther: 'Gerd Gaiser.' In: *Welt und Wort* 10 (1955). P. 357.
[42] Gaiser: *Die sterbende Jagd*. P. 240.

gesehen ist", but also "weil hier der zweite Weltkrieg als ein inneres Erlebnis erfaßt und bewältigt ist".[43]

Clearly Gaiser's novel addressed the experience of war, guilt, loss and social and cultural disorientation amongst its contemporary readership. Yet, predictions of a lasting place within the cultural memory of the nation have proved misplaced. The critical fate of Gaiser concurs with Volker Hage's explanation of how Sebald and others succumbed to the illusion that little of narrative value was written on German experiences of bombardment in the early years of the Federal Republic. Hage states "[d]ie Lücke, die nicht nur von Sebald empfunden worden ist, war und ist weniger eine der Produktion als der Rezeption – es sind viele Romane und Erzählungen über den Luftkrieg publiziert worden, doch sie fielen schnell und gründlich dem Vergessen anheim, wenn sie denn überhaupt zur Kenntnis genommen wurden (Paradefall: Ledigs 'Vergeltung')".[44] Indeed, Gaiser was shunned by the second post-war generation and remains largely forgotten. Curiously, Sebald, a member of that generation and undoubtedly aware of Gaiser's novel through his schooling, chose not to mention the writer and many of his contemporaries. The politicization of literature and a refinement in critical categories led to a fall in the relevance and popularity of Gaiser by the mid-1960s as the interest of literature and society shifted from German wartime suffering to Nazi atrocities. As Hage points out, henceforth documentary literature became the dominant form for such themes, leading to the impression of a taboo in narrative treatments. He continues

> So konnte Sebald zu seinem Eindruck von der großen Auslassung kommen: Die frühen Romane, in denen die Erfahrung des Bombenkriegs zum Teil eine zentrale Rolle spielte, waren längst vergessen, und die neue Hinwendung zu diesem Thema in den neunziger Jahren war noch nicht ausreichend zur Kenntnis genommen worden: Tatsächlich gab es dazwischen eine auffällige Lücke und danach meldete sich eine andere Generation zu Wort: die der Kinder und auch schon der Enkel.[45]

Gaiser and lesser-known contemporaries from the 1950s and early 1960s, such as Hugo Hartung and Geno Hartlaub thus gradually faded from cultural memory.[46] However, such texts constitute important steps in the development of treatments of the Air War and, although largely specific to their time and often problematic for today's readership, their existence and the attention they once received should nevertheless be recognized by and integrated into post-war literary historiography.

---

[43] Kurt Lothar Tank. 'Schnitt zwischen Gestern und Heute. Kriegsdeutung in Gerd Gaisers Roman *Die sterbende Jagd.*' *Sonntagsblatt*. 11 April 1954.
[44] Volker Hage: *Zeugen der Zerstörung. Die Literaten und der Luftkrieg*. Frankfurt/M: Fischer 2003. Pp. 119–20.
[45] Hage: *Zeugen der Zerstörung. Die Literaten und der Luftkrieg*. P. 116.
[46] Hugo Hartung: *Der Himmel war unten*. München: Bergstadtverlag 1951; Geno Hartlaub: *Gefangene der Nacht*. Hamburg: Claassen 1961.

Andrew Williams

"Das stanniolene Rascheln der Weinblätter": Hans Erich Nossack und der Luftkrieg

Nachdem W. G. Sebald seine Thesen zum Thema "Luftkrieg und Literatur" vorgetragen hatte, gelangte Hans Erich Nossacks Der Untergang *zu neuem, wenn auch bescheidenem Ruhm. Es wurde jedoch übersehen, dass auch andere Texte Nossacks vom Erleben des Luftkriegs geprägt wurden. Der Prozess der Mythisierung, den Sebald in Nossacks* Untergang *bemängelt hatte, vollzieht sich auf andere Weise als zunächst vermutet: Nossack rückt zwar die Ereignisse des Untergangs in einen Schicksalszusammenhang, verarbeitet sie aber zugleich im späteren Werk als unauffällige Elemente eines, quasiätiologischen Kunstmythos. Dies wird im vorliegenden Aufsatz am Beispiel der Erzählung* Ameisen! Ameisen! *(1958) exemplarisch aufgezeigt.*

Seit W. G. Sebalds These, wonach die deutschsprachige Literatur vor dem Grauen des Luftkriegs versagt habe, gilt das 1963 gefällte Urteil, Hans Erich Nossack werde "häufig genannt aber wenig gelesen"[1] mehr denn je: häufig genannt deswegen, weil Sebald Nossacks Bericht *Der Untergang*, wie zahlreiche feuilletonistische Beiträge in der Folge referierten, als Ausnahme nannte; wenig gelesen leider immer noch deshalb, weil man in den letzten Jahren allenfalls diesem Schlüsseltext – ohnehin Nossacks wohl bekanntestes Werk – einige Aufmerksamkeit entgegenbringt, das übrige, zum größten Teil über den Buchhandel gegenwärtig nicht lieferbare Werk aber nicht beachtet. Das überrascht schon deswegen nicht, weil sich die Reaktionen auf Sebalds Ausführungen häufig in Auflistungen von Gegenbeispielen erschöpften, die nicht selten den Eindruck erweckten, als habe es kaum einen deutschen Autor der Nachkriegszeit gegeben, der den Luftkrieg nicht thematisiert hätte. Trotz aller Ausführlichkeit wird hierdurch weder die Brisanz von Sebalds Thesen entschärft, noch dazu ermutigt, Sebalds Urteil über Nossack zu ergänzen. Darüber hinaus sind die Spuren des Luftkriegs im übrigen Werk Nossacks, sieht man von einer schwer zu fassenden Grundstimmung ab, recht unauffällig, obwohl es sich bei der Erfahrung des 'Untergangs' offenbar um eine Art Urszene des Gesamtwerkes handelt.

Der jüngere Bruder (1958)

Es ist also notwendig und lohnend, einen kurzen Blick auf ein späteres Werk Nossacks zu werfen, um die Beschaffenheit solcher Spuren des Luftkriegs zu verdeutlichen. In dem 1958 erschienenen (aber im wesentlichen zwischen

---

[1] Urs Jenny: Die Wirklichkeit hinter den Dingen. In: *Über Hans Erich Nossack*. Hg. v. Christof Schmid. Frankfurt/M. 1970. S. 124–27. Hier S. 126. [zuerst 1963]

1949 und 1954 entstandenen) Roman *Der jüngere Bruder* werden in subtiler Weise die Folgen des Luftkriegs thematisiert. Der Heimkehrer Stefan Schneider, der sich während des Kriegs in Südamerika aufgehalten hat, wird am Hamburger Hafen mit den Ruinen seiner Heimatstadt und angesichts der Trümmer völlig unerwarteten Glockentönen konfrontiert. Aber nicht der Klang einer Turmuhr lässt ihn aufschrecken, sondern zwei Arbeiter, die mit einem Eisenstab gegen schon zum Teil mit Moos und Gras bewachsene Glocken schlagen, die auf dem Hafengelände aufgereiht sind. Ob dies aus Spielerei geschieht oder als Überprüfung vorgenommen wird, weiß er nicht. Das Ganze sieht aus "wie ein fremdartiger Begräbnisplatz". Besonders die Mischung aus kleinen und großen Glocken erweckt diesen Eindruck. Schneiders Schwiegervater, der tüchtige Generaldirektor Götze, der ihn am Hafen empfängt, erklärt dem Staunenden, dies sei "ein Nachbleibsel vom Krieg", es handle sich um Kirchenglocken, die zu Kriegszwecken "nicht mehr zur Verwertung gekommen sind" und daher den Gemeinden zurückgegeben werden. Schneider ist vor allem verwundert über die Selbstverständlichkeit, mit der die Kirchen wiederaufgebaut werden:

"Ihr baut also die Kirchen wieder auf"? fragte ich.
"Ja, selbstverständlich. [...] Es ist ein gutes Gegengewicht, weißt du, gegen den Nihilismus".[2]

Die unheimliche Szenerie der seltsam entfremdeten Glocken wird durch solche Nüchternheit und Kaltschnäuzigkeit jäh relativiert. Auch die durch Sebald bekannt gewordene Szene in *Der Untergang*, in der das bürgerliche Kaffeeritual in den Ruinen Hamburgs auch in den Tagen unmittelbar nach den Luftangriffen auf zufällig unversehrten Balkonen weiterlebt,[3] hat in *Der jüngere Bruder* eine Entsprechung, die nicht ein absurdes und skandalöses, weil moralisch bedenkliches Geschehen, sondern eine geradezu unheimliche geschichtliche Kontinuität entlarvt, wiederum mit äußerst knappen Mitteln. Der Schwiegervater Schneiders, der Generaldirektor Götze, trägt nämlich nach dem Krieg genau die gleichen Krawatten wie vor dem Krieg:

Nach alter Gewohnheit blickte ich auf die kleinen Punkte des Schlipses, den mein Schwiegervater trug. Hatte er diese Schlipse über die Katastrophe hinweggerettet? Oder gab es sie tatsächlich schon wieder zu kaufen?[4]

---

[2] Hans Erich Nossack: *Der jüngere Bruder*. Hamburg: Suhrkamp 1958. S. 12.
[3] Bei Sebald heißt es: Die "Aufrechterhaltung der kleinbürgerlichen Kaffeetischordnung auf den Hamburger Balkonen Ende Juli 1943 [hat] etwas erschreckend Absurdes und Skandalöses". W[infried] G[eorg] Sebald: *Luftkrieg und Literatur*. Frankfurt/M.: Fischer Taschenbuch 2001. S. 48. Die betreffende Stelle in *Der Untergang* findet sich in: Hans Erich Nossack: *Interview mit dem Tode*. Frankfurt/M.: Suhrkamp 1963. S. 220. Aus dieser Ausgabe wird im Folgenden zitiert.
[4] Nossack: *Der jüngere Bruder*. S. 13.

An anderer Stelle heißt es: "Welch ein Mann! Halb Europa lag in Schutt, er aber hatte es fertiggebracht, seine Schlipse zu retten, oder wenigstens seine Gewohnheiten".[5] Dies ist eine der ungeheuerlichen Kleinigkeiten in Nossacks Gesamtwerk – die Unerhörtheit derjenigen, die einfach weiterleben, als sei nichts geschehen –, hier allerdings nicht nur im Hinblick auf den Luftkrieg, sondern auch in Bezug auf den Verlauf des Krieges in ganz Europa.

Auch wenn Nossack keinen Versuch unternommen hat, einen Roman über die Bombardierung deutscher Städte zu schreiben, sind es die Spuren der Zerstörung und das unbekümmerte Weiterleben der eifrig Wiederaufbauenden, die die Grundstimmung des *Jüngeren Bruders* sowie – freilich mit unterschiedlichen Schwerpunkten – des übrigen Werkes prägen. Nossack bringt mit wenigen Worten und mit schlichten erzählerischen Mitteln vieles auf den Punkt, was man anderswo in der deutschsprachigen Literatur vergeblich sucht: den Zusammenhang zwischen allzu zweckmäßiger und berechnender christlicher Restauration und wirtschaftlichem Wiederaufbau; die Inkompatibilität von Erinnerung und Neubeginn (denn der Wiederaufbau, zumindest so wie sich Generaldirektor Götze ihn vorstellt, stellt eine Art Abwehr gegen die Erinnerung dar).

Der 'Untergang' des gleichnamigen Berichts hat eine kaum zu unterschätzende Bedeutung für Nossacks weiteres Schaffen. Er ist nicht nur eine metaphorisch aufgeladene Umschreibung für die Geschehnisse in Hamburg im Juli 1943, sondern bezeichnet ein sich wiederholendes Wahrnehmungsmuster, das Nossacks Blick hinter die Fassaden der Nachkriegsgesellschaft erst ermöglicht und sein Gesamtwerk prägen sollte. Der 'Untergang' ist im literarischen Œuvre und wohl auch in Nossacks persönlichen Erlebnissen von einer sich stets neu beweisenden Aktualität.[6] Der Untergang – laut Christof Schmid ursprünglich "das Erlebnis vom Zusammenbruch aller herkömmlichen Daseinsinhalte in einem großen Augenblick"[7] – ist paradoxerweise zugleich ein Dauerzustand. Die Metaphorik der Katastrophe ist bei Nossack sehr ausgeprägt, so dass auch ein Gespräch oder eine plötzliche Einsicht eine Katastrophe sein könnte. So heißt es in einem frühen, während des Kriegs entstandenen Entwurf zum *jüngeren Bruder*: "Wenn man will, könnte man diese vierstündige Unterhaltung meine Katastrophe nennen".[8]

---

[5] Nossack: *Der jüngere Bruder*. S. 70.
[6] Diese Qualität des Untergangs wird beispielsweise in der Erzählung *Klonz* ausdrücklich angesprochen. Darin fragt der Erzähler: "Ist es immer noch nicht zu Ende mit dem Untergang"? Nossack: *Interview mit dem Tode*. S. 170.
[7] Christof Schmid: *Monologische Kunst. Untersuchungen zum Werk von Hans Erich Nossack*. Stuttgart: Kohlhammer 1968. S. 27.
[8] *Handle Du, ich will es tragen*. S. 17. Das Manuskript wird im Deutschen Literatur Archiv Marbach aufbewahrt. Die bislang unveröffentlichten Texte von Hans Erich Nossack (aus dem Nachlass Hans Erich Nossack) werden mit freundlicher Genehmigung der Akademie der Wissenschaften und der Literatur, Mainz, mitgeteilt.

Die Zerstörung Hamburgs, die für Nossack nicht nur die unmittelbare Begegnung mit Krieg und Tod,[9] sondern darüber hinaus den Verlust fast aller seiner Werke, Aufzeichnungen und Tagebücher bedeutete, führte auch die "Freisetzung seiner Person als Dichter"[10] herbei und erbrachte eine ungeheuerliche Bestätigung seiner geistigen Position: Wie ein 1967 erschienener, aber bereits 1927 verfasster Text "Gespräch vor der Katastrophe"[11] schon im Titel andeutet, war Nossacks Weltsicht schon vor dem Hamburger Feuersturm von der Vorstellung einer ständig drohenden Katastrophe geprägt. Dies ist wohl zum Teil ein zeittypisches Phänomen. Einzigartig aber ist das Maß, in dem der 'Untergang' Hamburgs zugleich zur Befreiung Nossacks wurde:

> In rascher Fahrt ging es durch dies Land des Friedens auf die tote Stadt zu. Da überkam mich, ich weiß nicht woher, ein so echtes und zwingendes Glücksgefühl, daß es mich Mühe kostete, nicht jubelnd auszurufen: Nun beginnt endlich das wirkliche Leben. Als ob eine Gefängnistür vor mir aufgesprungen wäre und die klare Luft der längstgeahnten Freiheit schlüge mir entgegen. Es war wie eine Erfüllung.[12]

Nicht von der bevorstehenden politischen Befreiung ist hier die Rede, sondern von der Freisetzung der eigenen Person. Dieses 'zwingende', also empirisch-rational nicht begründbare Glücksgefühl ist zugleich persönliches Erlebnis und der Versuch, dies in die zeitgeschichtlichen Verhältnisse hineinzuprojizieren. Die Zerstörung der Stadt bedeutet, da sie mit Nossacks eigenem Schicksal eng verknüpft ist, persönliche Befreiung.

Nossack als Ausnahme: zu Sebald und Nossack

Von diesen Zusammenhängen steht bei Sebald, seiner Fragestellung entsprechend, nur wenig. Er hatte ein durchaus ambivalentes Verhältnis zu Nossack. Schon in einem 1983 erschienenen Aufsatz über Günter Grass und Wolfgang Hildesheimer führt Sebald Nossack als Ausnahme an: Er sei einer der wenigen Schriftsteller der Nachkriegszeit, "die sich in Anbetracht dessen, was geschehen war, ein Gewissen machten und das in einer Form zu artikulieren vermochten, die auch heute noch gilt".[13] An gleicher Stelle findet sich allerdings Undifferenziertes. Wer das Nossacksche Gesamtwerk kennt, den wird die Identifikation mit Hamlet allenfalls als grobe zeitgeschichtlich bedingte

---

[9] Als Freikorpsmitglied hätte Nossack 1921 fast an einer militärischen Aktion in Oberschlesien teilgenommen. Vgl. Gabriele Söhling: *Hans Erich Nossack*. Hamburg: Ellert & Richter 2003. S. 54–5.
[10] Kurt Rothmann: *Deutschsprachige Schriftsteller seit 1945 in Einzeldarstellungen*. Stuttgart: Reclam 1985. S. 284.
[11] In: *Jahrbuch der Freien Akademie der Künste in Hamburg*. Hamburg 1963. S. 51–60.
[12] Nossack: *Interview mit dem Tode*. S. 230–1.
[13] Sebald: Konstruktionen der Trauer. Zu Günter Grass *Tagebuch einer Schnecke* und Wolfgang Hildesheimer *Tynset*. In: *Der Deutschunterricht* 35 (1983). S. 32–46. Hier S. 33.

Charakterisierung überzeugen; und auch Sebalds Behauptung, Nossack habe versucht, "die Kategorien der Trauer an den Präzedenzfällen der griechischen Tragödie verstehen zu lernen",[14] lässt sich so nicht belegen. Nossacks Umgang mit Antikem war vielmehr vom Versuch geprägt, neue Wirklichkeiten zu schaffen. So wurden die "Trümmer des antiken Mythos zu Bausteinen der neuen Wirklichkeit".[15] Nossack schwebte, zumindest in den späten 1950er Jahren, eine "mythische" Darstellung des modernen Menschen vor, ohne "modischen Rückgriff auf antike Sagen".[16]

Sebalds zuerst in einem Aufsatz aus dem Jahr 1982 formuliertem und in *Luftkrieg und Literatur* im wesentlichen unverändertem Urteil über Nossacks *Untergang* ist hingegen in weiten Teilen zuzustimmen. Auf den ersten Blick ist *Der Untergang* ein sachlicher Bericht über ein historisches Ereignis.[17] Sebald erkennt in eloquenter Weise den grundlegenden Widerspruch des Berichts, nämlich die zum Scheitern verurteilte Bemühung Nossacks, angesichts einer solchen Katastrophe nüchtern und objektiv zu berichten: "Obschon [...] der Text Nossacks in einigen seiner Amplitüden [!] über die schiere Faktizität des Geschehens hinausgeht und umschlägt in persönliches Bekenntnis und mythisch-allegorische Strukturen, versteht er sich doch, seiner ganzen Anlage nach, als der bewußte Versuch möglichst neutraler Aufzeichnung einer alle künstlerische Imagination übersteigenden Erfahrung".[18] Es ist dies die Paradoxie eines Berichts, der wiederholt die Grenzen seiner eigenen Form überschreitet.

Sebalds Urteil ist jedoch insofern ergänzungsbedürftig, als sein Hauptinteresse diskursiven Elementen des Texts gilt. Sebald, der den geringen "Informationswert"[19] der deutschen Literatur der Jahre 1945–1954 beklagt

---

[14] Sebald: Konstruktionen der Trauer. S. 33.
[15] Schmid: *Monologische Kunst*. S. 46.
[16] Brief an Hans Henny Jahnn, 22. Januar 1959, Deutsches Literaturarchiv Marbach. Schon 1947 fragte Nossack kritisch zu Alexander Lernet-Holenias Elegie *Germanien*: "Wozu der ganze mythologische Aufwand"? (Brief an Hermann Kasack, 14. Januar 1947. In: Hans Erich Nossack: *Geben Sie bald wieder ein Lebenszeichen. Briefwechsel 1943–1956*. Hg. v. Gabriele Söhling. 2. Bde. Frankfurt/M.: Suhrkamp 2001. S. 371) Vgl. hierzu meine Studie *Hans Erich Nossack und das Mythische. Werkuntersuchungen unter besonderer Berücksichtigung formalmythischer Kategorien*. Würzburg: Königshausen & Neumann 2004 (=Epistemata: Würzburger wissenschaftliche Schriften, Reihe Literaturwissenschaft, 509).
[17] Ein vielsagender Beweis für eine solche Rezeption des Werkes ist die Kombination von Nossacks vermeintlich objektiv berichtendem Text mit Photographien der zerstörten Stadt: *Der Untergang. Hamburg 1943*. Fotos von Erich Andres. Nachwort von Erich Lüth. Hamburg: Kabel 1981.
[18] Sebald: Zwischen Geschichte und Naturgeschichte – Versuch über die literarische Beschreibung totaler Zerstörung mit Anmerkungen zu Kasack, Nossack und Kluge. In: *Orbis Litterarum* 37 (1982). S. 345–66. Hier S. 352.
[19] Sebald: Zwischen Geschichte und Naturgeschichte. S. 347.

hatte, lässt in der Regel nur diejenigen literarischen Produkte gelten, die in auffälliger Weise mit diskursiven oder pseudo-dokumentarischen Elementen durchsetzt sind (Nossack, Fichte, Kluge), was seine eigene Prosa ja auch auszeichnet. So überrascht es nicht, dass Sebald Nossacks *Untergang* als frühen Vorläufer des Dokumentarischen versteht, also einer Strategie zur Bewältigung eines der traditionellen Ästhetik inkommensurablen Materials. Will man von zwei entgegengesetzten Kategorien sprechen, abstrakt-imaginär, konkretdokumentarisch, (oder aber von zwei Tendenzen, "Transzendieren" einerseits und "Beschreiben" andererseits[20]), so zieht Sebald eindeutig letztere vor. Dabei ist *Der Untergang* eine merkwürdige und durchaus reizvolle Mischung aus beiden nur scheinbar entgegengesetzten Tendenzen. Gerade die "mythisch-allegorischen" Strukturen sind im Folgenden von Interesse. Hat man solche bloßgelegt, so kann von "Faktizität" im Sebaldschen Sinn nicht mehr die Rede sein.

Habituelle Mythisierung?

Der Untergang, so Sebald, verfalle "an einigen Stellen in die seit der Zeit des 1. Weltkriegs, als der Realismus seinen Geist aufgab, fast schon habituelle Mythisierung extremer gesellschaftlicher Zustände".[21] Damit werde der Blick auf das "technische Unternehmen der Zerstörung" verstellt. Sebald versteht die "habituelle Mythisierung" als ärgerlichen Rest einer literaturgeschichtlichen Tendenz, dabei ist es deutlich, wie oben dargestellt, dass das Schicksalhafte der Zerstörung Hamburgs in *Der Untergang* auch auf Nossacks persönliche psychische Verfassung zurückgeht.

Was ist mit "Mythisierung" gemeint? Neben der bedenklichen Nähe zur Rhetorik der Schicksalhaftigkeit und zur Ästhetisierung des Geschehens ist Mythisierung als Mittel der Flucht vor der Wirklichkeit und auch als kompensatorischer Mechanismus impliziert. Inge Stephan behauptet sogar, Nossacks "Hinwendung zum Mythos" sei "eine Flucht vor der Auseinandersetzung mit den Verbrechen im eigenen Lande".[22] Neben einer solchen sicherlich auch berechtigten kritischen Sicht der Dinge kann der Rückgriff auf den Mythos auch eine produktive Art sein, mit Erlebtem umzugehen.

Eine zum Mythischen hin tendierende Qualität des Texts ist die Mischung aus offenen und geschlossenen literarischen Formen, die in *Der Untergang* herrscht. Zur Offenheit hin tendiert der Text durch die Nennung des genauen

---

[20] So Manfred Karnick in: *Geschichte der deutschen Literatur von 1945 bis zur Gegenwart.* Hg. v. Wilfried Barner. München: Beck 1994. S. 35ff.
[21] Sebald: Zwischen Geschichte und Naturgeschichte. S. 350.
[22] Inge Stephan: "Was geht uns Kassandra an …"? Zur Funktion des Mythos in Hans Erich Nossacks frühen Nachkriegstexten. In: Ludwig Fischer, Klaas Jarchow, Horst Ode und Hans-Gerd Winter (Hg.): *"Dann waren die Sieger da". Studien zur literarischen Kultur in Hamburg 1945–1960.* Hamburg 1999. S. 111–29. Hier S. 123.

Datums sowie durch die Nüchternheit des Berichts, in dessen Mittelpunkt ein geschichtliches Ereignis steht. Ein wichtiges realweltliches Element ist die Identität des Ich-Erzählers, der aus verschiedenen Gründen mit dem Autor Nossack gleichzusetzen ist – seine Frau Gabriele wird im Text mit ihrem auch in den Tagebüchern Nossacks verwendeten Kosenamen "Misi" erwähnt.[23] Im Laufe des Berichts wird der durch autobiographische Züge bedingte Grad der Offenheit jedoch konterkariert. Eingeschobene geschlossene Formen wie Märchen und Parabel, die die Bedingungen des Überlebens nach der Katastrophe thematisieren, tragen hierzu bei und verleihen dem Bericht stellenweise die Qualität mythischer Geschlossenheit:

> Es war einmal ein Mensch, den hatte keine Mutter geboren. Eine Faust stieß ihn nackt in die Welt hinein, und eine Stimme rief: Sieh zu, wie du weiterkommst. Da öffnete er die Augen und wußte nichts anzufangen mit dem, was ihn umgab. Und er wagte nicht, hinter sich zu blicken, denn hinter ihm war nichts als Feuer.[24]

> Es lagen einige, die übrig geblieben waren, auf dem nackten Boden der Welt. Sie lagen um ein Feuer, Männer und Frauen. Sie waren in Lumpen gekleidet, aber sie wußten es nicht anders. Es war Nacht. Es gab auch noch Sterne, nicht andere als immer. Da redete einer im Traum. Keiner verstand, was er redete. Aber sie wurden alle unruhig, sie erhoben sich, sie verließen das Feuer, sie lauschten ängstlich ins kalte Dunkel. Sie stießen den Träumenden mit dem Fuß an. Da wachte er auf. "Ich habe geträumt. Ich muß bekennen, was ich geträumt habe. Ich war bei dem, was hinter uns liegt". Er sang ein Lied. Das Feuer wurde blaß. Die Frauen fingen an zu weinen. "Ich bekenne: Wir waren Menschen"! Da sprachen die Männer zueinander: "Wir würden erfrieren, wenn es so wäre, wie er geträumt hat. Laßt uns ihn erschlagen"! Und sie erschlugen ihn. Da wärmte sie das Feuer wieder, und alles war zufrieden. –[25]

In parataktischer, nüchterner Sprache wird in diesen Einschüben das Erleben des modernen Menschen mit einer archaisierenden Erzählform dargestellt. Die Substantive sind einfach: Boden, Welt, Mann, Frau, Feuer, Sterne, Dunkel. Die Begriffe – auch die Grunderfahrung des Kollektivs und des Ausgestoßenseins – stammen aus der Urbegegnung des Menschen mit der Welt und seinen Mitmenschen. Mit einfachen Mitteln und allgemein verständlichen Symbolen wird der Fall eines Störers des kollektiven Selbstverständnisses dargestellt.

Der Berichterstatter Nossack bemüht sich, nicht spezifische, sondern typische Situationen darzustellen. Folglich wird dem anonymen Sprechen und anonymen Formen – den märchenhaften oder mythenähnlichen Einschüben – große Bedeutung beigemessen. Der letzte Absatz des Berichts ist ein Beispiel einer solchen anonymen Überlieferung und wird von Nossack entsprechend

---

[23] Nossack: *Interview mit dem Tode*. S. 215.
[24] Nossack: *Interview mit dem Tode*. S. 219.
[25] Nossack: *Interview mit dem Tode*. S. 248–249.

eingeleitet: "Und der es mir erzählte, wußte nicht, daß er in seiner bilderlosen Sprache ein Bild schuf, wie es kein Dichter schaffen kann".

Dann kam einer zu uns in den Keller und sprach: Ihr müßt jetzt herauskommen, das ganze Haus brennt und wird gleich einstürzen. Die meisten wollten nicht, sie meinten, sie wären dort sicher. Aber sie sind alle umgekommen. Einige von uns hörten auf ihn. Doch es gehörte viel dazu. Wir mußten durch ein Loch hinaus, und vor dem Loch schlugen immer die Flammen hin und her. Es ist gar nicht so schlimm, sagte er, ich bin doch auch zu euch hereingekommen. Da wickelte ich mir eine nasse Decke um den Kopf und kroch hinaus. Dann waren wir hindurch. Einige sind dann auf der Straße noch umgefallen. Wir konnten uns nicht um sie kümmern.[26]

Diese 'anonymen' Einschübe relativieren die autobiographische Natur des Berichts. Der vielgerühmte Blick für das Fassadenhafte, bloß an zeitgeschichtliches Geschehen gebundene, der sich in Nossacks Werk immer wieder offenbart, hat seinen Ursprung in der Erfahrung des Untergangs. Im Text wird ein Unterschied deutlich zwischen realweltlichen Elementen und dem Anspruch, das bloß Fassadenhafte durch Zitieren archaischer Formen reliefartig mit der mythischen Wirklichkeit zu kontrastieren. Nossacks Neigung zu archaisierenden Formen verstärkt sich mit zunehmendem zeitlichem Abstand von der Katastrophe, wie noch zu sehen sein wird.

Dorothea (1946)

'Schicksal' ist eines der häufigsten Wörter im *Untergang*, und man kann behaupten, dem Bericht liegt ein Modell jener mythischen Kausalität zugrunde, nach der nichts zufällig geschieht. Die vorgegebene Nüchternheit und Objektivität des Berichts wird so durch Elemente eines mythischen Weltverständnisses untergraben: Bezeichnenderweise wird der 'Untergang' selber als schicksalhafter, plötzlicher und überwältigender Augenblick umschrieben:

> Stellen Sie sich vor, Sie schlössen die Augen für eine einzige Sekunde, und wenn Sie sie wieder öffneten, wäre nichts mehr da von alldem, was vorher da war.[27]

Hiermit hängt auch das Erleben der Geschichte als überwältigendes Schicksal zusammen. Nossack erkennt in der Katastrophe das "Werkzeug unkennbarer Mächte, die uns zu vernichten wünschten"[28] Rückblickend wird eine Verbindung zwischen dem Schicksal der Stadt und Nossacks persönlichem Schicksal konstruiert: "Ja, ich habe, wie ich jetzt weiß, immer gewußt, daß es sich bei dem Schicksal der Stadt um mein Schicksal handeln würde".[29] In der

---

[26] Nossack: *Interview mit dem Tode*. S. 255.
[27] Nossack: *Interview mit dem Tode*. S. 218.
[28] Nossack: *Interview mit dem Tode*. S. 229.
[29] Nossack: *Interview mit dem Tode*. S. 209. Vgl. auch: "Unser Schicksal war vollzogen". (S. 227)

Formulierung "jetzt weiß, immer gewußt" wird die Finalbestimmtheit des Erlebten angedeutet, die erst im Erzählen und im Prozess des Rechenschaftablegens zum Ausdruck kommt. Dieses Erleben der Bombardierung als Schicksal hängt mit einem Modell mythischer Kausalität zusammen, das sich im Text häufig beobachten lässt.

Dort, wo Nossack versucht, die Ereignisse um die Bombardierung Hamburgs nicht in einem sogenannten "Bericht" zu vermitteln, sondern als Erzählkulisse zu nehmen, wird die Zufallslosigkeit des Geschehens auf die Schicksale der Akteure verlagert. Die Handlung der Erzählung *Dorothea*, die Nossack am 16.10.1946 begonnen hat,[30] lässt sich vor dem Hintergrund der ebenfalls in der Sammlung *Interview mit dem Tode* veröffentlichten Glosse *Das Märchenbuch*[31] veranschaulichen: Darin reflektiert Nossack über zwei südamerikanische Märchen, die von Überlebenden verschiedener Katastrophen handeln: Einmal ist es ein Mädchen, dessen sieben Schwestern einem nicht genauer beschriebenen Unheil entkommen können, indem sie an den Himmel springen, das sich selbst aber in der Erde verstecken muss; ein andermal handelt es sich um einen Jungen, der als einziger Dorfbewohner einen feindlichen Angriff überlebt und sich fragt: "Was soll ich nun machen? Soll ich Orion werden"?[32] Es sind also zwei Versternungsmythen. In der Glosse sinniert Nossack: "Wie schön wäre es doch, wenn dieser Mann und dieses Mädchen sich fänden".[33]

> Ja, und während ich nun darüber nachdenke, wie ich die beiden wohl zusammenbringen könnte, muß ich mir plötzlich die Frage stellen: Wie kommen wir eigentlich dazu, solche Geschichten Märchen zu nennen, als wäre so etwas nicht mehr möglich und könnte uns heute nicht mehr passieren?[34]

Von einer solchen Konstellation, von einem Treffen zweier Überlebender handelt die Erzählung *Dorothea*, die man folglich als Ergebnis dieser Reflexion betrachten kann.[35] *Dorothea* berichtet von der Begegnung zweier Personen

---

[30] In: Nossack: *Interview mit dem Tode*. S. 12–61. Vergleiche auch den (undatierten) Tagebucheintrag vom 16.10.1946. Hans Erich Nossack: *Die Tagebücher 1943–1977*. 2 Bde. und ein Kommentarband. Hg. v. Gabriele Söhling. Frankfurt/M.: Suhrkamp 1997.
[31] In: Nossack: *Interview mit dem Tode*. S. 139–141. Zuerst erschienen am 25.05.1946 in: Weser-Kurier (Bremen). Die Glosse wurde in die zweite, unter dem Titel *Dorothea* veröffentlichte Sammlung nicht aufgenommen, wohl auch deswegen, weil sie einen – wenn auch getarnten – Blick in literarische Entstehungsprozesse darstellt und somit den Rahmen der Sammlung zu sprengen drohte.
[32] Diese beiden Märchen ließen sich bislang nicht ermitteln.
[33] Nossack: *Interview mit dem Tode*. S. 140.
[34] Nossack: *Interview mit dem Tode*. S. 141.
[35] Dafür spricht auch die Tatsache, dass die Glosse *Das Märchenbuch* vor der Erzählung *Dorothea* entstanden ist, auch wenn die Anordnung der Stücke in der Sammlung *Interview mit dem Tode* diese Tatsache nicht widerspiegelt.

während der Zerstörung Hamburgs im Juli 1943. Es ist eine Geschichte, die, so der Erzähler, fast zu einfach ist, um überhaupt erzählt werden zu können. Im Feuersturm begegnen sich Mann und Frau und überleben gegen alle Wahrscheinlichkeit den Angriff. Sie flüchten gemeinsam aus der Stadt auf die Heide, wo sie in einer einfachen Hütte untergebracht werden. Der Mann, der junge Soldat Matthias, leistet Dorothea wie selbstverständlich Hilfe, bringt sogar einen Koffer, Schuhe, Kleidung und setzt Dorotheas Mann von ihrem Überleben in Kenntnis. In der Nacht darauf erzählt Matthias, der bisher sehr schweigsam gewesen ist, von den Ereignissen im Feuersturm, bei dem seine ganze Familie umgekommen ist. Nur er konnte entfliehen, da er den Schutzkeller verließ, um bei Löscharbeiten zu helfen, bevor das Haus seiner Familie getroffen wurde.

Diese Fabel ist tatsächlich sehr einfach aufgebaut. Sie wird aber in ein Bündel von Zufällen und latenten Beziehungen eingebaut, die der Erzähler nicht erklären kann und nicht erklären will, so dass er am Ende der Erzählung resümiert:

> Es ist nicht gut, Dinge erklären zu wollen, die sich mit dem Verstande nicht erklären lassen. Es ist aber ebenso falsch, ihre Wirklichkeit nur deshalb zu verneinen, weil sie sich mit dem Verstande nicht erklären lassen. Denn da sie eine Wirkung haben und Spuren hinterlassen, müssen sie auch eine Wirklichkeit haben. Am besten ist, man läßt diese Dinge mit schweigendem Staunen bestehen.[36]

Dorothea ist nämlich davon überzeugt, in dem Erzähler, der bei ihr im Winter 1947 erscheint, um in seiner finanziellen Not ihrem Mann eine goldene Armbanduhr zu verkaufen, gerade den jungen Mann wiederzuerkennen, dem sie in der Nacht des Bombenangriffs begegnet ist und der ihr geholfen hat. Da aufgrund seines Alters dieses frühere Zusammentreffen ausgeschlossen werden muss, stellt sie Mutmaßungen an und beharrt auf der Existenz eines jüngeren Bruders. Einen Bruder gibt es zwar, aber um ihn kann es sich auch nicht gehandelt haben, da er sich seit zehn Jahren in Venezuela aufhält. Der Erzähler seinerseits glaubt in Dorothea das Sujet eines Gemäldes zu erkennen, das im Büro seines Verlegers hängt.[37] Ein weiterer Zufall, der die Schicksale der beiden verbindet, ist ein Gedicht, das der Soldat Matthias in der Hütte in einer Zeitschrift "zufällig"[38] gesehen und gelesen hatte. Es handelt sich um ein

---

[36] Nossack: *Interview mit dem Tode*. S. 59.
[37] Das Gemälde von Carl Hofer wurde für den Schutzumschlag von: Dorothea. Berichte. Hamburg: Krüger [1950], verwendet. Vgl. Nossack: *Tagebücher*, Eintrag vom 20.10.1946: "Das Bild von Hofer, das Krüger besitzt, Frau mit weißem Kopftuch, blauem Mantel, eine Brust entblößt, Hintergrund braun. Eine Melancholia. Es läßt mich nicht los".
[38] Nossack: *Interview mit dem Tode*. S. 49. Das Gedicht "O Nacht ..." wurde später in der Anthologie veröffentlicht: *Hamburger Anthologie. Lyrik der letzten fünfzig Jahre*. Hg. v. Max Sidow, Cornelius Witt. Hamburg: Marion von Schröder 1965, S. 163.

Jugendgedicht des Ich-Erzählers. Dorothea hatte damals das Gedicht aus der Hütte mitgenommen und, als sie den Namen des Besuchers erfuhr, gleich daran gedacht. Der Ich-Erzähler verspricht sogar, ihr einen "Schein"[39] zu bringen, als Nachweis, dass er nicht in der zweiten, sondern in der ersten Nacht ausgebombt wurde. Er will damit eine überprüfbare 'Tatsache' gegen die Möglichkeit einer latenten Identität stellen.

Märchen und Mythos. "Ameisen! Ameisen"!

Dorothea stellt einen Versuch dar, Unerklärbares in der Gegenwart anzusiedeln und bekräftigt Nossacks Unwillen, zwischen wirklicher, rational-empirischer und mythischer Wirklichkeit zu unterscheiden. Es verwundert nicht, dass Nossack in *Der Untergang* und in *Dorothea* auf märchenhafte Formen zurückgreift, denn sein dichterisches Selbstverständnis wird häufig im Horizont des Märchenhaften ausgedrückt: Sein "heimatliches Märchenland" bezeichnete er als den "Garten, wo die Worte wachsen".[40] Häufig berichten die Tagebücher und Briefe von der Lektüre in Märchenbänden.[41] 1957 heißt es in einem Brief an Horst Bienek:

> Es gibt ein Buch, dass mich in meiner Jugend mehr als alle anderen genährt hat, und zwar: Südamerikanische Indianermärchen (Diederichs). Es gibt da drei oder vier Mond-Mythen, die Sie unbedingt lesen müssen, z.B. "Der rollende Schädel". Ich weiss selber nicht, weshalb mich diese Dinge von jeher so fasziniert haben, es liegt im Unterbewussten, doch wenn Sie diese Märchen kennen, werden Sie verstehen, warum Ihr "Traumbuch" unmittelbar auf mich wirken musste.[42]

Das literarische Werk Nossacks spiegelt dieses Interesse am Märchen in eigentümlicher und unkonventioneller Weise wider. Eine solche Form wird in *Ameisen!*

---

[39] Nossack: *Interview mit dem Tode*. S. 33.
[40] Nossack: *Tagebücher*, Eintrag vom 20.8.1944.
[41] Zum Beispiel Nossack: *Tagebücher*, Eintrag vom 3.1.1951: "Lese jetzt irische Märchen".
[42] Brief an Horst Bienek, 11. Dezember 1957, Deutsches Literaturarchiv Marbach. Beim genannten Märchen handelt es sich um "Der rollende Totenschädel" aus: *Indianermärchen aus Südamerika*. Hg. v. Theodor Koch-Grünberg. Jena: Diederichs 1920. S. 191–193. Dieser Band befindet sich laut dem Kommentarband zu Nossacks *Tagebücher* in Nossacks Nachlassbibliothek. Im Folgenden wird diese Märchensammlung durchgehend zitiert nach der Ausgabe: 7.–12. Tausend. Jena: Eugen Diederichs 1921. Vgl. auch die Glosse *Das Märchenbuch*: Nossack dachte "mit wahrer Sehnsucht an eine Reihe von Märchen aller Länder und Zeiten. [...] Und eigentlich genügte mir davon jener eine Band, der die Indianermärchen Südamerikas enthielt". Nossack: *Interview mit dem Tode*. S. 139–40.

Ameisen![43] zitiert, eine Erzählung, die Ende 1958, also gut fünfzehn Jahre nach dem Erleben der Katastrophe, entstand. *Ameisen! Ameisen!* thematisiert, wie viele Werke Nossacks, das Überleben einer Katastrophe. Sie tut dies in außerordentlich subtiler Weise und verschlüsselt das Erlebte, verschleiert das Geschehene und bewahrt es dafür um so unauslöschlicher auf.

Die Erzählung *Ameisen! Ameisen!*, in der einige zentrale Motive auf die Erfahrung des Luftkriegs zurückgehen, ist ein Kunst-Mythos, der auf den ersten Blick einen für diese Gattung typischen, geschlossenen Horizont aufweist und kaum Rückschlüsse auf die reale Erfahrungswelt zulässt. Sie beginnt mit dem Gestus eines ätiologischen Naturmythos, der die nächtlichen Himmelserscheinungen zum Thema hat:

> Früher sind die Nächte ganz dunkel gewesen, sagte Großvater. Kein Mond und nur hier und da ein matter Stern. Es werden immer mehr.[44]

Der Großvater erzählt dem Ich-Erzähler und dessen um ein Jahr älterem Vetter folgende Begebenheit, die, da sie sich vor unbestimmter Zeit ereignete und seitdem von Generation zu Generation überliefert wird, als Mythos bezeichnet werden kann: Ein Mann will sich ein Haus bauen und zu diesem Zweck einen Holzpfahl in die Erde schlagen. Dies gelingt ihm anfangs nicht. Beim dritten Schlag "sauste der Pfahl ganz leicht in die Erde, wie durch Ziegenkäse".[45] Der Pfahl verschwindet gänzlich. Der Mann greift mit dem Arm ins Loch und schaut, offenbar fasziniert von dem Anblick, immer wieder hinein. Die anderen Dorfbewohner fliehen auf die umliegenden Hügel, da sie Angst haben, der Boden könnte durchbrechen. In der Nacht darauf ertönt ein unerträgliches Geräusch. Man steht auf und beobachtet einen Lichtstrahl, der aus dem Loch auf den Nachthimmel scheint,

> ein weißlicher zäher Dampf. Er floß wie in einer Glasröhre träge bis hoch in die Nacht hinauf, und oben schien er überzufließen. Und von da oben kam auch das Geräusch, so meinten wir, und deshalb war es überall.[46]

---

[43] Brief an Joachim Moras, 9. Dezember 1958, Deutsches Literaturarchiv Marbach: "[...] noch warm aus dem Backofen: Ameisen! Ameisen!" Hier zitiert nach: Hans Erich Nossack: *Ameisen! Ameisen!* In: *Begegnung im Vorraum.* Frankfurt/M.: Suhrkamp 1963. S. 378–394. Soweit ich sehe, ist diese Erzählung von der Literaturwissenschaft fast überhaupt nicht beachtet worden. Vergleiche aber den wertvollen Beitrag von John K. Noyes: Menschlich sprechen, Unmenschliches äußern. Das Menschlich-Unmenschliche in den Erzählungen Nossacks. In: *Hans Erich Nossack. Leben, Werk, Kontext.* Hg. v. Günter Dammann. Würzburg: Königshausen & Neumann 2000. S. 82–93.
[44] Nossack: *Begegnung im Vorraum.* S. 378.
[45] Nossack: *Begegnung im Vorraum.* S. 380.
[46] Nossack: *Begegnung im Vorraum.* S. 383.

Man fasst den Entschluss, am nächsten Morgen das Loch zuzuschütten. Der Mann erweitert jedoch das Loch und steigt hinunter. Er bleibt darin stecken – es herrscht also völlige Dunkelheit, da die Lichtstrahlen nicht mehr aus dem Loch hervortreten können – und muss von den anderen an dem Seil herausgezogen werden, mit dem er sich vor dem Abstieg gesichert hat. Der Mann bleibt aber bis auf den Kopf im Loch stecken und schreit: "Ameisen! Ameisen! Sie kriechen mir schon bis in den Kopf. Gleich wird mein Kopf brennen. Schlagt mir den Kopf ab"![47] Das unerträgliche Geschrei des Mannes findet erst dann ein Ende, als jemand seinen Kopf abschlägt. Der abgeschlagene Kopf beginnt daraufhin zu rollen, fängt an zu leuchten und springt an den Himmel.

Diese ungewöhnliche Erzählung erweist sich als eine synkretistische Verschmelzung verschiedener Vorlagen, aus denen sich ein persönlicher Mythos ergibt.[48] Die an den Surrealismus oder an die blutigen Bilder der frühen Expressionismus-Bewegung erinnernden Bilder der Nossackschen Erzählung erweisen sich als Adaptionen außereuropäischer Mythen und Märchen.
Ameisen! Ameisen! erinnert schon dadurch an den Untergang Hamburgs, dass darin wie in vielen anderen Werken Nossacks das Motiv eines Überlebenden nach der Katastrophe thematisiert wird. Aus dem Text geht hervor, dass etwas Furchtbares "blitzschnell"[49] über die unterirdisch lebenden, zu Ameisen stilisierten Menschen gekommen ist, von einem großen "Unglück"[50] ist die Rede. Das Bewusstsein, überlebt zu haben wird in einem Mythos des Ursprungs gefasst, der quasi-ätiologische, persönlich konnotierte Elemente aufweist. Als Hinweis auf diese Qualität des Texts dient ein bisher unbeachteter intertextueller

---

[47] Nossack: *Begegnung im Vorraum*. S. 386. In Nossacks Spätwerk *Ein Glücklicher Mensch* (Frankfurt: Suhrkamp 1975) wird folgende Episode referiert: "Er machte sich ganz allein, nur mit Hacke und Spaten bewaffnet, daran, da hinter den Hügeln ein tiefes Loch zu graben, um nach seinem Öl zu suchen. Alle lachten ihn aus. Schließlich schlief er sogar in seinem Loch, um nur ja keine Zeit bei seiner Suche zu verlieren oder weil er Angst hatte, ein andrer würde ihm zuvorkommen. Schließlich mußten wir ihn halbtot herausziehen und er starb dann auch bald". (S. 101)
[48] Als Quellen kommen drei Mythen in Frage, mit denen Nossack wohl bereits als Jugendlicher in Kontakt gekommen ist. In der von Nossack geschätzten Sammlung *Popol Vuh. Das Buch des Rates. Mythos und Geschichte der Maya* (9. Auflage. Hg v. Wolfgang Cordan. München: Diederichs 1995), sowie im Diederichs-Band *Märchen der Azteken und Inkaperuaner, Maya und Muiska* (Hg. v. Walter Krickeberg. Jena 1928) wird mit dem Mythos "Die vierhundert Jünglinge" eine ähnliche Handlung erzählt. Der Stoff dieses Mythos wurde – ob bewußt oder unbewußt, sei dahingestellt – von Nossack in *Ameisen! Ameisen!* verarbeitet. Zwei Märchen aus *Indianermärchen aus Südamerika* weisen auch auffällige Ähnlichkeiten mit *Ameisen! Ameisen!* auf. Beide Märchen – "Der rollende Schädel" (S. 191–3) und "Der Mond" (S. 232–41) – sind Mondmythen.
[49] Nossack: *Begegnung im Vorraum*. S. 392.
[50] Nossack: *Begegnung im Vorraum*. S. 393.

Bezug zwischen *Ameisen! Ameisen!* und *Der Untergang*, der die Unwirklichkeit des letzteren und die Wirklichkeit des ersteren deutlich werden lässt.[51] Das Motiv des Geräusches in *Ameisen! Ameisen!* ebenso wie der rätselhafte Lichtstrahl stammt nämlich aus Nossacks eigenem Bericht über die Zerstörung Hamburgs *Der Untergang*. Das sehr konkret gehaltene, bildhafte Geschehen in *Ameisen! Ameisen!* geht auf Nossacks Erfahrung des Untergangs, das heißt der Zerstörung Hamburgs zurück:

> [...] Nervös tastete der Scheinwerfer den Himmel ab, manchmal traf er sich mit anderen Zeigern, die gleich ihm in weitem Ausschlag pendelten; dann bildeten sie für einen Augenblick geometrische Figuren und Zeltgerüste, um erschrocken wieder auseinanderzufahren.[52]

In *Ameisen! Ameisen!* mutiert das nervös bewegliche Licht zum weißlichen, zähen Dampf, das "wie in einer Glasröhre träge bis hoch in die Nacht hinauf" fließt und selber das unerträgliche Geräusch zu verursachen scheint. Einer durchaus mythischen Kausalität entsprechend gehen Ursache und Wirkung aus der topographischen Nähe hervor. Licht und Geräusch treten in einen kausalen Zusammenhang.

Im *Untergang* schwebt das Geräusch wie eine "drückende Last zwischen den klaren Sternbildern und der dunklen Erde". Es gibt "keine Flucht davor". Es ist "das Geräusch von achtzehnhundert Flugzeugen, die in unvorstellbaren Höhen von Süden her Hamburg anflogen".[53] In *Ameisen! Ameisen!* zeichnet sich das Geräusch durch seine Konstanz und seine Allgegenwärtigkeit aus. Es war "Im Haus und es war draußen". Es war "gar nicht laut, man hätte ruhig dabei schlafen können". Der Erzähler denkt an eine "Fliege, eine riesige Fliege".[54] "Das Geräusch war überall. Es war nicht allein in den Ohren, ja man hörte eigentlich nicht mit den Ohren, man fühlte es mehr, und das war sehr viel lästiger. Als ob einem jemand mit einer Distel die Haut entlang führe, ganz zart nur und ohne daß es weh tat. Es prickelte in den Ohren".[55] Das "furchtbare" Geräusch,

---

[51] "So wie in *Nekyia* trotz der mythischen Entrücktheit des Inhalts eine realistische Erzählweise vorherrschte, so erhalten die konkreten Erlebnisse bei der Zerstörung in der Außenwelt eine mythische Dimension". Josef Kraus: Hans Erich Nossack. München: Beck 1981 (=Autorenbücher 27). S. 35–6.
[52] Nossack: *Interview mit dem Tode*. S. 205–6. Auch in der Kleinigkeit, dass sich Nossack in *Der Untergang* durch die Falltür der Hütte zwingt "bis nur mein Kopf noch oberhalb war", (*Interview mit dem Tode*. S. 207) ist eine Beziehung zwischen den beiden Texten zu erkennen.
[53] Nossack: *Interview mit dem Tode*. S. 206. Tatsächlich waren es 791 Flugzeuge, die in der Nacht vom 24. Juli Hamburg aus dem Nordwesten anflogen. *The Strategic Air Offensive Against Germany 1939–1945*. London 1961. Band II. S. 150.
[54] Nossack: *Begegnung im Vorraum*. S. 382.
[55] Nossack: *Begegnung im Vorraum*. S. 383.

das Nossack auf der Heide in der Julinacht 1943 erlebte, ist aber so "durchlässig, dass auch jeder andere Laut zu hören war: nicht nur die Abschüsse der Flak, das Krepieren der Granaten, das heulende Rauschen der abgeworfenen Bomben, das Singen der Flaksplitter, nein, sogar ein ganz leises Rascheln, nicht lauter als ein dürres Blatt, das von Ast zu Ast fällt, und wofür es im Dunkeln keine Erklärung gab".[56] Das trotz des Lärms der Zerstörung vernehmbare Rascheln wurde verursacht durch von den Angreifern abgeworfene Stanniolstreifen, die in der Nacht vom 24. Juli 1943 über Hamburg zum ersten Mal eingesetzt wurden, um die Flakabwehr wenn nicht außer Gefecht zu setzen, so doch in ihrer Wirkung erheblich zu stören. Bei Tageslicht erst entdeckt Nossack den Grund für das Rascheln:

> Die Heide war übersät mit schmalen Streifen Stanniolpapiers, die auf einer Seite geschwärzt waren. Sie hatten das Rascheln in der Nacht verursacht, aber niemand kannte ihren Zweck. [...] Erst später erfuhr man, daß die Streifen abgeworfen wurden, um der Abwehr die Anpeilung durch Meßgeräte unmöglich zu machen.[57]

Die Stanniolstreifen, ein Mittel mit dem Decknamen *Window*, wurden von den Crews der britischen Bomber im Minutentakt[58] bündelweise mit bloßen Händen aus den Bomberschächten geworfen. Es handelte sich um zwei Zentimeter breite und fünfundzwanzig Zentimeter lange[59] Streifen, die Radarsignale reflektierten, und so während eines Bombenangriffs die Ortung der Flugzeuge erschwerten. Es bleibt aufgrund der vielen Faktoren schwer zu ermitteln, inwiefern die Millionen abgeworfenen Stanniolstreifen für die etwas geringeren britischen Verluste über Hamburg verantwortlich waren. Bereits am 29. Juli hatten sich die Deutschen jedenfalls an das eingesetzte Mittel gewöhnt und andere Methoden zur Aufspürung der angreifenden Bomber entwickelt.[60]

---

[56] Nossack: *Interview mit dem Tode*. S. 206.
[57] Nossack: *Interview mit dem Tode*. S. 213.
[58] "The whole force was instructed to start dropping *Window* at the rate of one bundle a minute when they reached seven degrees thirty minutes east and to continue doing so until they had passed seven degrees east on the homeward journey". *Strategic Air Offensive*. Band II. S. 150.
[59] Jörg Friedrich: *Der Brand. Deutschland im Bombenkrieg 1940–1945*. 13. Auflage. München: Propyläen 2002. S. 43. Jörg Friedrichs Erläuterungen zu den Stanniolstreifen bieten übrigens eine Kostprobe jenes suggestiven Stils, der bei Historikerkollegen so heftigen Widerspruch hervorrief: "Beiden [den Deutschen sowie den Engländern – A.W.] war angesichts der *gräßlichen* Wirkung, die ein *elender* Draht oder Stanniolstreifen auf die kunstvollen Geräte ausübte, unwohl". S. 44 [Hervor. durch mich – A.W.] Friedrich bzw. dem Lektorat wird zudem oft "hastiges ungenaues Arbeiten" angelastet (so Horst Boog In: *Ein Volk von Opfern? Die neue Debatte um den Bombenkrieg 1940–45*. Hg. v. Lothar Kettenacker. Berlin 2003. S. 132). Dass im Literaturverzeichnis der Name "Nossak" [!] genannt wird, verstärkt diesen Eindruck.
[60] *Strategic Air Offensive*. S. 153–4.

Vermutlich war gerade die sichere Entfernung vom Ort des Geschehens auch ein Grund dafür, dass Nossack die Verschiedenheit der Geräusche überhaupt wahrnehmen konnte. So könnte man den ersten Satz – "Ich habe den Untergang Hamburgs als Zuschauer erlebt" – durch "und als Zuhörer" ergänzen. In der Erfahrung der unerträglichen Geräuschkulisse der Zerstörung Hamburgs gründet die in Nossacks Werken und vor allem in seinen Tagebüchern immer wieder zu beobachtende Empfindlichkeit für Geräusche, und deren Kehrseite, das Bedürfnis nach Stille und Ungestörtheit, auf die auch in dem 1962 entstandenen Prosastück *Das Federmesser*[61] angespielt wird. Dort handelt es sich um "große [...] Weinblätter an der Hauswand, die mit einem stanniolenen Geräusch aneinanderschlagen",[62] ein Geräusch, das schon ausreicht, um den schreckhaften Ich-Erzähler aus dem Schlaf zu reißen. Auch im Tagebuch notiert Nossack 1962 schlicht: "Das stanniolene Rascheln der Weinblätter".[63]

Private Chiffren

Sebalds These zufolge verhindere die Mythisierung des Geschehens die literarische Darstellung des technischen Unternehmens der Zerstörung. Aber sind nicht in *Ameisen! Ameisen!* eminent technische Aspekte der Zerstörung und der Abwehr thematisiert worden? Inwiefern ist eine solche mythisch verschlüsselte Behandlung, die unter anderem der Opfer nicht gedenkt und weder politischen noch geschichtlichen Zusammenhang kennt, im Vergleich zu genuin dokumentarisch geprägten literarischen Darstellungen defizitär? Das ist eine schwer zu beantwortende Frage. Gert Ledig hat in *Vergeltung* versucht, durch Auflösung der Chronologie, durch die Montage synchroner Ereignisse und das Aussparen eines metaphysischen Hintergrundes die Ereignisse literarisch zu bewältigen. Nossack tut es auf andere Weise. Es handelt sich bei der Erzählung *Ameisen! Ameisen!* um die Verarbeitung eines Indianer-Mythos, in der Überreste von Ereignissen geordnet und zu einem vielschichtigen literarischen Werk geformt werden. So entsteht eine private, oder sogar intime Form der Aufarbeitung der Vergangenheit, und gerade dies legt nahe, die Möglichkeit einer Tabuisierung beziehungsweise Verdrängung des Geschehens in Betracht zu ziehen. Nossacks kaum wahrnehmbare Reaktion auf das Erlebnis des Luftkriegs ist jenseits aller demonstrativen Erinnerungsversuche, und weit entfernt davon, eine "öffentlich lesbare Chiffre"[64] zu sein. Wesentliche sinnlich wahrnehmbare Elemente eines als bedeutsam empfundenen Augenblicks, den

---

[61] Laut Nossacks Tagebuch am 4.6.1962 beendet.
[62] Nossack: *Um es kurz zu machen*. Frankfurt/M.: Suhrkamp 1997. S. 33.
[63] Nossack: *Tagebücher*, Eintrag vom 2.7.1962.
[64] Alexander Kluge: *Geschichte und Eigensinn*. Zitiert nach Sebald: *Luftkrieg und Literatur*, S. 12.

er ja im *Untergang* (bedingt) diskursiv erläuterte, werden in einen kleinen Kunstmythos verlegt, der den Augenblick der Katastrophe mit einer persönlichen Bildersprache präserviert. *Ameisen! Ameisen!* muss so als ein zentraler Text des Gesamtwerkes angesehen werden.

Sebald These, die Zerstörung deutscher Städte durch Luftangriffe der Alliierten habe in der deutschsprachigen Literatur keinen Niederschlag gefunden, kann mit dem obigen Befund zu Nossacks Erzählung kaum widerlegt werden, aber es ist ohnehin nicht sinnvoll, sich zu dem Thema Luftkrieg und Literatur ausschließlich mit der Absicht zu äußern, Sebalds Thesen widerlegen oder bekräftigen zu wollen. Im Gegenteil, sein Verdienst besteht darin, unsere Aufmerksamkeit auf ein Phänomen gelenkt zu haben, dessen literarische Spuren einer differenzierten, nicht bloß auf einen vermeintlichen "Informationswert" fixierten Lektüre bedürfen. Sebalds Aussage, Nossack habe den Versuch unternommen, "das, was er tatsächlich gesehen hatte, in möglichst unverbrämter Form niederzuschreiben",[65] ist zwar in Bezug auf Teile von *Der Untergang* zutreffend, aber nicht mehr in Bezug auf *Ameisen! Ameisen!* Und wenn man die Spuren des Luftkriegs in *Ameisen! Ameisen!* zur Kenntnis genommen hat, scheint die Aussage auch in Hinblick auf den *Untergang* plötzlich um so fragwürdiger.

---

[65] Sebald: *Luftkrieg und Literatur*. S. 57.

III

THE ALLIED EXPERIENCE

Paul Crosthwaite

"Children of the Blitz": Air War and the Time of Postmodernism in Michael Moorcock's *Mother London*

The essay proposes that the postmodernist temporal configurations of Michael Moorcock's novel Mother London *can be read as responses to the experience and legacy of the German aerial assault on London during World War II. In particular, it argues that Moorcock's experimental use of the "stream-of-consciousness" technique enacts a radical collapse of public and private boundaries, and a profound fragmentation of temporal awareness, under conditions of aerial bombardment. This strategy does not simply testify to the destruction of subjectivity, however, but also gestures towards novel, hybrid forms of temporal experience.*

According to the novelist Michael Moorcock – born in London in 1939 – modernist fiction failed to describe "what it was like growing up with nothing else but war".[1] Moorcock and other writers of his generation, including his friends J.G. Ballard and Brian Aldiss, sought a literary form capable of addressing their experiences: "I'd been through the Blitz, Ballard had been through the Japanese prison camps, Brian Aldiss had been through the Malayan war as a young soldier – so we'd all had this very intense time and there was no fiction which really described it".[2] Consequently, "we [...] reject[ed] modernism in most of its aspects for our own work. [...] From our own point of view we needed new ways of dealing with our experience [...] so we were in that sense postmodernist".[3]

In this essay, I discuss Moorcock's novel *Mother London* (1988), in which a postmodernist response to the experience and legacy of the German bombing campaign is particularly apparent. Specifically, I argue that the text associates the devastation of the Blitz with the time of postmodernism, by which I mean both the cultural period and the distinctive mode of temporality that characterizes it. In order to articulate this position, it is first necessary to briefly outline the

---

I wish to acknowledge, with thanks, the support of the British Arts and Humanities Research Board, which funded the PhD research project from which this essay arose. I am particularly grateful to Michael Moorcock, who generously responded to my enquiries regarding his use of the stream-of-consciousness technique in *Mother London*. I also benefited from the comments of John Beck, Jennifer Richards and Melanie Waters.

[1] Ken Mondschein: Michael Moorcock on Politics, Punk, Tolkien and Everything Else. Part 3, par. 3. <http://www.corporatemofo.com/stories/Moorcock3.htm>.
[2] Simon Barnard: An Unrepentant Pariah: Michael Moorcock Interviewed. Par. 24. <http://www.cold-print.freeserve.co.uk/moorcock.html>.
[3] Barnard: Unrepentant. Par. 24.

high modernist understanding of time from which Moorcock's novel departs, and, in particular, to give an account of the key literary technique through which this temporal sensibility was conveyed: the 'stream of consciousness.'

This term, as critics who discuss it are at pains to point out, denotes not one, but a range of literary techniques, whose common purpose is to capture the complex rhythms of human temporal experience in language. However, the term stream of consciousness is commonly used to refer to one technique in particular: direct interior monologue. In direct interior monologue, consciousness (or rather, as Erwin R. Steinberg emphasizes, a linguistically-constructed *simulation* of consciousness)[4] is conveyed directly to the reader, without being reported or mediated by a narrator. The most celebrated example of the technique represents the wandering consciousness of Molly Bloom as she drifts into sleep at the end of James Joyce's *Ulysses* (1922). The continuous, unpunctuated passage, which lasts for forty pages, begins:

> Yes because he never did a thing like that before as ask to get his breakfast in bed with a couple of eggs since the *City Arms* hotel when he used to be pretending to be laid up with a sick voice doing his highness to be made interesting to that old faggot Mrs Riordan that he thought he had a great leg of and he never left us a farthing for all masses for herself and her soul greatest miser ever was actually afraid to lay out 4d for her methylated spirit telling me all her ailments […][5]

Anna Snaith has convincingly argued that particular styles of narrative voice correspond to particular configurations of public and private experience. If, she suggests, "narrators might be said to speak with a public voice, then a character's internal thoughts might be said to constitute a private voice".[6] Considered in these terms, *Ulysses*, in which direct interior monologue predominates over other modes of narrative voice, can be thought of as privileging the private realm over the public.[7] The fascination with the subjective aspects of temporality, which the direct interior monologue technique allowed Joyce to foreground, mark the text as paradigmatic of a central – perhaps even dominant – strand in high modernist conceptualizations of time. In the philosophy of Henri Bergson, Edmund Husserl and Martin Heidegger, the psychoanalysis of Sigmund Freud, the novels of Marcel Proust and William Faulkner and the paintings of Salvador Dalí, there is a similar interest in the mysterious, 'organic' strata of psychological time. In various ways, such artists and thinkers established an opposition

---

[4] Erwin R. Steinberg: The Psychological Stream of Consciousness. In: *The Stream-of-Consciousness Technique in the Modern Novel*. Ed. Erwin R. Steinberg. Port Washington, NY: Kennikat Press. Pp. 125, 136.
[5] James Joyce: *Ulysses* (1922). Oxford: Oxford UP 1998. P. 690.
[6] Anna Snaith: *Virginia Woolf: Public and Private Negotiations*. London: Palgrave 2003. P. 64.
[7] Snaith: *Virginia Woolf*. P. 69.

between the sinuous unfolding of memory, reverie, dream or 'epiphany' that constituted private temporal awareness and the mechanistic public time of the factory, the city, the telephone and telegraph and the battlefield.[8] In postmodernist culture, as Fredric Jameson and Ursula K. Heise, have argued, however, a distinction between public and private time comes to seem increasingly untenable, and a state of temporal fragmentation and disruption emerges as the dominant aesthetic mode.[9] *Mother London*, I argue, portrays a profound dispersal of subjectivity amidst the chaos of the Blitz, and the confusion and disillusionment of its aftermath. This fractured psychic condition is enacted through a radical, postmodernist re-invention of the stream-of-consciousness technique.

Michael Moorcock was born on 18 December 1939 in Mitcham, South London. In *Mother London*, one of the main characters, David Mummery – whose childhood, as Moorcock has acknowledged, is closely based on the author's own[10] – remarks that his "first clear memory" is of an "air battle" between Spitfires and Messerschmitts unfolding overhead.[11] This may well be an imaginative reconstruction, but if Moorcock was too young to meaningfully register, or to remember, the dogfights of the Battle of Britain, or the devastating bombing raids of September 1940-May 1941 (the period generally referred to as 'the Blitz'), the effects of these assaults – the landscape of bombed out buildings and crashed planes, and the emerging mythology of death, terror, and resilience – were certainly amongst his formative memories.[12] So too was the V-1 and V-2 'rocket blitz' (also known as the 'Battle of London') of June 1944–March 1945, a campaign in which Mitcham's neighbouring borough, Croydon, suffered greater devastation than any other part of the capital.[13] This latter period was considered by many, as a character in *Mother London* remarks, to have been even more psychologically debilitating than the Blitz itself.[14]

---

[8] I draw here on Ursula K. Heise: *Chronoschisms: Time, Narrative and Postmodernism*. Cambridge, UK: Cambridge UP 1997. Ch. 1, esp. pp. 35–38 and Stephen Kern: *The Culture of Time and Space 1880–1918*. Cambridge, MA: Harvard UP 1983. Ch. 1, esp. pp. 16–17, 24–29, 33–35.
[9] Fredric Jameson: *Postmodernism, or, The Cultural Logic of Late Capitalism*. London: Verso 1991. Pp. 11–6 and Heise: *Chronoschisms*. Pp. 37–38.
[10] Mike Whybark: Michael Moorcock Interview. Part 3, par. 18. <http://mike.whybark.com/ archives/000648.html>.
[11] This is presumably an incident from the Battle of Britain, which lasted from July to October 1940. Michael Moorcock: *Mother London* (1988). London: Scribner 2000. P. 21. Hereafter, I employ the abbreviation *ML*.
[12] See Mondschein: Michael Moorcock. Part 3, par. 2.
[13] Angus Calder: *The People's War: Britain 1939–45*. London: Jonathan Cape 1969. P. 560. Moorcock mentions this aspect of his childhood in Whybark: Michael Moorcock. Part 1, par. 13.
[14] *ML*. Pp. 434–435.

Moorcock's early years were spent with a mother who tolerated her son's desire for adventure, and a "feckless" father, who would desert his wife and child at the end of the war,[15] an experience that is also narrativized in Moorcock's portrayal of David Mummery's childhood.[16] Liberated from the strictures of the traditional bourgeois nuclear family, Moorcock's formative years were, he remarks, defined instead by the "peculiar", "malleable" environment of the bomb sites, which he and his friends tirelessly explored,[17] and by the bombardment of the rocket blitz.[18] He comments: "wartime London had an enormous effect on my imagination. [...] That kind of landscape [...] probably is the single greatest effect on my writing".[19]

Moorcock describes the impact of the war on London, and on the psychological development of its young inhabitants, in terms of flux, indeterminacy, and a radical instability of boundaries: "Growing up during the Blitz, you became used to seeing whole buildings and streets suddenly disappear. After the Blitz, new buildings and streets appeared. The world I knew was malleable, populated, violent and urgent;" consequently, "your entire memory is one of something in transition: something between one thing and another".[20] Though Moorcock, as Jeff Gardiner notes, found growing up in this environment at times terrifying,[21] his memories of it are, for the most part, distinctly positive. Acknowledging the importance of wartime London in his work, he comments: "It's nostalgia as much as anything, it really is. I loved it".[22] This ambivalence regarding the legacy of the war is encapsulated in a passage in *Mother London* narrated by David Mummery:

> The bombs brought me security, sexuality, escape and adventure. We children of the Blitz are not to be pitied. We are to be envied. We are to be congratulated because we survived; so if you must pity someone then pity the relations of the dead and the parents of my dead contemporaries, my friends; but we were happier than any generation before or since. We were allowed to play in a wider world.[23]

Mother London explores, with great subtlety, the capacity of aerial bombardment to unravel unified modes of consciousness. Frequently, the result is

---

[15] Whybark: Michael Moorcock. Part 1, par. 13.
[16] *ML*. P. 21.
[17] Jeff Gardiner: Interview with Michael Moorcock. In: Jeff Gardiner: *An Interrogation of Fantasy Through the Work of Michael Moorcock* (unpublished MPhil thesis). University of Surrey 2000. Par. 2 and David Kendall and Graham Evans: Michael Moorcock Interview. In: *The Edge*. Par. 56. <http://www.theedge.abelgratis.co.uk/moorcockiview.htm>. See the vivid descriptions in *Mother London*: Pp. 21, 155–7.
[18] Whybark: Michael Moorcock. Part 1, par. 13.
[19] Gardiner: Interview. Par. 2.
[20] Mondschein: Michael Moorcock. Part 3, par. 2; Gardiner: Interview. Par. 2.
[21] Gardiner: *Interrogation*. P. 26.
[22] Kendall and Evans: Michael Moorcock. Par. 56.
[23] *ML*. P. 172.

shown to be madness, or even, where the Blitz penetrates the private realm in the most literal sense, the complete annihilation of consciousness. Conversely, though, Moorcock suggests that more permeable forms of subjectivity may allow for greater plurality and hybridity in temporal experience. Most radically of all, it is implied that these apparently divergent consequences of the Blitz – insanity and community – may, in fact, be closely allied.

Moorcock's text follows the lives of three characters – the theatrical, flamboyant Josef Kiss, the timid, depressive David Mummery, and the ethereal Mary Gasalee – as well as the evolution of London itself, from the time of the Blitz to the novel's (mid-1980s) present day. Its episodic, elliptical narrative, which traces a series of movements backwards and forwards in time, laments London's sombre, battle-scarred condition in the late 1940s, celebrates the exuberance of the city's counter-cultural heyday in the 1960s and early 70s and decries the greed and hypocrisy of the Thatcherite 1980s. When they are not confined to mental institutions on the basis of the psychological abnormalities they share (of which more later), the three main characters interact, in their own small ways, with these broader movements, whilst negotiating the complex demands of the love triangle that develops between them. The novel closes on a muted note – part comic, part tragic – but affirms the value of communal experience in the face of an increasingly ruthless political culture and hostile urban environment.

The novel's two central chapters ("Late Blooms 1940" [pp. 222–37] and "Early Departures 1940" [pp. 243–65]), which mark the limit of the text's historical retrogression and the 'pivot' around which the narrative turns,[24] powerfully testify to the ferocity of the Blitz. In particular, Moorcock emphasizes the tendency of distinctions between public and private existence to dissolve under conditions of aerial assault. In a scene that depicts the first raid of the Blitz (which occurred on 7 September 1940), two sisters, Beth and Chloe Scaramanga, discuss the Germans' intentions. Chloe assumes – or rather hopes – that the attack will target purely logistical sites, as in the 'limited' warfare of an earlier era: "They're going for munitions plants and stuff. It would be a waste to do anything else".[25] Beth, however, recognizes that the terrorization of civilian populations is integral to the strategy of *Blitzkrieg*: "They mean to break our spirit, same as Spain and Poland. […] It's that sort of warfare. Aimed at civilians".[26] This sequence is preceded by an epigraph, taken from a text of the period, which identifies precisely this element of total war: like the Great Plague, the

---

[24] See Brian Baker: Maps of the London Underground: Iain Sinclair and Michael Moorcock's Psychogeography of the City. In: *Literary London: Interdisciplinary Studies in the Representation of London*. Vol. 1, No. 1. 2003. Pars. 12, 14. <http://homepages.gold.ac.uk/london-journal/march2003/baker.html>.
[25] *ML*. P. 233.
[26] Ibid.

Blitz gives "an insecurity to daily life".[27] Similarly, David Mummery wryly notes that, "like everyone" in London during the war, "I was used to the idea of being killed",[28] while another of the central characters, Josef Kiss, recalls, "the bombs never seemed to stop pounding out of the sky, one batch after another" (387).

The most significant bombing raids in the novel are those in which the three main characters, David Mummery, Josef Kiss and Mary Gasalee, are caught up. Each experiences an intrusion of the conflict into their private worlds that is so physical, and so intense, as to almost realize the threat of sudden death that the Blitz made so familiar; these incidents continue to shape their lives into the novel's present day. As a child, David narrowly survives the devastating impact of two V-2 rockets (he narrates the incident in a flashback).[29] In an earlier attack, Josef, driven to the brink of insanity by the carnage occurring around him, attempts, without guidance or training, to defuse an unexploded bomb using a pair of garden shears; in one of several apparent miracles that occur in the novel, he succeeds.[30] The most disruptive experience is Mary Gasalee's. The house in which the sixteen-year-old Mary lives with her husband and baby daughter is hit by a bomb in December 1940; her husband is killed outright, but Mary carries her daughter from the blazing building (this apparently miraculous escape is related to her for the first time twenty-five years later, by one of the auxiliary firemen who witnessed it).[31] Immediately after their emergence from the flames, however, Mary succumbs to shock and falls into a coma, from which she finally wakes fourteen years later.

The devastating ordeals suffered by the three main characters during the war profoundly exacerbate a range of psychological abnormalities, the symptoms of which include lurid hallucinations (like the "crazed horsemen", "naked giants", and other "beasts of the apocalypse" that Josef Kiss sees in the flames over London during the first raid of the Blitz)[32] and, most notably, the 'delusion' that they have telepathic powers. I employ scare quotes here because the ontological status of the characters' condition is continually in doubt. As Moorcock comments, "there's never an unequivocally supernatural scene" in *Mother London*, as there are in Moorcock's earlier works in the science fiction

---

[27] *ML*. P. 241. The quoted passage is from James Pope-Hennessy's commentary on photographs of the bombed-out streets of London by Cecil Beaton in their book *History under Fire: 52 Photographs of Air Raid Damage to London Buildings, 1940–41*. London: B.T. Batsford 1941.
[28] *ML*. P. 412.
[29] *ML*. Pp. 411–412.
[30] *ML*. Pp. 257–261.
[31] *ML*. Pp. 435–439.
[32] *ML*. Pp. 245–246.

and 'sword and sorcery' genres.[33] Equally, though, an interpretation of events that invokes supernatural phenomena is never entirely precluded.

In any case, however, the primary significance of the device inheres not so much in the question of its 'reality' or 'unreality,' but in the figurative function it serves within the narrative. As Moorcock himself remarks, "the telepathy element [...] is a specific use of a science-fictional notion to amplify the theme, instead of literally, or for its own sake".[34] Moorcock's appropriation of this "science-fictional notion" contributes to the thematic economy of the novel in a range of significant ways. I want, firstly, to indicate how its presence imaginatively transfigures – so as to make powerfully manifest – a disorienting interfusion of public and private temporalities arising from the turmoil of aerial bombardment. This function of the "telepathy element" of the text is clearly apparent, for example, in the section set during the first attack of the Blitz. In this nightmarish sequence, Josef Kiss' ability to distinguish between the activities of his own mind and the dynamics of the external world is hopelessly eroded by the ferocity of the assault, which he feels must be imagined, and yet cannot be, because it is "unimaginable".[35] In this permeable condition, his consciousness is assailed by, and merges with, the anguished thoughts of the "dying city['s]" inhabitants, whose intensity rivals that of the bombing raid itself:

> All at once a wave of voices hit him and he gasped as if winded. [...]
> The voices came again, fiercer and more urgent than before, striking him with such force he almost fell. Each voice was an individual, each one in such terrible confusion, such ghastly physical pain, such psychic agony, that he found he too was shouting with them; his voice joining the millions to form a single monumental howl. The noise was like a bomb-blast, hot and ravening, threatening to tear the clothes off his body.[36]

The central characters' experiences of the Blitz permanently reconfigure their perceptions of public and private temporality. This reconfiguration is enacted through a radical variation on the direct interior monologue technique: in Moorcock's text, this decidedly 'private' method is adapted in such a way as to undermine any straightforward distinction between it and the 'public' elements of the narrative.

There are around 150 passages in *Mother London* that could be described as stream-of-consciousness, each of which is italicized. Some are as short as a single line, while others, like the one from which the quotation below is extracted, comprise several hundred words. Occasionally, a passage will represent the

---

[33] Colin Greenland: *Death is No Obstacle*. Manchester: Savoy 1992. P. 105.
[34] Greenland: *Death*. Pp. 104–105.
[35] *ML*. P. 246.
[36] Ibid.

consciousness of a single, identifiable figure; more often, however, the thoughts of an indefinite number of anonymous individuals are strung together in a single, continuous 'stream.' This is the case in the following extract, which appears as Mary Gasalee arrives at a friend's party:

> [...] *dropped her in the canal the little minx and teach the lot of them a lesson ws ki bat per mat jao yeh ciz ws ke kam aegi call himself expert of what me say dema a mi spar-dem and that's good enough know what I mean su carne es del color de un calavera blanqueada open-heart surgery he said you'd better check there's one in there first I said einen frohlichen* [sic] *Tag im Bett do you have any broken no way that sod'll come back in here I don't care how many sixpacks of Extra Strong he's got in his boot baby was you mouth sewed up Miss Freezer and Mr Sebidey you are a very bad habit et vous?*[37]

This passage conforms to the conventions of direct interior monologue in so far as it makes frequent use of the first- and second-person pronouns and is not reported or mediated by a narrator. It differs significantly, however, from the quintessentially 'high modernist' use of the technique evident, for example, in the closing pages of *Ulysses*. The final sequence of Joyce's novel represents the shifting consciousness of a single, readily identifiable character, Molly Bloom. It is self-evidently the case that the emotions, memories, dreams and desires that flit through Molly's mind should be interpreted as her own. The reader of *Mother London* is not able to make such an assumption, however. In Moorcock's novel, both the wider narrative, which invites the reader to ascribe telepathic powers to Mary and her friends, and the stream-of-consciousness passages themselves, which, like the one quoted above, are characterized by particularly jarring shifts in emotional tone, dialect, and even national language, cast doubt on the unity of the consciousness in question. Of the thoughts and memories that make up the direct interior monologue extract above, only some (it is unclear which) belong to the consciousness – Mary's – in which they are registered. Where Joyce attempts to accurately render the sinuous unfolding of an autonomous, continuous and richly-layered consciousness over time, Moorcock offers a hyperbolic representation of a disrupted, fractured and heterogeneous form of temporal experience.

A way of conceptualizing *Mother London*'s departure from high modernist uses of the stream-of-consciousness technique is suggested by Fredric Jameson's theorization of postmodernist 'schizophrenia.' Jameson employs schizophrenia not as a clinical term, but as a "suggestive [...] model" for the temporal characteristics of the postmodernist aesthetic.[38] He draws on Jacques

---

[37] *ML*. P. 383.
[38] Jameson: *Postmodernism*. P. 26.

Lacan's description of schizophrenia as a breakdown in the chain of signifiers that generates meaning in a sentence to propose that,

> personal identity is [...] the effect of a certain temporal unification of past and future with one's present. [...] Such active temporal unification is itself a function of language, or better still of the sentence, as it moves along its hermeneutic circle through time. If we are unable to unify the past, present and future of the sentence, then we are similarly unable to unify the past, present and future of our own biographical experience or psychic life. With the breakdown of the signifying chain, therefore, the schizophrenic is reduced to an experience of pure and unrelated presents in time.[39]

Understood in these terms, the stream-of-consciousness sequence that makes up the final forty pages of *Ulysses* constitutes an example of 'non-schizophrenic' text, in that, as the huge, single sentence unfolds, the reader can discern a continuous chain of signification (a memory is triggered by a moment of imagination, which is triggered by a sensory perception, and so on)[40] and hence a certain unity of past, present and future. No such unity is evident in the stream-of-consciousness passages in *Mother London*; rather, the "radical and random difference" of the text is such that "the links of the signifying chain snap [... and] we have schizophrenia in the form of a rubble of distinct and unrelated signifiers", or a series "of pure and unrelated presents in time".[41] If, as Jameson implies, "unified" or "non-schizophrenic" experience should be aligned with a high modernist temporal sensibility, then the "schizophrenic" characteristics of *Mother London*'s use of direct interior monologue mark the text as emblematic of a radically altered, postmodernist time-sense.

I have proposed that the innovative way in which the stream-of-consciousness technique is employed in *Mother London* be read as a response to the experience and the legacy of the Blitz. I would therefore locate this text along a significant, though rarely foregrounded, strand within the nexus not only of British, but also of American, late-twentieth-century experimental, or postmodernist, fiction – a lineage for which the devastation of World War II (particularly that wrought by its aerial conflicts) is both a point of origin and a continual presence. A sensibility of this kind is present in works by authors ranging from Joseph Heller and Kurt Vonnegut, to Thomas Pynchon and J.G. Ballard, to Ian McEwan, Richard Powers and Graham Swift. This literary-historical trajectory does not fit easily, though, into the model of the postmodern proposed by Jameson. Strategies comparable to the 'schizophrenic' forms of temporality discussed above are employed to register the fragmentary effects of the war in texts by all

---

[39] Jameson: *Postmodernism*. Pp. 26–27.
[40] See the discussion of Joyce's application of the principles of psychological free association in Robert Humphrey: *Stream of Consciousness in the Modern Novel*. Berkeley 1954. P. 27.
[41] Jameson: *Postmodernism*. Pp. 31, 26, 27.

the authors I have mentioned. Jameson's attention, however, is focused elsewhere: on the role played by the bewildering miasma of late capitalist consumer culture in generating such fractured time perceptions.[42] My intention is not to set up an antagonistic or mutually exclusive relationship between these two dynamics within postmodernist culture; rather, I want to suggest that Jameson's seminal, and in many ways convincing, theorization might, nonetheless, be usefully augmented by more thoroughly acknowledging the lasting importance of the upheavals wrought by the twentieth century's second total war. In particular, I am interested in exploring points at which these twin assaults on temporal experience – military and spectacular – intersect; I want to argue that precisely such an intersection occurs in *Mother London*.

Just as Moorcock's text responds to the disruptive impact of the German bombing campaign on biographical consciousness, it addresses its equally profound fragmentation of historical awareness. The Blitz permanently estranged London from important aspects of its past in the obvious sense that, as David Mummery puts it, "Hitler bombed what remained" of "her antiquity" after the earlier catastrophe of the Great Fire.[43] Conversely, though, another character, Jocko Baines, suggests that it may *only* be possible to construct a coherent narrative for London's earliest times (despite their material disappearance), whereas the city's present and recent past (the scene is set in 1965) are hopelessly fractured and dispersed, and inaccessible to historical understanding: "I think London's getting too old. I think she's hallucinating, do you know what I mean? She's sort of senile, remembering only bits of her recent past but a lot about her childhood. She's a couple of thousand years old, after all".[44] Amidst the chaos of bombed-out London, groups orientate themselves around any redemptive narrative, no matter how modest; Jocko and his fellow firemen, for example, are sustained by Mary and her daughter's escape from their burning home: "We called you our Little Angel. You kept us going through the rest of the Blitz. The rest of the War, really".[45]

If a stable orientation with regard to London's early history can withstand the erasure of that history's physical instantiation, the text indicates that the same cannot possibly be true for the city's present. Rather, the disappearance of the most familiar features of the urban environment – "houses, [...] whole streets almost"[46] – threatens the continuity and situatedness on which the city's self-understanding rests. The narrator remarks of Brixton, for example, that "the bombs fragmented her identity as they have broken up so much of London. [...]

---

[42] Jameson: *Postmodernism*. Ch. 1, esp. pp. 14–16, 35–36.
[43] *ML*. P. 480.
[44] *ML*. P. 434.
[45] Ibid.
[46] *ML*. P. 211.

When news came that Hitler was beaten South London began to stir again; then came the rockets. The rockets almost finished her. The rockets threatened to drive her mad".[47]

The presentiments of historical exhaustion and collapse that litter the narrative are bound up, too, with the decline of Britain's (and specifically London's) great narrative of colonial expansion and global hegemony. The war may have bequeathed London a new "special myth" – "the story of the Blitz, of our endurance"[48] – but it also marks the end of an earlier, grander myth: that of London as "the hub around which all else revolves, the ordering, civilising, progressive force which influences first the Home Counties, then the entire nation, ultimately the Empire and through the Empire the Globe itself: a city more powerful than all cities before it".[49] London, Josef Kiss reflects in a scene set in 1944 (in an observation that is true of the city's global influence, if not its physical size), "has surely reached her maximum expansion and must now begin to shrink".[50] One of the 'voices' that weaves through the text – identifiable by its diction as belonging to an individual of Afro-Caribbean descent – hails the decline of empire, but also expresses a sense of anxiety and placelessness typical of 'post-colonial' experience: *"The red race has come to an end. Going round and round, round and round, searching every station, seeking out my nation, don't find me destination. Me got to live me. The new generation"* ("red race" is, of course, a reference to the British Empire, whose dominions were typically marked on maps of the world in red).[51] For David Mummery, post-war Britain is "a nation in decline. [...] A genuinely decadent civilization. [...] No point trying to improve us. We know we're going down the drain. And we don't care".[52]

The fissure that the Blitz opens up between London's past and present renders the city peculiarly susceptible, Moorcock suggests, to transformation into a consumer-capitalist playground in which, as Jameson puts it, "we are condemned to seek History by way of our own pop images and simulacra of that history, which itself remains forever out of reach".[53] Moorcock has fun with the nostalgia industry outlets that, by the mid 1980s, littered London's landscape: Big Ben Beef Bars, Professor Moriarty's Thieves Kitchens, Jack the Ripper and Sherlock Holmes tours, and endless restaurants called The Charles Dickens.[54] Particularly delicious is the reinvention of the great prophet of post-Great War

---

[47] Ibid.
[48] *ML*. P. 5.
[49] *ML*. P. 221.
[50] Ibid.
[51] *ML*. P. 109.
[52] *ML*. P. 97.
[53] Jameson: *Postmodernism*. P. 25.
[54] *ML*. Pp. 470, 466, 418.

modernist angst as pop culture tourist attraction in "The T.S. Eliot Tour".[55] Yet Moorcock's critique of the transformation of London into "Disneyland [...] or rather Dickensland"[56] also has more serious intent. David Mummery, for example, remarks that the process by which fragments of London's history are evacuated of meaning and resonance and offered up for consumption represents "the package selling of things constituting [people's] fundamental sense of identity".[57] This is, Mary Gasalee reflects, "*a brutalising process, similar to what happened to slaves taken from their own countries who become dumb and dazed because they have no future*".[58] Just as the Blitz alienates Moorcock's Londoners from an authentic relationship with the city's past, so the deracinated, commodified debris of that past, amidst which they wander, foreigners in their own city, obscures attempts to envisage the future.

This dizzying foreshortening of historical horizons is related, of course, to the reduction of biographical experience to a series of discrete and disconnected presents: that is, to the novel's 'schizophrenic' temporal mode. The prevalence of this mode in postmodernist art, literature and theory is noted by the Marxist geographer David Harvey.[59] Harvey aligns the classical Marxist concept of alienation with the retreat into interiority, and the rejection of a dehumanizing public sphere, characteristic of various key conceptions of subjectivity and temporality within the modernist movement. Both Marxism and modernism are critically undermined, he suggests, by the "domination of [the schizophrenic] motif":[60]

> We can no longer conceive of the individual as alienated in the classical Marxist sense, because to be alienated presupposes a coherent rather than a fragmented sense of self from which to be alienated. It is only in terms of such a centred sense of personal identity that individuals can pursue projects over time, or think cogently about the production of a future significantly better than time present and time past. Modernism was very much about the pursuit of better futures. [...] But postmodernism typically strips away that possibility by concentrating upon the schizophrenic circumstances induced by fragmentation and all those instabilities (including those of language) that prevent us even picturing coherently, let alone devising strategies to produce, some radically different future.[61]

In many of its modernist, if not its Marxist, forms, however, alienation entails not merely a withdrawal from the brutalizing pressures of modernization, but also an estrangement from family, friends and neighbours: that is, from one's

---

[55] *ML*. P. 466.
[56] *ML*. P. 391.
[57] *ML*. P. 475.
[58] *ML*. Pp. 475–476.
[59] David Harvey: *The Condition of Postmodernity: An Enquiry into the Origins of Cultural Change*. Oxford: Blackwell 1990. Pp. 53–56.
[60] Harvey: *Condition*. P. 53.
[61] Harvey: *Condition*. Pp. 53–54.

immediate social environment. Whatever ethical, political or aesthetic legitimacy this latter move had was undermined, for Moorcock (and, he suggests, for his contemporaries), by the necessity of communitarian action that the war imposed. He remarks that, like him,

> most of my friends who are writers [...] reject notions of individualism found in so many modernists. [...] The greatest experience most of us who experienced World War II had was that of community and I do think, in my case at least, that this was formative. I would guess that [Angela] Carter and [Angus] Wilson would have agreed. [Peter] Ackroyd [is] inclined to agree, too. [Iain] Sinclair, too. Experience of community united by fear, perhaps, but also of community overcoming fear, of resisting terror.[62]

For Josef Kiss, in *Mother London*, the ability of ordinary, working-class Londoners to organize and cooperate was all that saved the city from defeat during the Blitz:

> Expecting London to collapse, the authorities made no real provision for defence. The ordinary people pulled the city through. They forced the tube stations to give them shelter. Against official disapproval they set up street groups, volunteers, amateur firefighters. It wasn't Churchill or the King of bloody England who kept up our morale. It was men and women whose homes and families were bombed to bits discovering their own resources.[63]

Similarly, in the scene depicting Josef's attempts to defuse an unexploded German bomb, Chloe Scaramanga, in whose garden the device has landed, asks Josef, "Is there anything else you need"?; "Her voice had that oddly intimate note of camaraderie which the War had specifically developed in people. He enjoyed it. It relaxed him".[64] The telepathic aspect of the novel contributes to Moorcock's celebration of community in war, as it does to so much of the text's thematic material. In particular, Josef Kiss' ability to read the minds of those trapped under rubble, and so locate and rescue them,[65] serves as a metaphor for the condition of solidarity and empathy with the suffering of others essential to London's endurance of the Blitz.

This sensibility likewise informs the text's telepathic version of the stream-of-consciousness technique. I have suggested that Moorcock's method represents the lasting disintegration of identity and temporal unity in the minds of individuals subjected to the bombardment of the Blitz. If this were its only function, it would be vulnerable to the critique of the 'schizophrenic' aesthetic

---

[62] Paul Crosthwaite: Discussion with Michael Moorcock. Reply 1, par. 4. <http://www.multiverse.org/postt1404.html>.
[63] *ML*. P. 386.
[64] *ML*. P. 258.
[65] *ML*. Pp. 291, 386–387, 496.

advanced by Harvey. *Mother London*, however, demonstrates that this motif can also be made to do constructive political and ethical work. The disruption and dispersal of individual temporal experience that the Blitz effects gives rise to the formation of collaborative, inter-subjective temporalities, which have the potential to resist the bombing campaign's devastating logic. In constructing stream-of-consciousness passages that indissociably blend the thoughts and impressions of a host of individuals, Moorcock gestures towards a temporal mode that does not, as in the utopian modernism (or Marxism) affirmed by Harvey, envisage a clear, foreseeable progression from past to present to future, but is, instead, spontaneous, improvisatory and mutative. This conception converges with the notion of 'contemporality' proposed by Steven Connor. Under a 'contemporal' mode, Connor suggests,

> Being in the present would be a matter of contemporal being, alongside others in time, in their time as filtered through our time, in our time as folded into theirs. [...] In contemporality, the thread of one duration is pulled constantly through the loop formed by another, one temporality is strained through another's mesh.[66]

Whatever historical coherence is possible in the simulacral landscape of Moorcock's late capitalist London likewise inheres at a communal level, though beneath the bankrupt official narratives of the state. Many of the most potent examples of the popular stories that striate the historical consciousness of the city are themselves forged in the communal endeavour of resistance to the Blitz. "Old Nonny", an enigmatic, vagabond character who flits through the narrative, is a key repository and disseminator of such tales; the novel ends with this catalogue of her repertoire:

> She tells of uncanny presentiments, impossible escapes and unexpected bravery; she speaks of David Mummery, rescued by the Black Captain;[67] of Josef Kiss who read minds and by this means saved a thousand lives, and of Mary Gasalee walking unscathed from the inferno with her baby in her arms. Such stories are common amongst all ordinary Londoners though few are ever noted by the Press. By means of our myths and legends we maintain a sense of what we are worth and who we are. Without them we should undoubtedly go mad.[68]

---

[66] Steven Connor: The Impossibility of the Present: or, from the Contemporary to the Contemporal. In: *Literature of the Contemporary: Fictions and Theories of the Present.* Eds. Roger Luckhurst and Peter Marks. Harlow, Essex, UK: Longman 1999. Pp. 30–31. Connor primarily intends contemporality to function as a model for more sympathetic exchanges between western and non-western cultures; its usefulness as a term to denote the kind of inter-subjective temporalities evident in Moorcock's text is, I hope, apparent, however.
[67] The 'Black Captain' is a South African sailor who rescues David Mummery from the rubble after a V-2 attack. David remains convinced that his rescuer flew in order to come to his aid. *ML*. Pp. 411–413.
[68] *ML*. P. 496.

If, Moorcock implies in *Mother London*, the experience of the Blitz revealed the individualist ethos that informed high modernism to be untenable, an aberrant variation of it nonetheless stages a return in the politics and everyday life of Thatcher's Britain. Particularly through the mouthpiece of Josef Kiss, Moorcock launches an excoriating attack on the climate of greed, cynicism and societal division produced by the Thatcherite revolution.[69] Moorcock speaks in interviews of "our horrible consumerist economic system, which promotes a false idea of 'individualism,'"[70] and of his abiding desire to attack "human greed", whether on the level of "the city" or "the individual" – the latter representing, for him, "the smallest closed universe of the selfish human being".[71] I would like to propose a final way, therefore, in which Moorcock's over-determined use of the stream-of-consciousness technique might be interpreted: that is, as a model for a communal, empathic temporality, which, he suggests, provided solace during the Blitz, and, to an extent, in its aftermath, but is endangered in the rampantly individualist 1980s. Ultimately, then, Moorcock's postmodernism emerges, somewhat paradoxically, as a *nostalgic* mode. For him, the time of postmodernism – at least in its liberatory forms – may already be past.

---

[69] See for example *ML*. Pp. 51, 100, 113, 128, 165, 168, 377–380, 475.
[70] Mondschein: Michael Moorcock. Part 3, par. 6
[71] Greenland: *Death*. P. 83.

Erwin Warkentin

Death by Moonlight: A Canadian Debate Over Guilt, Grief and Remembering the Hamburg Raids

The January of 1992 broadcast of the series The Valour and the Horror *created great controversy within Canada that lasted more than a year. This paper is an analysis of the debate that followed. It outlines the positions taken by Canadian journalists, politicians, veterans and historians in regard to the series. The paper focuses on the Canadian Senate hearings and how they addressed the question of who has the right to control a nation's history. It demonstrates that the debate was led by a political body and motivated by lobby groups that sought to ensure that only their version of history would be passed on to succeeding generations of Canadians. It concludes with an analysis of the testimony of veterans, who appeared as witnesses before the Senate and were at various stages of coming to terms with and explaining their complicity in the bombing of German civilians during the Second World War.*

Noble Frankland perfectly encapsulates the debate over Canada's role in Bomber Command when he says of strategic bombing: "most people have preferred to feel, rather than know".[1] When the Canadian Senate revealed that it would hold hearings regarding the airing of the three-part series entitled *The Valour and the Horror*, Canadians were given the opportunity to reexamine their role in World War II. However, the hearings elicited an emotional reaction that precluded a thoughtful treatment of the issues raised by the films. Veterans felt as though they were now, many years after the fact, being stabbed in the back by a nation that had forgotten their sacrifice. The new interpretation offered in "Death by Moonlight", the second of the three films, did not square with the mythology that had grown up around the exploits of Canada's bomber pilots. The debate devolved into one that focused on freedom of the press and who would control history. Moreover, it became a debate about whether the Canadian Senate was trying to censor the press. It allowed years of hatred and anger to bubble to the surface, not all of it directed towards the German 'enemy.' The debate brought out the worst aspects in humans who had been asked by their government to engage in inhuman acts and now found themselves having difficulty coming to grips with what they had done.

In this paper the media debate will be largely ignored. The conservative and liberal press in Canada took opposing views on whether the Senate should question the media's right to reinterpret the official version of Canada's war history. Moreover, the media was guilty of only bringing pertinent issues to

---
[1] Noble Frankland (cited in David MacIsaac): Voices from the Central Blue. In: *Makers of Modern Strategy*. Ed. by Peter Paret. Oxford: Clarendon 1986. Pp. 636–7.

public attention, if they suited the purposes of the "freedom of the press" debate. The purpose of this paper is not to deal with the morality of the bomber offensive. Eric Markusen and David Kopf deal with this most eloquently and thoroughly in their comparative study of strategic bombing and the holocaust, in which they concluded that the two are indeed analogous.[2] Though controversial, even opponents indicate that Markusen and Kopf's study has been a stimulus of much fruitful debate. The focus here will rather be on the testimony and submissions made to the Subcommittee on Veterans Affairs of the Canadian Senate's Standing Committee on Social Affairs, Science and Technology during their hearing of June 25 to 26 and November 2 to 6 of 1992.[3]

The treatment of bomber aircrews in Canada has always been paradoxical. They have always been viewed with reverence when they were not being ignored. This may be one of the reasons that Canada has not had a frank discussion about what really happens when bombs are dropped on cities filled with people. Canadian wartime propaganda portrayed the bomber pilots as heroic warriors, who were, until the summer of 1944, the only means by which the war could be taken to Germany. The Canadian contribution to the air war took a place of prominence in newsreels and short films produced by the National Film Board shown in Canada's movie theatres. In addition, bombers represented the pinnacle of technology in war at the time. They were seen as able to end the war without the huge death-tolls of World War I's trench warfare. Little consideration was given to the fact that the killing was simply moved to the targets behind the lines in Germany. All of this contributed to a Canadian mythology, which reaches back to the Battle for Vimy Ridge in World War I, in which Canadians accomplished that which was seemingly impossible. Again Canadians were engaged in what was portrayed as a David and Goliath battle. The problem is, that to discuss Canada's involvement in the strategic bombing campaign might require the dismantling of an icon central to Canadian mythology. It would certainly require a new way of looking at and understanding the past.

Canada prefers its heroes to be pure, unsullied and beyond tarnish. Canadians, usually mild mannered and thoughtful in responding to conflict, are not as a rule overtly patriotic. This is most often thought to be un-Canadian. However, when Terrance and Brian McKenna, together with the Canadian Broadcasting Corporation (CBC) and National Film Board of Canada (NFB), showed the series

---

[2] Eric Marcusen and David Kopf: *The Holocaust and Strategic Bombing: Genocide and Total War in the Twentieth Century*. Boulder (CO): Westview Press 1995.
[3] Senate of Canada: *Proceedings of the Senate Subcommittee on Veterans Affairs*. Ottawa (ON): Queen's Printer for Canada June 25, 1992, Issue 3; June 26, 1992, Issue 4; November 2, 1992, Issue 5; November 3, 1992 Issue 6; November 4, 1992, Issue 7; November 5, 1992, Issue 8; November 6, 1992, Issue 9; February 4, 1993, Issue 10. References will be indicated by the abbreviation "Proceedings" followed by the issue and page number. The letter "A" after the issue number indicates the appendix to the issue.

The Valour and the Horror, on a succession of Sunday evenings in 1992, some Canadians reacted in a manner that was out of character. The films attacked the integrity and professionalism of Canada's military leadership in World War II and questioned the morality of how the war was conducted, knowingly by the upper echelons, unknowingly by those of lower rank. Moreover, by focusing on three distinct and only marginally connected operations, the impression was given that the uncovered failings of the Canadian military were systemic in nature. Letters and phone calls flooded into the CBC, local newspapers, and the offices of the elected officials of the Canadian government. This, in the end, sparked a review of the series by a subcommittee of Canada's Upper House, the Senate.

The Senate is usually seen in Canada as populated by the political favourites of past governments with a role akin to that of the British House of Lords. The Senate investigation brought the considerable powers of the Senate, which are seldom used and often forgotten, to bear on the makers and distributors of the three part series. It was also a hearing that had a predetermined outcome. Even a cursory reading of the proceedings leads one to the conclusion that the manner in which the filmmakers were questioned can only be described as attempted character assassination. Disregard for evidence supporting the assertions of the McKenna brothers in the final report and the questioning of the patriotism of those who did not support the official view of history is ample proof that the minds of the Senators were largely closed.

In the years since the Senate hearings, it appears that the assertions made in *Death by Moonlight* have been confirmed by ongoing research. Even the third volume of *The Official History of the Royal Canadian Air Force* by Greenhous et al., which focuses on the period from 1939–1945, has supported many of the assertions made by the McKenna brothers. But, subsequent works have not had the same impact, because they are safely ensconced in the tomes of academia, where they cannot stir the emotions of veterans as in the case of a television program.

While the entire series came under the loupe, the segment entitled *Death by Moonlight*, which deals with the Canadian aircrew that participated in the bombing raids over Germany, was scrutinized especially carefully. The language with which committee members, witnesses, and letter-writers attacked the series was especially emotional and vitriolic. This will be demonstrated later.

The Valour and the Horror was first broadcast in January of 1992. The series was comprised of three separate films; "Savage Christmas: Hong Kong 1941", "Death by Moonlight: Bomber Command", and "In Desperate Battle: Normandy 1944". Though the films deal with three distinct actions involving Canadian troops, a common thread holds the series together. The insinuation was that incompetence at the higher echelons of the Canadian military cost the lives of the Canadian soldier in the field, and that the Canadian record of decency and chivalry in the field may not have been clear-cut as many would like to believe. It directly attacked the mythology that Canada, or Canadians acting on behalf of their nation, would ever behave unethically in war.

The first film of the series "Savage Christmas: Hong Kong 1941" caused virtually no controversy. It focused on the events of December 1941 when the Japanese captured Hong Kong. Of the 1,975 Canadians involved in the 18-day battle, some 300 were killed. The remainder fell captive to the Japanese and suffered torture, disease and malnutrition as prisoners of war. After 3½ years of confinement 1,418 men returned to Canada. "Savage Christmas: Hong Kong 1941" did not really move outside of historical orthodoxy in Canada. The third film in the series "In Desperate Battle: Normandy 1944" did move outside of the norms of how Canadians interpret their involvement in the Normandy landings of June 1944. This film contains two separate but interwoven stories. One on an intimate scale, in that it deals with two veterans; Jacques Dextraze, who at the time was a company commander, and Sydney Radley-Walters, who was a tank commander. Both eventually rose to the rank of General in the Canadian army. The second narrative deals with the events on a larger scale, namely the Normandy Campaign from June 7 to June 25, 1944, the choice of Verrieres Ridge serving as a poetic counter-point to the Vimy Ridge battle of WW I. The film presents evidence of failure in leadership at the highest levels of the 1st Canadian Army. Focusing on the events of the Battle for Verrieres Ridge between July 19 and 21, 1944 bring the two narratives together. Verrieres Ridge fits into the larger context of the battles around Caen and Falaise. It was a minor engagement that cost many Canadian lives, but was part of a grander strategy to pin German troops in the north and allow the American army to breakout in the south. The two issues that caused the greatest controversy in this film were the accusations that the Canadian commander, Lieutenant General Guy Simonds was a drunk and incompetent, and that Canadian troops had murdered German prisoners of war. "In Desperate Battle: Normandy 1944" followed the pattern adopted by the filmmakers in the previous two installments: incompetence at the highest level, which leads to the death of soldiers in their charge and also leads to the soldiers being involved in morally questionable actions like the killing of prisoners or civilians. Witnesses at the Senate hearings vigorously attacked both of these accusations.

The film that created the greatest controversy was the second in the series "Death by Moonlight". It was the focus of about 75% of the testimony and submissions presented to the Senate subcommittee. Indeed, one could easily believe that "In Desperate Battle: Normandy 1944" would have generated little discussion if not for the controversy created by the film dealing with Bomber Command.

The narrative of "Death by Moonlight" weaves together a number of different operations in which Canadian airmen participated. The events it presents are: the so-called Dambuster raid, the Hamburg Raids, and the Nuremburg

Raid. These are interspersed with descriptions of life in the RCAF from the perspective of ordinary Canadian airmen. Depictions of these aspects of the war are set against background quotes from Sir Arthur Harris, also known as "Bomber Harris", and Freeman Dyson, who worked as a civilian scientist for the RAF from 1943 to 1945 and later became a physicist of repute at Princeton University. The device used to bring relevancy to the present time is the journey of two former RCAF pilots: Doug Harvey, who flew 33 missions over Germany, and Ken Brown, who had been a pilot with the famous Dambuster squadron. They begin their journey at Tholthorpe, which had been a base used by Canadians to launch their sorties into Nazi occupied Europe. They end the film by visiting with two German women, who, as teenagers, survived the bombing of Hamburg, and then take part in a reunion of former German nightfighter pilots. These last two segments called into question the notion of who had moral superiority in this particular battle.

The controversy over "Death by Moonlight" is not a unique occurrence in Canada. There had been a previous incident in which a documentary/docudrama called *The Kid Who Couldn't Miss* was investigated by the Canadian Senate. This film looked at the exploits of William (Billy) Bishop, who was Canada's greatest ace of World War I. It called into question whether the events described by Bishop surrounding his solo attack on a German airfield, for which he was awarded a Victoria Cross, ever took place. Though there is recognition that there was a "gaping hole" in Bishop's record concerning the attack, the Senate subcommittee eventually saw to it that the National Film Board bowed to its wishes and attached a disclaimer to the film. However, there is also an ardent defense of the right to show the film present in the debate. Defenders of *The Kid Who Couldn't Miss* accused the film of nothing more than not having been made by a "solid old geezer".[4]

While *The Kid Who couldn't Miss* attacked a single icon, "Death by Moonlight" attacked an entire generation of Canadians. One that has often been referred to, not only in the United States, as the "Greatest Generation". It became a battle of one generation attempting to impose its will on a succeeding generation in terms of how it was going to be remembered.

Before beginning a discussion on the Senate Subcommittee hearings into "Death by Moonlight" it is necessary to provide some context. In the early 1990's the Canadian Senate was under severe attack. Many Canadians saw it as an irrelevant institution and there was serious discussion underway on how to either reform it, or to abolish it altogether. *The Valour and the Horror* had received enough media attention that it might prove a useful tool for those who wanted to save the Senate and make it appear relevant in Canadian society.

---

[4] Jean Le Moyne: The Case of *The Kid Who Couldn't Miss*. Ed. by Gary Levy. Ottawa (ON) 1987. Pp. 2–5 (Canadian Parliamentary Review 10).

It was to champion a defense of Canadian veterans against the liberal press. The Senate could simply exercise power that it always had but seldom used.

The Canadian confederation was experiencing significant internal challenges as well. On October 26, 1992 the Province of Quebec, within its borders, and the Canadian Government, in the other provinces and territories, held referenda in regard to a constitutional accord, which would finally see all of the provinces signing on to the Canadian constitution. The negotiations leading up to the referenda and the eventual rejection of the accord sensitized many individuals to issues that might be seen as anti-Canadian. "Death by Moonlight" was considered by some to be a divisive instrument because the film portrayed the relationship between the French and English aircrews as less than amicable. The members of the Senate subcommittee in this case saw themselves as protectors of Canadian unity.

Canada was also having difficulty during this time with neo-fascists and Holocaust deniers. Jim Keegstra, a school teacher in Eckville, Alberta was charged under the Criminal Code with unlawfully promoting hatred against an identifiable group by communicating anti-Semitic statements to his students in 1984. This case enjoyed tremendous media coverage over the years as it made its way to the Canadian Supreme Court, which upheld his conviction on February 29, 1996. Senator Sylvain even made reference to Keegstra's activities in conjunction with the filmmakers during the hearings.[5] Further turmoil surrounded the case of Ernst Zundel, a German citizen living in Canada, who attracted considerable media attention as a Holocaust denier. On August 27, 1992, the Supreme Court of Canada struck down as unconstitutional the law banning the spread of false news. Neither of these ongoing issues helped to create an environment in which the questioning of Canada's efforts during World War II would have been particularly welcome. If one adds to this the then recent reunification of Germany, the division of which the veterans had helped create, Canadian veterans were having increased difficulty understanding a world that seemed to be turned on its head.

There is no doubt that the Canadian Senate committee had the authority to conduct its hearings. Canada simply was not accustomed to a Senate that was more than a sleepy Upper House. Many of the 65 witnesses, who appeared before the subcommittee, and the 690 individuals and groups who sent submissions congratulated the Senate in taking up their cause. Even the President of the Human Rights Institute of Canada, Dr. Marguerite Ritchie, noted that it was "heartening that the Senate intends to examine the authenticity [of the series]".[6] Not all of the support was specific to the film in question. Some, like

---

[5] Proceedings. 5, 29.
[6] Proceedings. 8A, 23.

Kenneth Gdanski, simply liked the fact that the CBC was finally being pressured by government to "give all the facts" in any documentary.[7]

But not everyone was enthusiastic about the Senate's efforts to adjudicate on the correct presentation of Canadian history as Gdanski. There were some detractors who quite vigorously attacked the Senate hearings. Michael Bliss, a respected Canadian historian, was not the only witness to call it a "kangaroo court" and similar to the hearings held by McCarthy in the 1950's.[8] The reference is made to the hostile approach some of the Senators took toward witnesses, who did nothing other than not share the opinions of the Senators on the committee.

An example of how non-compliant witnesses were treated is that of Reverend Donald Ray, who was the General Secretary of the United Church of Canada from 1975 to 1983. He appeared before the Senate subcommittee on November 3, 1992. Senator Phillips tried to have Reverend Ray support the notion that publicly funded institutions like the NFB and CBC should broadcast only positive messages about Canada and Canadian accomplishments. Senator Phillips begins the questioning by indicating that, though he is a member of the United Church, he "[does not] always have the greatest respect for the clergymen in that church". This becomes quite apparent as he proceeds with his questioning of Reverend Ray. The Senator's tone became more aggressive as he was unable to get the admission he wanted from the witness. Finally, the Senator asks Reverend Ray, "Do you ever present any negative sermons about Christ"?[9] Reverend Ray seemed to know what the Senator wanted, but refused to fall into the trap being set. Reverend Ray eventually responds by telling the subcommittee that the difference is that Christ is his Lord. The Senator quickly abandoned his questioning of the witness. Of interest in this exchange is that the approach taken by Senator Phillips was not about the truthfulness of what was said in the film; rather, the question was whether what was said in the film was in some way inappropriate and should not be discussed, and that regardless of its truth-value.

An issue brought up by a number of witnesses and briefs was that of whether public money had been used to slander Canadian veterans. The NFB representative appearing before the subcommittee, Joan Pennefather, was asked to give a fairly close accounting of the money provided for the production of the series.[10] They also asked about money spent on other NFB films related to the Second World War and even asked about how much the NFB was charging for rentals and sales of the videos. The purpose of this line of questioning was to demonstrate that there was considerably more money spent on a film that cast

---

[7] Proceedings. 8A, 26.
[8] Proceedings. 8, 96 and 8, 104.
[9] Proceedings. 6, 60.
[10] Proceedings. 5, 11–5, 39.

Canada in a poor light than all those that showed Canada's war effort in a positive light.

The hearings began with a long list of historians called by the subcommittee. It was hoped that the historians would provide background information from which the subcommittee could judge the testimony given by the other witnesses. The major complaint that most historians had with "Death by Moonlight" was a lack of peer review prior to the release of the film and the lack of historical context given by the film. In his testimony to the Senate subcommittee, Robert Vogel of McGill University points out that it may be difficult to impose strict academic standards on a medium such as film. Paradoxically, he also indicated that none of the normal procedures for peer review were followed in the making of the film.[11] He suggested that peer review before an academic paper is published is not considered censorship and that in this case it might have led to a better documentary.

The problem with this position is that the documentary was not put forward as a piece of academic scholarship, but rather as a journalistic work. It takes for granted the fact that the average Canadian would know the context of the Second World War and the factors that led up to it and the atrocities committed in Nazi Germany. The context for the film had already been set in the 47 years prior to its being released. Daphne Gottlieb Taras and David Taras in their analysis of frame violations surrounding the interpretation of *The Valour and the Horror* put their finger on what lay at the heart of the controversy.[12]

Framing is a means by which an individual or group within a society organizes and classifies experiences in an effort to make sense of them. When done within the context of a social group, it is like taking events and sending them through an ideological filter, which produces an interpretation of those events that supports the goals or psychological needs of the group. Taras and Taras point out that "[t]he telling and retelling of national war history is an extreme example of collective framing".[13] In the case of the Senate hearings into *The Valour and the Horror* there are four distinct social groups, each with its own frame: journalists, veterans, politicians, and historian. While the scripts used by the various groups may appear similar, there are inevitable divergences, which are called frame violations. These frame violations cause misunderstandings, which can lead to controversy. The level of controversy that followed the airing of *The Valour and the Horror* indicates large-scale frame violations had most definitely occurred. Moreover, the debate that followed compounded

---

[11] Proceedings. 3, 83.
[12] Daphne Gottlieb Taras and David Taras: Who Shall Speak of the Pain? Frame Violations and the Making of Public Controversy. Ed. by Brian Rusted. Amsterdam 1997. Pp. 229–61 (Studies in Cultures, Organizations and Societies 3).
[13] Taras and Taras: 231.

the original violations as more groups became involved, each with its own frame.

Other professional historians also addressed the problem of how much context is needed in a documentary dealing with the Second World War. Though most agreed that context was necessary to explain why the bombing was undertaken, there was no agreement on how much was needed. Michael Bliss suggested that context and balance was at best a subjective thing and that it was not necessarily a deciding factor in the case of this film.[14] Steven Harris, a historian with the Canadian Department of National Defense, suggested that he could have used context to make the film considerably less flattering than it was.[15] Moreover, he concluded that the points the filmmakers were making had already been proved valid by previous research[16] and that they were simply engaging a controversy that was at that point already 50 years old.[17]

The argument that greater context should have been provided in the film is somewhat of a red herring. Context was described by those opposing the film as being necessary to understand the fundamental truths involved. The accepted truth, of course, is that Canadians were not involved in the deliberate bombing of innocent civilians. Graeme Decarie of Concordia University in Montreal challenged the whole notion of the subcommittee hearings being a search for truth when he stated: "The intellectual problem is that the truth and the whole truth, as this committee seems too be seeking it, does not exist".[18] He further questioned whether there was even such a thing as "the" historical method as outlined by William Carter in earlier testimony.[19] The exchanges between historians early in the hearings did not accomplish what had been hoped for. It had devolved into an argument about who should control history, and whether government subsidization obligated individuals to produce material that supported the ideological status quo.

Canadian veterans claimed special status as the aggrieved party before the Senate subcommittee. Individual veterans and veterans groups like the Royal Canadian Legion, the Royal Canadian Air Force Association, the RCAF POW Association, and the Ex-Air Gunners Association were among the groups that represented the Canadian veterans before the subcommittee. While all of the groups made strong arguments against "Death by Moonlight" the most vigorous attack came from the Royal Canadian Legion, which boasted that it

---

[14] Proceedings. 8, 91.
[15] Proceedings. 3, 56.
[16] Proceedings. 3, 56.
[17] Proceedings. 3, 16.
[18] Proceedings. 8, 114.
[19] Proceedings. 8, 116. In addition to the oral testimony, Carter's outline of the historical method appears in a written submission to the subcommittee November 2, 1992, which is in the appendix to Issue 5.

represented 230,000 people who could be identified as World War Two veterans. From the information provided by the Legion, the chairman of the subcommittee, Jack Marshall, surmised that the legion membership represented a microcosm of Canadian society.[20] Moreover, the Legion representatives unequivocally stated that the Legion was unanimous in its objections to the entire series.[21] If one takes the two above statements together, one could easily conclude that all Canadians were opposed to *The Valour and the Horror* series. This, however, is clearly not the case. The inference is that if one supported the airing of the series, one was un-Canadian, which is precisely the accusation made by a number of witnesses appearing before the subcommittee.

The main complaints leveled by the Legion against the film and the filmmakers were:

1. The filmmakers "Vietnamised" the role of the Allies.[22]
2. The film was heavily weighted to the German point of view and provoked sympathy for the Germans as victims of war.[23]
3. The film was no better than a Nazi propaganda effort that portrayed Canadians as bloodthirsty and the Germans as valiant.[24]

This was an angry reaction to a film that in their view challenged the privileged position they had held in Canadian society since the end of the war. For some it had become that which they had built their lives around. They were what Doug Harvey, one of the former bomber pilots appearing in "Death by Moonlight", called professional veterans.[25]

Not all veterans were satisfied with the stance taken by Canadian veterans groups. The reason that groups like the Royal Canadian Legion can even begin to make the claim that they have unanimous support of their membership may lie in the fact that veterans with dissenting views were simply afraid to speak up. George Laing, whose letter is included in the proceedings of November 5, 1992, noted that there might have been pressure exerted by the Legion to have individuals change their opinions on the film, which had been positive initially.[26] A.J. Gibbons in his submission to the subcommittee was even more direct when he stated that, because the "Brass" had been maligned and not the common soldier, it had upset the "Old Country" mentality of the heads of veterans organizations.[27] Some, though not supportive of the position taken by veterans groups,

---

[20] Proceedings. 6, 86.
[21] Proceedings. 6, 83.
[22] Proceedings. 6, 80.
[23] Proceedings. 6, 81.
[24] Proceedings. 6, 81–6, 82.
[25] Proceedings. 4, 49.
[26] Proceedings. 8A, 12.
[27] Proceedings. 8A, 44.

tried to explain their reaction. Keith E. Risler thought that it was because veterans still had a stake in defending their role in the war that there was such a strong reaction. Their status as heroes served as a rationalization for what they had done during the war.[28] Foster Griezic, a historian at Carlton University in Ottawa, went so far as to ask why veterans groups have so much indecent power and that these groups were simply defending what they considered their turf.[29] While these explanations may have addressed the larger issues of how organizations might behave, it says little about how the individual veterans might feel about the portrayal of the bombing of German cities. Elmer C. Kennedy, who submitted a letter to the Senate, addressed two issues in support of the film. He thought that the questions of context and balance were false. He did not think there had been much of that in past films.[30] His second point addresses the issue of why there might be so much denial concerning the bombing of German civilians. It was a matter of women and children not being targets worthy of a soldier. The accusation that more women and children were being killed than men, or anything else that might be considered a legitimate military target, was a direct attack on the manhood of the veterans who had participated in the bombing campaign.[31]

The reaction of many veterans who wrote letters to the Senate subcommittee felt that "Death by Moonlight" represented a stab in the back from a new generation that either had been misled or was simply ungrateful for the sacrifice the previous generation had made on their behalf. In regard to the bomber pilots, this was really nothing new. Hugh Halliday, in testimony given to the subcommittee on November 3, 1992, recognized that, even right after the war, bomber aircrews were treated as a bit of an embarrassment.[32] Other reactions to the generational question were not so measured. Some went so far as to question the right of this new generation of Canadians to present a view that did not follow the usual script. Any view of the bombing campaign that did not extol the "glorious past" of Canada's military was immediately labeled by some veterans as being either: un-Canadian,[33] anti-British,[34] anti-Bomber Command,[35] neo-fascist,[36] nazi propaganda,[37] pro-IRA, pacifist,[38] or the product of a Jesuit

---

[28] Proceedings. 8A, 46.
[29] Proceedings. 8, 76.
[30] Elmer C. Kennedy: Letter to Senator Jack Marshall dated June 6, 1992. Proceedings. 8A, 11.
[31] Proceedings. 8A, 11.
[32] Proceedings. 6, 12.
[33] Robert Cooper: Proceedings. 8A, 30.
[34] Donald Maclean: Proceedings. 8A, 34.
[35] John C. Turnbull: Proceedings. 8A, 39.
[36] Robert B. Maxwell: Proceedings. 8A, 32.
[37] W.S. Hopper: Proceedings. 8A, 31; Roger McMullen: Proceedings. 8A, 34; R.J. Scally: Proceedings. 8A, 37; Hal Holden: Proceedings. 8A, 41.
[38] Earl Olmstead: Proceedings. 8A, 35; Douglas Rose: Proceedings. 8A, 36.

education.[39] One can only understand these remarks in light of individuals lashing out in anger. How else can one explain every prejudiced fear being leveled at Brian and Terence McKenna.

Some of the responses from veterans spoke of the bombing raids on German cities as the only means the British had of striking back at Germany. They reasonably argued that it kept soldiers and material occupied, which would otherwise have been turned against the Soviets. Many even cited Albert Speer to support their point. The propaganda and morale value of the bombing raids in Germany on the British people were only fleetingly mentioned. This is a point that historian have long understood. However, its value seems to have been lost on the veterans, who viewed this aspect of bomber operations with embarrassment.

While many of the reactions are typical for those with a military background, that is, they are blunt and to the point, the question of how these individuals now felt about having killed civilians is very complex and often requires one to do considerable reading betweens the lines when analyzing their testimony. The response to "Death by Moonlight" one most often hears from veterans is that this is not how they want their grandchildren to remember them, or, as Normand Ford put it, "the message to the grandchildren is that their grandfather is a killer of women and children".[40] While on the surface this might appear as a protest against the accuracy of the film, it is not at all clear that this is indeed the case. The underlying message is that women and children were killed and that those involved in the bomber offensive feel guilty for having participated in it. According to Ford, "The producers were opening some sensitive wounds".[41]

The graphic depiction of the results of the bombing of Hamburg opened these rather sensitive wounds. Some of the images that the veterans objected to were those that tended to humanize the civilian victims of the bomber raids. Ford drew special attention to the image in the film of a baby killed during the Hamburg raids.[42] While some veterans may have objected to such images being shown in Canada after the war, they were used by the British Political Warfare Executive (PWE) in their black operations[43] to undermine the morale of German troops and civilian. The PWE produced postcard sized brochures with the images of dead

---

[39] Terry Lyons: Proceedings. 8, 61.
[40] Proceedings. 8A, 31.
[41] Proceedings. 8, 30.
[42] Proceedings. 8, 32.
[43] Black operations is a term used in political, military, intelligence, and business circles to refer to operations that are either secret (which may also be called a covert operation) or of questionable ethics or legality. Black operations conducted by the Political Warfare Executive were comprised of such things as operating radio stations that appeared to be located within Nazi occupied Europe, producing and distributing forged ration cards, postage stamps, and even horoscopes that looked as though they had been produced legitimately in Germany.

women and children, who had supposedly not yet been identified.[44] They were made to look as if a governmental office in Germany produced them. Those who found these postcards were asked to contact the *Luftschutzpolizeiamt* in Berlin, if they could identify those in the pictures. Bombers, in addition to their regular bomb loads, dropped these brochures. The point of the exercise was to instill fear in those who picked up one of these brochures.

Aside from the human cost of the bombing of Germans cities, veterans objected to the images of the physical destruction of the buildings themselves. As related in countless retellings of what it was like to be on an operation over a German city,[45] the aircrew had little time to consider what was actually happening on the ground where their bombs were landing. After the operation was complete, many, like Ray Silver, simply "suppressed the human imagery".[46] This of course was assisted by the fact that Bomber Command operated mostly at night. Greenhous points out that when Emden was attacked on 6 September 1944 during daylight hours by a Bomber Command operation, it was "an attack which bothered more than a few crews because, for the first time, they could see the destruction they were causing".[47]

Some of those who served on the aircrew did begin to reflect on their participation in the bomber offensive. Ray Silver, a witness appearing before the subcommittee, spoke of the half century of guilt he had felt.[48] Though he felt that "Death by Moonlight" portrayed Bomber Command aircrew as fools and murderers, it did appear that he felt even during the war that he was being duped by his superiors. His testimony emphasizes the fact that he often was bothered by the fact that they were going after working class areas.[49] In a line that has a particularly poignant ring to it, he says that "to defend humanity they desensitized the human race".[50]

It was not only the direct evidence of watching a city being destroyed that bothered aircrew, but the types of bombs that they knew they were carrying. As

---

[44] Public Records Office. London. FO 898–528.
[45] For Canadian sources that contain collections of stories relating to what it was like to be on a RCAF bomber operation consult: Spencer Dunmore and William Carter: *Reap the Whirlwind: The Untold Story of 6 Group, Canada's Bomber Force of World War II*. Toronto: McClelland & Stewart 1991; Brereton Greenhous et al.: *The Crucible of War 1939–1945*. Toronto: University of Toronto Press 1994; J. Douglas Harvey: *Boys, Bombs and Brussels Sprouts. A Knees-Up, Wheels-Up Chronicle of WW II*. Toronto: McClelland & Stewart 1981; Martin Middlebrook: *The Nuremberg Raid: The Worst Night of the War March 30–31, 1944*. New York: Morrow 1974.
[46] Proceedings. 7, 8.
[47] Greenhous 511.
[48] Proceedings. 7, 9.
[49] Proceedings. 7, 9.
[50] Proceedings. 7, 8.

stated by Doug Harvey, everyone knew what incendiaries did.[51] They set wooden houses on fire and did very little to the concrete and steel factories. During the night raids the aircrews were instructed not to look at the city that was being bombed, because it would ruin their night-vision. While this did protect their vision, so that they could spot night-fighters that might be stalking them, it had the added benefit of not having to be confronted by the devastation their actions were causing.

In Canada little discussion took place about the morality of what had been done to win the war. Why was this the case? The answer is both complicated and simple. As Anthony Little said in his testimony, veterans simply never spoke to their children about what they had done during the war.[52] It may have been simply a matter of feeling pangs of conscience for something that in peacetime would be considered a crime. This is complicated by the fact that as one grows older one's deeds transform themselves into something that causes great shame, because the emotions that one might feel are not in accord with the "glorious history" that has become part of the mythology that has grown up around these events. The problem, however, really only begins to take root after one realizes that, as an individual, one should perhaps feel remorse for what has happened. Little, who was a POW, spoke to the subcommittee about an experience that seems to have haunted him later in life, rather than when it initially occurred:

> The first German guard I had took me from an aerodrome to another aerodrome to meet with the other members of my crew. He gave me a long, sad story about his family being bombed. His wife and family were killed by the last airplane going over the target a few nights before. That was our airplane. We were 11 minutes late on target. I sat there and listened to him, and I'm afraid it did not disturb me too much. Maybe I was a little cruel at that age. I was 19, and that is what I was over there for. It did not bother me too much.[53]

Gilbert McElroy, who appeared before the subcommittee with Little, relates a story of his wireless operator, a Cockney who had been living around the Tilbury Docks in London before he had enlisted and whose family had been bombed out three times during the Blitz.

> He said that when he was quite young, before he was able to enlist, he would say to himself, "When I get up there I will bomb those s.o.b.s". I can tell you that every time we were over the target area, if he was not due to take a message he was in the dome watching for fighters and praying that we did not kill any women and children. He was a rough tough fellow, a real Cockney, but was very simple and down-to-earth when we were dropping our bombs.[54]

---

[51] Proceedings. 4, 52.
[52] Proceedings. 4, 87.
[53] Proceedings. 4, 86.
[54] Proceedings. 4, 88.

The story told by McElroy is not unusual. Gallup and Mass Observation surveys conducted in Britain indicated that the further away one was from where the bombing was occurring the more likely one was to support the idea of an RAF policy that included retribution bombing. Bombed Londoners were far less likely to support reprisal bombing than someone from the rural northwest.[55] This would be even more the case for Canadians, who had no direct experience of what being in a bombing raid was like. While the Canadian could only feel that he was doing his job, those who experienced what it was like to be bombed took a different attitude. This was then carried over into the post-war period. Without the job of having to reconstruct its bombed cities, Canadians simply did not need to discuss or reflect on what the bomber offensive meant to those on the ground.

The final witness scheduled to testify at the hearings, C.G. Gifford, who had been awarded a Distinguished Flying Cross, could not appear for reasons of poor health. Gilbert Drolet read his testimony into evidence. His was a fitting close to the proceeding. Unfortunately, he received no mention in the published conclusions of the subcommittee. Gifford touches on every one of the points raised during the hearings. He speaks not of feeling guilt but grief. In the end, he concludes:

> So far as the German civilians were concerned, we rarely thought about them as we dropped our bombs from 18,000 feet above their cities. Half a century after seems to be not too soon to listen to what they have to say. [...] Most of the raids I took part in were part of Harris's city destroying policy. I have never felt guilt. What I have felt, and very deeply, has been grief – for my friends, for the slave laborers and the Allied prisoners of war, for the German women and children, old and handicapped people, who suffered and died in those raids.[56]

It was the images of dead German babies, stories of German civilians who stuck to road asphalt and burned like candles, and pictures of a burning city that finally brought a nation to the point of having a debate about what had taken place. Unfortunately, the opportunity for meaningful discussion was missed by a Canada that had wrapped itself in a blanket of humanitarianism, because it did not have the courage to confront the inhumanity of its past for reasons of a mythology built on a self-serving foundation.

---

[55] Mark Connelly. The British People, the Press and the Strategic Air Campaign against Germany, 1939–45. Ed. by Peter Catterall. London 2002. Pp. 39–58 (Contemporary British History 16, 2).
[56] Proceedings. 9, 110.

Diederik Oostdijk

Debunking 'The Good War' Myth: Howard Nemerov's War Poetry

This essay offers the most comprehensive analysis to date of Howard Nemerov's war poetry. Nemerov (1920–1991) was a fighter pilot of the Royal Air Force and the U.S. Air Force during World War II and became one the most prolific American poets of that war. Whereas his early poems about World War II tend to be impersonal and dense, his later war poems, especially those in War Stories *(1987) are more autobiographical and lyrical. Throughout his career Nemerov resisted the idea that World War II had been a 'Good War' and all of his poems are testimony to his traumatic experiences as a fighter pilot.*

"Poetry is a way of getting something right in language"
Howard Nemerov, "On the Measure of Poetry"

Of all the American poets who were involved in and emerged after World War II, Howard Nemerov (1920–1991) tried to debunk 'The Good War' myth most consistently and assertively.[1] Nemerov published over twenty-five volumes of poetry, won the Pulitzer Prize and the National Book Award, was poetry consultant at the Library of Congress, and was awarded the National Medal of the Arts in 1987, the highest distinction the American government can bestow on its artists. Despite all the prizes and awards given to him during his lifetime, Nemerov was quickly forgotten by literary historians after his death, partly because of his reputation as an opaque and intellectual poet and partly because his life was less controversial than that of some of his contemporaries, for instance James Dickey and Robert Lowell. Yet Nemerov's poetry, especially his war poetry, deserves more attention, as he was one of the foremost American poets to write about World War II. A close analysis of his war poems from 1947 to 1987 will also show that Nemerov was a more personal and accessible poet than he is given credit for.

Made popular by Studs Terkel's Pulitzer Prize-winning oral history, the term *"The Good War"* was often used by former American servicemen to denote World War II as distinct from other wars, such as the Vietnam War and the Korean War where the enemy and the goal of the military conflict seemed less distinct and clear. Terkel consciously put 'The Good War' in quotation marks realizing that "the adjective 'good' mated to the noun 'war' is so

---

[1] For an overview of American poetry about World War II, see Harvey Shapiro (ed.): *Poets of World War II*. New York: The Library of America 2003.

incongruous".[2] With the passing of time, however, 'The Good War' has lost its quotation marks and has become a pervasive myth in the United States. As Michael C.C. Adams has asserted in his ironically titled book *The Best War Ever: America and World War II*, this war,

> has been converted over time from a complex, problematic event, full of nuance and debatable meaning, to a simple, shining legend of the Good War. For many, including a majority of survivors from the era, the war years have become America's golden age, a peak in the life of society when everything worked out and the good guys definitely got a happy ending. It was a great war. For Americans it was the best war ever.[3]

Since the publication of Adams' book in 1994, the celebration and even glorification of America's involvement in World War II has increased rather than waned, as movies and television series such as *Saving Private Ryan* (1998), *Pearl Harbor* (2001), and *Band of Brothers* (2001) indicate, culminating in the dedication of the World War II memorial in Washington DC, in 2004. Tom Brokaw's bestselling book about World War II, *The Greatest Generation* (2001), appeared, significantly, without quotation marks.

A member of this "greatest generation" and a war hero in the conventional sense of the word, Nemerov did not feel the urge to glorify that war or his contribution to it. On the contrary, despite the diffuse and elusive nature of his poetry, Nemerov warns against the perennial temptation of war and how quickly people forget the horror of previous wars. Shortly after graduating from Harvard in 1941 and just before Pearl Harbor, Nemerov had signed up for the American Air Force, attempting to fulfill his childhood dream to become a pilot and asserting his independence from his father. As a kid, Nemerov played with model airplanes he himself constructed, and his childhood hero was Charles Lindbergh, the first aviator to fly solo across the Atlantic Ocean in 1927. Like many inductees in the air force, Nemerov failed the rigorous training and was washed out. Undaunted, Nemerov enlisted in the Royal Canadian Air Force, qualified as a Fighter Pilot, and went overseas in June 1943. Nemerov flew with the Royal Air Force until January 1944 when he was transferred to the American Air Force. He completed his tour in April 1945, was shipped back to the United States, and was honorably discharged in August 1945 at Fort Dix, New Jersey, just at the time when World War II came to a grinding halt after the explosions of the two nuclear bombs over Hiroshima and Nagasaki.

---

[2] Studs Terkel: *"The Good War:" An Oral History of World War II*. London: The Phoenix Press 1984. P. iv.
[3] Michael C.C. Adams: *The Best War Ever: America and World War II*. Baltimore: The Johns Hopkins UP 1994. P. 2.

Nemerov completed the RAF tour of duty, which consisted of 30 operations, followed by a period of training and a second tour of a further 20, and then flew another fifty-seven for the U.S. Army Air Force.[4] In the USAAF a crew ordinarily flew 25 missions, so Nemerov flew many more missions than most others.[5] His Army Separation Qualification Record and Military Record show that Nemerov had flown a total of 57 missions. Most of these missions involved antishipping patrol over the North Sea and attacking the German coastal defense lines. Yet his record shows that he also flew missions in the aerial campaign over Normandy, Northern France, and the Rhineland, contributing to the heavy bombardments of German military targets and cities.[6] Honored with a Ribbon-Air Medal with Four Oak Leaf Clusters, Nemerov's record is outstanding, but for a long time he did not feel the need to share his military career publicly. Unlike his contemporary James Dickey (1923–1997) who bragged about his air force experience and invented heroic incidents that had not happened, Nemerov was silent about his war record during World War II, except in his poetry.[7] A poet of the same generation who rose to fame when his novel *Deliverance* (1970) became a bestseller, Dickey "transformed his military experience into a tantalizing myth", as his biographer has detailed. Dickey pretended to have been a fighter pilot (instead of a radio observer in a B-27), claim that he had crashed a plane and survived, and also declared that he flew over Nagasaki when the second nuclear bomb was dropped. None of this was true.

Nemerov may have been physically unharmed by the war, but not mentally. Like many surviving air crew, Nemerov suffered from nightmares after the war, which continued off and on for the rest of his life and considering the ordeal Nemerov and others had to deal with this was not abnormal.[8] Only fifty percent of the crew that flew the RAF tour of duty survived the total of fifty missions and Nemerov flew many more hazardous flights than that. Alexander Nemerov, the poet's son, has recorded how during World War II his father was invited to be part of an all-American squadron of de Havillard Mosquitoes instead of the slower RAF plane, the Bristol Beaufighter, he was then flying. Nemerov declined the offer and shortly afterwards the Mosquitoes were destroyed, killing all the pilots. He also related to his son that at one point a single bullet went through

---

[4] Patricia Bosworth: *Diane Arbus: A Biography*. New York: Alfred A. Knopf 1984. P. 57.
[5] Ben Shephard: *A War of Nerves: Soldiers and Psychiatry, 1914–1994*. London: Pimlico 2000. P. 283.
[6] Nemerov's Army Separation Qualification Record and Military Record are held at Special Collections of the John M. Olin Library of Washington University. The author wishes to express his gratitude to Chatham Ewing and Sonya McDonald of Special Collections for helping him on his search for archival information about Nemerov's war poetry.
[7] Henry Hart: *James Dickey: The World As a Lie*. New York: Picador 2000. P. 65.
[8] Patricia Bosworth: *Diane Arbus: A Life*. P. 90.

the windscreen of his cockpit, but he was unharmed. Alexander Nemerov has suggested that the title (rather than the subject) of the poem "I Only Am Escaped to Tell Thee" is "strongly autobiographical, redolent of his own catastrophe recently survived".[9] The title of Nemerov's poem refers not only to the Book of Job, but also to the epilogue of Herman Melville's *Moby Dick* where Ishmael tries to make sense of the wreckage around him.

Allied air crew lived a bizarre lifestyle, as many historians have pointed out. They lived the life of Riley in eastern England until they had to fly their dangerous missions, being shot at by enemy planes, flak, and occasionally by friendly fire. While the majority of the surviving air crew was able to cope with the mental pressures, a sizable minority was not, and snapped. Judging from the many operations Nemerov went on as well as the fact that he was squadron leader, he must have been able to deal with the stress better than most. "Leadership was crucial, leadership within the squadron" Ben Shephard, a historian of psychology, has asserted: "Much of it had a talismanic quality: someone who had survived hitherto obviously had luck on his side; the more operations a squadron commander [...] went on, the more extraordinary the fact of his survival became, the more his authority was enhanced".[10] Regardless of his skills, mental agility, and good luck, the danger he was exposed to, and the sheer destruction and death that surrounded Nemerov at an early age haunted him for the rest of his life and it came out through his poetry. Even though veterans, especially fighter pilots, received a hero-like status after the war and many were able to function like normal citizens, they continued to be troubled what they had seen. "The flyer who returns to his home and is lionized for heroic exploits may still torture himself with the feeling of unworthiness and guilt", said Willard Waller, a World War I veteran in his book *Veteran Comes Home* and this seems true of Nemerov as well.[11]

Nemerov came of age in the heydays of Modernism, the New Criticism, and what T.S. Eliot called "objective correlative" and subsequently many of Nemerov's poems seem at first cold and aloof, obscure, and pessimistic observations about human nature.[12] Yet Nemerov's "dispassionate, ironic voice", as Robert Richman has called it, cannot hide, as I will argue, that his war poems are deeply personal, emotional, and autobiographical accounts of a mind troubled by guilt and trauma.[13] As the quotation from *Moby Dick* and Job hints at, Nemerov seems to have been troubled by "survivor's guilt" and "killer's guilt", although he never addresses these topics explicitly in his poetry. The phrase

---

[9] Alexander Nemerov: "Modeling My Father". *The American Scholar* 62.4 (1993). P. 557.
[10] Ben Shephard: *A War of Nerves*. P. 285.
[11] Willard Waller: *The Veteran Comes Back*. New York: The Dryden Press 1944. P. 54.
[12] T.S. Eliot: *Selected Essays*. London: Faber and Faber 1949. P. 145.
[13] Robert Richman: "Death and the Poet". *The New Criterion* 6.5 (1988). P. 72.

"survivor's guilt" was first used to describe Holocaust survivors who were grappling with existential questions why they survived while others did not. Later it was also applied to veterans who returned from Vietnam. Although Nemerov was not a religious person, it appears that he justified his survival to himself by writing about and warning people of the horrors of war, in part to assuage his feelings of guilt. Nemerov wrote consistently and almost obsessively about the war, from his first volume *The Image and the Law* (1947) to his final poetic statement *War Stories: Poems about Long Ago and Now* (1987). With the exception of two volumes, the ten books of poetry in between contained at least one poem about World War II. Later than all of his contemporaries, however, Nemerov – always a traditionalist poet – embraced a plainer statement of feeling when trying to come to terms with his war record in *War Stories*, which forms the epilogue to his poetic career. His childhood dream had become an adulthood nightmare. When, in the 1980s, America's involvement in World War II began to be celebrated as the 'Good War,' Nemerov voiced his experiences more directly and passionately.

Anger and isolation are the most pervasive emotions felt by veterans, as Anne L. Shewring has argued, and they are also prevalent themes in Nemerov's war poetry.[14] The anger is reflected in Nemerov's tone, diction, and the violent images he presents, while the isolation is shown thematically, through the discrepancy between how the veteran perceives the war and how the public at large does. In "For W____, Who Commanded Well", for instance, the speaker's fury is aroused by radio reports simplifying the war's meaning. "Peace in Our Time", a cynical epigram countering Neville Chamberlain's mistaken optimism after the Munich Agreement in 1938, is another example. In real life, Nemerov was also frustrated by the smugness and complacency of people back home, which put side by side with the images of horror that he had seen infuriated him. To Patricia Bosworth, the biographer of Nemerov's sister, photographer Diane Arbus, he reported how this clash between him and his family soured his homecoming party:

> Everyone around me was complaining about gas rationing and not getting enough steak to eat. I'd seen blood and crushed bones – death. I clammed up and refused to talk. Mommy was furious.[15]

The contrast between veterans and those on the Homefront is also apparent in the first two lines of "Redeployment", from Nemerov's second volume *Guide*

---

[14] Anne L. Shewring: "We Didn't Do That Did We? Representations of the Veteran Experience" *Journal of American & Comparative Cultures* 23.4 (2000). P. 51.
[15] Patricia Bosworth: *Diane Arbus: A Life*. P. 61.

to the Ruins (1950), and his most eloquent and effective early statement about the war:

> They say the war is over. But water still
> Comes bloody from the taps. [...][16]

The platitude that "the war is over" is voiced by those who are not acquainted with the horrors and they are contemptuously referred to in the plural pronoun.

"Redeployment" is representative of Nemerov's Modernist leanings during the 1940s and 1950s. Although the poem hints at the trauma of war, the emotion is channeled through morose and evocative images, as the Modernists had done before Nemerov, rather than though a direct, personal appeal from the speaker. Each of the four stanzas contains one or more tropes, which are all different yet connected and suggestive of the post-war ruins in which man has to live. The thrust of Nemerov's evocative opening lines is repeated in the poem's subsequent images. The cat throwing up blood-speckled worms, a veteran fondling a dead soldier's eyeballs in his pocket, and the cockroaches crawling in the speaker's house all point in the same direction. "Redeployment" revolves around the binary oppositions of inside and outside, invisible and visible, dirt and cleanliness, and war and peace. A superficial glance may suggest that "the war is over", but upon closer inspection individual people are still affected and disturbed by it, irrespective of what outward appearance shows.

The poem ends disconcertingly and more personally than the opening stanzas and Nemerov's other war poems from the 1940s:

> The end of the war. I took it quietly
> Enough. I tried to wash the dirt out of
> My hair and from under my fingernails,
> I dressed in clean white clothes and went to bed.
> I heard the dust falling between the walls.[17]

Even though the speaker focuses on himself in this final stanza in blank verse, his identity is not disclosed and "Redeployment" ultimately does not seem a personal poem. The title as well as the reference to a veteran with the obsessive habit of clicking a dead soldier's eyeballs may indicate that the speaker is a soldier himself who has also suffered from war trauma, as these last lines could point out. The protagonist's obsession to wash himself, for instance, may reveal the speaker's urge to wash away his sins, his feelings of guilt. Randall Jarrell used a similar reference to Pontius Pilate in his poem "Eighth Air Force", about combat pilots like Nemerov whom he described simultaneously as saviors and murderers: "Men wash their hands, in blood, as best they can: / I find no fault

---

[16] Howard Nemerov: *The Collected Poems*. Chicago: The University of Chicago Press 1977. P. 61.
[17] Howard Nemerov: *The Collected Poems*. P. 61.

in this just man".[18] Nemerov is careful not to reveal the speaker's age, gender, or history, and thus "Redeployment" stands as testimony to its Modernist and New Critical time. Nemerov's speaker is consciously universalized, an impersonal persona who could be anyone in the post-war era. As T.S. Eliot suggested in "Tradition and the Individual Talent", "[p]oetry is not a turning loose of emotion, but an escape from emotion; it is not the expression of personality, but an escape from personality" and to this adage Nemerov was faithful.[19]

Written more than a decade after the war, "An Old Warplane" from *Mirrors and Windows* (1958), shows that the war still aroused violent emotions in him. The topic and theme of "An Old Warplane" is less universal and more personal than "Redeployment" and it is written in a looser and more relaxed style. Nemerov's poem shows traces of the poet's youthful infatuation with aircraft, but in the end of the poem he warns against the romantic images that planes awaken in him and other men. The sheer joy of detail when describing the beaten-up and personified aircraft taking to the sky reveals Nemerov's love for the esthetic visual beauty of flight. Nemerov renders the war plane as a grand old lady who is proud despite her physical ailments: "Even a thing like this thing takes pathos / After the years", the first two lines read. Following this initial reference to the aircraft as a "thing", Nemerov switches to the feminine pronouns "she" and "her" – as aircrew were apt to do –, showing that she is not just an inanimate object to him.[20] The pity and compassion she arouses in the speaker stems from the rust showing underneath the paint, the oil stains, the burned spots on the chrome, and her brave attempt to stay in the air, regardless of her old age.

Yet the old war plane is also a temptress who can lure men into war with her "old / Inflexible will and devious wile".[21] The alliteration and euphonious sounds seem to mimic the act of seduction. Many young men lost their hearts and subsequently their lives trying to tame her, enamored as they were by the alluring colors and aerodynamic speed. The camouflage colors are only a thin layer of veneer, however, a facade that hides the rust and grime of war. Nemerov's speaker is also almost taken in by the old aircraft once again, but the thunderous, roaring sounds wake him from the enchanting dream and evoke other images, of the dangerous nightmare of war:

[...] We heard again
The empty thunder of the war
By engines drummed on the stretched sky;

---

[18] Randall Jarrell: *The Complete Poems*. New York: Farrar, Straus, Giroux 1969. P. 143.
[19] T.S. Eliot: *Selected Essays*. P. 21.
[20] Howard Nemerov: *The Collected Poems*. P. 151.
[21] Howard Nemerov: *The Collected Poems*. P. 151.

> Burnt patches on the cannon ports
> And under the exhaust pipes flared
> Like danger and experience,
> And all that dirty camouflage,
>
> Of mackerel-back and belly of
> The hanging rain-cloud on the sea,
> Ran past, reminding of the old
> Inflexible will and devious wile.[22]

Like in many of Nemerov's poems, the syntax as well as the sounds of the words contribute almost as much to the meaning of the poem as the denotation of the words themselves. Here the confused syntax and cacophony of these lines, especially "stretched sky" and the plosives of "Burnt patches", and "cannon parts", echoes the noise of the plane's engines and offers a discordant contrast with the previous, more melodious, lines in which Nemerov's speaker seemed enamored by the plane flying to the horizon.

The crux of Nemerov's poem is contained in the last three stanzas. Introduced by the word "But" and reinforced by the enjambment of the last line of the sixth stanza, Nemerov asserts that this old war plane still threatens us. Even if one has lived through the horrors of World War II, as Nemerov has, the grace and glamour of a war plane can still beckon us to the next war. It can easily break through that frightful memory, which is "[i]nadequately armed" and only "camouflaged" against the lure of the war plane, as Nemerov's cleverly perfect puns suggest. Nemerov's poem is thus a slight variation of fellow Harvardian George Santayana's famous quote that "[t]hose who cannot learn from history are doomed to repeat it". Even those who learned from the war more than they ever bargained for can be tempted to feel the war's beckoning call all over again. As we will see again, Nemerov's history lessons are more personal and subtle than those that wind up in history books.

"The Air Force Museum at Dayton" from *Inside the Onion* (1984) is also a variation on Santayana's saying and a precursor of *War*. The speaker's expert knowledge of flying and of the air force make it plausible that he is male and a former aircrew man, like Nemerov himself. Similarly, neutral comments about "half a life ago" when referring to fighter planes now at rest and "all men still around", who witnessed both the rise of the first planes and the moon landings, suggest that this is yet another autobiographical poem and that Nemerov himself is again the speaker.[23] The visit to the Dayton air force museum constitutes a time-lapse spanning one hundred years of aviation and triggers his memories

---

[22] Howard Nemerov: *The Collected Poems*. P. 151.
[23] Howard Nemerov: *Inside the Onion*. Chicago: The University of Chicago Press 1984. P. 54.

of World War II that seemed dead and buried. From the start of the poem the tone and mood are glum, mimicking the atmosphere of the museum, since the aerial museum pieces are displayed in "solemn gloom". Even the roof, which is shaped like gun's "barrel", is suggestive of the violent nature of the museum's holdings. Nemerov's use of personification in "[t]he pictures dead in period costumes" make the past look dead, remote, and unreachable. Yet in 1984 there were still people around who were alive when the Wright brothers took to the sky at Kitty Hawk, North Carolina on December 17, 1903, in the first powered, heavier-than-air machine to achieve controlled, sustained flight with a pilot aboard. Like Nemerov, these people witnessed the miraculous transformation from these primitive flying objects to the advanced rockets that landed on the moon only sixty-six years later. These planes, which propelled young boys' fantasies about air travel, are now grounded for good.

After the first two stanzas, which form one sentence, the mood becomes even more oppressive, as Nemerov concludes that after the "Wright / Brothers every kite carries a gun". The euphemistic metonymy "kite" underlines the notion that aviation and warfare has been the domain of boys' fantasies, but Nemerov's ultimate message is more pressing, that aviation has been completely appropriated by the armed forces. The internal rhyme of the third stanza, connecting "Wright", "kite", "right and might", make these lines sound sarcastic, as everyone has accepted this simple but heart wrenching truth.[24] While science has been used to reach other planets, it has also been used to wipe out communities with one big bang, as happened with the nuclear bombs dropped over Hiroshima and Nagasaki. Nemerov's word choice – "cancelled cities in a single flare" are especially clinical and morbid, but drive his point home that the business of war is anything but kid's play.[25]

In the concluding two stanzas, Nemerov muses that all artifacts of history are eventually sanctified and put in museums for people to stare and gloat at, irrespective of whether the instruments displayed were used for atrocious acts:

When anything's over, it turns into art,
Religion, history; what's come to pass
Bows down the mind and presses upon the heart:
The ancient bombsight here enshrined in glass

Is the relic left us of a robot saint
With a passion for accuracy, who long ago
Saw towns as targets miniature and quaint,
Townfolk invisible that far below.[26]

---

[24] Howard Nemerov: *Inside the Onion*. P. 54.
[25] Howard Nemerov: *Inside the Onion*. P. 54.
[26] Howard Nemerov: *Inside the Onion*. Pp. 54–55.

The mechanical analog computer that made up the much-coveted Norden bombsight is encased in glass to confirm its status as a precious museum piece. During World War II, this top-secret bombsight was used to drop bombs more accurately from aircraft, such as the B-17, and therefore contributed to the American war effort but also to the destruction of numerous German, Italian, and Japanese towns and cities and many thousands of its inhabitants. Nemerov's consciously religious diction culminates in the ironic juxtaposition of "robot saint", to denote the war plane but also its crew. Revered for making the world free for democracy, these seemingly blameless members of the "Greatest Generation" and their mechanical war planes caused more harm to the "[t]ownfolk invisible" than would ever have seemed imaginable to Nemerov's speaker when he was young and enamored by the Wright brothers and their aerial experiments. Oblivious of the consequences of their actions because they were not seen from high above, the bomber squads automatically and emotionlessly do their killing.

The steady but sporadic publication of Nemerov's war poems after 1950 could not have predicted the sudden outburst of World War II poems he wrote in the mid-1980s. *War Stories* (1987) contains a dozen poems that directly address Nemerov's own involvement in World War II. They are collected in the second and middle section of that volume, "The War in the Air". Some of the other poems in the first and third sections, "The War in the Streets", and "The War in the Heavens" refer to World War II and other wars in a more oblique way. The incentives behind Nemerov's sudden and intense focus on his personal past during World War II seem threefold. First of all, the political and social climate in the United States in the mid-1980s seemed to have played a part: "The reason we do not learn from history is / Because we are not the people who learned last time", the opening of Nemerov's "Ultima Ratio Reagan" pessimistically sounds, again echoing Santayana.[27] Ronald Reagan is not mentioned or referred to in "Ultima Ratio Reagan" – a pun on the Latin saying "Ultima Ratio Regum" or a reference to Stephen Spender's war poem of that name – although he is the kind of President who will resort to war and send people off to a foreign war. Still, even when that happens, "history will not blame us if once again / The light at the end of the tunnel is the train".[28] By warning others of wars to come, Nemerov may have alleviated his feelings of compunction about his contribution to the Allied saturation bombing of Germany. Ironically, despite his criticism of Reagan, Nemerov received the National Medal of Arts, the highest prize given to artists and arts patrons by the United States Government by President Reagan on June 19, 1987 – right at the time when *War Stories* came out.

---

[27] Howard Nemerov: War Stories: Poems about Long Ago and Now. Chicago: The University of Chicago Press 1987. P. 6.
[28] Howard Nemerov: *War Stories*. P. 6.

The second reason that may have prompted Nemerov to write *War Stories* was the fortieth anniversary of the end of the war, which was often discussed in the media. The publication of Studs Turkel's *"The Good War"*, for instance, provoked many other veterans to break the silence about their own war experiences. Thirdly, approaching retirement and old age, Nemerov may have felt that this was the right and possibly the last time to set the record straight and have his say. With Paul Fussell, the literary historian and veteran who penned down his and other soldiers' war experiences in 1989, Nemerov seems to say:

> [T]here has been so much talk about "The Good War", the Justified War, the Necessary War, and the like, that the young and innocent could get the impression that it was really not such a bad thing after all. It's thus necessary to observe that it was a war and nothing else, and thus stupid and sadistic [...][29]

In the title poem of the section on Nemerov's World War II memories, "The War in the Air", Nemerov voices more directly and lucidly than before his distaste of how that war is being remembered and memorialized in the United States:

> That was the good war, the war we won
> As if there were no death, for goodness' sake,
> With the help of the losers we left out there
> In the air, in the empty air.[30]

Nemerov clearly despises the phrase "good war". His atypically direct exclamation "for goodness' sake" is indicative of how much this prevalent misconception of the war offends him. "The War in the Air" elegizes the bomber crews who did not survive the war without heroicizing them. Those who died could never retell their war stories and lacked graves because their bodies were rarely found, vanished, as they were, into thin air. Instead of "graves", they therefore got "epitaphs", from for instance Winston Churchill who said about the Royal Air Force during the Battle of Britain that "[n]ever in the field of human conflict was so much owed by so many to so few".[31] Nemerov cynically twists Churchill's words to "never so many spoke for never so few", to emphasize how many people spent winged words on those who died. Another epitaph that Nemerov undercuts is the Royal Air Force motto "per ardua ad astra", meaning "through adversity to the stars". By inserting the phrase "said the partisans of Mars" between the two parts of this Latin phrase, Nemerov links the Royal Air Force to the bellicose Roman god of war. Nemerov seems to realize that it is these romantic epitaphs, like the aesthetic beauty of planes, lure young people

---

[29] Paul Fussell: *Wartime: Understanding and Behavior in the Second World War*. New York: Oxford UP 1989. P. 142.
[30] Howard Nemerov: *War Stories*. P. 31.
[31] Winston Churchill: in the House of Commons, 20 August 1940.

into war. In a sense, "The War in the Air" serves as yet another epitaph commemorating the dead in the air war over Europe. Yet because Nemerov is a survivor and refuses to cry up the dead his epitaph sounds more genuine than the officious rhetoric of Churchill and the Royal Air Force.

Part of 'The Good War' myth is the belief that the American army and their Allies formed a well-oiled machine, that the United States "outproduced and outfought everyone else", and that soldiers of all ranks harmoniously worked together to fight Nazism and the belligerent Japanese.[32] In "IFF", aptly named after a signaling device on board of an aircraft to identify friend or foe, Nemerov counteracts one of these in his first, colloquial line: "Hate Hitler? No, I spared him hardly a thought".[33] Nemerov's more annoying, immediate enemies in Nemerov's day-to-day life were his superiors with their power trips and basically everyone who did not fly with them, as the last line of this poem indicates: "All above were friends. And then the foe".[34] There was no band of brothers in his war recollections. The crew at the air force base hardly interacted with each other, Nemerov's speaker asserts, and the racist slurs of the anti-Semitic navigator did not particularly contribute to morale either. Nemerov recounts how his British crew-member Bert:

> [...] shyly explained to me that the Jews
> Were ruining England and Hitler might be wrong
> But he had the right idea ...[35]

If during World War II, as Fussell asserts, the view was "developed that Americans were by nature, by instinct really, morally superior", this poem certainly challenges that notion.[36] Life as an air force officer was all about identifying friend or foe, but this task was less easily accomplished than would seem apparent.

"Night Operations, Coastal Command RAF" does away with the myth that all those who perished in the war in the air died an honorable, heroic death. Like "IFF", it starts off in a deadpan way stating that the Royal Air Force hardly needed the Luftwaffe to have so many losses. With their German counterparts, the "encounters were confused and few / And quickly done".[37] In a comedy of tragic errors, however, many of the aircrew lost their lives because of human blunders, like hitting power lines or forgetting to put the wheels out before landing. "Night Operations, Coastal Command RAF" is reminiscent of

---

[32] Michael C.C. Adams: *The Best War Ever*. P. 69.
[33] Howard Nemerov: *War Stories*. P. 29.
[34] Howard Nemerov: *War Stories*. P. 30.
[35] Howard Nemerov: *War Stories*. P. 29.
[36] Paul Fussell: *Wartime*. P. 165.
[37] Paul Fussell: *Wartime*. P. 28.

Randall Jarrell's "Losses", which cited similar "routine crashes" with pilots "[s]cattered on mountains" or "blazed up on the lines" they never saw.[38] Yet whereas Jarrell's poem is empathetic, Nemerov's poem is satiric in order to challenge the heroism that is associated with the war in the air. In both "IFF" and "Night Operations, Coastal Command RAF" Nemerov is closer to the absurd tradition of *Catch-22* and *Slaughterhouse Five* whose authors, Joseph Heller and Kurt Vonnegut, perceived in "blunders, errors, and accidents something very close to the essence of the Second World War".[39] The conversational, anecdotal, and witty style of these two poems and others in *War Stories* is a far cry from the stiff and more pretentious images Nemerov presented early on in his career, but they perfectly work to negate common myths about World War II.

Yet *War Stories* also shows another, more lyrical and deeply personal range of poetry that is equally far removed from the rigid and academic poetry of Nemerov's early years. Reminiscent of the autobiographical childhood poetry of his near-contemporaries Elizabeth Bishop, Randall Jarrell, and Robert Lowell, "Models", the opening poem of the section on "War in the Air", is the most impressive of these. In three, interrelated snapshots, spanning Nemerov's childhood and adulthood, we are offered, as if in a time-lapse, glimpses of Nemerov's early fascination for aviation leading to his first day at an airbase in England. In the first part, a twelve-year-old boy is constructing a model airplane out of balsa wood to reenact a battle between a Fokker and a Spad from the First World War:

> That primitive, original war in the air
> He made in miniature and flew by hand
> In clumsy combat, simulated buzz:
> A decade away from being there himself.[40]

The "primitive, original", later modified to the "avant-garde war in the air" holds a strong elementary attraction over the boy. It is significant that the German Fokker is as dear to him as the French Spad, just as Manfred von Richthofen, the "Red Baron", is as much a formidable favorite, a (role) model, as America's ace of aces Eddie Rickenbacker. The boy has not yet learned to politicize the war, nor does he realize the horror that is involved in any war; he is still completely immersed in what the English novelist E.M. Forster called "the Romance of the Air – war's last beauty parlor".[41] Like in his poem "An Old Warplane", there is a causal connection in "Models" between the physical, aerodynamic splendor of (model) airplanes, their droning sound, and the speaker's attraction

---

[38] Randall Jarrell: *The Complete Poems*. P. 145.
[39] Paul Fussell: *Wartime*. P. 26.
[40] Howard Nemerov: *War Stories*. P. 25.
[41] P.N. Furbank, *E.M. Forster: A Life*, Volume II. London: Secker and Warburg 1978. P. 254.

to war. As the colon in the third line of this quotation indicates, it is the visual and aural beauty of the aircraft as experienced by the boy that explains the young man's entry into war ten years down the road.

In the final section of "Models", Nemerov advances:

> And memory, that makes things miniature
> And far away, and fit size for the mind,
> Returned to him in the form of images
> The size of flies, his doings in those days[42]

Thinking back of his war past is like looking through a bombsight the way Nemerov described it in "The Air Force Museum at Dayton:" "miniature and quaint".[43] From a distance it looks smaller and one gets a better perspective, but being removed in time or space does not necessarily make the sight clearer or more meaningful. Time distorts memories and even though Nemerov is wiser than the boy or young man who thought that the war in the air would be honorable, exciting, and chivalric, his gained wisdom is not inevitably a guarantee for a more objective and truthful rendition of history. Yet that is also not what Nemerov was aiming for. As the unpretentious title of his book suggests, Nemerov only offers *stories*, which by their very nature are subjective and debatable. Wary as he was of grand narratives, Nemerov does not substitute 'The Good War' myth with his own master narrative; he just gives us tales, of "images / The size of flies" that kept recurring in his head. Both the innocent boy and the experienced old man see war on a model scale.

Nemerov's vision on World War II has proven to be remarkably consistent. The difference between how he as a veteran experienced the bygone war and how the United States collectively remembered it remained a dominant theme from *The Image of the Law* (1947) to *War Stories* (1987). In nearly all of his war poems Nemerov is also concerned with drawing lessons from the past, and he frequently hints at how insidious historical memory is. It is true that the poems from *War Stories* address Nemerov's past more directly, personally, and autobiographically than he did in his early poetry. Yet, in retrospect and in the context of his later poetry, even a seemingly impersonal poem like "Redeployment" acquires a personal intimacy that reflects, as we can now see, Nemerov's private grief. What Randall Jarrell once said of T.S. Eliot rings also true for Nemerov. Imagining how future generations of readers would evaluate Eliot's poetry, Jarrell spoke in the guise of such a reader, and exclaimed:

> But did you actually believe that all those things about objective correlatives, classicism, the tradition, applied to *his* poetry? Surely you must have seen that he was one of the most subjective and daemonic poets who ever lived, the victim and helpless

---

[42] Howard Nemerov: *War Stories*. P. 26.
[43] Howard Nemerov: *Inside the Onion*. P. 55.

beneficiary of his own inexorable compulsions, obsessions? From a psychoanalytical point of view he was far and away the most interesting poet of your century.[44]

Zooming in on Nemerov's war experiences and juxtaposing "Redeployment" to his later war poems has revealed that Nemerov is a more daemonic, haunting, and lyrical poet than has been previously understood. In "The Afterlife" of his life as a combat pilot, to use the title of the last poem of *War Stories*, he tried desperately to comprehend through his poetry how his childhood wish had turned to an adulthood nightmare. Despite the intricate and carefully constructed metaphors, the pervasive ironic voice, the impersonal persona, the studious allusions, and the generally intellectual nature of his poetry, Nemerov is at heart a subjective and emotional poet whose traumatic experiences during World War II formed an inescapable obsession that he felt compelled to write about.

---

[44] Randall Jarrell: *No Other Book: Selected Essays*. New York: HarperCollins 1999. P. 242.

Steve Plumb

Art and the Air Campaigns of 1940/41 and 1945: Visual Representations of the London and Dresden Bombing Raids

This essay uses the debate surrounding the responses of German authors to the Second World War bombing campaigns, in order to demonstrate the extent to which the conclusions of W.G. Sebald and others are true of painting, drawing and photography. Firstly, visual representations of the Blitz on London are discussed, as the Blitz, like the attack on Dresden, may be said to have had such an impact, that a distorted perspective has been propagated of the experience. However, there are works of art which tell a different story to the one of the unconquerable Londoner. The majority of art works from Dresden also say little, in Sebald's terms, about the effect of the bombing on the city and the people who lived there, with many artists choosing instead to focus on the reconstruction of Dresden. The works of Graham Sutherland and Wilhelm Rudolph are highlighted, however, as examples of the search for understanding of the bombing, through art, as a way of breaking free of the obfuscation surrounding the devastation.

W.G. Sebald's *Luftkrieg und Literatur* (1999) highlighted the responses of German authors to the bombing campaigns during the Second World War; a little-researched area of German literature that has led to prolonged debate. A further dimension will be added to that discussion in this essay: the part played by the visual arts in representing not only the bombing of German cities, but also of London during the Blitz. Both the Blitz and the bombing of Dresden are shrouded in myth, arguably based, at least to some extent, on both propaganda from the British and German regimes and on a popular distortion of the experience. This has considerable implications for the interpretation of the pictures, and it is for this reason that a British and a German city have been chosen as examples.

Following the Dresden raid in February 1945, Goebbels was unsure how to pitch the propaganda about the bombing, as news of heavy civilian casualties would very likely undermine morale. Public announcements were therefore not particularly explicit.[1] One can expect, then, that artists were either careful, in order to not fall foul of the propaganda officials, or were working from hearsay evidence, which is rarely particularly reliable. Works from the Blitz are no less free of pitfalls, again due to a distorted perspective of the experience, or more specifically to the "spirit of the Blitz", which can best be described as the now celebrated ability of the Londoner to endure the harshest suffering and still go about life as normal.

---

[1] Frederick Taylor: *Dresden. Tuesday, February 13, 1945*. New York: HarperCollins 2004. Pp. 360–1.

In order to establish the "truth" of the pictures from London and Dresden, this essay will concentrate on depictions which actually date from the 1940s, which would, admittedly, have been subject to or influenced by wartime propaganda. Later depictions, however, are frequently aimed at conveying contemporary political issues, particularly in regard to nuclear weapons, and therefore lose something of the actual relevance to the Second World War. Erich Kästner emphasizes the importance of understanding and learning from the events of the war in his essay, "... Und dann fuhr ich nach Dresden" (1946): "Gerade wir müßten heute wie nie vorher und wie kein anderes Volk die Wahrheit und die Lüge, den Wert und den Unfug unterscheiden können".[2] While discussing the way in which the German nation could move forward, the sentiment also applies to the way in which the war could be depicted by artists of both sides.

Issues of Interpretation: The 'Spirit of the Blitz' and the Visual Arts

The background knowledge necessary for an understanding of works of art from the war is far more extensive when considering pictures from London than those from Dresden. What may or may not be a distortion of the truth from the Dresden raid stems from the fact that it was sudden, and extremely severe, as was the case in every German city that was attacked. The Blitz on London, however, occurred over a much longer period, from September 1940 until May 1941, and this allowed time for the "spirit of the Blitz" to develop, which in turn led to the discussion of the "myth of the Blitz", that is, whether or not Londoners really did cheerfully go about their daily lives in spite of the bombing.

Eyewitness accounts frequently tell very different stories. Jean McWilliam writes of the "memories of the friendliness and togetherness of hard times".[3] While this description clearly gives a rose-tinted view of life in London during the Blitz, Edna Beeson provides a far more explicit version of the unpleasantness of life at that time.

> We were robbed of six years of our lives. The rationing, the black-out, the fire-watching of our places of work (many must have been killed whilst guarding the premises of absent landlords), and the deaths of friends and former colleagues in the forces are all contrary to the idiotic singing we occasionally hear of "We'll hang out our washing on the Siegfried line, have you any dirty washing, Mother, dear". I never heard anyone singing it.[4]

Certainly at the beginning of the Blitz, the overall view held by Londoners of the situation was relatively dark, based on a feeling of vulnerability due to the

---

[2] Erich Kästner: ... Und dann fuhr ich nach Dresden. In: *Gesammelte Schriften*. Cologne and Berlin: Kiepenheuer & Witsch 1959. Vol. 5. Pp. 82–86 (P. 83).
[3] Ben Wicks, Ed.: *Waiting for the All Clear*. London: Guild Publishing 1990. P. 208.
[4] Wicks: *Waiting for the All Clear*. P. 208.

lack of preparation, and fear of the unknown. So how did the so-called "spirit of the Blitz" come into being? Angus Calder explains it thus:

> Fairly or unfairly, the reaction of the East Enders to the failure of the authorities to plan for the real nature of the blitz was first bewilderment, then anger. Yet they did not revolt nor, truly speaking, panic. Explaining this phenomenon, some journalists of the period created a myth of the Cockney wisecracking over the ruins of his world, which is as famous as the myth of the Few soaring into battle with laughter on their lips, and equally misleading.[5]

To this explanation, one could add the role of Winston Churchill, by then Prime Minister, who, it could be argued, played a major role in the creation of the "spirit of the Blitz". In a speech delivered to the House of Commons on 8 October 1940, he spoke of those who had to accept nightly bombing as a part of life.

> In all my life, I have never been treated with so much kindness as by the people who have suffered most. One would think one had brought some great benefit to them, instead of the blood and tears, the toil and sweat which is all I have ever promised. On every side, there is the cry, "We can take it", but with it, there is also the cry, "Give it 'em back".[6]

Such rhetoric must have had a degree of influence upon the inhabitants of London, firstly by boosting morale, in as far as people could be persuaded that the popular mood was more upbeat than they imagined, and secondly because it appeals to a much celebrated capacity of Londoners to endure hardship. "They were proud of their own sufferings, in the same way that earlier generations of Londoners claimed an almost proprietorial interest in their noxious fogs, in the violence of their streets".[7] Indeed, Peter Ackroyd writes, without any sense of exaggeration, "during the Blitz of the winter of 1940–1, Londoners were more depressed by the weather than by the air-raids".[8] It is this standpoint that one sees represented most frequently in paintings of the Blitz, and almost exclusively in photographs of the period.

The figure of the milkman is a virtually omnipresent figure in visual representations of this time. A very well known photograph by Fred Morley from 9 October 1940 depicts a milkman carrying a full crate across the rubble of what was once presumably one of the streets on his round. A completely collapsed building smoulders behind him, and the shell of a building can be seen in the

---

[5] Angus Calder: *The People's War. Britain 1939–45*. London: Jonathan Cape 1969. Pp. 165–6.
[6] Randolph S. Churchill, Ed.: *Into Battle. Speeches by the Right Hon. Winston S. Churchill C.H., M.P.*, London: Cassell 1947. P. 282.
[7] Peter Ackroyd: *London. The Biography*. London: Vintage 2001. P. 739.
[8] Ackroyd: *London*. P. 427.

distant background. In spite of the fact that it is early in the morning, following a bombing raid, the milkman is perfectly turned out, wearing his white work jacket, with his hair combed and oiled into a neat parting. The look on his face is not one of horror or dismay; indeed, were it not for the weight of the milk crate he would be shrugging his shoulders.[9]

One could argue that the frequent depictions of milkmen and postmen are wrapped up in the "spirit of the Blitz" because they went out to work very early in the morning, and were therefore among the first people to venture out following the night's bombing. The fact that instead of surveying the damage, these people went straight to work, points to a clear message – that London would carry on in spite of the destruction. However, it is too easy to ascribe a blunt propaganda purpose to these depictions.

> The people who fought fires, worked as wardens, drove ambulances, opened their shops, kept on going to work, were all ordinary people – albeit in extraordinary circumstances. They undoubtedly deserve recognition and commendation for their courage and determination. But they can sometimes be mythologised to an extent that makes them seem unreal, characters of fiction rather than real life.[10]

In short, with the Blitz lasting some eight months, what choice did people have but to carry on with life? Also, if life went on, then it did not only consist of heroic indifference and accommodating oneself to hardship. People did suffer; they were uncomfortable and short of food and clothing. They were also distressed about losing their family and friends and their homes. We know this to be the case, as among a variety of sources and accounts, war artists described how careful they had to be, not to cause offence. The sculptor Henry Moore wrote of the drawings he made of people sheltering in the London Underground:

> Of course, I couldn't do the drawings on the spot – it would have been like drawing in the hold of a slave ship. I might have made a note – to remember the line of someone's legs, say – but I had to do them from memory.[11]

The painter Graham Sutherland was commissioned by the War Artists' Advisory Committee[12] to depict the bomb damage in London. In a letter to E.M. O'Rourke Dickey, the committee secretary, on 16 May 1941, he wrote: "In addition to

---

[9] This photograph is reproduced in Nick Yapp: *A Photographic History. From the Victorians to the Present Day*. London: Arcturus 2003. P. 224.
[10] Museum of London: *Blitz Web Exhibition: Remembering the Blitz* [online] <http://www.museumoflondon.org.uk/MOLsite/exhibits/blitz/yourbit/yourbit.htm> (accessed 14 May 2004).
[11] John Hedgecoe and Henry Moore: *Henry Moore. My Ideas, Inspiration and Life as an Artist*. London: Collins & Brown 1986. P. 170.
[12] The War Artists' Advisory Committee, headed by Sir Kenneth Clark, was responsible for commissioning and assigning work to war artists.

making drawings I would like to take some photographs as supplementary material. [...] It would be a great help as it is difficult to draw in some places without rousing a sense of resentment in the people".[13] The degree to which this concern for their subjects influenced the work of artists is not clear, but these passages certainly demonstrate that the Blitz, of course, had its hardships, and artists had to take them into account. Whether or not it is for this reason that depictions which do not focus on heroism or the "spirit of the Blitz" are relatively few, the fact remains that visual representations of London at that time do not portray a great deal of suffering. There were artists, however, who did stand back from the 'spirit of the Blitz', and seek to provide an account of the material destruction of the city. This in itself often provided a glimpse into the suffering of the human population. Peter Ackroyd writes that the "loss of personal history was another aspect of the city bombings; the wallpaper, and mirrors, and carpets were sometimes stripped bare and left hanging in the air of a ruin as if the private lives of Londoners had suddenly become public property".[14] This is graphically illustrated in the drawing by Joseph Bató from 1940, entitled *Bombed Houses Near Euston Station*. The scene is of a partly collapsed house, with a pile of rubble and furniture in the foreground, and what remains of the building behind it. The view is almost of a doll's house, where the front wall can be removed to reveal the interior. We see a bed in the uppermost room, and more furniture in the room on the middle floor. The ground floor room is obscured by the rubble. The scene is extremely static, with no human presence at all (unusual in London), as if the former occupants have given up on what remains of their property, and moved on.[15] Depictions such as this therefore demonstrate that while the "spirit of the Blitz" was probably the most frequently portrayed aspect of the London bombings, there were artists who were prepared to seek subjects outside of that perspective.

Also pertinent to depictions of the Blitz is the fact that artists sometimes used the war as a means of developing their art, rather than producing documentary-style portrayals of the devastation. This is not to suggest that artists considered their own art to be of more significance than the task they had been assigned, but that in this new subject matter, they sometimes saw

---

[13] Quoted in Julian Andrews: Graham Sutherland and the War Artists' Advisory Committee. In: *Sutherland. The Wartime Drawings*. Ed. Roberto Tassi. Translated and edited by Julian Andrews. London: Sotheby Parke Bernet 1980 Pp. 165–167 (P. 166).
[14] Ackroyd: *London*. P. 741. The text continues: "This encouraged a communal feeling and became one of the principal sources of the evident bravado and determination". There is certainly an element of truth in this, but Ackroyd fails to point out how obviously devastating and potentially alienating the loss of one's entire property could be.
[15] This drawing is reproduced at Museum of London: *Blitz Web Exhibition: Remembering the Blitz* [online] <http://www.museumoflondon.org.uk/MOLsite/exhibits/blitz/changing/lives.htm> (accessed 14 May 2004).

something which related to their previous work or could move their work in a certain direction. Of his time working in the London Underground, Henry Moore wrote:

> Artists have certain obsessions and for me then it was the reclining figure pose. That first night down in the Tubes [sic] when I saw that whole thing ... here were dozens of reclining figures almost made for me, except the difference was that they were clothed and I hadn't used drapery in my sculptures ... one had to learn the techniques of texture and so on to give a sense of reality.[16]

It may be seen, then, that Moore was able to use this experience, out of necessity, to further his talents, without sacrificing the job at hand. Indeed, his desire to widen his range allowed him to provide a better representation of the experience.[17]

Issues of Interpretation: The Debate around Sebald's Luftkrieg und Literatur and its Application to the Visual Arts

In his contribution to the debate on the role of literature in explaining the impact of the war in Germany, W.G. Sebald points out that authors have largely failed to fully engage with the issue of German suffering during the Allied bombing offensives. In his foreword he writes, "daß die in den letzten Kriegsjahren von Millionen gemachte Erfahrung einer nationalen Erniedrigung sondergleichen nie wirklich in Worte gefaßt und von den unmittelbar Betroffenen weder untereinander geteilt noch an die später Geborenen weitergegeben worden ist".[18] Where Sebald suggests the problem lies is in the fact that while it was not difficult to describe what happened, it was extremely difficult to make sense of it.[19] The artist Wilhelm Rudolph implies that the magnitude of the destruction and the conduct of the war in general were in many ways responsible for the apparent inability of the Germans to form a rounded notion of this period. "Es war einem ganzen Volke nicht gestattet, um seine Toten zu trauern, nach einem opferreichen Kriege".[20] Sebald's basic argument is that literature, due to this lack of a desire or the ability to confront what happened, has failed to approach an understanding, let alone an explanation, of the effect of the raids. In response, however, the author

---

[16] Quoted in John Gregg: *The Shelter of the Tubes*. Harrow Weald: Capital Transport Publishing 2001. P. 64.
[17] Moore's shelter drawings are reproduced, wholly or in part, in Julian Andrews: *London's War: The Shelter Drawings of Henry Moore*. Aldershot: Lund Humphries 2002, and in William S. Lieberman, *Henry Moore. 60 Years of his Art*. London: Thames & Hudson 1983, and in numerous other monographs.
[18] W.G. Sebald: *Luftkrieg und Literatur*. Frankfurt/ M: Fischer 2001. P. 6.
[19] Sebald: *Luftkrieg und Literatur*. P. 11.
[20] Quoted in Horst Drescher: Der alte Wilhelm Rudolph. In: Wilhelm Rudolph: *Dresden 45. Holzschnitte und Federzeichnungen*. Leipzig: Reclam 1983. Pp. 5–32 (P. 23).

Walter Kempowski states his belief that those who experienced the bombing had not experienced the war in the same way as the soldiers who largely constituted, for instance, the "Gruppe 47", who did write about their experiences. The victims of the bombing "waren nicht mehr Soldaten geworden, hatten nie ein Gewehr in der Hand – die trugen das Erlebnis der Bombennächte in sich".[21] This may account for the emphasis instead being placed upon the clearing up and rebuilding of Germany's shattered cities, but Sebald believes that this reconstruction too had a negative impact upon the nation's heritage.

> Der inzwischen bereits legendäre und, in einer Hinsicht, tatsächlich bewundernswerte deutsche Wiederaufbau, der, nach den von den Kriegsgegnern angerichteten Verwüstungen, einer in sukzessiven Phasen sich vollziehenden zweiten Liquidierung der eigenen Vorgeschichte gleichkam, unterband durch die geforderte Arbeitsleistung sowohl als durch die Schaffung einer neuen, gesichtslosen Wirklichkeit von vornherein jegliche Rückerinnerung, richtete die Bevölkerung ausnahmslos auf die Zukunft aus und verpflichtete sie zum Schweigen über das, was ihr widerfahren war.[22]

The artist Otto Dix, for instance, wrote: "Das Wiedersehen mit meiner alten Wirkungsstätte Dresden hat mich erschüttert. Diese Trümmerwelt, die an Pompeji erinnert, würde mich völlig deprimiert haben, hätte ich nicht schon in den ersten Tagen gesehen, welch reger und nimmermüder Geist und Aufbauwille hier am Werke sind".[23] This account supports Sebald's argument that writers, and, it seems, artists, sought to emphasise the future rather than the past. Georg Nerlich's *Aufbau der Augustusbrücke in Dresden* (1948)[24] and Siegfried Donndorf's *Augustusbrücke in Dresden im Bau* (1946)[25] are paintings that both feature the construction of the same bridge over the Elbe. What is noticeable is that neither picture features a single human figure; it is as though the artists wanted to emphasise the rebirth of the *city* rather than the recovery of the people who lived there following their trauma.

One might argue that the visual arts, however, did engage more with the human suffering during and after the bombing than did literature. In spite of a photography ban following the Dresden raid, a number of photographs exist of the cremation of bodies in the Altmarkt.[26] One of the best examples is *Verbrennung von Leichen in Dresden nach der Bombardierung* from February

---

[21] Volker Hage and Walter Kempowski: "Das alte Europa wurde zerstört". *Der Spiegel* 23 July 2003 [online] <http://www.spiegel.de/kultur/gesellschaft/0,1518,258211,00.html> (accessed 30 May 2005).
[22] Sebald: *Luftkrieg und Literatur*. Pp. 15/16.
[23] Quoted in Karl Max Kober: *Die Kunst der frühen Jahre*. Leipzig: E.A. Seemann 1989. P. 112.
[24] Kober: *Die Kunst der frühen Jahre*. P. 178.
[25] Kober: *Die Kunst der frühen* Jahre. P. 198.
[26] A good selection may be viewed online at: Deutsche Historische Museum [online] <http://www.dhm.de> (accessed 14 May 2004).

1945. A pile of what must amount to hundreds of corpses smoulders on top of an iron platform, improvised from railway track. This photograph truly demonstrates the human cost of the raid.[27] This is one of the most explicit visual representations of the aftermath of the Dresden raid, but explicitness is not the only means by which the horror of what occurred can be conveyed. Ewald Schönberg's *Menschensucher*, a painting from 1947, features no corpses, and is in general a relatively sanitised version of a devastated Dresden.[28] It does, however, portray the absolute trauma of desperately searching for loved ones, in the knowledge that they may well be dead. The fact that the man in the picture has nothing on his feet relates to the fact that the Dresden firestorm was so hot that the tarmac on the roads melted. People who found themselves in this boiling quagmire lost their footwear and suffered terrible burns on their feet, or died where they stood, unable to move due to the severity of their burns.[29] How is it possible that events such as these could be repressed to such a degree? At least part of the answer must lie in the fact that the destruction of German cities through bombing must have been, for the inhabitants, psychologically extremely traumatic.

> Der innerhalb weniger Stunden sich vollziehende Feuertod einer ganzen Stadt mit all ihren Bauten und Bäumen, mit ihren Bewohnern, Haustieren, Gerätschaften und Einrichtungen jedweder Art mußte zwangsläufig zu einer Überladung und Lähmung der Denk- und Gefühlskapazität derjenigen führen, denen es gelang, sich zu retten. Die Berichte einzelner Augenzeugen sind darum nur von bedingtem Wert und bedürfen der Ergänzung durch das, was sich erschließt unter einem synoptischen, künstlichen Blick.[30]

The validity of this view is supported by the testimony of the artist Otto Griebel, who found himself in the thick of the bombing. "So schaurig und ungeheuerlich war das alles, daß ich es nur mit den Augen, kaum aber mit den Sinnen zu erfassen vermochte. Das tut man mit Dresden – einer der schönsten und kulturreichsten Stätten der Welt"![31] The human cost is not mentioned at all; his concern at this stage is for the cultural riches of the city, as if people were not also lost. This inability to fully conceive of what happened appears, if Sebald's argument is followed, to have lasted largely to the present, where few

---

[27] Reproduced at Deutsche Historische Museum [online] <http://www.dhm.de/lemo/objekte/pict/ph003739/index.html> (accessed 14 May 2004).
[28] Reproduced in Kober: *Die Kunst der frühen Jahre*. P. 188.
[29] See Taylor: *Dresden*. P. 292. The testimony of Margret Freyer, described in Taylor's book, includes an account of how her life was saved by the fact that her knee boots did not slip off her feet, and she escaped being burned. Wilhelm Rudolph describes how the "klebrig gewordene Asphalt hielt die Schuhe der vor dem Tode Flüchtenden unbarmherzig fest". Quoted in Kober: *Die Kunst der frühen Jahre*. Pp. 457n52.
[30] Sebald: *Luftkrieg und Literatur*. Pp. 32/33.
[31] Otto Griebel: *Ich war ein Mann der Straße*. Frankfurt/M: Räderberg-Verlag 1986. P. 431.

survivors of the raid are still alive. And it is a compelling argument when one considers that although Griebel painted one of the best-known pictures of the horror wrought upon Dresden, he has nothing to say about it in his autobiography. The painting dates from 1945 and is entitled *Selbstbildnis vor dem brennenden Dresden*. Griebel is clearly the main subject of the painting, and he is depicted looking sad, and holding a stem of grass. This does not, however, appear to be the expression of rebirth, but rather conveys a sense of all that has been lost. In the background Dresden is in flames, and the hellish red and orange palette contrasts dramatically with the muted tones used to depict the artist himself.[32] In this respect, Griebel's painting is a rare thing indeed – a depiction of human suffering directly related to the bombing – and it is therefore all the more surprising that he writes nothing of its conception or execution in his book. It should also be noted that contrary to Sebald's argument, and indeed his own testimony, Otto Griebel produced, as an eyewitness, a credible account of the bombing. This reflects Volker Hage's assertion that eyewitness testimony *is* a valid representation of events.[33] The fact that Graham Sutherland in London and Wilhelm Rudolph in Dresden were also eyewitnesses supports this view.

Other depictions of the human cost have been noted already, but they are rare. The vast majority of visual expressions focus on the city itself, the bricks and mortar, the landmarks and cultural treasures. Numerous photographs depict piles of rubble and panoramas of the burnt-out landscape,[34] while painters and graphic artists frequently present us with a closer view – a house or a bridge. The cycle of drawings from 1946 by Willy Wolff entitled *Zerstörtes Dresden* is a good example. In this series, Wolff depicts single buildings, or parts of buildings, in isolation, and any human presence is rare. This sense of a deserted city exists, for instance, in *Brückensegment*, which depicts a section of iron bridge supported by wooden props on a riverbank, presumably the Elbe. It is not clear if it is a new section, or if it belongs to the destroyed bridge in the background. There is an eerie silence about the picture. To the left, a man stands fishing, a real expression of the sense that people carried on as if nothing had happened.[35] To Sebald this is one of the main issues in trying to find a way to

---

[32] Reproduced in Griebel: *Ich war ein Mann der Straße*. Plate VIII. This painting is in some ways similar to Otto Dix's *Lot und seine Töchter* (1939), which depicts the biblical story of Lot, but in the background features Dresden in flames – the Frauenkirche and Brühlsche Terrasse are discernable. Dix's premonition of the destruction of Dresden has been remarked upon by numerous commentators.
[33] Volker Hage: "Es war das eigentlich Nicht-Mögliche". *Der Spiegel* 22 July 2003 [online] <http://www.spiegel.de/kultur/gesellschaft/0,1518,257533,00.html> (accessed 30 May 2005).
[34] Again, the Deutsche Historische Museum website has a good selection.
[35] Reproduced in Kober: *Die Kunst der frühen Jahre*. P. 114.

describe the experience of being in Dresden at that time. "Eines der zentralen Probleme sogenannter Erlebnisberichte ist das ihres inhärenten Ungenügens, ihrer notorischen Unzuverlässigkeit und eigenartigen Leere, ihrer Neigung zum Vorgeprägten, zur Wiederholung des Immergleichen".[36] However, Sebald appears to have difficulty in describing an adequate means by which the experience *can* be conveyed. At one point he advocates a documentary approach – of which there is very little of value in the visual arts from this time – which "beginnt mit ihren ernsthaften Studien zu einem der tradierten Ästhetik inkommensurablen Material".[37] He then, however, in citing Harald Hollenstein's highly "artistic" description of the fire,[38] wonders why more people did not describe the burning cities in the same way as people described the Great Fire of London or the fire of Moscow, that is, in aesthetic terms.[39]

Hollenstein was not alone in describing the raid in this way, contrary to Sebald's argument, as artists also described the fire and its aftermath in equally aesthetic terms. Otto Griebel, for instance, in the midst of all the horror, noticed that through "die Gluhröte des Himmels sickerte allmählich ein fahles Indigo und hellte sich immer mehr auf".[40] The graphic artist Wilhelm Rudolph described the aftermath of the raid and subsequent fire as follows: "Die Feuersbrunst hatte den Sandstein der Häuser wie Skelette stehenlassen. Erst später wurde das weggesprengt, fiel das ein. Der Sandstein hatte helle schöne Farben! Nur Glas, Glas zerfiel wie Schnee".[41] As with the British artists, an aesthetic view was not necessarily to the detriment of artistic representations of Dresden. This may be seen in Griebel's choice of colors for *Selbstbildnis vor dem brennenden Dresden*.

Similar to depictions of the Blitz, there is much which must be taken into account when viewing pictures of the destruction of Dresden. Indeed, so numerous are depictions which actually say very little about the effect of the bombing, "daß sich die Nachgeborenen, wenn sie sich einzig auf die Zeugenschaft der Schriftsteller [or artist – SP] verlassen wollten, kaum ein Bild machen könnten vom Verlauf, von den Ausmaßen, von der Natur und den Folgen der durch den Bombenkrieg über Deutschland gebrachten Katastrophe".[42] There is much

---

[36] Sebald: *Luftkrieg und Literatur*. P. 86.
[37] Sebald: *Luftkrieg und Literatur*. P. 65.
[38] For instance: "Fasziniert sah ich dem Farbspiel zu, in das Gelb und Rot der Flammen, die sich auf dem Hintergrund des dunklen Nachthimmels vermischten und wieder trennten. Noch nie sah ich, auch später nicht, ein so sauberes, leuchtendes Gelb, ein so pralles Rot, ein so strahlendes Orange". Quoted in Sebald: *Luftkrieg und Literatur*. Pp. 91/92.
[39] Sebald: *Luftkrieg und Literatur*. P. 92.
[40] Griebel: *Ich war ein Mann der Straße*. P. 442.
[41] Quoted in Drescher: *Der alte Wilhelm Rudolph*. P. 15.
[42] Sebald: *Luftkrieg und Literatur*. P. 75.

truth in what Sebald writes, but there is actually more material which seeks to convey the experience and its consequences than he supposes, as has been noted in the written testimony of artists, and of the wider availability (due in no small part to the internet) of a number of photographic images that seek to show the human cost. There were also, of course, the works of a few painters and graphic artists, who sought to depict aspects of the destruction which were widely deemed to be inappropriate.

Graham Sutherland and Wilhelm Rudolph: Making Sense of Chaos

Sutherland and Rudolph are among the artists who avoided swimming with the current, and who sought to express the experience of the bombed city from a personal, rather than an "acceptable" point of view.

Graham Sutherland was invited by the War Artists' Advisory Committee first of all to make drawings of bomb damage in South Wales between August and September 1940. He was then, however, assigned the task of depicting the damage wrought on London during the Blitz, which he undertook with some reservations until he found a means of portraying the damage before him which fitted his own artistic leanings. In short, Sutherland never lost sight of what was in front of him, which was the task given to him. However, he expressed it in his own pictorial language, a language perfected in his landscapes and studies from before the war in Pembrokeshire in Wales. As Ronald Alley points out, Sutherland's interest lay in the *forms* which constituted the broken landscape of London. "Confronted by scenes of extreme devastation, he was not only deeply moved by their tragic implications but became fascinated by the way different types of material would respond to violent explosions – some shattered completely, others bent and twisted into strange, expressive shapes".[43] He saw the organic possibilities in inorganic subjects such as in *Devastation – East End – Burnt Paper Warehouse* (1941), where half-destroyed rolls of paper take on the appearance of tree trunks seen from the end.[44] Of this means of representing the destroyed areas of the city, Sutherland wrote,

> Gradually it was borne on me amid all this destruction how singularly one shape would impinge on another. A lift-shaft, for instance, the only thing left from what had obviously been a very tall building: in the way it had fallen it was like a wounded animal. It wasn't that these forms *looked* like animals, but their movements were animal movements.[45]

---

[43] Ronald Alley: *Graham Sutherland*. London: Tate Gallery 1982. Exhibition catalogue. P. 94.
[44] Reproduced in Tassi: *Sutherland*. Plate 43, and Alley: *Graham Sutherland*. P. 95.
[45] Quoted in Tassi: *Sutherland*. P. 19.

In the City of London, Sutherland was able to indulge this interest in what Tassi describes as the "metamorphosis of forms",[46] but towards the outer areas, he had to take other considerations into account. "In the city one didn't think of the destruction of life. All the destroyed buildings were office buildings and people weren't in them at night. But in the East End one did think of the hurt to people and there was every evidence of it".[47] This reiterates Sutherland's denial of the "spirit of the Blitz" in his art, and confirms the idea that the Blitz had numerous casualties who had no part in the all-conquering Cockney spirit. While he did not depict *human* suffering per se, there is a slight change of emphasis in his pictures from the East End, demonstrating at times a move away from the exploration of relationships between specific forms to a broader depiction of the "sombre atmosphere of an evacuated community".[48] Of this change Sutherland wrote: "I became tremendously interested in parts of the East End where long terraces of houses remained: they were great – surprisingly wide – perspectives of destruction seeming to recede into infinity and the windowless blocks were like sightless eyes".[49] *Devastation 1941: an East End Street* (1941) is a fine example of the type of picture Sutherland describes. The observer looks down a long street of terraced houses, where only the facades and some internal walls are left standing – the window glass litters the road, but the windows themselves remain intact. There does not appear to be a roof left on any of the houses. The scene is utterly deserted, but unlike the drawings of Willy Wolff, the buildings are not seen in isolation from one another, and thereby a sense of the community that once lived here remains.[50]

An understandably different perspective is seen in the series of drawings and woodcuts by the Dresden artist Wilhelm Rudolph, entitled *Dresden 45* (1945). Harald Kimpel writes: "Allerorten entstehen Bilder vom Kahlschlag, die als Augenzeugenberichte die plötzlichen urbanen Strukturveränderungen belegen sollen".[51] It could be argued that this was the case with the drawings of Willy Wolff. With the attempt to eliminate any external points of reference, including the standpoint of the artist who created them, these works come closest to the accepted understanding of the literary *Kahlschlag*. This is not the case with the work of Wilhelm Rudolph. "Vielmehr zeugt jedes Blatt von der emotionalen Anteilnahme des Zeichners am Gegenstand. Über allem liegt ein Schleier der Trauer, der sich mit dem wachen Interesse an der bizarren Formwelt verbindet,

---

[46] Tassi: *Sutherland*. P. 15.
[47] Tassi: *Sutherland*. P. 19.
[48] Rosalind Thuillier: *Graham Sutherland. Inspirations*. Guildford: Lutterworth Press 1982. P. 49.
[49] Quoted in Tassi: *Sutherland*. P. 19.
[50] Reproduced in Alley: *Graham Sutherland*. Plate 93.
[51] Harald Kimpel, Ed.: *Die vertikale Gefahr. Luftkrieg in der Kunst*, Marburg: Jonas Verlag 1993. Exhibition catalogue. P. 23.

in der immer noch viel von der einstigen Schönheit und Würde weiterlebt".[52] While both Rudolph and Sutherland found aesthetic value in the ruins of their respective cities, there is one vital difference: although born in London, Sutherland's family moved away when he was a young child. Rudolph was a native of Dresden, and remained there into adulthood. It is likely his attachment would therefore have been much stronger, which would have subsequently been invested in his art to a degree unlikely in the work of Sutherland.

The *Dresden 45* series was part of a collection of three cycles, the other two entitled *Das zerstörte Dresden* and *Dresden als Landschaft*, which would contrast the sudden destruction of the city by fire with its gradual destruction by wind and weather.[53] "Im Holzschnittzyklus finden sich Blätter, bei deren Anblick man das Gefühl bekommt, das Papier selbst, auf dem sie gedruckt sind, beginne vor Augen zu zerfallen, so suggestive wirken die morbiden, ruinösen Strukturen, die Rudolph dem Holz abgewann".[54] One of the most striking examples of this effect is in the woodcut *Dürerstraße*, which is similar to Sutherland's *Devastation 1941: an East End Street* in as far as the viewer looks down the street, which has ruined houses on either side, and the end is not discernable. The ruins appear a lot less steady than in Sutherland's work, due in part to the height of the Dresden ruins, but also to the effect described above. Owing to the fractured nature of the highly tooled woodcut, the picture itself appears almost to be a ruin, ready to disintegrate into dust.[55]

Where Rudolph's depictions differ greatly from those of Sutherland are in the portrayal of actual human suffering. Unlike the vast majority of artists in Germany at the time, Rudolph did not shy away from the horrors experienced by people during and after the fire. *Umgekommene* depicts the human tragedy of the bombing, with the dead figures only vaguely discernable within the charred landscape.[56] *Überlebende* portrays the effect of fear in the survivors. A man in the background, presumably a war veteran judging by the fact that he is an amputee, grimly gazes across to the left. In the foreground an elderly lady shudders, her eyes wide, and clearly in shock.[57] As well as in his pictures, Rudolph's written testimony is also relatively candid, as it must have been clear to him at that point that Germany was on the path to defeat. "Da sah man Gesichter! Ein Todesernst in den Gesichtern; das war der Krieg bis auf die Knochen. Der totale Krieg, hatten sie gebrüllt; das hatte man nicht erwartet".[58]

[52] Kober: *Die Kunst der frühen Jahre*. P. 43
[53] Kober: *Die Kunst der frühen Jahre*. P. 42.
[54] Kober: *Die Kunst der frühen Jahre*. P. 44.
[55] Reproduced in Rudolph: *Dresden 45*. P. 47.
[56] Reproduced in Rudolph: *Dresden 45*. P. 48.
[57] Reproduced in Rudolph: *Dresden 45*. P. 62.
[58] Reproduced in Rudolph: *Dresden 45*. P. 24.

It is openness such as this which is reflected in Rudolph's art, and which, according to Rainer Zimmermann, makes it sometimes more than art.

> Diese Blätter gehören zu den Zeugnissen unserer Zeit, weil sie angesichts des Todes, der Zerstörung, der Sinnlosigkeit die Lebenskraft der menschlichen Phantasie, des schöpferischen Vermögens und die sinnstiftende Funktion der Kunst auf eine unmittelbare Weise offenkundig machen. Was immer an Relikten der Kunsthistorie dem einen oder anderen Bild Rudolphs von dieser Zeit angehaftet haben mag, in den mit Einsatz der Existenz geschaffenen Blättern ist alles "Stilistische" weggefallen, die Wirklichkeit spricht ihre ungekünstelte Sprache gleichsam ohne Medium – ein Vollkommenheitsgrad, den Kunst nur selten erreicht.[59]

These pictures can be more than both art and eyewitness testimony because Rudolph approaches his subject with honesty. He achieves the synthesis of eyewitness account and synoptic/artificial view that Sebald advocates.[60] In this he is more successful even than Graham Sutherland in London. He too approached his subjects with honesty, investing something of himself into his pictures, and along with artists such as Henry Moore, broke through the constraints of the "spirit of the Blitz" to reveal a side of the London bombings not frequently explored. Sutherland sought at times to portray lost communities, and was, as we have seen, sensitive to the feelings of those who had suffered. Rudolph, however, was an integral part of the destroyed community he portrayed, and it is perhaps this that gives his works their potency.

It has been noted at length that both art and literature are often seen to be restrained, by reactions which date from the time of the bombings, from providing a full and accurate picture of people's experiences. The "myth of the Blitz" and the debate in regard to Germany can be related to a large degree to the visual arts as well as the literature of the post-war period in both countries. It is necessary, however, to note that there were artists, many of whom have not been mentioned in this essay, who, having experienced the bombing, fought to depict something other than the received stereotype. They may have been few in number, but their importance must not be underestimated, as it may be their works which inform future generations.

---

[59] From *Die Kunst der verschollenen Generation*, 1980, quoted in Kober: *Die Kunst der frühen Jahre*. Pp. 458n55.
[60] See Sebald: *Luftkrieg und Literatur*. Pp. 32–3.

Silke Arnold-de Simine

Memory Cultures: The Imperial War Museum North and W.G. Sebald's *Natural History of Destruction*

The article explores the parallels and differences between two not only vanguard but also successful and popular concepts of depicting and commemorating war: W.G. Sebald's poetological project of a "natural history of destruction" in respect to the Allied bombing of German cities in the Second World War, and Daniel Libeskind's design of the Imperial War Museum North in Manchester, which houses the history of modern conflicts involving Britain and the Commonwealth since 1914.[1] The building is meant to signify the fragments of a shattered globe: the shard forming the tower stands for conflicts in the air (Air Shard), the concave element for conflicts at sea (Water Shard) and the convex fragment for conflicts on land (Earth Shard). This concept of the three natural elements is also taken up as a structuring device for the exhibition areas and their presentation of the violent conflicts of the twentieth century. This article investigates the problematic analogy between 'nature' and 'war' in Sebald's memory project and the IWM North.

Commemorating war

How has war been traditionally commemorated? To attempt an answer to this question, one has first to distinguish between the memory of the victors and the vanquished, the victims and the perpetrators. Defeat is not as readily remembered as victory: In Paris, for example, the metro stations commemorate Napoleon's victories but none of his defeats, whereas one of the major tube and rail stations in London is named "Waterloo".[2] The exception to this occurs when a nation forges a national identity on a heroically tragic victimhood, which is interpreted as martyrdom and provides the basis for a vigorous resolution never to be victimized again, as in the case of the Irish for example. But memories of guilt and shame, which are the result of crimes as they were committed by

---

[1] In 1917 the British government decided to establish a National War Museum. It was opened on 9 June 1920 in Crystal Palace and moved to Lambeth, London in 1936. The aim was to inform the public about the military operations Great Britain and the Commonwealth were involved in since 1914. The Imperial War Museum North in Manchester was opened on 24 July 2002. England alone has over 200 museums of military history. Eva Zwach: *Deutsche und englische Militärmuseen im 20. Jahrhundert. Eine kulturgeschichtliche Analyse des gesellschaftlichen Umgangs mit Krieg.* Münster: LIT 1999. P. 19.
[2] Aleida Assmann and Ute Frevert: *Geschichtsvergessenheit – Geschichtsversessenheit. Vom Umgang mit deutschen Vergangenheiten nach 1945.* Stuttgart: Deutsche Verlags-Anstalt 1999. P. 41f.

National Socialist Germany, cannot be integrated into a heroic history or a positive collective self-image and are therefore usually buried into oblivion. Until 1994 there had been no German War Museum remembering the Second World War.[3] But there had been a development towards the acknowledgment of guilt in the memory of the descendants and towards the effort to deal with suffering and mourning without attaching any heroic sense to it since the 1960s.[4] It is a fairly new trend, however, that even the victors of the Second World War face an anguished dispute over how to remember this "Good War" as Linenthal's account of the controverse around the for 1995 planned exhibition of the Enola Gay, the bomber plane that dropped the atom bomb on Hiroshima, clearly shows.[5]

Basic standards in the grammar of commemoration and oblivion are under revision: Our collective memory is still based on a process of selection but the criteria for inclusion have changed. Neither triumphant nor wounded honor are the driving force for remembrance anymore, forgiving is not necessarily coupled with forgetting, and memories have ceased to be collected and maintained for the purpose of revenge. An exchange of memories, not shared oblivion, is seen to contribute to a peaceful coexistence of former opponents.[6] An extensive rather than a selective, instrumentalized commemoration has become a major ethical obligation and commitment for societies. In order to live up to this obligation there is a need for media capable of extending the limited range of our individual memories. This is one of the important social functions attributed to documentary films, writings, and museums such as the Imperial War Museum. And as such, these memory media are not just neutral stores of information. Their characteristic modes of performing and communicating the past also create and shape memories. Two of the institutions which in our society have the function to tell (hi)stories of the past are the museum and literature.

---

[3] And even now it is not called a 'war museum'. It is housed in the building where the unconditional surrender of the German Army was signed on 8 May 1945. From 1967 until 1994 a museum of the Soviet Armed Forces was established in this building commemorating the Battle of Berlin and the city's capitulation. In 1990 Germany and Russia agreed to join together in using this place to commemorate the historical event which ended the Second World War and Nazi Germany's authority. It lead to the foundation of a German-Russian association as the board of the new museum called after the district where it stands 'Berlin Karlshorst'.
[4] See Aleida Assmann: Individuelles und kollektives Gedächtnis – Formen, Funktionen und Medien. In: *Das Gedächtnis der Kunst. Geschichte und Erinnerung in der Kunst der Gegenwart*. Ed. by Kurt Wettengl. Ostfildern-Ruit: Hatje Cantz 2000. Pp. 21–7: p. 23.
[5] Tom Engelhardt and Edward T. Linenthal: Introduction: History under Siege. In: *History Wars. The Enola Gay and other Battles for the American Past*. New York: Henry Holt 1996. P. 7.
[6] This was initiated – at the latest – by the speech of the former Federal President Richard von Weizsäcker on the occasion of the 40th anniversary of the end of the Second World War in which he favoured solidarity in memory.

Memory Media: Literature und the Museum

At first glance museums and literature may not seem to have much in common: The museum deals ostensibly with 'facts,' collects, displays and interprets objects and informs via multimedia installations. The museum is the result of combined efforts and serves a collective or national memory. This kind of memory is actively constructed, shaped and handed down by a social institution "with the aid of memorial signs such as symbols, texts, images, rites, ceremonies, places and monuments".[7] In contrast, literature is considered as mainly fictional and restricted to words on paper, not showing but telling. It is written by an individual and seems therefore to be the result of an individual memory.

Although I do not intend to negate these profound if somewhat simplified differences between the two cultural domains, I would like to suggest that in dealing with the horrors of the twentieth century both have been confronted with the problem as to how the experiences of war and genocide that seem to resist a straightforward representation can be conveyed and mediated upon. At the same time history and memory are no longer associated with clearly separated realms. At the beginning of the twentieth century Maurice Halbwachs and others had formulated the paradigm of the "collective memory" which "can easily be identified as the return of what was suppressed in the modernistic idea of history".[8] It is based on the assumption that all memory has a social dimension that evokes and enables memories in the first place. Society strongly influences people's personal memories: "It is in society that man acquires his memories, that he recalls them, that he recognizes them, and that he locates them. [...] the groups to which I belong continuously offer me the means to reconstruct them".[9] Halbwachs stresses the fact that social groups, be

---

[7] Aleida Assmann: Four Formats of Memory: From Individual to Collective Constructions of the Past. In: *Cultural Memory and Historical Consciousness in the German-Speaking World since 1500*. Selected Papers from the Conference 'The Fragile Tradition'. Cambridge: Peter Lang 2002. Vol. 1. Ed. by Christian Emden and David Midgley. Oxford 2004. Pp. 19–37: p. 26. See also Renate Lachmann: 'Kultursemiotischer Prospekt'. In: *Poetik und Hermeneutik XV: Memoria – Vergessen und Erinnern*. Ed. by Anselm Haverkamp and Renate Lachmann. Munich: Fink 1993. P. xvii.
[8] "Der Begriff des Gedächtnisses [...] kann unschwer als Wiederkehr dessen identifiziert werden, was aus dem modernistischen Geschichtsbegriff verdrängt wurde". Aleida Assmann: Gedächtnis als Leitbegriff der Kulturwissenschaften. In: *Kulturwissenschaften. Forschung – Praxis – Positionen*. Ed. by Lutz Musner and Gotthart Wunberg. Freiburg i.B.: Rombach 2003. Pp. 27–47: p. 35.
[9] "Der Mensch [erlangt] normalerweise seine Erinnerungen, ruft sie sich in das Gedächtnis zurück [...] und lokalisiert sie in der Gesellschaft. [...] die Gruppen, denen ich angehöre, bieten mir in jedem Augenblick die Mittel, sie zu rekonstruieren". Maurice Halbwachs: *Das Gedächtnis und seine sozialen Bedingungen*. Berlin – Neuwied: Luchterhand 1966 [1952]. P. 20f.

it families, generations, institutions or nations, share narratives of the past and hand them down, retell and modify them. At the end of the twentieth century Jan and Aleida Assmann have suggested replacing the term "collective memory", which has given rise to many misunderstandings, by three distinct terms, namely "social memory", "political memory" and "cultural memory".[10] These formats are a rough approximation in the effort to indicate different collectives as sources, bearers and performers of those memories, as well as different motivations for and different modes of preservation. The most important difference between the "social memory" on the one hand and the "political" and "cultural memory" on the other is its duration: Social memory spans what is orally and personally communicated and vanishes with the direct contact to its bearers. The "social" or, in Jan Assmann's terminology, "communicative memory"[11] can, for example, represent the shared experience and value-system of a generation. This concept acknowledges that the clearcut distinction between memory and history has become porous, given that the concept of memory is already used to enhance the concept of history, open up its fields of research, diversify its objects and revise its methods.[12] Whereas history used to be deployed to correct and differentiate memories, now the personal memories of contemporary witnesses "have emerged as the privileged mode of access to the past and its traumatic occurrences".[13] Oral history seems to allow for a wider diversity than the traditional concept of history with its ideal of objectivity. Thereby the competition begins over who can rightfully claim authority over the past. The past becomes contested territory, and "[h]e who recovers the lost past wins control of the future".[14] Just as literature can be seen to leave its traditional place founded in fiction and move towards a mode of reporting and remembering with history as its "substitute imaginary realm",[15] so the historical museum goes beyond its function of retrospective historiography towards a representation of the personal experience of history, "the impact of war on people's

---

[10] Aleida Assmann: Four Formats of Memory. P. 22.
[11] Jan Assmann: *Das kulturelle Gedächtnis. Schrift, Erinnerung und politische Identität in frühen Hochkulturen*. München: Beck 2000. P. 50ff.
[12] This rigid distinction has been challenged among others by Peter Burke: History as Social Memory. In: *Memory: History, Culture and the Mind*. Ed. by Thomas Butler. Oxford: Blackwell 1989. Pp. 97–113.
[13] Dominick LaCapra, *History and Memory after Auschwitz*. Ithaca: Cornell Univ. Press 1998. P. 11.
[14] Hagen Schulze: *Gibt es überhaupt eine deutsche Geschichte?*. Berlin: Reclam 1989. P. 8.
[15] "Die Geschichte ist unser Ersatz-Imaginäres". Pierre Nora: *Zwischen Geschichte und Gedächtnis*. Aus dem Französischen von Wolfgang Kaiser. Berlin: Wagenbach 1990. P. 33.

lives",[16] of individual case studies. The two examples I have choosen to illustrate this thesis are W.G. Sebald and the Imperial War Museum North.

W.G. Sebald's story collections, essays and his last novel *Austerlitz* (2001) revolve around the history of human atrocities in general, and the Holocaust and the Second World War in particular. They deal with the traumatic effects of war on people's lives, especially on those who have seemingly escaped the catastrophe, focusing on loss and exile. He is also concerned with the postmemory of the second and third generation whose only access to the events is via a creative process and imaginative investment.[17] According to Marianne Hirsch "postmemory is distinguished from memory by a generational distance and from history by a deep personal connection. Postmemory is a powerful and very particular form of memory because its connection to its object and source is mediated not through recollection but through an imaginative investment and creation".[18]

Sebald's texts cannot easily be pinned down as fiction. They display authentic fragments,[19] (auto)biographical allusions and intertextual quotations, thereby blurring the boundary between fantasy and reality, memory and history. The readers are confronted with a genre mix with elements of memoir, cultural critique, literary history, meditation, travelogue, biography, and autobiography, which irritates and alienates established reading practises. Sebald had described his own style as sticking closely to a precise historical perspective, patiently engraving and interconnecting material that he collected by reading and travelling, arranging details that seemed a long way apart from each other in the manner of *nature morte* – as a still life.[20] He does not restrict

---

[16] Robert Crawford (Director-General of the IWM): The Story of Imperial War Museum North. In: *Imperial War Museum North. Guidebook*. Manchester 2002. P. 4.
[17] Andreas Huyssen: "On Rewritings and New Beginnings: W.G. Sebald and the Literature about the *Luftkrieg*". In: *Zeitschrift für Literaturwissenschaft und Linguistik* 31/124 (2001). Pp. 72–90: p. 89. In *On the Natural History of Destruction* Sebald writes on his own experience which Huyssen describes as a secondary traumatization: "I feel [...] as if those horrors I did not experience had cast a shadow over me, and one from which I shall never entirely emerge". W.G. Sebald: *On the Natural History of Destruction*. With essays on Alfred Andersch, Jean Améry and Peter Weiss. Translated from the German by Anthea Bell. London: Penguin 2003. P. 71.
[18] Marianne Hirsch: *Family Frames. Photography, Narrative and Postmemory*. Cambridge, Mass.: Harvard Univ. Press 1997. P. 22.
[19] The story of Sebald's novel *Austerlitz* (2001) centres on Jacques Austerlitz, who is brought up by Welsh Calvinist foster parents and in his 50s recovers lost memories of having arrived from Prague on a 'Kindertransport', the lifeline to Britain of some 10,000 unaccompanied Jewish children in 1938–39. It was spurred by Sebald watching a Channel 4 documentary on Susie Bechhofer, who in mid-life remembered coming to Wales on a 'Kindertransport'. The character of Austerlitz is also partly based on a real architectural historian, a friend whose boyhood photograph is on the cover.
[20] "[A]uf diesen Stich [von Jan Peter Tripp] geht vieles von dem, was ich später geschrieben habe, zurück, auch in der Art des Verfahrens, im Einhalten einer genauen

himself to words on paper but also uses photographs, reproductions of paintings or newspaper clips, which complement, authenticate or comment on the text. In Sebald's view literature has to shrink back from pure invention and has to use other sources for information which the authors cannot draw from their own experience to aim for what he calls an 'invented truth.' He states that "literature today is not able to invent the truth on its own".[21] Although the past is not a given factor and has to be reconstructed or even invented, literature is nevertheless concerned with the truth. But the images are tantalising relics of a past which is elusive. The readers can never be sure as to what might be authentic in his texts and what not. They are kept in constant insecurity – they can take nothing for what it seems and cannot completely discard it as fiction. They are called upon to read with vigilance and question everything that is presented to them. Therefore it becomes impossible to uphold a naïve attitude towards documents or facts.

The IWM North

Sebald's project of remembering seems a far cry from the function of the museum in our modern society. However it is not only that the literary text is trying to adopt aspects of presentation that have so far been reserved to the museum. Modern museums such as the Imperial War Museum North do not see themselves as multimedia history books any more. They want to achieve something similar to literature. They want the visitors to envisage what is was like, to relive the events and to expose them emotionally to individual fates. This is clearly stated in the IWM North guidebook, referring to a specific part of its exhibition: "This Silo looks at a selection of common experiences of war: recruitment into the armed forces, being held as a prisoner of war or internee, becoming a refugee, and the loss of friends and loved ones. Using letters, diaries, photographs, objects, artworks and sound recording from the archives, the Silo explores the ways in which these experiences have affected people caught up in conflicts from the First World War to the Rwandan genocide".[22]

This position reflects the changing status of historiography that, in the last decades, has been very much under debate. Ever since the 1970s theorists such

---

historischen Perspektive, im geduldigen Gravieren und in der Vernetzung, in der Manier der *nature morte*, anscheinend weit auseinander liegender Dinge". W.G. Sebald: Ein Versuch der Restitution. In: Sebald: *Campo Santo*. Ed. by Sven Meyer. Munich – Vienna: Carl Hanser 2003. Pp. 240–48: p. 243f.

[21] Sebald states that "die Literatur heute, allein auf sich gestellt, zur Erfindung der Wahrheit nicht mehr taugt". W.G. Sebald: Konstruktionen der Trauer. Günter Grass und Wolfgang Hildesheimer. In: Sebald: *Campo Santo*. Pp. 101–27: p. 112.

[22] Silo. Experience of War. In: Imperial War Museum North. Guidebook. Manchester 2002. P. 30.

as Hayden White have drawn attention to the poetical and ideological nature of historical writing and research.[23] It is claimed that historians construct an image of our past according to their culturally-conditioned perspective and produce presentations heavily influenced by aesthetic criteria.[24] As part of this process, memory media such as the museum and literature increasingly converge. Does this convergence of approaches have an effect on the role of literature or the museum in our society as a whole? How are their functions redefined? In case of the museum we have to ask if the individual case studies put into perspective the museum's established claim to have an objective, verified and therefore privileged access to the past. Or if, on the contrary, the individual perspectives become sanctified and authorized by being included in the master discourse of the museum, which has widened its claim of relevance by including and highlighting personal experience.

Do the visitors still see the museum as a window onto the past conveying a general 'truth,' or have museums become something else? Museums have been both designed and viewed as secular sanctuaries housing objects of rare and profound importance which visitors have approached with awe and reference. The appropriate demeanour towards the exhibits has been quiet contemplation and the show-case was the modern shrine. The museum was expected to provide answers and determine that which was supposed to be 'true,' 'beautiful' or 'good.' How does a modern museum such as the IWM North respond to these expectations? The problem of any war museum is its sensitive subject, burdened with ethical considerations and responsibilities and highly susceptible to ideological and political exploitation. Not for nothing is one of the IWM North's central themes the mediations of war and the fact that war is not only experienced in person but via TV, books, films and the popular press.[25] The museum is in fact one of these media and should therefore be included in the reflection on the role of different media in presenting experiences of war.

Libeskind considered the design of the IWM North a challenging task, "not least because it contains three of the most difficult words in the English language: 'imperial,' 'war' and 'museum' ".[26] A newspaper article on the new IWM, which is part of the information material the IWM sends to the enquiring public, sheds some light on the problematic connotations associated with the terms 'war' and 'museum.' Apart from regional functions such as "urban regeneration", which involves job creation and tourist spending, it is also a national enterprise: as a

---

[23] Hayden White: *Metahistory. The Historical Imagination in Nineteenth-Century Europe*. Baltimore – London: John Hopkins Univ. Press 1973.
[24] See Bernhard Jussen: Die 'Geschichte' der Wissenschaft und die 'Geschichte' der Kunst. Was die historischen Wissenschaften von der bildenden Kunst lernen können und was nicht. In: Wettengl: *Das Gedächtnis der Kunst*. Pp. 57–70.
[25] Silo. Impressions of War. In: *IWM North. Guidebook*. P. 34.
[26] Crawford: The Story of Imperial War Museum North. P. 4.

"world-class piece of modern architecture" it is "something to rival Frank Gehry's Guggenheim in Bilbao or Ioeh Ming Pei's extension to the Louvre in Paris" and as "a monument to a political regime" it also serves a political function.[27] The museum itself oscillates between its traditional association with the cathedrale or the temple and its modern self-perception as a "popular" and "dynamic piece of theatre".[28] The imagery of the article in connection to 'war' is even more telling. Referring to Libeskind the article states: "In the cultural war of premier league museums, he is the Sven Goran Eriksson". These metaphors associate the term "war" with national competitions fought out in the cultural realm or on the football pitch, with the allusion to Eriksson as England's National Football Team coach. In this respect the museum is not only a place to inform about wars, it is indeed part of a war fought over cultural predominance.

As one of the stated aims of the IWM North is to give the visitors "a deeper understanding of why wars occur",[29] the first task the museum pedagogues would have to tackle is a definition of 'war.' But the presentations in the IWM North embrace a very broad definition, making no obvious differentiation between the Cold War and the 'Hot Wars,' between the Second World War and the so-called "War on Terrorism". The stated impossibility to "eliminate war"[30] characterizes war as an anthropological constant that was always there and will always be there. The IWM North is not the first to embrace this all-encompassing idea of war. Just as Heraklit in 500 B.C. said, "war is father of all things", the event-booklet (January–April 2004) published by the IWM North states, that "war shapes all our lives". With this all-embracing understanding of war there can hardly be anything that it is not connected to it. And indeed, whereas in Germany, for example, the East German Trabant has come to symbolize the peaceful fall of the wall and the thousands of East Germans that crossed the border freely for the first time,[31] in the IWM North the

---

[27] Janet Street-Porter: Daniel Libeskind: Philosopher who creates buildings that perform to the public. In: *The Independent* 6 July 2002.
[28] Street-Porter: Daniel Libeskind.
[29] Crawford: The Story of Imperial War Museum North. P. 4.
[30] Crawford: The Story of Imperial War Museum North. P. 4.
[31] "Presented as a devotional object, toyshops offered a Trabi-model in a black-red-golden packaging with a transparent window for sale; in the background, one saw the Brandenburg Gate, the Wall, a cheering crowd and a sign which read 'Opening of the Berlin Wall 9 November 1989'. For an additional charge, this ensemble of national emblems was delivered together with an original piece of the wall and the slogan: 'The car with which a whole nation set off to freedom.' See *Stadtspiegel Bochum* (23 January 1989): 'Mit ihm fuhr ein Volk in die Freiheit ...' ('With it, a whole nation drove into freedom ...'). The periodical *Die Zeit* used the title: 'Mit dem "Trabant" zur Sonne zur Freiheit' ('With the "Trabant" to the sun to freedom') (15 September 1989), *die tageszeitung*: 'Trabbi frei nach Westen' ('Trabbi freely to the West') (12 September 1989), *Die Welt*: 'Trabis: das Symbol der Freiheit' ('Trabis: the symbol of freedom')

technologically underdeveloped car, mostly used by civilians, stands as one of the few big objects and icons of war[32] – in this case the 'Cold War.'

One of the great difficulties that the museum faces is that its aim to answer the question "Why do wars happen"?[33] is in direct conflict with another major aim – to engage people "in a welcoming and inclusive environment".[34] Welcoming inclusiveness, unfortunately, precludes the use of long analytical texts on walls, protracted analyses of extensive audio and visual material and accompanying interpretations that would contextualize the events but probably tire out most visitors or paint a differentiated and even ambiguous image of events that had become a national heroic myth. Therefore most of the display seems to aim at giving the visitors a sensual experience, an impression of 'what war is like,' rather than encouraging a cognitive approach. In the aim of letting people experience what war is really like there are clearly severe limits to the level of realism: The museum does not want to repel their visitors with the full impact of the mutilation, death and decay of soldiers and civilians that comes with war. It must be sympathetic with the national or individual self-image of its visitors, after all it is one of the stated aims of the IWM North "to commemorate all those participating in British war efforts" and to "represent[...] the local community".[35] The museum has not only to consider the feelings of those who experienced the war and their descendents, it is also supposed to be an event and provide a "great day out" which associates it with the amusement park. The IWM North was awarded "North West Visitor Attraction of the Year 2003" and as such it is part of the effort to culturally boost and reevaluate England's North which is still scarred by the decline of its industry as well as by the Blitz and to provide it with a museum landscape that serves as tourist attraction. The IWM North in particular is seen to provide a place for the local community to commemorate the effects of the war in respect to their city, for example by focussing on the situation of Manchester during the Blitz.

In respect to the air warfare in the Second World War the museum displays objects mostly connected to the British or Commonwealth bomber crews. On permanent display are parts of their military equipment, such as a flying jacket, helmet and boots, but also private possessions such as a bible belonging to a W. Harrison. The IWM collection online lists diaries and letters from the

---

(3 October 1990)". Rolf Parr: National Symbols and German Reunification. In: Memory Traces: 1989 and the Question of German Cultural Identity. Ed. by Silke Arnold-de Simine. Oxford: Peter Lang 2005. Pp. 27–54.
[32] The other four are a Royal Horse Artillery 'E' Battery 13-Pounder Field Gun, a T34 Tank, an AV8A Harrier, and a Dennis Fire Trailer Pump used in the Blitz. Even these objects mirror the four elements fire, earth, air and water.
[33] Why War? In: *IWM North. Guidebook*. P. 7.
[34] Jim Forrester: Welcome. In: *IWM North. Guidebook*. P. 5.
[35] Information material by the IWM North (no title or page numbers).

period, but also sound recordings of interviews taken in the 1990s with former crew members which can be listened to. The veterans are obviously asked to draw on their personal recollections and their memories revolve naturally around the situation of the British soldiers, their experiences, anxieties and fates. In doing so the IWM North abstains from giving an account of the British debate[36] on the "strategic" or "moral bombing" of Germany that had occupied and divided British historians and the press repeatedly during the time the IWM North was conceptualized and opened for the public.[37]

The museum presents itself as an aesthetic media in that it has a "narrative approach",[38] performs memories and tries to involve the visitors emotionally in the remembrance. Both the large iconic objects and the items in the *TimeStacks* are presented like precious objects of art. The *TimeStacks* explore specific subjects such as air warfare. They are themed trays of objects which can at certain times be touched by the visitors assisted by a so-called "interactor" who provides background information. The sensual qualities of the objects and the haptic experience in these object handling sessions are clearly highlighted. The *Big Picture*, which is an immersive audio-visual experience, couples sound and the projection of photographs onto the gallery's walls and floors and onto the visitors themselves, in order to create performances on themes such as 'Why War?,' 'Weapons and War,' and 'Children and War.' These pieces bring individual voices and perspectives to the fore to create an anti-hegemonic reconstruction of history, but they also prevent any distancing on the side of the spectators. In 'Weapons and War,' for example, the spectator is overwhelmed by a synaesthetic spectacle of images, voices and sounds. The sounds are hardly recognizable, it is not clear to whom the voices belong nor what exactly they are talking about. The sound intensity, frenzy and chaos of this performance expertly provokes a powerful emotional response and a very sensory experience, but does not encourage contemplative reflection of nor insights into the reasons behind individual wars.

One integral part of the IWM North, however, resists this concept of instant access: the architecture. It does not merely serve to house the exhibition. The

---

[36] An extract of this debate is documented in Lothar Kettenacker (ed.): *Ein Volk von Opfern? Die neue Debatte um den Bombenkrieg 1940–45*. Berlin: Rowohlt 2003. Pp. 169–187.
[37] However, the list of items in the IWM Online Collection is preceded by the following comment which takes a stand in the debate: "The Second World War saw the application of new theories on strategic bombing and aerial bombardment of civilian and industrial targets reached a destructive pinnacle. However, these tactics did not achieve the goals claimed by supporters of strategic bombing, and only with the annihilation of Hiroshima and Nagasaki, by atomic bombs in 1945, did it come close to delivering a decisive blow to the enemy". <www.iwmcollections.org.uk>.
[38] Silos. In: *IWM North. Guidebook*. P. 28.

museum building itself has an underlying symbolic matrix which is far from self-explanatory. The very theoretical symbolism is explained in Daniel Libeskind's writings on his design and elaborately repeated on every leaflet, guidebook and internet presentation published by the museum: the exterior of the building is based on the concept of a globe shattered by war and conflict. Libeskind has taken three of these pieces to form the building, representing earth, air and water. The IWM North "therefore seems [...] to communicate that a deeply felt 'Erfahrung' ['experience'] has become impossible without the intervention of conceptual understanding".[39] In other words, the building has no intuitively accessable symbolism, but holds knowledge that has to be communicated through narration. One could say that this story conveys the optimistic outlook of renewing life out of ruins.[40] But the fact that the concept is also taken up for the exhibition areas and the *Big Picture* could prompt criticism. It might make sense for a military museum to arrange its displays according to the branches of the service, but to classify wars according to the natural elements somehow equates them to natural catastrophes.

A Natural History of Destruction

When Sebald's essay on Air War and literature (*Luftkrieg und Literatur* 1999) was published in the US and Britain the modified title *On the Natural History of Destruction* (2003) seemed to point in the same direction: the airwar seen as a natural catastrophe. The title is in fact a pivotal quotation from Sebald's text and, in contrast to the German reception, highlights the fact, that the essays were based on poetics lectures. By referring to Winston Churchills military adviser Lord Zuckermann whose intentions to convey his impressions of the destroyed Cologne as a "natural history" were never put into action, Sebald takes up this project by trying to conceive a poetics of destruction. Sebald's essay on airwar not only laments the fact that German postwar literature kept silent about the destruction of German cities by Allied bombardment in the latter years of the Second World War[41] – he develops his own concept of an alternative form of writing. The responses to Sebald which proved that there are in

---

[39] Kirstin Veel: Topographies of Memory: Walter Benjamin und Daniel Libeskind. In: Emden and Midgley (eds.): *Cultural Memory and Historical Consciousness*. Pp. 231–51.
[40] "Having seen our world shattered through the wars of the twentieth century, the question is whether we can rebuild something spectacular our of the pieces". Forrester: Welcome. P. 5.
[41] Sebald was not only a literary author but also an academic, teaching German and European literature at the Anglia University of Norwich. As such he had back in 1982 published an article on German authors who had written on the effects of the 'moral bombing'. But way back then he was not yet an acclaimed author and the article *Zwischen Geschichte und Naturgeschichte. Über die literarische Beschreibung totaler Zerstörung* went unnoticed by a greater public. It was published in *Orbis litterarum*

fact texts which depict life in the destroyed cities partly missed the point – not only because most of those texts exhibit, according to Sebald, a lack of genuine and appropriate realism and display too much allegorical and symbolic abstraction and questionable attempts to interpret the bombings as some kind of mythical or divine retribution, as indeed the Codename 'Gomorrha' for the bombing campaign of the city of Hamburg suggests. Sebald is convinced that one cannot employ any? established literary style to describe life in the debris, in the ruins of civilisation. The traditional forms of expression and narration failed.

The same lamentation had already been voiced a hundred years ago by Hugo von Hoffmannsthal in his *Letter of Lord Chandos* (1902) which concludes: "the language in which it might be possible for me not only to write, but to think is neither Latin, or English, nor Italian and Spanish, [...] but a language in which mute things speak to us".[42] The author has to proceed just like a naturalist or archeologist: he has to dig in the detritus and in the spoil pile, he has to collect and to recombine authentic relics of past catastrophes, he has to detect inconspicuous and submerged objects and make them talk.[43] Sebald is obsessed with fragments and remains, he searches for a lost past in old photographs and objects, in buildings and landscapes which seem to urge the spectator to gain access to the cultural memory they embody. Personal memory can only be regained through this seemingly roundabout approach. Rather than ask for 'genuine' memories of survivors, who more often than not choose to remain silent, he searches the material remains. In contrast to the IWM North, Sebald does not expect to find answers by looking at the "people's varied experience of war:"[44] "In the shock of what these people had experienced, their ability to remember was partly suspended, or else, in compensation, it worked an arbitrary pattern. Those who had escaped the catastrophe were unreliable and partly blinded witnesses".[45]

37/4 (1982). Pp. 345–366 and is now newly published in Sebald: *Campo Santo*. Pp. 69–100.
[42] "die Sprache, in welcher nicht nur zu schreiben, sondern auch zu denken mir vielleicht gegeben wäre, weder die lateinische noch die englische noch die italienische oder spanische ist, sondern eine Sprache, [...] in welcher die stummen Dinge zu mir sprechen". Hugo von Hoffmannsthal: *Der Brief des Lord Chandos. Schriften zur Literatur, Kultur und Geschichte*. Ed. by Mathias Mayer. Stuttgart: Reclam 2000. P. 59.
[43] Compare Walter Benjamin: Ausgraben und Erinnern. In: *Walter Benjamin. Ein Lesebuch*. Ed. by Michael Opitz. Frankfurt/M.: Suhrkamp 1996. P. 17.
[44] Vivienne Bennett (Project Director, Imperial War Museum North): The Story of IWM North. In: *IWM North. Guidebook*. P. 4.
[45] Sebald: *On the Natural History of Destruction*. P. 24. "Offenbar hatte unter dem Schock des Erlebten die Erinnerungsfähigkeit teilweise ausgesetzt oder arbeitete kompensatorisch nach einem willkürlichen Raster. Die der Katastrophe Entgangenen waren unzuverlässige, mit halber Blindheit geschlagene Zeugen. Die Berichte einzelner Augenzeugen sind darum nur von bedingtem Wert und bedürfen der Ergänzung durch

If one reads the airwar essays as Sebald's poetics it becomes clear that his own prose fiction is part of this major project to write a 'natural history of destruction' culminating in the Second World War and the Holocaust. "How ought such a natural history of destruction to begin"? he asks in his essay *Air War and Literature*.[46] Though Sebald proceeds to outline some of the more gruesome facts of the air raids and their aftermath, this does not answer as to what the term 'natural history of destruction' might mean in that context. He suggests looking at the political and scientific facts, the writings of what he calls, "the administrators of horror:"[47] scientific accounts of the fire storms and at medical reports of the most common manners of death. He investigates first-hand reports of foreign journalists on the stench of decay that hang over the cities or the 'ecology of devastation,' the flourishing flora and fauna,[48] the parasites that fed off corpses on the thousands of dead bodies under the debris. The ruined city overgrown with plants functions as an allegory for Sebald that nature has supplanted civilisation, culture and subjectivity once its advanced techniques had been deployed as means of mass destruction. He seems to suggest, that when human history and civilisation experience its bancruptcy, nature, the creatural dimension, comes into its right again.[49] He talks about the ruined German cities as "the necropolis of a foreign, mysterious people, torn from its civil existence and its history, thrown back to the evolutionary stage of nomadic gatherers".[50] In this regressive phase of evolution the idea of life growing out of ruins is perverted as it is not yet decided if the human survivors or the rats and maggots will prevail.

Sebald assumes that the destruction caused by the air raids was so instantaneous and complete that it was perceived just like a volcanic eruption or an earthquake, giving it the appearance as if it would proceed on its own, with no one in particular having a hand or a saying in the matter. He asks himself: "Is the destruction not […] irrefutable proof that the catastrophes which develop,

---

das, was sich erschließt unter einem synoptischen, künstlichen Blick". W.G. Sebald: *Luftkrieg und Literatur.* Mit einem Essay zu Alfred Andersch. Frankfurt/M.: Fischer 2002. Pp. 31 and 33.
[46] Sebald: *On the Natural History of Destruction.* P. 33. "Womit hätte eine Naturgeschichte der Zerstörung einsetzen müssen"? Sebald: *Luftkrieg und Literatur.* P. 40.
[47] "die Verwalter des Grauens". Sebald: *Luftkrieg und Literatur.* P. 66.
[48] Sebald wonders how long it would have taken, if the Morgenthau-Plan had been implemented, for nature to overgrow the ruins and completely take over the cities. Sebald: *On the Natural History of Destruction.* Pp. 40f.
[49] Christian Schulte: Die Naturgeschichte der Zerstörung. W.G. Sebalds Thesen zu 'Luftkrieg und Literatur'. In: *Text + Kritik* 158: W.G. Sebald (2003). Pp. 82–94: p. 92.
[50] Sebald: *On the Natural History of Destruction.* P. 36. "Wir befinden uns in der Nekropole eines fremden, unbegreiflichen Volks, herausgerissen aus seiner zivilen Existenz und Geschichte, zurückgeworfen auf die Entwicklungsstufe unbehauster Sammler". Sebald: *Luftkrieg und Literatur.* P. 43.

so to speak, in our hands and seem to break out suddenly are a kind of experiment, anticipating the point at which we shall drop out of what we have thought for so long to be our autonomous history and back into the history of nature"?[51] But how can you possibly adopt such a position without de-historicizing the events and absolving the agents from the responsibility for their deeds?

For Sebald the Holocaust and the Second World War were "representations of a rupture in civilization:" What had been a dehumanized society was revealed as such. Nature took hold of the devastated remains of the cities and history fell back into natural history. However, this is not to say that Sebald is de-historicizing the bombing campaign. Sebald's use of the word 'natural history' derives from Walter Benjamin and can only be understood in that context. Walter Benjamin defies a teleological concept of history that is defined along the lines of continuity and progress. He sees the moment of corruption inherent in society's idea of progress as mastery over nature, which is henceforth unreconciled. This could be seen as the 'original sin' from which all future catastrophes evolve. "Die Wirtschaftskrisen und Kriege dieser Gesellschaft sind Ausdruck dieser permanenten Katastrophe und verwandeln die blühenden Manifestationen des Kapitalismus wortwörtlich in Ruinen".[52] These fragments blur the clear distinction between nature as the eternal same and history as the configuration through which change can be understood in terms of causality and temporal continuity. The ruin represents what was wrest from nature at that exact moment when it relapses. In the image of the ruin nature and history converge, revealing at the same time mankinds alienated status which, if accepted, results in a form of writing along the lines of natural history. "Die weite Entfernung zwischen dem Subjekt und den Objekten des erzählerischen Prozesses impliziert so etwas wie eine naturgeschichtliche Perspektive",[53] Sebald had stated as early as 1982.

Even if Sebald challenges a concept of history that is based on the assumption of the autonomous subject, it is not people's responsibility for their actions, the attempt to comprehend or the effort to remember which are called into question.[54] We might fool ourselves in thinking that we can control our deeds when they in fact develop their own momentum – this, however, implies rather more responsibility regarding our decisions than less.[55] Our moral obligations refer not only to the future. According to Walter Benjamin the present

---

[51] Sebald: *On the Natural History of Destruction*. P. 67.
[52] René Buchholz: "Verschränkung von Natur und Geschichte". Zur Idee der 'Naturgeschichte' bei Benjamin und Adorno. In: *"Magnetisches Hingezogensein oder schaudernde Abwehr". Walter Benjamin 1892–1940*. Eds. René Buchholz and Joseph A. Kruse. Stuttgart – Weimar: Metzler 1994. Pp. 59–94: p. 77.
[53] Sebald: Zwischen Geschichte und Naturgeschichte. P. 82.
[54] Sebald: Zwischen Geschichte und Naturgeschichte. P. 89 and 95.
[55] Sebald quotes Alexander Kluge to show that the accumulated logic of capital, industrial production and military strategy that went into the planning of the area bombings

is responsible for redeeming the past. And this is where Sebald's project of a "concrete? memory"[56] sets in. It consists of sedulous collection, factual registering and precise description of details that were easily overlooked, such as the flora and fauna in the ruined cities. Just like in the museum it is the aesthetic organisation of the material that is supposed to reveal their inherent stories, "vorgefundene Materialien werden durch die Art und Weise ihrer ästhetischen Organisation gewissermaßen selbst zum Sprechen gebracht".[57] His work consists in collecting particles of reality and – struck by their similarities – in bringing them together in a collage, whose function it is to reveal the so far hidden connections between these remains.

Conclusion

So why does Sebald after all call for literature when it comes to commemorating the area bombing? For Sebald and for most Germans participating in the ensuing debates in reaction to his essay on Air War it is the responsibility of literature "to keep the nation's collective memory alive"[58] – a challenge and demand which, in the United Kingdom, is certainly met by the Imperial War Museum, as one of the main institutions dealing with the public memory about the Second World War.

But in Sebald's view only literature can achieve more than a detached and sober accumulation of facts: "There are many forms of writing, but only literature goes beyond a sheer registration of facts and beyond science by making an attempt of restitution".[59] The term "restitution" is ambiguous: It means to make amends but also to reconstruct. Literature, for Sebald, is a means to approach history in an indirect, crabwise way. The texts themselves become the scenes of suffering, literature being, in Freud's words, grief-work (*Trauerarbeit*). Through this melancholia the texts bear witness of the psychic damages which are not necessarily caused by personal experiences but by a past which is not simply gone but pervades the present.

Both Sebald's prose and the IWM North imbed the experience of war in a narrative of natural history. Both do not rely on a linear discourse but work with the techniques of montage: Sebald uses cross-referenced texts and photographs,

---

seemed to generate a momentum which resisted any doubts or unforeseen developments. Sebald: *On the Natural History of Destruction*. Pp. 66f.
[56] Sebald: *On the Natural History of Destruction*. P. 52.
[57] Christian Schulte: Die Naturgeschichte der Zerstörung. W. G. Sebalds Thesen zu 'Luftkrieg und Literatur'. In: Text + Kritik. Heft 158: W. G. Sebald. April 2003. Pp. 82–94: p. 87.
[58] Sebald: *On the Natural History of Destruction*. P. 98.
[59] "Es gibt viele Formen des Schreibens; einzig aber in der literarischen geht es, über die Registrierung der Tatsachen und über die Wissenschaft hinaus, um einen Versuch der Restitution". Sebald: Ein Versuch der Restitution. P. 248.

the exhibition of the IWM North works with a timeline but also encourages its visitors through its silos to read the exhibition in different ways, for example according to main themes "common to all wars"[60] using multimedia presentations. For Sebald history disintegrates into an aesthetically experienced dreamtime where each moment in time can potentially relate to any other, where personal experiences and cultural history are mysteriously intertwined and time dissolves into space.

Whereas the IWM North is a result of the latest developments in oral history in that it tries to include the personal experience of the contemporaries of the airwar, Sebald draws on what had traditionally been the domain of the museum – objects, documents and photographs. Whereas the IWM North is trying to encompass communicative memory, Sebald's approach is to start out with the enquiry of concrete facts and to document them in the accurate, dispassionate and plain manner of a neutral report: "Familiarity with social and cultural circumstances is the essential prerequisite for the writing and reading of novels, but the attitude of a purely reporting perspective is dominated by a strange and alien appearing reality".[61] Where the IWM North is trying to bridge the gap between the past events and the perspective of those with no first-hand experience, for Sebald it is precisely the distance, the fact that the author is estranged from the world he wants to describe, which enables him to render an account of the laborious way of reconstructing the past via the archives of the cultural memory.

The IWM North tries to prolonge the communicative memory of a local and national community, especially through their events and activities which promise the visitors "to become totally immersed in other's people's stories" (event-booklet, January–April 2004), appealing to their own memories or the communicative memories they might have access to.[62] This concept insinuates that through active participation in a simulated experience of war that has been passed through a set of filters the visitor can get an idea of what war was really like. In contrast the German Second World War museum 'Berlin Karlshorst' tries to enable visitors to detach themselves emotionally for the time being to be able to take in the full extent of the conflicts intellectually. Although the museum layout seems conventional compared to the IWM North, the fact that it is the result of an collaboration between German and Russian historians

---

[60] Silos. In: *IWM North. Guidebook.* P. 28.
[61] "Ist Familiarität mit den gesellschaftlichen und kulturellen Verhältnissen die entscheidende Voraussetzung für das Schreiben wie für die Rezeption von Romanen, so wird die Einstellung einer bloß berichtenden Instanz bestimmt von einer Wirklichkeit, die unter dem Aspekt der Fremdheit erscheint". Sebald: Zwischen Geschichte und Naturgeschichte. P. 81.
[62] "We have worked closely with community groups in developing the museum and have established an active volunteer programme". Forrester: Welcome. P. 5.

makes it an avantgardistic project on the level of an attempt of joined commemoration of former opponents.

W.G. Sebald's memory poetics are based on a continual and laborious effort of working through the material which is neither restricted to an intellectual approach to historical facts nor to an emotional exposure to personal experiences. Sebald establishes a dialogue between fragments of individual and collective memories, between experiences of a life lived in Germany and in Britain, interacting memories which create a dialogical commemoration that obviously both his English and his German readers can relate to. He investigates and recombines elements of European history, cultural memory and personal memory in ways which prompt new and unexpected insights. At the same time he refuses to depict an all-encompassing continual historical narrative that would make sense of it all. Sebald works on the European cultural memory, which is based on literacy and also contains subversive and intractable material and thereby diverts from the memory project of a museum such as the IWM North.

Anna Leahy and Douglas Dechow

Keep 'Em Flying High: How American Air Museums Create and Foster Themes of the World War II Air War

Though not previously well studied in relation to representations of World War II, American museums displaying aircraft of World War II tell a relatively consistent story of the Air War that proffers themes of technological progress, aesthetic achievement, and national and individual determination. This essay argues that American aviation museums convey that, despite the odds, Americans made vast technological leaps, designed beautiful objects, and overcame crushing odds with resolve. Our project examines how this assertion is created and fostered through institutional missions and museum exhibits that highlight certain features to convey abstract ideas and that cultivate wonder and resonance through the aircraft themselves. Aviation museums in the United States proffer these relatively consistent themes to a large and eager audience who looks to confirm and extend their knowledge and attitudes about the Air War.

Defining and Interpreting the American Aviation Museum

Though not previously well studied as history or narrative, American museums displaying aircraft of World War II tell a relatively consistent story of the Air War that proffers themes of technological progress, aesthetic achievement, and national and individual determination. Aviation museums deserve particular attention in studying perceptions of the Air War "because museums are generally regarded by the public as centers of excellence and objective learning, their collections being accepted as assemblages of authentic objects. In other words museums *themselves* have acquired the status of 'myth'".[1] An *exhibit*, after all, is a document; we assume that museums document or are evidence of history and historicized narratives. And *visitor* descends from the Latin verb *to see* so that museums offer the public a way to see for themselves the documents of history. Whether museums actually offer authentic or objective truths is somewhat beside the main point of this research project, as museums may indeed depend on simultaneously establishing and fulfilling visitors' expectations and knowledge. More importantly, our project asserts that aviation museums, both individually and collectively, create relatively stable and influential themes about the World War II Air War and that, because the public trusts museums, these themes become embedded in Americans' popular understanding of the Air War. So, given that the American public accepts, to a great extent, a museum's story

---

[1] Helen Coxall: How language means: an alternative view of museums as text. In: *Museum Languages*. Ed. By Gaynor Kavanaugh. New York (NY): Leicester UP 1991. Pp. 85–99.

as authentic, accurate, and objective, the role that aviation museums play in creating and fostering particular narratives of the World War II Air War warrants documentation and analysis here.

It is crucial to note that aviation museums reach a very large public audience with their relatively stable story of World War II and its themes of the technological progress, aesthetic achievement, and national and individual determination of the United States in the Air War. The National Air and Space Museum claims to be the most visited museum in the world; it recorded 8,535,626 visitors in 2002 alone; it welcomed its 175 millionth visitor in 1996, just less than 20 years after its opening. The Enola Gay, during its almost three-year display at this museum's downtown facility in Washington, DC, in the 1990s, was seen by approximately 4,000,000 people.[2] The United States Air Force Museum in Dayton, Ohio, stakes claim as "the world's largest military aviation museum", supports museums and exhibits worldwide, and boasts annual attendance of more than 1,000,000 visitors.[3] The state of Oregon is home to three, privately owned air museums, all opened in the last decade or so. Despite its distance from other cultural and historical institutions, the Evergreen Aviation Museum, a nonprofit facility in McMinnville, expected to record 300,000 visitors in 2004, according to their Director of Collections Katherine Huit;[4] this expected attendance is the equivalent of almost ten per cent of the state's total population. The for-profit Tillamook Air Museum in Tillamook, just 90-minutes drive from the Evergreen Aviation Museum, estimates annual attendance at 80,000, according to its curator, Bob Favret.[5] These representative American aviation museums house prominent displays of World War II aircraft and are open to the public year-round. Given the number of Americans that visit aviation museums, understanding their role in establishing and reinforcing popular perceptions of the World War II Air War is important.

Both the number and popularity of aviation museums indicate increasing popular interest in and support for understanding World War II, as well as, perhaps, the ongoing "relentless museummania" that Andreas Huyssen asserts took hold in the 1980s.[6] As Huyssen says, "put hyperbolically, the museum is no longer simply the guardian of treasures and artifacts from the past discreetly exhibited for the select group of experts and connoisseurs […]".[7] Instead, each

---

[2] *Smithsonian National Air and Space Museum*. 14 June 2004. <http://wwwnasm.si.edu>.
[3] *United States Air Force Museum*. 14 June 2004. <http://www.wpafb.af.mil/museum>.
[4] Katherine Huit: Personal Interview. Evergreen Aviation Museum, McMinnville (OR): 25 May 2004.
[5] Bob Favret: Personal Interview. Tillamook Air Museum, Tillamook (OR): 13 August 2004.
[6] Andreas Huyssen: *Twilight Memories: Marking Time in a Culture of Amnesia*. New York (NY): Routledge 1995. P. 14.
[7] Huyssen: *Twilight Memories*. P. 21.

aviation museum conveys a narrative about World War II for the general populace. Moreover, because of the relative consistency among museums, these institutions collectively convey that the United States' success in the World War II Air War was a result of and continues to represent the country's technological progress and prowess, aesthetic accomplishments, and determination as individuals in a historical moment and as a nation overall.

In addition, aviation museums and their methods of display are evidence of the belief that the aircraft themselves can tell the Air War story in large part. "In making a true statement", George Lakoff and Mark Johnson argue, "we have to choose categories of description, and that choice involves our perceptions and our purposes in the given situation".[8] These facilities, then, attempt to make a true statement – or what is perceived by visitors as a true statement – about such themes as technological progress, aesthetic achievement, and determination by constructing a story of the Air War, which can be visibly, powerfully, and seemingly more completely rendered by aircraft in a museum space than, for instance, the ground or naval aspects of World War II can be rendered by their respective objects or by other types of representation. The story that aviation museums tell seems *real* and *present* and, thereby, powerfully shapes Americans' general perceptions of World War II as well as their specific ideas about the Air War, perceptions held both by the public and by the researchers who use the museums' archives.

Most museums, in fact, include education of the general public as an important component of their individual missions. Moreover, aviation museums often explicitly and, we have found, collectively state that their mission includes not only to preserve the World War II planes themselves – as those people who flew and serviced them die at a rate of about 1100 per day, according to some government statistics – but also to promote appreciation for both the technology and the veterans that the aircraft represent. So, aviation museums, according to both their own literature and, presumably, their visitors' expectations, exist as education beyond the textbook and, often, define education in relation to preservation of historical artifacts but also as promotion of themes related to honoring the people and events of World War II. American aviation museums themselves acknowledge and show pride in the creation and fostering of positive themes about and attitudes toward the United States' part in the Air War. So, understanding American aviation museums expands the understanding of how the public confirms and adds to its knowledge and attitudes about World War II.

These grand themes and visitors' gestalt experiences of technological and aesthetic achievement and overall resolve can be understood more fully

---

[8] George Lakoff and Mark Johnson: *Metaphors We Live By*. Chicago (IL): University of Chicago Press 1980. P. 164.

through Stephen Greenblatt's terms. In *Exhibiting Cultures*, Greenblatt discusses

> two distinct models for the exhibition of works of art, one centered on what I shall call resonance and the other on wonder. By *resonance* I mean the power of the displayed object to reach out beyond its formal boundaries to a larger world, to evoke in the viewer the complex, dynamic cultural forces from which it has emerged and for which it may be taken by a viewer to stand. By *wonder* I mean the power of the displayed object to stop the viewer in his or her tracks, to convey an arresting sense of uniqueness, to evoke an exalted attention.[9]

Aviation museums often employ both models, resonance and wonder, simultaneously in the display of World War II aircraft. The mere size of a plane as a museum object, its ability to fly, and the relative scarcity of World War II warbirds, especially those in flying condition, all contribute to the wonder or power to catch the viewer's attention in a gestalt experience. Even the term *warbird* evokes the idea of a living, breathing, soaring creature.

Greenblatt notes, too, "though it is perfectly reasonable for museums to protect their objects (and I wouldn't have it any other way), precariousness is a rich source of resonance".[10] Fragility, according to Greenblatt, makes an object more resonant: "wounded artifacts may be compelling not only as witnesses to the violence of history but as signs of use, marks of the human touch [...]".[11] The World War II aircraft are old and used; the mere existence of those displayed implies the overall loss of these aging objects. They also serve as witnesses to violence. At the same time, their surviving of violence is exemplary of fortitude.

In using the objects to establish themes of technological progress, aesthetic achievement, and national and individual determination, aviation museums highlight certain features, events, and qualities to evoke wonder and resonance. Lakoff and Johnson posit another useful definition for such prioritizing:

> A categorization is a natural way of identifying a *kind* of object or experience by highlighting certain properties, downplaying others, and hiding still others. Each of the dimensions gives the properties that are highlighted. To highlight certain properties is necessarily to downplay or hide others, which is what happens whenever we categorize something. When we give everyday descriptions, for example, we are using categorizations to focus on certain properties that fit our purposes.[12]

---

[9] Stephen Greenblatt: Resonance and Wonder. In: *Exhibiting Cultures: The Poetics and Politics of Museum Display*. Ed. by Ivan Karp and Steven D. Lavine. Washington (DC): Smithsonian Institution Press 1991. Pp. 42–56.
[10] Greenblatt: Resonance and Wonder.
[11] Greenblatt: Resonance and Wonder.
[12] Lakoff and Johnson: *Metaphors We Live By*.

Exhibits of World War II aircraft, then, most often highlight the technological and aesthetic accomplishment the planes represent as well as the human crews and the patriotism that the aircraft symbolize.

Aviation Museum Missions and Exhibits in Relation to Dominant Themes

Even the mission statements and promotional materials of aviation museums make these themes and their related ideas overt. As the press kit for the National Air and Space Museum notes, the two public laws designed to support the museum – one establishing it in 1946 and the other changing its name and authorizing building construction in 1966 – define its mission as "to memorialize the development of aviation"[13] so that its goal is not only to document history but also to foster themes of development or progress. The World War II gallery itself consciously tells a story into which the visitor is invited through a mural:

> Upon entering this gallery [of World War II aviation], you suddenly find yourself almost nose to nose with the B-17 Flying Fortress *Thunder Bird* roaring out of a clear blue sky over Wiesbaden, Germany, contrails streaming behind it, German fighters angling in from four and seven o'clock. You can make out the faces of the aircrew in the cockpit and nose of the bomber. You can count the bombs – 71, each representing a mission – painted on its fuselage.[14]

This gallery, then, evokes a complex narrative that includes setting, plot, character, tone or mood, and theme. While the gallery conveys the themes of the World War II Air War, the visitor feels engaged and, perhaps, in control of the perceptions that tend to reinforce or validate notions about what the Air War means to an American. The *Official Guide to the Smithsonian National Air and Space Museum* goes on to assert that this mural "freezes a single, furious moment in history's biggest and most destructive war, an event so colossal in scope that it reshaped the world and touched in some way virtually everyone within it".[15] The gallery constructs World War II as a sensory experience that can touch and reshape people even still. The guidebook shows an awareness that the full story is too large to be housed in a single gallery but that the museum space can tell an emblematic part of the larger, positive, national narrative through exhibition of just five planes and related artifacts. The message is that America reshaped the world in ways too large to fully represent and that this reshaping was done through technological progress, aesthetic achievement, and individual and national determination, which can be represented to a certain extent in aviation museums.

---

[13] *Smithsonian National Air and Space Museum.*
[14] *Official Guide to the Smithsonian National Air and Space Museum.* Washington (DC): Smithsonian Institution Press 2002. P. 125.
[15] *Official Guide to the Smithsonian Air and Space Museum.*

Other World War II galleries in aviation museums employ the same strategies and tactics. One of the United States Air Force Museum's fact sheets states: "Static aircraft are moving into the realm of dynamic exhibitry, testing human emotions and human sensory elements as visitors move through a historic venue".[16] The fact sheet goes on to point out the care and deliberateness designers apply in their effort "to create realistic illusions of time and places with a real sense of atmosphere".[17] The Air Force Museum not only displays Bockscar, the B-29 of the Nagasaki atomic bomb mission, for instance, but also the newly restored Little Boy bomb casing, the same type dropped over Hiroshima. Several German aircraft and artifacts, including the Bf-109, the Me-163, and the V-1 buzz bomb, are grouped as "the Luftwaffe threat". While displays do offer objective specifications and performance information, they also cultivate both a sensory and narrative experience. Aviation museum exhibits, by using and implying setting (time and space) and atmosphere (mood or tone), are meant to be highly evocative, gestalt experiences for visitors in which themes seem self-evident.

The Evergreen Aviation Museum has a three-part mission: "to inspire and educate[;] to promote and preserve aviation history[; and] to honor the patriotic service of our veterans".[18] Evergreen also asserts that "the inner desire to fly, to excel, and to succeed within each of us" is a "timeless truth",[19] as if to fly is inevitably to excel and succeed and as if the museum's truth about the World War II Air War is trusted and inherent in the objects rather than constructed by curated display. That we achieved flight is then evidence of the national and individual determination that aviation museums collectively celebrate; individual aircraft, too, announce that Americans can do anything if we put our minds to it. That our extraordinary prowess in flight contributed to our success in World War II is part of this celebration; a World War II aircraft announces that this is why we won, as if the connection between the exhibited aircraft and the victory seems self-evident to the visitor. One is even able to look at the Luftwaffe threat nearby, a Messerschmitt – menacing, yes, but less technologically adept, elegant, or determined.

Evergreen's promotional materials go on to state that flight, as documented by the museum, is evidence of our ability to dream and imagine and that the "innovative aircraft [...] are not merely dusty machines, but expressions of man's desire to take to the skies so real and tangible that it is as if the planes, themselves, dream of the sky".[20] The planes are personified through such elements as individual names and life histories, further solidifying their emblematic role

---

[16] *United States Air Force Museum.*
[17] *United States Air Force Museum.*
[18] *Evergreen Aviation Museum.* 14 June 2004. <http://www.sprucegoose.org>.
[19] *Evergreen Aviation Museum.*
[20] *Evergreen Aviation Museum.*

in the theme of determination. Individually and collectively, the American aviation museum's mission and its exhibitory work together to create and foster positive themes about the United States and the World War II Air War.

An aviation museum's mission, including education and dynamic experience, is informed and constrained, at least in part, by the objects – those planes on display – which offer specific ways of seeing World War II. Whatever cultural information the museum wants to convey, that information is foremost embodied by the planes themselves. As Svetlana Alpers asserts,

> The museum effect, I want to argue, is a way of seeing. And rather than trying to overcome it, one might as well try to work with it. It is very possible that it is only when, or insofar as, an object has been made with conscious attention to crafted visibility that museum exhibition is culturally informing: in short, when the cultural aspects of an object are amenable to what museums are best at encouraging.[21]

The museum effect in American aviation museums, this way of seeing and trusting constructed visibility, encourages validation of cultural themes we want, as Americans, to trust rather than introducing major contradictions about our history and our individual and national identities. In the case of World War II aircraft, the objects announce themselves as artifacts of technology and are often presented as a stage in the progress of aviation technology. Their physicality as machines – their size as museum objects, their wing spans, their large motors, their towering tail empennages – and the museums' highlighting of their mechanical prowess in such items as text labels, which usually include technical specifications and performance numbers, support the theme of World War II as an era of technological progress, ingenuity, and superiority.

Though planes are not designed initially for crafted visibility or museum display, before the advent of sophisticated wind tunnels, the rule of thumb for aircraft design was, *if it looks good, it flies good*. So, their aesthetic power and their function, including their aerodynamic shapes, go hand in hand. Aircraft are exhibited in *galleries*, a term that connotes works of art. The planes, as the idiom goes, are easy on the eyes, are aesthetically appealing as well as technologically emblematic. Aviation museums, then, take advantage of the objects available; the cultural aspects of the World War II aircraft, including their aesthetic appeal, are amenable to specific, positive ideas about the Air War.

Each aircraft is iconic and represents the wartime people, actions, and progress. The warbirds' mere survival for display – though many museum aircraft actually saw little combat and though huge numbers of aircraft were scrapped at war's end – implies their fitness and the ingenuity of their designers, builders,

---

[21] Svetlana Alpers: A Way of Seeing. In: *Exhibiting Cultures: The Poetics and Politics of Museum Display*. Ed. by Ivan Karp and Steven D. Lavine. Washington (DC): Smithsonian Institution Press 1991. Pp. 25–32.

pilots, and maintainers. The objects represent American determination in the World War II Air War, and their often costly and time-consuming preservation represents current determination as well. Of its Paul E. Garber Preservation, Restoration, and Storage facility, the National Air and Space Museum states,

> Each artifact at the Garber Facility has a story behind it. Some are notable for a certain historic role they played or for a particular accomplishment; some represent a technological milestone or stage of aeronautic development; some are the sole surviving example of their type. Often an artifact is worth collecting for a combination of reasons.[22]

As if embodying William Carlos Williams' widely quoted dictum, "No idea but in things", the concrete plane represents abstract ideas as well as the crews and their missions.

The museum effect, both within individual aviation museums and collectively as institutions with complementary missions, may be especially powerful in aircraft museums because of the seamlessness with which the objects fit the narrative themes that are, generally, each museum's overt and hidden curricula. Alpers suggests that museums pay increasing attention "to the educational possibilities of installing objects rather than communicating ideas about them".[23] Because planes are large aircraft, curators of these museums, though they also communicate ideas about aircraft, seem very conscious of installation that allows visitors to walk around a plane, to peer into the cockpit or bomb bay, and to view it in relation to other aircraft. In the open area of the Tillamook Air Museum's structure, for instance, several planes, including the World War II-vintage B-25, P-38, and P-51, sit wide apart so that visitors can walk around and under them to examine the aircraft closely and from various perspectives. The B-25 has stairs that allow visitors to see the cockpit from above, thereby allowing the visitors to see the pilot's well-used seat and the levers his hands once held, to imagine oneself in the cockpit. At the Evergreen Aviation Museum, one can walk almost all the way around the B-17 and also go inside to work one's way past the waist guns and into the radio room, where a docent highlights the plane's strengths as a workhorse as well as the crew's endurance of uncomfortable, 800-mile missions. In these ways, the installation of aircraft communicates the dominant ideas about technology, beauty, and resolve as much as it educates in other ways. The objects encourage personal connection so that visitors feel as if they are connected to World War II as well as educating themselves about that historical period.

In a tented gallery in Tillamook, on the other hand, aircraft are arranged on two sides of an aisle so that visitors walk past the noses to more likely see

---

[22] *America's Hangar*. Washington (DC): Smithsonian Institution Press 2003. Not paginated.
[23] Alpers: A Way of Seeing.

similarities and differences among, say, the World War II-era F-4U Corsair and PBY Catalina. As Lakoff and Johnson point out in *Metaphors We Live By*, we unconsciously employ the metaphor that up is good,[24] as in *things are looking up* or *we're upright citizens*. Let us add that forward is good as well, as in *taking things head on* or *forward-thinking*. In other words, that the planes are upright and nose forward from the visitor's perspective is connoted as good, thereby reinforcing the dominant themes, including literal forward movement through the air as well as symbolic forward movement that is progress and victory. The exhibitry of Tillamook's tented gallery therefore reinforces positive attitudes toward the American role in the Air War.

At Evergreen, planes are grouped in roped galleries with noses pointed toward viewers and sometimes the ability to walk around at least part of the aircraft. Though not in rows, this nose-forward display configuration connotes positive ideas and also encourages visitors to compare side by side, say, three different bombers. This method of display is akin to a survey history course that, tied loosely together by broad themes or topics, encourages an understanding of the variety or range of technological and aesthetic achievement within a category as well as a given object's placement in time. The B-17 is defined as the "workhorse heavy bomber during World War II", whereas the B-25 is defined as the "most successful medium bomber by any measure by any air force". Viewers, then, can compare the heavy and medium bombers in various ways, including their specifications, performance, and uses during the war. Success, presumed by victory, then becomes defined by such concepts as hard work and endurance, as forms of determination.

Of the P-51, Evergreen notes on the label, "Historians will continue to debate which fighter was the best of World War II, but one of the finalists will always be the Mustang". Viewers, too, can participate in such a debate to some extent because a German Bf-109 fighter, often labeled a Me-109, is also on display. World War II aircraft are displayed as objects that echo the past but stand as powerful sensory experiences in the present as do few other artifacts of the Air War. They help to create a museum effect to enhance each individual museum's mission as well as to build the larger, complementary themes of World War II that the institutions collectively embody.

A given display also may enhance those inherent properties of wonder, particularly by highlighting the already sensory experience or by highlighting the technological progress, aesthetic achievement, or national or individual determination – whether that theme be adapted to suggest handling a workhorse aircraft, surviving a difficult mission, achieving victory over the Nazis and Japanese, or preserving more abstract ideals of democracy or freedom – that the display represents in the World War II narrative. Evergreen's Spruce Goose is an example

---

[24] Lakoff and Johnson: *Metaphors We Live By*.

of an object exhibited to take advantage of wonder, both in its size and its uniqueness. Evergreen's outdoor display of the C-47 also employs wonder as this "toughened up version of the successful Douglas DC-3 passenger plane" towers over picnic tables with "cargo doors big enough to admit a jeep".[25]

Resonance is more subtle and, in the case of World War II aircraft at aviation museums, often depends upon the exhibition's highlighting of the human element, particularly the determination of the nation or of the individuals who built, maintained, or flew the plane. At Evergreen, the docent inside the B-17 points out the cramped space of the ball turret; the thinness of the fuselage, which made it susceptible to even small-caliber anti-aircraft fire; and the tendency of bombs to get stuck in the rack, at which point the docent kicks his foot to demonstrate how a crewmember would have bravely loosened the bombs while standing over the open bay over enemy territory, the same open bomb bay through which the visitor now peers.

The visitor's sense of wonder and resonance is coupled with the museum's guiding of categorization of the objects. At Evergreen, the B-17, for instance, is defined as the "workhorse", and the B-26 is compared with it; the B-26 can fly 100 miles per hour faster and with fewer crew, though with roughly the same bomb load. The museum and the visitors categorize by highlighting those features that support specific abstract ideas. In other words, while both are deemed successful aircraft, the B-17 and its crew get the job done through dogged determination, whereas the B-26 aircraft itself is able to get the job done more efficiently. Highlighting certain features of the B-17 shows the crew's resolve, whereas highlighting other features of the B-26 shows its technological prowess. Evergreen's C-47, which is displayed outside, participated in D-Day; its label notes its role dropping paratroopers over Normandy, thereby including a human and historical element. Properties that support the dominant themes are continually highlighted, whereas, for instance, any mechanical shortcomings, if noted or implied at all, are most often represented as catalysts to increased resolve on the part of the air crew or to improvements in future models.

Challenges to the Dominant Themes

Two World War II-era aircraft – the Spruce Goose and the Enola Gay – are singular objects in the dominant narrative of the Air War. The Spruce Goose, developed by Howard Hughes as a troop carrier, is housed at Evergreen Aviation Museum and is still "the largest airplane ever constructed".[26] The plane, of course, was a failure according to some measurements, coming too late in the

---

[25] *Evergreen Aviation Museum Guidebook.* McMinnville (OR): Evergreen Aviation Museum 2003.
[26] *Evergreen Aviation Museum Guidebook.*

war to make any contribution to victory and making only one, brief, unannounced flight; a plane that flies only once and never serves its intended purpose could easily be deemed a failure. Yet, the Spruce Goose, rather than remaining a dusty machine, is the centerpiece of the Evergreen Aviation Museum, with its fully huge, restored, grey fuselage dominating the exhibit area. Visitors can walk all the way around it, stopping to view a film of its first flight or garner information about the origin of the wood (mostly birch, not spruce) from which it is made. Visitors can also climb stairs to enter its cargo hold to view it nose to tail from the inside. The amenities of the exhibit – the overtly educational exhibitry beyond the plane itself – document the aircraft's technological advances, including "one of the earliest practical uses of epoxy resins" and "the first 'artificial feel system' in the control yoke, which gave the pilot the feeling he was flying a smaller aircraft, but with the force multiplied two hundred times".[27] These sorts of technological advances in 13 areas earned the HK-1 a designation as a Historic Mechanical Engineering Landmark, which puts it in league with the Saturn V rocket,[28] itself the product of minds trained during World War II. The Spruce Goose conveys not failure but, rather, American technological progress.

Visitors can appreciate, too, the ambition and will of the eccentric Hughes; can enjoy the aesthetic accomplishment of the unique, sleek, enormous aircraft; and, presumably like the plane itself, can dream of the sky. The Spruce Goose is metaphorically and financially what holds the museum up. Its only failing, it is implied, was merely that it was ahead of its time. Hence, both visitors and aircraft become, as the museum's mission asserts, part of a dream as well as a timeless truth.

The Enola Gay, in its current display at the Udvar-Hazy Center of the Smithsonian Air and Space Museum attempts, like the Spruce Goose, to fit the normative exhibitry for World War II aircraft.[29] However, it struggles to fit the dominant themes that aviation museums convey about the Air War because of its singular, controversial part in history. This B-29 is raised slightly above a group of other World War II aircraft, and Japanese and German fighters flank it on the ground. No view of the Enola Gay from the ground is unobstructed by other World War II aircraft, which implies that the Enola Gay is just another plane. From a walkway above, a visitor can have an unobstructed, god's-eye

---

[27] *Howard Hughes' Flying Boat.* McMinnville (OR): Evergreen Aviation Museum 2002.
[28] *Evergreen Aviation Museum Guidebook.* McMinnville (OR): Evergreen Aviation Museum 2003.
[29] All analysis of exhibitry at the Udvar-Hazy Center, including analysis of the Enola Gay and Enterprise displays, is based on observations made during a visit in October 2004. Since then, the facility has changed aspects of its exhibitry. While our underlying assertions here continue to be supported by the exhibitry, the application of our ideas will shift slightly as we continue to analyze how this facility represents the Air War.

view of the plane in its gallery as well as a view of other galleries, one of which includes a Concorde. This vantage point makes the plane look smallish, distant, shiny, like a toy on the floor. Generally, according to John Falk and Lynn Dierking, "[w]hen *every* exhibit is competing for the visitor's attention, the result is often an exhibition working at cross-purposes".[30] So, the display of the Enola Gay in a crowded gallery of other aircraft works against the purpose of drawing attention to the Enola Gay itself, works against highlighting the technological, aesthetic, or human aspects of this particular aircraft. Instead, the display points to the generality, to the idea of World War II warbirds on the whole. A visitor can walk right by this object amongst objects.

With just one sentence about the aircraft's involvement in what is widely considered a distinct, important event, the one-panel label draws the visitor to the larger Air War rather than to Hiroshima, rather than to a particular historical moment or controversy. To highlight the technological progress would lead to a discussion of how the aircraft functioned in carrying and dropping the atomic bomb. To highlight the aesthetic achievement – and this shiny, sleek B-29 can be considered beautiful in many respects – would bring up questions about whether form can be separated from function and would conjure up images of the plane in flight, an image of the mission visitors might most likely imagine. To highlight determination represented by the Enola Gay would open up the ongoing debate about the dropping of the first atomic bomb and whether determination was blind to other considerations. So, this aircraft does not easily foster the well-accepted themes upon which visitors to aviation museums are most often educated. As Thomas F. Gieryn observes about the Enola Gay exhibit of the 1990s, "while it is surely the case that finished exhibitions always lend themselves to diverse readings, those readings must be extracted from only one finite collection of artifacts and captions".[31] The current exhibit attempts to minimize diverse readings, to avoid introducing contradictory or ambiguous readings, and to subsume the Enola Gay into the more stable narrative that aviation museums tend to tell about World War II.

This attempt at fitting the Enola Gay into the existing aviation museum narrative is made poignant by the differences between its display and the same museum's display of the space shuttle Enterprise. The Enterprise is situated in a room devoted to it; the exhibit is designed to, in Greenblatt's terms, "evoke exalted attention".[32] When viewed in 2004, visitors stood behind a railing to view the imposing shuttle, in its landing position, nose pointing into the visitors' faces,

---

[30] John H. Falk and Lynn D. Dierking: *The Museum Experience*. Washington (DC): Whalesback 1992. P. 69.

[31] Thomas F. Gieryn: Science, *Enola Gay* and History Wars at the Smithsonian. In: *The Politics of Display: Museums, Science, Culture*. Ed. by Sharon Macdonald. New York (NY): Routledge 1998. Pp. 197–228.

[32] Greenblatt: Resonance and Wonder.

as if having just completed a successful mission. The exhibit clearly implies that the Enterprise is a very special object: a significant technological accomplishment, an aesthetically imposing image, powerful evidence of human determination, and worthy of awe. The Enterprise, though other instances of the model have failed in flight, is redeemed and fits those positive themes that are the logical and intended outgrowth of the aviation museum narrative.

The Enola Gay, of course, is an anomalous World War II aviation artifact; it is not just another B-29 Superfortress but is known for its controversial, atomic bomb mission that preceded the end of World War II. "Museums *solidify* culture, endow it with tangibility, in a way few other things do", writes Steven Dubin. "Unflattering, embarrassing, or dissonant viewpoints are typically unwanted".[33] The display of the Enola Gay – first in downtown Washington, DC, and now at the Udvar-Hazy Center – stirred up contradictory viewpoints. The debate over the initial display from 1995–1998 has been well documented. Various individuals and groups claimed that one version of the display or another would be inaccurate. This controversy, in the end, supports the premise of our research project: aviation museums do, in fact, tell an overwhelmingly consistent story about World War II that reinforces dominant themes of technological progress, aesthetic achievement, and individual and national determination. The Enola Gay calls this narrative into question as do very few, if any, other World War II-era aviation museum objects.

Conclusion

The controversy over the museum display of the Enola Gay is unusual. Most, if not all, American aviation museums fit the larger narrative, as do their exhibits and individual displays. While some other World War II aircraft also played distinctive, singular roles – Bockscar, which dropped the second atomic bomb on Japan, and the Spruce Goose come to mind – none has called into question the relatively consistent, stable narrative that aviation museums construct about World War II. The Spruce Goose could have destabilized the narrative: it flew just once and only briefly. The Spruce Goose, then, could work against the World War II Air War concepts of endurance or workhorse and of swift technological progress upon which a next generation of aircraft is built. Yet, the Spruce Goose has been subsumed by the themes of the World War II Air War in a display that highlights enormity, elegance, and resolve. It embodies the themes of mechanical progress, aesthetic wonder, and resonating determination. The exhibit shows that the impossible – that the Spruce Goose could ever fly at all – can be accomplished. This aircraft, instead of undermining the narrative of World War II,

---

[33] Steven C. Dubin: *Displays of Power*. New York (NY): New York University Press 1999. P. 3.

fosters its dominant themes and represents the museum's mission: to show that we can dream, excel, and succeed, even when the goals seem unrealistic. The consistency and power of the narrative is vast.

American aviation museums make a strong assertion about World War II: despite the odds, Americans make vast technological leaps, design beautiful objects, and overcome crushing odds with resolve. This assertion is made powerful by highlighting certain features of aircraft, artifacts, and historical events to convey abstract ideas and by cultivating wonder and resonance through the aircraft themselves. Aviation museums in the United States convey these relatively consistent themes to a large and eager audience who looks to confirm and extend their knowledge and attitudes about the Air War. To overlook the story of World War II Air War that aircraft museums tell is to ignore the powerful, prevalent, and evocative rolet hey play in educating the general populace. The American aviation museum, individually and collectively, puts forth a World War II story about technological progress, aesthetic achievement, and national and individual determination that creates and fosters Americans' perceptions of their nation's part in history.

IV
Film

Jaimey Fisher

Bombing Memories in Braun's *Zwischen Gestern und Morgen* (1947): Flashbacks to the Recent Past in the German Rubble-Film

It is commonly assumed, perhaps most famously by Sebald in his Luftkrieg *book, that culture in the early postwar period avoided and even repressed representations of the Air War. This essay argues that German rubble-films – German features made in the first years after the war – do, indeed, depict the Air War and investigates exactly how they did so. The rubble-films repeatedly represent the destruction wrought by the Air War in cinematic flashbacks that negotiate the past in specific ways: they acknowledge the past while integrating it in the present; they compare the past and present conditions of cities; and they subjectivize public history in private memories. Rubble-films, including Braun's* Zwischen Gestern und Morgen *(1947), also tend to offer a variety of types of competing flashbacks that negotiate different kinds of memories as differing kinds of relations to the past.*

Chair Bombing as Coming to Terms with the Past

In a 1948 *Filmpost Magazin* article about Harald Braun's *Zwischen Gestern und Morgen*, Erika Fries focuses, rather surprisingly, on the "Schicksal" (fate) of a hotel-lobby chair.[1] *Zwischen Gestern und Morgen* is set in a formerly luxurious hotel, and Fries, observing that "even dead objects have their fates", uses this particular chair to trace the hotel's and Germany's recent history. She observes that the chair could tell us how, in the late 1920s, it hosted tired travelers from around the world, but also how, in the 1930s, visitors increasingly "wore brown uniforms". Then came the war and finally the bombing that destroyed the hotel and banished the chair to a dusty basement. Now, she writes the chair is to be resurrected for the studio-reconstruction of the hotel. Even this exceptional chair, Fries informs readers, would find it difficult to discern the difference between the reality of the ruins and the dreams of Braun's film.

Fries's negotiation of history, reality, and dream with the chair underscores how the German rubble-film – that is, German-directed features made in the early postwar period and concerned with recent history or the present context[2] – served

---

[1] Erika Fries: *Zwischen Gestern und Morgen*. In *Filmpost-Magazin* 1; Nr 1, 1948. Pp. 34–5.
[2] The term "rubble-film" was actually initially used pejoratively to describe films preoccupied with social and psychological problems relating, metaphorically, to the "rubble" of the current context, but, even in the late 1940s, it became the general label for films engaged with the present or recent past.

to bridge the past and present in a way that even literature could not. Like Helmut Käutner's film *In jenen Tagen*,[3] her article highlights how, by the use of familiar buildings, spaces, and objects that have their own parallel, if not shared histories, the past could remain present in film differently than in literature. For example, Fries writes that the chair has to endure the traumatic bombing again, though under tellingly different circumstances:

> noch einmal erlebt der Sessel im Atelier die unheimliche Stimmung, die einem Bombenangriff vorausgeht. Wieder heult die Sirene, stürtzt die Halle ein, findet ein Menschenleben sein gewaltsames Ende. Aber diesmal sind die fallenden Trümmer genau berechnet, lösen sich auf Kommando des Spielleiters Harald Braun. Keiner kommt zu schaden, auch der Sessel wird sorgsam geschont.

Just a few paragraphs before, the chair's happy home in the hotel lobby was utterly ruined by the (real) Air War, but Fries is now able to re-present the bombing in a different and more controlled context. The chair becomes the object of a filmic fort-da game, aiming to confront the trauma of the Air War: she casts the signifying object in a dangerous situation only to underscore its successful rescue ("sorgsam geschont"). Even a devastating bombing turns out happily.

In this essay I shall discuss how the rubble-films not only confront the past in general, but also, like Fries's article, depict the particular past of the Allied Air War. Many of the rubble-films represent the recent past in a way that is unique to the filmic medium: they confront the past in the form of the cinematic flashback. As Maureen Turim has argued, analyzing flashbacks and the characters who sustain them can reveal the ideological nature of subjects as they relate to memory and history.[4] With assorted examples from various rubble-films and then a more detailed analysis of the often-cited but rarely discussed film *Zwischen Gestern und Morgen*, I argue that flashbacks became a key representational strategy for the postwar context to come to terms not only with the recent past in general (*Vergangenheitsbewältigung*), but with the Air War in particular. In fact, *Zwischen Gestern und Morgen*'s flashbacks not only represent the Air War, about which German culture has been alleged to remain silent; its restaging the past as flashback renders the Air War central to its narrative denouement, such that bombing actually resolves other traumatic pasts.

Rethinking Coming to Terms with the Past

Fries's peculiar approach to writing about *Zwischen Gestern und Morgen* underscores how, in the early postwar period, Germans' confrontation with the

---

[3] The protagonist of Käutner's *In jenen Tagen* is a car that sustains a series of flashbacks to different owners, each of whom reflected a type of "humanity" in the years 1933–45.
[4] Maureen Turim: *Flashbacks in Film: Memory and History*. London: Routledge 1989. P. 2.

past was not, as so many have claimed, marked by silence but rather by diverted, even distracted attempts at mastery. In the first decades after the war, scholarship on *Vergangenheitsbewältigung* tended to focus on whether or not Germans successfully confronted their difficult past. Many scholars and critics, including, for prominent examples, Hannah Arendt and the Mitscherlichs, highlighted how Germans sought to repress the past through their emphatic desire to look forward.[5] This focus within *Vergangenheitsbewältigung* studies on repression, denial, and silence continued through the 1980s and 1990s.[6] For the present analysis of Germans' memories of the Air War, W.G. Sebald's *On the Natural History of Destruction* is perhaps the most important recent avatar of this repression hypothesis. Sebald similarly criticizes postwar German authors for their silence about the Air War and about the past in general. Although offering an important starting point, however, his essay almost entirely ignores the impact of the occupation on postwar German authors and intellectuals. He fails, for example, to examine the literal curtailments of the censors as well as the internalized controls of the occupiers, failures critically highlighted by Wilfried Wilms.[7] Sebald also makes questionably wide claims about postwar German culture by focusing almost exclusively on high literature, a problematic approach that neglects other aspects of the early postwar public sphere, including the rubble-film.[8]

A recent turn in *Vergangenheitsbewältigung* studies has galvanized an historically more comprehensive approach to postwar German society and culture in the early postwar period. A multiplicity of recent studies – including those by Robert Moeller, Norbert Frei, Elizabeth Heineman among others – has initiated

---

[5] See for two important examples: Hannah Arendt: "The Aftermath of Nazi-Rule, Report from Germany". *Commentary* 10 Oct 1950. Pp. 342–53; and Alexander and Margarate Mitscherlich: *The Inability to Mourn: Principles of Collective Behavior.* 1967; New York: Grove 1975, whose first edition sold over 100,000 copies and was eventually incorporated into school texts.

[6] Extending the arguments of the Mitscherlichs, Eric Santner suggests that children inherit the psychological structures of their parents' "inability to mourn". In 1990, Wolfgang Benz, in an essay entitled "Postwar Society and National Socialism: Remembrance, Amnesia, Rejection", could continue to claim that "National Socialism was treated for a whole generation with collective silence and widespread amnesia". See Eric Santner: *Stranded Objects: Mourning, Memory, and Film in Postwar Germany.* Ithaca: Cornell UP 1990. P. 37; Wolfgang Benz in *Tel Aviver Jahrbuch für deutsche Geschichte* 19, 1990. P. 12.

[7] Wilfried Wilms: Taboo and Repression in W.G. Sebald's *On the Natural History of Destruction.* In *W.G. Sebald: A Critical Companion.* Eds. J.J. Long and Anne Whitehead. Seattle: U of Washington P 2004.

[8] Volker Hage makes this, among many other convincing critical points, in his very balanced and thorough essay "Erzähltabu? Die Sebald-Debatte: ein Resümee". In *Zeugen der Zerstörung: Die Literaten und der Luftkrieg.* Frankfurt/M: Fischer 2003. Pp. 113–131.

a new understanding that has increasingly replaced traditional arguments about repression and silence.[9] These studies suggest how postwar Germans did remember something of the Nazi past and the war years, but that their memories were directed, selective, and even self-serving. Instead of a monotone silence about the past, scholars have begun to sketch a dense discursive field of competing narratives that seek to negotiate the past in specific ways, ways that each have their own stakes, repercussions, and consequences. It is in this context of rethinking *Vergangenheitsbewältigung* that I would like to reexamine the rubble-film and how it depicted a certain kind of past and certain subjects within it with cinematic flashbacks. By examining the public sphere more generally, it becomes clearer how Germans did indeed represent, and even come to terms with, putative taboos like the Air War.

Rubble-Film Flashback as Confronting the Past and its Air War

In a way that contravenes many of the claims of silence and repression above, the German public sphere of the late 1940s and 1950s was remarkable not so much for its silence about the Nazi past but for the sheer volume and pervasive ubiquity of representations of recent history. When, starting in 1946, the Allies began to allow the release of German-directed films, one of the primary ways in which the rubble-film would represent and remember the past selectively was through the cinematic flashback. It is important to observe that flashbacks were not the only approach that films and their filmmakers might have utilized to represent the recent past. Some films remained entirely in the present moment (e.g., *Irgendwo in Berlin*), while others were set entirely in the past (e.g., *Ehe im Schatten*). But a very large number of such films, in all the zones of occupation, relied on flashbacks not only to convey narrative information – flashbacks' conventional functions – but to represent challenges of the past for the present. In the first and most famous rubble-film *Die Mörder sind unter uns* (Wolfgang

---

[9] This trend has been highlighted by Y. Michal Bodemann in his "Eclipse of Memory: German Representations of Auschwitz in the Early Postwar Period". In *New German Critique* 75, 1998. P. 80–1, and by Alon Confino in his: "Traveling as a Cultural Remembrance: Traces of National Socialism in West Germany, 1945–1960". In *History and Memory* 12, 2000. P. 98. Scholars have begun to investigate how Germans did partially or selectively confront the past in various political and cultural representations and practices. See Robert Moeller: *War Stories. The Search for a Usable Past in the Federal Republic of Germany.* Berkeley, U of California P 2001; Norbert Frei: *Vergangenheitspolitik: Die Anfänge der Bundesrepublik und die NS-Vergangenheit.* München: Beck 1997; Jeffrey Herf: *Divided Memory: The Nazi Past in the Two Germanys.* Cambridge: Harvard UP 1997; Alon Confino: "Traveling as Culture of Remembrance". Pp. 92–121; Elizabeth Heineman: *What Difference Does a Husband Make? Women and Marital Status in Nazi and Postwar Germany.* Berkeley: U of California P 1999.

Staudte, 1946), for instance, the film's protagonist Mertens sustains a number of such flashbacks, some traumatic and others more successfully integrated. The first western zone film, ... *und über uns der Himmel* (Josef von Baky, 1947), includes multiple characters enduring flashbacks: the father Hans and his son Werner flashback to the distant and recent past, respectively. *Rotation* (Wolfgang Staudte, 1949) tells almost its entire story in an hour-long flashback while ... *Und wieder 48* (Gustav von Wangenheim, 1948) foregrounds a kind of collective flashback as contested history. As mentioned above, Helmut Käutner's *In jenen Tagen* anthropomorphizes a car that then endures a series of vehicular flashbacks to the recent past.

But how exactly did flashbacks function, psychologically as well as narratively, in this particular context? In her *Flashback in Film*, Turim moves beyond the hazy historical origins of flashbacks to pose questions about the relationship of flashbacks to differing notions of memory and history, thus to pose fundamental questions about subjectivity in cinema and beyond. Her line of inquiry helps elucidate core postwar problems I raised above: how were early postwar Germans able to relate to the past as private memory and as public history?

Cinematic flashbacks helped Germans navigate, first and foremost, what many scholars have characterized as the fundamental paradox of the past facing postwar Germans. Scholars as diverse as Eric Santner, Robert Moeller, and Volker Hage have underscored how postwar Germans faced this contradictory challenge and nearly intractable conundrum.[10] On the one hand, postwar Germans had to acknowledge the war and Nazism: Germans would have to confront a political movement that had led to the unmitigated suffering of millions and their own defeat and unconditional surrender. On the other hand, they wanted to distinguish themselves from history's most nefarious criminals, to distance themselves from history's most horrendous crimes.

In the face of this paradoxical challenge of a simultaneous acknowledgement and negation of the past, flashbacks offer a usefully contradictory relationship to the past because, at its most fundamental level, flashbacks suggest a dual time-level in a particular, and particularly ideological, relation to each other: the past is acknowledged, but in a way that can also be successfully integrated in the present so that the character has already moved on in narratively driven time and historically conditioned progress. As Susan Hayward has observed, the flashback allows for the normalcy of chronological order while permitting the past to intrude.[11] Turim similarly suggests that flashbacks allow for the naturalizing

---

[10] See Santner: *Stranded Objects*. P. 45; Moeller: *War Stories*. P. 3 and 5; and Volker Hage: „Erzähltabu? Die Sebald-Debatte: ein Resümee". In Hage: *Zeugen* 2003.
[11] Susan Hayward: *Cinema Studies: The Key Concepts*. London: Routledge 2000. Pp. 133–40.

of such eruptions within a progressive narrative and time.[12] In this light, flashbacks, in a specifically ideological negotiation, allow for a potentially disruptive past to obtain in a functional and forward-looking present.

This splitting of time levels intersected another unique aspect of film to render the rubble-film a privileged medium for the depiction of the Air War, namely, the intimate relationship between cinema and cities, including the panoramic function of cinema that introduces viewers to cities in a kind of filmic tourism. In her work on the panoramic gaze, Giuliana Bruno has emphasized the importance of travel and landscape in the filmic experience.[13] This panoramic aspect of cinema renders it, I submit, a privileged medium for depicting the destruction wrought on German cities. The openings of many rubble-films rely on this tendency of cinema to introduce viewers to new or at least newly unfamiliar spatial environments: they reintroduce viewers to now unfamiliar cities and sights, including those radically disfigured urban physiognomies of Berlin, Hamburg, and Munich.

By utilizing the cinema's connection to cities, landscape, and tourism in their dual time levels, these flashbacks depict German cityscapes before and after the bombing, thereby emphasizing not merely the ruined metropolis, but also the destructive transformation wrought by the Air War. In this manner, the film's recurring flashbacks function like the split postcards Sebald has offered in his *Luftkrieg* book, with a before and after of reconstructed cities, only in reverse: the films foreground, in their after-before-after, the actual effects of the bombing, something Sebald regards as missing from the postwar context. For instance, in the first U.S.-licensed feature ... *und über der Himmel*, the son Werner has a flashback to pre-war Berlin while riding around the ruins of Potsdamer Platz, one of Europe's most famous squares, underscoring the stark contrast between an intact city and the ruinous present. The gap between his flashback and the present moment is breathtaking evidence of the Air War, confirmed by the suddenly surging non-diegetic music played throughout the contrast between flashback memory and present city.

Zwischen Gestern und Morgen grounds its underlying narrative approach in precisely these kinds of flashbacks that underscore the Air-War destruction of Germany's architectural and urban spaces. The film is structured as a series of flashbacks from the 1947 present of the film, but the setting of both the 1947 present and the flashbacks is a single hotel, the famous former Palasthotel, on Munich's Maximilianplatz. Both pre-premiere publicity and reviews underscored this link between the film's imagined setting and the real hotel, observing that the film was shot on location in the rubble of the former Palasthotel as well

---

[12] Turim: *Flashbacks*. P. 33 and 36.
[13] Giuliana Bruno: *Streetwalking on a Ruined Map: Cultural Theory and the City Films of Elvira Notari*. Princeton: Princeton UP 1993.

as in a studio reconstruction that included decoration and furniture from the hotel.[14] The gap between the opening scenes, in which the protagonist Rott walks around the ruins of the hotel where he once stayed, and the various flashbacks to its luxurious settings drive home the utter destruction wrought by the Air War.

Rott's quiet, awed return to the ruins of his former hotel-home underscore another aspect of the filmic depiction of the Air War: it could, in a single, silent image depict the remembering subject amidst the rubble without asserting anything specific about the wider political context of the Air War, for example, without putting problematic emphasis on the subject's victim status. In representing the destruction of the bombing without explicitly articulating much about it, the rubble-films return flashbacks back to one of their primary uses in the silent-film era, when flashbacks evolved to substitute for lengthy intertitle texts: the flashbacks picked up so the words could trail off.[15] By using flashbacks to represent this destruction, these films foreground the process of silent mourning itself, a process films are uniquely positioned to represent because they can, in a single image or sequence, depict both subject and object without language. There may be, as Sebald claims, a silence about what has happened, but, unlike literature, these films can and do depict the silence itself, that is, the very process of silently staring at the widespread destruction in the German metropolis. The silent acknowledgement of the Air War proved one of the central representational strategies of the rubble-films.

Multiple Flashbacks as Modes of Memory and History

Zwischen Gestern und Morgen is noteworthy not only because it shares the rubble-film tendency to depict the destruction of Germany's cities in flashback; it offers, in a similar but more emphatic manner than *Und über uns der Himmel*, a variety of flashbacks and even types of flashbacks as a way to depict memory and history. In her analysis, which investigates a large variety of flashbacks from the silent to recent modernist cinema, Turim underscores which kinds of characters sustain what kind of flashbacks. This is particularly important in light of one of her central claims, namely: the flashback functions as a kind of (private) subjectivization of (public) history that relates public history

---

[14] See Bie: „*Zwischen Gestern und Morgen*: Der erste Münchner Film/Aufnahmen im Regina-Hotel". In *Süddeutsche Zeitung* 39. 29 April 1947. P. 3; „*Zwischen Gestern und Morgen*". In *Film-Echo* 2; Nr. 3, April 1948; Horst Axtmann: „*Zwischen Gestern und Morgen*: Uraufführung des ersten Films der "Neuen deutschen Filmgesellschaft" in München". In *Die Neue Filmwoche* 1–2, 10 Jan. 1948. P. 3.
[15] Turim notes that their use in the early sound-period dropped off precipitously, underscoring their use as narrative supplements in the silent medium. Turim: *Flashbacks*. Pp. 103–10.

to private memories and therefore identities.[16] Flashbacks reference a past that is understandable to and even shared by many viewers, often a national or at least communal past. But this relation of subjects' private memories to public history is a constructed and manipulated relation that often serves ideological purposes as soon as one considers who experiences what particular history.[17]

This potential for different kinds of flashbacks to locate history in subjects – and to locate subjects in history – makes it a powerful representational tool for the rubble-film. Despite the scholarly emphasis on these films' tendency to repress recent history, the past abounds in these films, but it is refracted through flashbacks that subjectivize history in particular ways. Flashbacks are able not only to represent the traumatic past, but, because of their status as memories, to depict very specific relations to memory and to certain types of memories. Each flashback asserts a specific relation to the past. This relation is suggested most obviously by the technical markers of flashbacks, but also by the behavior of characters, their anticipations and reactions, before and after flashbacks. It is therefore in this aspect of flashbacks – not merely flashbacks as memory and history image, but as variable relations to memory and history image – that flashbacks can be distinguished from each other. Some flashbacks, particularly non-volitional traumatic memories, erupt into the narrative and disrupt it, often with quick cuts or other unusual editing techniques, while other, more volitional memories are more willful, frequently with slower dissolves or fades.

This capacity to navigate not only memories and history, but also varied relations to them, would prove particularly important in the early postwar period, not least because the way in which one could or should relate to the past remained opaque. It is remarkable not only that the rubble-films represent the past and the Air War in flashbacks, but that they consistently use a variety of different types of flashbacks within a single film to depict a range of relations to the past. More importantly, these differences in memories and relations to memory and their narrative consequences rest at the core of their narratives. In *Die Mörder sind unter uns*, for instance, Mertens' first flashback is fundamentally traumatic and interrupts both his rehabilitation from the war and the narrative itself: he, in fact, becomes unconscious during the flashback, underscoring the failed integration of the memory into his conscious life. This kind of disruptive flashback refers to what Lawrence Langer has called "deep memories", memories that elude successful integration and mastery.[18]

---

[16] Turim regards this subjectivization of history as a double process: on the one hand, the privatization of public history via the hegemony of the individual in most cinema; on the other hand, the historical construction of the subject. Turim: *Flashbacks*. P. 2.
[17] Turim: *Flashback*. Pp. 42–43.
[18] Lawrence Langer: *Holocaust testimonies: the ruins of memory*. New Haven: Yale UP 1991. Pp. 6ff.

Against these dangers of the deep memories, Lange posits "common memories" that are not only successfully integrated into the present; they, as Steven T. Ostovich emphasizes, also ground the individual manifesting the memory in family, friends, and community.[19] Though I tend to agree with Dominick LaCapra's criticism of Langer's categorization of memory as overly schematic, it does provide a useful means with which to analyze different kinds of flashbacks in a context where different memories and relations to them abound.[20]

I would emphasize how these different types of memories and relations to memories, as represented in flashbacks, suggest the coming community of postwar Germany, an aspect of flashbacks that has remained rather underanalyzed. Flashbacks point not only toward a certain relation to memory and history, but, within the films, toward the different types of communities that can be built around these shared memories and history. To extend the example invoked above, Mertens's second flashback is more comprehensible to viewers and to him and points the narrative to some kind of denouement: his reemergence from the second flashback is more controlled and indicates a more deliberate engagement with the past. *Die Mörder*'s narrative trajectory thus charts the evolution of a different kind of flashback, and therefore a different relation to memory as well as a different relation to the community around him. Flashbacks' capacity to depict these two types of relations to memory and even the development between them made the flashback particularly useful for the rubble-film and postwar representation in general. In addition to the aspects I sketched above – flashbacks' normative splitting of time-levels, their spatial invocations of before and after, their subjectivizations of history, and their negotiations of deep vs. common memory – this representational potential of differing and developing flashbacks rendered it a key strategy for German culture to navigate the recent past.

Flashbacks as Trauma, Trial, and Resolution: Harald Braun's *Zwischen Gestern und Morgen* and the Memories of the Air War

The title of Harald Braun's *Zwischen Gestern und Morgen* seems, for many scholars, to perfectly encapsulate the kind of psychological and historical limbo in which postwar Germans found themselves, but few critics have found that the film warrants a detailed analysis.[21] The film's diverse flashbacks, however,

---

[19] Steven T. Ostovich: "Dangerous Memories". In *The Work of Memory: New Directions in the Study of German Society and Culture*. Eds. Alon Confino and Peter Fritzsche. Urbana: U of Illinois P 2002. P. 247.
[20] Dominick LaCapra: *Representing the Holocaust: History, Theory, Trauma*. Ithaca: Cornell UP 1994. P. 195.
[21] See, for instance, eds. Hilmar Hoffmann and Walter Schobert: *Zwischen gestern und morgen:Westdeutscher Nachkriegsfilm 1946–1962*. Frankfurt/M Deutsches: Filmmuseum 1989, which, despite its title, pays relatively little attention to the specific work.

suggest how the film offers a complex approach to the past and a richly revealing relationship between subjects and their memories in order to confront the challenges of that past, including the Air War. Investigating the film's flashbacks and what they signify more generally for Germans' coming to terms with the past allows one to read Braun's film as an exemplary text for early postwar culture. Not only does the film represent the Air War and the physical as well as psychological destruction wrought by it, but it renders them – and different types of memories of them – central to the film's narrative resolution.

The film clearly belongs, as other scholars have observed, to the popular genre of the hotel picture.[22] Such films were set in (usually luxurious) hotels and played out their intrigues – sometimes criminal, always romantic – in the posh surroundings that a hotel conveniently afforded: a grand lobby, elegant restaurant and bar, impeccably appointed rooms, all linked by a wide stair and/or gilded elevator. Hotels offer a wide-range of narrative options, not least because they are filled with an ever-changing cast of characters at some remove from their conventional surroundings and even values. Cinematic hotels also tend to offer a mixture, even melting pot, of social classes and backgrounds, the diversity adding of course to the conflicts and courtships.

From its opening shot of a lobby's revolving door, Braun's *Zwischen Gestern und Morgen* invokes but also begins to rework this genre. *Zwischen Gestern und Morgen* follows the postwar return of a kind of *Heimkehrer*, but here the returning male is a well-dressed and successful illustrator, Michael Rott, who has been living in exile. The film explains the return of Rott to the Hotel Regina via flashbacks, such that the plot unfolds on three time levels: 1938, when Rott fled Germany; 1944, when the hotel was destroyed; and the 1947 diegetic present of his return. Viewers learn that Rott was forced to flee Munich on 22 March 1938, when a Nazi official found a politically comprising illustration among Rott's papers. Rott had to flee just hours after he had consummated his relationship with Annette, who worked in the newspaper kiosk at the hotel. In the 1947 present of the film, Rott returns to find this love that the Nazis forced him to abandon. Parallel to their interrupted 1938 courtship was the broken marriage between the famous actors Nelly Dreyfuss and Alexander Corty. With her consent, Corty had divorced the Jewish Dreyfuss, but, when he, in 1938, saw her in the hotel again, he immediately regretted his decision. It was too late, however: when the Gestapo searched for Rott, they found Dreyfuss instead, and she jumped to her death down the hotel staircase. A final, 1944 flashback clears up lingering suspicions among the hotel staff that Rott stole a necklace that Dreyfuss had entrusted to him to give to Corty: young Kat recounts how she was working in the hotel bar when Corty came back

---

[22] See Shandley: *Rubble-Films*. Pp. 64–71. Shandley offers one of the only extended analyses of the film, but does not address the narrative structure via flashbacks.

to the hotel for a last visit. During the infamous 1944 bombing of Munich, Corty entrusted the very same necklace to Kat. He did, probably, intend to give the necklace to Kat, as he subsequently allowed himself to be killed by the collapsing hotel that had already claimed his wife.

The plotting of the film is thus fairly complex, and the film uses four flashbacks – three of them over ten minutes long – to navigate the film's three temporal levels. First is Rott's flashback to March 22, 1938, thirteen minutes into the film and lasting roughly twenty minutes, that explains why he has forced to flee and thus why he has returned to the hotel. The second flashback, the hotel manager Ebeling's, establishes the parallel stories of Annette/Rott and Dreyfuss/Corty, as it revisits the same day but from the perspective of a hotel manager who was able to observe both couples. Ebeling's long flashback – the longest in the film, over half an hour in a 104-minute film – is followed by another, much briefer flashback by Rott in which he defends himself from the suspicions of the hotel staff by recalling how he put Nelly's necklace through Corty's mail slot before he fled. The fate of the necklace is confirmed in the fourth flashback, that of the young hotel employee Kat, in which she recalls the events of 1944 and the night of the "de[m] grosse[n] Angriff" – that is, the great attack, meaning the bombing.

Zwischen Gestern und Morgen thus deploys flashbacks that cover the majority of the film (some 70 minutes of its 104 minutes) to navigate the story as well as recent history. The narrative use of multiple flashbacks belonging to different characters, was certainly not unknown, but I want to show how the multiple flashbacks confront the postwar paradox facing Germans sketched above. Most basically, the multiple flashbacks allow for an acknowledgement of the past as well as the integration of it into the present and, presumably, the future. The film's three time levels correspond to three central challenges of the recent past and present: 1938, as the year of the *Reichskristallnacht, Anschluß*, and the Munich accords, offers an opportunity to represent Nazi aggression as well as its persecution of political enemies and Jews; 1944 allows the film to represent the night referred to as "de[r] grosse Angriff", that is, the devastating bombing of Munich in that year; and 1947 allows for acknowledgment and integration of these past challenges into the present.

To see how this basic dual function of the rubble-film's flashback operates – that is, paradoxically acknowledging, but similarly integrating and thereby mitigating – I want to underscore the film's citation of well-known and often-depicted challenges of the present. *Zwischen Gestern und Morgen* is similar to other rubble-films' citation of social clichés of the postwar context, including: the disorienting return of the exile to a ruined Germany; the common hostility toward exiles by those who remained; the frequently chaotic domestic arrangements of improbable couplings and unlikely guardians; and the kind of questionable ethics required to build one's life up again. By citing these cliché in its first 13 minutes – the traditional "set-up" duration of a film script – the film immediately links its story to challenges fundamental to the early postwar context. For instance, the resentment toward Rott as well-to-do exile resonates with high-profile cases, including, most famously, the extreme criticism under which Thomas Mann came for representing Germany around the globe while his compatriots were being bombed.[23]

After this establishment of familiar challenges in the present, however, *Zwischen Gestern und Morgen* deploys its flashbacks not only to acknowledge the traumas of the past, but also to defuse these familiar challenges of the present that saturate the film's first thirteen minutes. In one of the most well-worn flashback mechanisms, *Zwischen Gestern und Morgen* offers narrative explanation, that is, motivation for characters' present actions. In this context, however, this familiar function of the flashback is refigured to acknowledge an indisputably difficult past and, simultaneously, to foster a new sympathy for how it underpins complicated postwar social relations: viewers learn through flashback that Rott has come back to ruined Germany not to flaunt his success, but to pursue a lost love; that Ebeling is hostile to Rott not out of rank resentment of an exile, but because he mistakenly thinks Rott stole from a Jewish woman; that Annette did not apathetically forget Rott, but felt abandoned until Ebeling protected her; and that Kat is not simply conniving her advancement, but was devastated by the Air War, which sent her into a cellar out of which she yet has to come. The common function of flashbacks as motivation is thus recast and redeployed to address the specific challenges (acknowledging but also moving emphatically forward) facing postwar Germans.

This refiguring of a basic aspect of flashbacks marks other rubble-films like *Die Mörder sind unter uns*, *Rotation*, or *... und über uns der Himmel*. More specifically, in all these films, there is the sense that a certain kind of acknowledgment of the past can explain and mitigate contemporary problems (be it Mertens's resistance to domestic life in *Mörder*, Behnke's blank stare in *Rotation*, or the son Werner's resistance to his father in *über uns der Himmel*). But flashbacks are also used in a different manner, namely, to chart, as I described above, a diversity of different relations to the past. In all of these films, flashbacks depict a variety of different relations to what Turim terms memory images: one that at first interrupts the narrative and disrupts the reconstruction, but then helps integrate the past into the present and the characters into the

---

[23] See, for instance, Edward Dvoretzky: "Thomas Manns Doktor Faustus: Ein Rückblick auf die frühe deutsche Kritik". *Blätter der Thomas Mann Gesellschaft* 17, 1979. Pp. 9–24; Hubert Orlowski: "Die größere Kontroverse: Zur deutschen "nichtakademischen" Rezeption des Doktor Faust von Thomas Mann (1947–1950)". In *Erzählung und Erzählforschung im 20. Jahrhundert*. Eds. Rolf Kloepfer und Gisela Janetzke-Dillner. Stuttgart: Kohlhammer 1981. Pp. 245–55.

community. Flashbacks earlier in the films tend to suggest the kind of deep memory of which Langer writes, but then the later flashbacks reveal a refigured relation to memory and history. This trajectory from early to later flashbacks within one film charts a normative course from deep to common memory and, therewith, from isolated characters to a budding postwar community built around a certain time of integrated memory.

Zwischen Gestern und Morgen's first flashback is non-volitional, triggered involuntarily when Rott looks at the hotel swimming pool in 1947 and suddenly remembers that he went swimming on March 22, 1938. The flashback is thus triggered by what Turim calls the "emotional symbolism" of an object that causes an involuntary memory to arise.[24] The first major development in the film, after its initial set-up period, will be coming to terms with a certain kind of traumatic memory of loss represented in a certain kind of flashback. The second and third flashbacks – Ebeling's and Rott's second flashbacks – offer altogether different kinds of memory and history and different kinds of relations to them. Here the flashbacks are more volitional: in fact, they are more akin to the kind of flashbacks Turim traces in the courtroom drama. Turim argues that courtroom dramas count as probably the most common genre for multiple flashbacks within one film: the trial setting relies on different interpretations of the past in what she calls "trial testimony flashbacks", interpretations that are willfully revisited in flashbacks that compete to determine the "true" past.[25]

Ebeling's flashback offers a volitional and differing perspective than Rott's that incriminates the returned exile. In Ebeling's and then Rott's second flashback, the status of memory and the past has been fundamentally transformed since the first flashback: now, the past and competing memories of it become contested sites at which a more complex culpability is considered. These kinds of contested memories also highlight the community aspect of flashbacks that I underscored above: Rott becomes increasingly contentious because he realizes that his membership in the community of the hotel is threatened by Ebeling's incriminating flashback. These flashbacks thus rehearse a different kind of memory, one akin to a trial, in which Germans contest the meaning of the past; their willful flashbacks to the past also demonstrate what is at stake in these memories, that is, acceptance by a loved one and the postwar community generally.

The trajectory from Rott's first, traumatized flashback to the contested memories of Ebeling and Rott parallels and even underpins the plot of the film. In fact, since the film is chronologically complex, this basic trajectory from the memory of loss to competing flashbacks provides the film with much of its narrative tension: at the core of its narrative trajectory rests not only the plot

---

[24] Turim: *Flashbacks*. P. 46, which she also links to the idea of "subjective space", or a space vested with subjective associations, Turim: *Flashbacks*. Pp. 67–68.
[25] Turim: *Flashbacks*. P. 71, then again 112.

points mentioned above, but the tensions between different kinds of remembering. *Zwischen Gestern und Morgen* not only represents the past as the paradoxical challenge facing postwar Germans required; it also represents conflicts about the past that pervaded Germany at the time. The film underscores that there is no simple yes or no to the question of confronting the past, that is to say, no facile "whether" question that tends to pervade early studies about Germany's *Vergangenheitsbewältigung*. Rather, there are struggles about the meaning of the past that, at once, acknowledge but also contest the meaning of that past.

How does *Zwischen Gestern und Morgen* resolve these courtroom-esque, competing flashbacks? In the fourth and final flashback of the film, Kat's memory adds another historical layer as well as memory-relation to the film, one that foregrounds the representational presence and potential of the Air War. With her flashback, not only does *Zwischen Gestern und Morgen* represent the Air War and what it meant for the beloved hotel; it also allows the Air War to defuse the tensions the film has set up both narratively and in competing flashbacks. Her flashback resolves not only the narrative mystery of the necklace, but also the competition among different flashbacks by recounting the night of "de[m] grosse[n] Angriff", presumably April 25, 1944, the night on which Munich sustained its heaviest damage up until that point, destruction that forever changed the outward appearance of the city.

In terms of narrative effect, Kat's flashback not only confirms that Alexander Corty did indeed receive the necklace, exonerating Rott; her memory also reveals that he gave it to Kat when he intended suicide, excusing her and her attempted sale of the necklace for personal benefit in 1947. In solving these persisting questions, Kat's flashback also functions spatially and architecturally like those flashbacks above: it integrates the major visual tension in the film, namely, the breathtaking gap between the 1947 ruins and 1938 glory of the hotel that hosts all of these intrigues. Her flashback allows viewers to witness the collapse of the hotel with the comfort – due to the flashback's dual time level – of knowing that most of the major characters will survive. As I suggest above, a flashback to the bombing – rather than a climactic representation of it in a progressing plot – permits an acknowledgement of the destruction while defusing much of its potential anxiety and tension. Through flashback, the bombing is already integrated into the narrative and into the psyche of characters with whom viewers are already familiar, with whom they already identify, and with whom they can, once more, survive the Air War.

In this remarkable manner, although the film does represent the pervasive terror of a bombing – the frantic fleeing into a subterranean shelter, the claustrophobic waiting, the deep thudding drawing portentously closer, the buildings raining down on people – the flashback to the night of "de[m] grosse[n] Angriff" is emphatically not the film's most prominent traumatic memory. Because this history is depicted in flashback, *Zwischen Gestern und Morgen* can redeploy and reinscribe these terrifying images and sequences as a resolution rather than trauma. The character who dies during the bombing, Corty, actually wants to die in the collapse of the hotel that has already claimed his ex-wife: his Air-War death is a loving suicide with which viewers can sympathize. His death also conveniently solves the mystery, as well as guilt, associated with the necklace, a necklace symbolizing the persecution of the Jewish actress. This particular reinscription of the memory as flashback also circumnavigates one of the core problems of representations of the bombing: the temptation of excessive victimization. Because of the flashback form, these images are well integrated into the present, such that viewers cannot fixate on the bombing, as they might in focusing on themselves as victims. With this particular kind of flashback, the deep memory potential of the past is transformed into a common memory of the bombing that integrates the past into the present and helps, as common memories can, cement the precarious community of the hotel.

As the final and concluding flashback of *Zwischen Gestern und Morgen*, Kat's flashback works along two axes: the first, as theorists of the flashback have emphasized, subjective, but also, as I have argued, collective, that is, as the basis for a collective, common memory that can found a new type of community. Her flashback offers a particular kind of subjectivization of history: it subjectivizes the Air War while also allowing that traumatic history to cement a community of memory around the bombing itself. By resolving lingering questions and tensions with the bombing, the Air War flashback clears the way for the various characters to come to a mutual understanding of their shared past and, subsequently, to a new community. In cementing a new community of the hotel, hers is a flashback to the bombing of yesterday that indeed anticipates a promising and reconstructive tomorrow. The final image of the film permits the relentlessly forward-looking and cheerful Kat to break down and weep on a conveniently placed pile of rubble – she cries for the past, for the lost love and deaths of Dreyfuss and Corty, and for the ruined hotel. Crying uncontrollably on the ruins, however, she is also immediately comforted by Rott, who now shares this past with her. Theirs is not a past forgotten or even repressed, but rather a past complexly refigured, recast in the form of a chair, a hotel, a community – all depicted in and inflected by the cinematic flashback.

Christina Gerhardt

The Allied Air Bombing Campaign of Germany in Herzog's *Little Dieter Needs to Fly*

Werner Herzog's film Little Dieter Needs to Fly *(1998)*[1] *tells the tale of Dieter Dengler's desire to become a pilot, of his move to the United States to realize this goal, and of his patient two year stint as a potato peeler before he could achieve his aim, whereupon he is immediately sent to fight in the Vietnam War in 1966, crashes on his first combat mission and is held captive by communist Pathet Lao Forces. This film cannot, I argue, be understood without the framing narrative of Dengler's childhood experience during the bombing campaigns at the end of World War II. While this brief war-time episode could have been just a moment in passing in Dengler's childhood, it emerges to shape his entire life, as the name used to refer to the main character throughout the film underscores: although he appears as a grown man, he is referred to as "Little Dieter" throughout the film, and is stunted in a manner reminiscent of Oskar in Günter Grass's* Die Blechtrommel.

Early sequences of Werner Herzog's *Little Dieter Needs to Fly* (1998) present two events that have mainly structured Dieter Dengler's life: 1. his experience in Germany during the air raids towards the end of World War II; and 2. his experience as a prisoner of war during the early stages of the Vietnam War.[2] Standing on a hillside, overlooking his hometown Wildberg, Germany, in the Black Forest, Dengler describes his experience of the air raids:

> To the left was my house. It is not there anymore. The bombers came and [hesitates] wiped out this town. I had two brothers then. We were at the window. And we looked out. And we watched all of this. I clearly remember one of the airplanes came diving to our house and it was so unusual because the cockpit was open. And the pilot had black goggles sitting on his forehead. He was looking. He had actually

---

Conversations with filmmaker David Martinez about Herzog's representations of war first directed me towards Herzog's *Little Dieter Needs to Fly.* I also thank Iain Boal and Retort for the screening of Herzog's *Lessons of Darkness* that set my work on this topic in motion. Conversations with my undergraduate students at UC-Berkeley who participated in my course on "Representations of Air Raids in Post-World War II Literature and Film" assisted my thinking on the topic, as did e-mail correspondence with Motoki Bandai. Lastly, I am grateful to the following persons for their very useful comments of earlier drafts of this article: Iain Boal, Sarolta Cump, Rob Eshelman, Rebecca Solnit, Ali Tonak, and Eddie Yuen.
[1] *Little Dieter Needs to Fly.* Werner Herzog, videocassette, Werner Herzog Filmproduktion 1997.
[2] Further information about Dengler's time in Laos, detailing his experiences during the Vietnam War, can be found in Dengler's autobiography: Dieter Dengler: *Escape from Laos*. San Rafael: Presidio Press 1979.

turned around. He was looking at the window and the machine gun was just firing. And the left wing-tip just missed the house by two or three feet as he whipped by. It was just a fraction of a second.

It was like a vision for me. It was like an almighty being that came out. It was just something that's very difficult to describe. But I knew from that moment on that I wanted to be a pilot, I wanted to be a flier. From that moment on little Dieter needed to fly.

Since post-World War II "Germany didn't have an air force [...or...] an airline", as Dengler, tells us, he pursued his dream to become a pilot, leaving thirty minutes after finishing the last exam to complete his apprenticeship as a blacksmith, hitchhiking to Hamburg and taking a ship from there to America. Once in America, he joined the United States Air Force in New Jersey and was immediately sent to a military base in San Antonio, Texas where for two and one half years, he worked as a potato peeler, went to night school and became a U.S. citizen. Despondent about not being able to fly, Dengler left. He moved to California, earned a college degree, joined the U.S. Navy and was immediately deployed to Vietnam. On his first combat mission, he crashed and was held captive by communist Pathet Lao Forces for five months. Dengler escaped and after wandering through the jungle for almost a month managed to be saved by U.S. military flying overhead. While the film fixates on the relationship between these two events – the bombing of his hometown that Dengler experienced as a child and Dengler's subsequent time stranded in the Vietnamese jungle – since both involve flying, both are also informed by war-time bombing campaigns, which the film repeatedly thematizes without taking a clear position on the subject. This article seeks to tease out the film's stance on war-time bombing campaigns. Why would someone who had experienced the air raids in Germany at the end of World War II decide to join the military and expose themselves to similar risks?

For example, Dengler chooses to pursue a career flying for the military rather than, say, for a commercial airline. Moreover, Dengler decides to travel all the way to the United States, solely because he wanted to fly. Although Germany did not have aviation right after World War II, as Dengler rightly points out, it did by the time he completed his apprenticeship. Dieter was born in 1938 and emigrated to the United States in 1956, when he was 18.[3] On April 1, 1955, Lufthansa inaugurated Germany's air service with scheduled service between Frankfurt, Munich, Hamburg, Düsseldorf and Cologne.[4] Flights to European

---

[3] Biographical information cited from the Arlington National Cemetery Website. No author listed. <http://www.arlingtoncemetery.net/ddengler.htm>

[4] Information about the history of Lufthansa cited from the German Aerospace Industries Association web-site. No author listed. <http://www.bdli.de/geschichte/firmengeschichte/beitrag_e.cfm?id_nr=86&katid=42&kat_e=%20Lufthansa>

destinations – Madrid, London and Paris – were added in mid-1955. In other words, to satisfy his desire to fly, Dengler could have pursued a career as a commercial pilot flying within Germany.

As puzzling as Dengler's decision to join the U.S. military given his experiences with air raids in Germany at the end of World War II is that after he had been subject to extreme hunger due to war, he would risk putting himself in the same situation again. Speaking about his experiences with hunger after World War II, Dengler tells us in a voice-over, "I knew hunger as a child. I grew up in postwar Germany. We lived in great poverty. And I remember as children going to bombed out buildings where we tore off wallpaper. My mother would cook the wallpaper and we would eat it because there was nutrients in the glue". Representations of hunger are common in post-World War II film and literature. For example, after the air raids hit Cologne, the two main characters of Heinrich Böll's novel *The Silent Angel* seem to survive solely off of bread for weeks, aided by cigarettes, an appetite suppressant.[5] And of the air raids on Hamburg, Hans Erich Nossack says: "Nor was anyone surprised to see people build small fireplaces out of bricks and squat before them under the open sky as if in a jungle, boiling their food. [...] At least it was life".[6] Dengler would go on to experience hunger in the Vietnam War. In *Little Dieter Needs to Fly*, Herzog includes a photo of Dengler at the time of his rescue. Dengler is emaciated and weighs only 65 lbs. When he launched from his aircraft carrier 5 months earlier, he had weighed 157 lbs. As a result of these two experiences, Dengler understandably develops an obsession about securing a food supply. In an introductory sequence of the film, Dengler gives a tour of his house. Pulling up the linoleum floor of his kitchen, Dengler shows us his basement in which he has stashed 1000 lbs. of rice, 1000 lbs. of wheat and 300 lbs. of honey. Dengler acknowledges that he has taken some extreme measures, by building such an enormous personal reserve, and states: "I will probably never need any of this during my life-time. But I feel better with it here somehow". It is strange, however, that, since Dengler experienced great hunger as a child in Germany due to World War II, he does not do everything in his power to prevent the source of his hunger, in this instance, war, from re-occurring.

If, in addition to flying, one of the film's central preoccupations is indeed war, that is, specifically air bombings, it becomes clear that analyzing Dengler's actions offers very little solid ground as to what his beliefs about war actually are. Yet what seem initially to be inconsistencies in the logic of the main character, turn out – on a closer reading – to stem just as much from very discreet

---

[5] Heinrich Böll: *The Silent Angel*. Trans. by Breon Mitchell. New York: St. Martin's Press 1994.
[6] Hans Erich Nossack: *The End: Hamburg 1943*. Trans. Joel Agee. Chicago: U of Chicago P 2004. P. 49.

interventions into the film's formal composition. That is, as much as Dengler's actions, the film's very structure serves to frustrate the film's transmission of a clear ideology vis-à-vis war. In what follows, I will examine how Herzog manipulates the genre of documentary to render the film's position on war opaque.

Herzog and "Documentary"

Determining the genre of *Little Dieter Needs to Fly* is problematic. Initially, the film appears to be a documentary, chronicling Dieter Dengler's relationship to flying. Yet as Herzog himself not only admits, but explicitly states in his famous "Minnesota Declaration: Truth and Fact in Documentary Cinema" (1999), he intentionally manipulates documentaries. The truth, Herzog tells us, sometimes needs to be enhanced *through fabrication*, in order to reveal what he calls a "deeper strata of truth". As he puts it, "There are deeper strata of truth in cinema, and there is such a thing as poetic, ecstatic truth. It is mysterious and elusive, and can be reached only through fabrication and imagination and stylization".[7] In other words, Herzog takes liberties – highlighting, downplaying, adding, and deleting – in order to reveal what he deems to be the truth in his documentaries. Critics have noted Herzog's manipulation of truth in his documentaries. For example, Timothy Corrigan states, "*The Flying Doctors of East Africa, Fata Morgana, Land of Silence and Darkness, The Great Ecstasy of the Sculptor Steiner*, and *La Soufrière* are some of these films whose documentary proposition is consciously undercut and redefined by a perspective that transforms the visual facts into a grotesque carnival".[8] As Corrigan indicates, the documentary undercuts the very facts it proposes in order to call them into question.

    Herzog's use of two techniques in particular thwart a simple reading of *Little Dieter Needs to Fly* as documentary. Furthermore, they serve to destabilize the film's position on war. First, after we learn that Dengler crashed in Vietnam and was trying to survive in the jungle, Herzog inserts a U.S. Armed Forces Survival Training Video from 1967. The video shows soldiers, who are also attempting to survive in the jungle. In the video they find food, have requisite medical aid supplies on hand, and signal successfully to a plane conveniently flying overhead, in order to be saved. While such a video could be used in a documentary to edify the viewer's understanding of the main character's predicament, here, through the clip's stark contrast with what immediately preceeds it, as well as Herzog's mocking voice-over, which replaces the video's original voice-over, the viewer becomes critical of the video and its depiction of how easy it is to

---

[7] No author listed. <http://www.wernerherzog.com/main/index.htm>
[8] Timothy Corrigan: *New German Film: The Displaced Film*. Bloomington: Indiana UP 1994. P. 129.

survive in the wilderness. On the one hand, this sequence makes the viewer skeptical of the military's ability to prepare Dengler for survival, since the ease of survival shown in the training video corresponds so poorly with Dengler's own experiences. And on the other hand, the contrast and Herzog's voice-over reinforces sympathy for Dengler's harrowing attempt to survive in the jungle for five months. The insertion of the video accompanied by the voice-over thus leads the viewer to reconsider aspects of the military. In short, did the military realize how poorly videos, such as this one, would prepare soldiers for survival in the jungle?

Second, in another episode, in which Herzog focuses on Dengler's bombing of Vietnam, Herzog's voice-over characterizes Dengler's view of Vietnam as belonging to a dream:

> But from the air, Vietnam didn't seem real at all. For Dengler, it was like a grid on a map. He had suddenly found himself not only a pilot but a soldier caught up in a real war. But even thought it was real, everything down there seemed to be so alien and so abstract. It all looked so strange, like a distant, barbaric dream.

Herzog refers not only to Dengler's view of Vietnam, but also to Dengler's view of the bombed out landscape of post-World War II Germany as a dream. For example, to accompanying stock footage showing people foraging in the ruins for food and cooking soup over open fires in the open air amidst the ruins, Herzog tells us in a voice-over, "as a child Dieter saw things around him that just made no earthly sense at all. Germany had been transformed into a dreamscape of the surreal". Certainly, the characterization of the post-World War II landscape – which in this segment includes footage from another film, showing dead soldiers and horses lying in trenches as fog swirls around – as surreal is understandable. The images are gruesome and Dengler had witnessed how his hometown had been razed when he was a mere child. Referring to the reality of a war-torn city as "surreal" or "dream-like" is an attempt to create a distance: "this cannot possibly be real, it's too horrible, therefore it must be a dream".

This method of distancing oneself from events is manifest in Vietnam bomber pilots who appear in other documentaries as well. For example, in *Hearts and Minds* (1974) – a documentary about the Vietnam War – two bombers pilots are interviewed.[9] One pilot refers to the bombings he carried out as actions that took place in a "dream". The other bomber dissociates himself from what he was doing and its consequences by stating that he was part of an effective machine: "I was a technician". That is, on the one hand, he was part of an operation, almost not human, just an object, executing an aim: "We never saw any blood, never heard any screams. It was a very clean operation". On the other hand, he was just following orders, that is, a subject adhering to the rules imposed on

---

[9] *Hearts and Minds*. Peter Davis, videocassette, Warner Bros. 1974.

him from the hierarchy above, and he talks about his bombing campaign as though his personal agency had been suspended. In *Hearts and Minds*, the detachment with which the pilots speak of their actions or the dream-like state to which they relegate their bombings is underscored by cross-cutting their interviews with interviews of Vietnamese whose homes have been destroyed. For the Vietnamese civilians on the ground the bombings were not a dream but reality. The constant use of the word "dream", in order to describe a situation, serves as a place-holder for trauma. It pinpoints the difficulty in coming to terms with the reality of the situation in front of one, which would require acknowledging that what is before one is real and that one is implicated in having created that reality. Creating a narrative that characterizes reality as dream, preserves a remoteness. In *Hearts and Minds*, the film's formal construction, that is, cross-cutting the bombers' narratives with the interviews of Vietnamese civilians, leads the viewer to take a critical stance on the alleged dream-like nature of the bombing campaigns.

Little Dieter Needs to Fly, by contrast, does not cross-cut varying perspectives but rather reinforces the dream-like quality that the voice-over tells us Dengler associated with the bombings. That is, while the voiceover characterizes Vietnam as a dream, the film's visuals, showing bombs dropping off the back of the airplane, moves before the viewer's eyes in slow motion. In *Hearts and Minds*, after the interviews with the bombers, planes were shown flying in and out closer to real time. Slow motion is often used to indicate that the action is part of the character's dream. In this manner, the use of slow motion in *Little Dieter* serves to reinforce the dream-like perception narrated by the voice-over. Since there is no contrast of vantage points in *Little Dieter*, viewers are not led to consider the real affects of the bombings. Instead, the film's use of voice-over and of slow motion underscores Dengler's disassociation with the very real consequences of his actions. Thus, while both films display the bomber's depiction of the raids as dream-like, only *Hearts and Minds* leads us to consider the Vietnamese's experiences of the raids as reality.

In *Hearts and Minds*, the bombers themselves refer to what was below them as a "dream". In *Little Dieter Needs to Fly* we are led to believe that this, too, is Dieter's impressions of what he sees below him through a voice-over that tells us what he sees, but the voice-over belongs not to Dieter, but to Herzog. It is Herzog who constructs the "dream-like" nature of the bombing. In fact, it is Herzog who inserts all instances of "dream" into the film: Herzog inserts it into descriptions of both the bombing of Vietnam and of Germany. Describing Germany after World War II, Herzog invokes dream-like imagery three times to indicate that these conditions did not seem real: the scenery made no "earthly sense at all;" it was a "dreamscape;" and it was "surreal". Thus, while in both of these instances – bombing Vietnam or experiencing bombed-out Germany – Dengler may well have felt as though he were in a dream, it is actually

Herzog who blends the line between dream and reality. Whether it is Herzog's intent or not, his repeated voice-over and repeated use of the dream motif underscores the trauma Dengler experienced through war.

Herzog uses the dream motif one last time towards the end of the film, when Dengler is being rescued from the jungle. After showing a re-enactment of Dengler being saved, which consists of video footage showing helicopters flying in, hovering above the ground, tossing down ropes and pulling people up, Herzog's voice-over tells us: "He was safe now. But he was sure, this was only a dream. For him this was a mirage". Once more Herzog invokes the dream motif, which in previous contexts – living in bombed out Germany or bombing Vietnam – had served to remove oneself from the reality at hand. Here, however, the voice-over gives the viewer the illusion that Dengler can no longer distinguish between dream and reality while he's returning from war. He is being saved, but, according to Herzog, Dengler thinks it is a dream, a mirage. Herzog is the one who collapses Dengler's ability to distinguish between the two.

Furthermore, while Herzog's insertion of the U.S. Armed Forces Survival Training Video makes viewers critical of the military, his portrayal of Dengler's actions as ones carried out in a dream make us sympathetic to Dengler's trauma, but less critical, particularly when contrasted with *Hearts and Minds*, of his actions. Thus, in certain ways Herzog's manipulation of the genre of documentary, serves to heighten our sympathies for the main character, Dengler, but these manipulations also de-stabilize the film's stance on war. Is the viewer to be critical? To be compassionate? In sum, both the film's thematic center-point – the main character, Dengler – as well as formal elements of the film's composition seem to convey fairly mixed messages about war and about air bombings.

Dengler – The War's Anti-Hero

Yet there is one vital piece of information from Dengler's biography that emerges from the film and that might help to clarify some of his actions and to answer some of the following questions. Why did Dieter want to fly as a result of what he saw at the end of World War II and, given this experience, why did he decide to join the United States Air Force? Drawing exclusively on Herzog's film only a partial answer emerges.

In *Little Dieter Needs to Fly*, Dengler tells us in a voice-over that he only knew his father through photographs. He died during WWII. While Dengler was in Vietnam, his father appeared to him in a vision and led him away from pursuing Vietcong and to his eventual escape and rescue out of the jungle. What we find out in later Dengler's biography is that his father died while in service during World War II as a Nazi.

In another episode of the film, while Dengler is being held prisoner, he tells us that during the Nazi era, his grandfather was paraded through town and spat upon for *not* supporting Hitler. During his voice-over, we are shown a Nazi parade through a small town. When the Vietcong asks Dengler to sign a piece of paper, stating that he condemns the American invasion of Vietnam, Dengler refuses, with the rationale: "If my grandfather could do it, so could I". We never quite learn what the premise is for the position of Dengler's grandfather, whether he is opposed to Hitler, specifically, to the Nazi regime, more generally, or to war. All we learn is that he is paraded through town and spat upon. It is difficult to understand by what logic Dengler views both his grandfather's refusal and his as similar, aside from the simple fact that both involve resistance to authority or power. Did Dengler deem his act to be a gesture of loyalty toward his new homeland, America? If so, did he believe his grandfather's act was one of loyalty to Germany? If this is the case, then, it poses some interesting questions about how Dengler viewed Nazism. Was it an invasion to him? And if so, did he deem the Allies to be liberators? All these questions remain unanswered by the film.

Yet Herzog also dwells on the fact that Dengler escaped death. He tells us towards the end of the film that Dengler "survived 4 more crashes and flies to this day. Death did not want him". This would matter less if Herzog had not spent a great deal of time touring Dengler's medals and ribbons with him, which include the Purple Heart, the Navy Cross, the Distinguished Flying Cross, the Air Medal, and the Sword of Loyola, the last of which has been bestowed on only two people, Dengler and J. Edgar Hoover. The interview culminates in a question that was answered poignantly with a reference to death. Werner Herzog asks: "what does it mean for you to be a war hero"? Dieter Dengler replies: "Oh, I'm not a hero. Only people who are dead are heros. And that's the last thing I want to be. I don't want to think of myself as a hero. No, only people who are dead are heros". Perhaps to Dengler, his dead father *was* a war hero, although ideologically Dengler certainly seems to identify more with his grandfather's anti-Nazi stance.

To be sure, it was precisely Dengler's experience with the Allied bombers that motivated him to learn how to fly. But perhaps it was also what motivated him to undertake such a long journey, in order to learn how to fly in the United States. While the British were mainly responsible for the bombing of northern Germany, and later for working together with the American forces to bomb Dresden, the American forces undertook bombing campaigns in southern Germany. Wildberg, Germany, the town in which Dengler grew up, is located in the Black Forest in southern Germany. Although he does not say it outright in the film, it is most likely that the Allied bombers he witnessed, as he hesitatingly words it, "wipe out this town" were American forces. Perhaps what matters less to Dengler is the fact that Allied forces leveled his town, and what matters more is that they liberated him from the Nazis. Perhaps this is the rationale behind Dengler's decision not only to fly, but moreover to join the

American military. This, however, would be an analysis of the ideological causes that motivate Dengler's decisions. Dengler's decision at this point, which Herzog would have the viewer believe remains Dengler's motivation throughout his life, finds its source in a much more affective origin: wanting to fly. As we shall see, in reality, Dengler radically changed his relationship to what *type* of flying he did, and his thoughts about war, making explicit statements about the latter. Both are a result of his experience vis-à-vis war, yet both are left out of Herzog's documentary.

Conclusion

Although Herzog's film does not give us this impression, Dengler, upon his return and recovery from Vietnam attempts to re-establish a life for himself. As mentioned before, Herzog merely states that "Dengler hides behind the comment that this [his time in the Vietnam War] was the fun part of his life. He survived 4 more crashes and flies to this day. Death did not want him". Herzog's voiceover takes on a new meaning here and makes it sound as though Dengler would fly, regardless of what his experience was, neatly tying his childhood experiences, Vietnam and his subsequent crashes together as a story that is clearly marked more by passion than by logic. Additionally, the final invocation of the dream by Herzog, mentioned earlier, gives the viewer the illusion that Dengler can no longer distinguish between dream and reality, so that trauma seems to have become permanent, which is particularly apparent as Dengler has returned from war. As mentioned, he is obsessed with securing food, stashing thousands of pounds of rice and wheat and hundreds of pounds of honey under his home. Lastly, Dengler seems to return home from the war, a bachelor. No other family members appear in the film, either in person or in photographs on the wall of his home. And he seems to have no job.

In reality, upon his return and recovery from Vietnam, Dengler had a family (wife, Yukiko and 2 kids, Rolf and Alexander);[10] a 32 year-long career flying for TWA,[11] a commercial airline; and a decidely critical view of the war. Dengler clearly learned something, maybe not after the first time he encountered war and air raids, but certainly after his experience in the Vietnam War. In an interview Dengler stated that films like *Apocalypse Now* and *Full Metal Jacket* are "a glorification of something we ought to be ashamed of".[12]

Thus, while Herzog would have us believe that Dengler was and remained obsessed with flying, Dengler actually radically altered his thinking about war

---

[10] No author listed. <http://www.arlingtoncemetery.net/ddengler.htm>
[11] No author listed. <http://www.arlingtoncemetery.net/ddengler.htm>
[12] Doug Stone, Learning to Fly, Dieter Dengler Speaks about Werner Herzog's latest Doc". In: *Indiewire* 1998. <http://www.indiewire.com/people/int_Dengler_Dieter_980414.html>

and his participation in it as the pilot bomber. On the one hand, Herzog focuses on Little Dieter's obsession with flying and with his time in the jungle. It is actually Herzog who is obsessed with flying[13] and who has long been fascinated with the experience of men in jungles: see, for example, *Aguirre: The Wrath of God* as well as *Fitzcarraldo*.[14] On the other hand, Herzog is notoriously obsessed with people who pursue their passion sometimes by illogical means or to an illogical end. Again, *Fitzcarraldo* fits this bill. To some extent this is due to a deeper truth that Herzog seeks to excavate from his films, a truth about the human condition, which also leads him to blur the boundaries of the genre of documentaries, frequently altering their content to reveal the deeper strata of truth, mentioned earlier. Ultimately, however, Herzog's emphasis on Dengler's obsession with flying leaves out the rest of Dengler's story, in which Dengler emerges with a decided shift in his ideology.

Herzog's *Little Dieter* does not take a clear stance on the air raids or on Dengler's later experiences in the military and in captivity. Although the film thematizes war throughout – in fact, I would argue that war is the film's central thematic focus – the film remains equivocal. It achieves this ambivalent posture through a variety of stylistic methods. The film, presented as a documentary, includes interviews with Dengler, footage from the press conference celebrating his survival and return to the United States, as well as stock footage from the Vietnam War. Yet while the film is allegedly a documentary that builds compassion for Dengler, it simultaneously comments on itself as constructed, for example, strategically and ironically placing, a military training video where it will undercut a naïve reading of the film's content and undermine any sympathy one might feel for Dengler. Similarly, Dengler himself comments on the film as constructed, turning to the Vietnamese – who have thus far been silent and served to contextualize his re-telling of his capture – and saying: "Don't worry. It's just a movie". Additionally, Herzog's voiceover refers to all of Dengler's experiences bombing in Laos as ones that were "like a fantasy" or "like a dream". He does not allow himself to think the experience of those living on the ground as real until he himself is shot down. This is particularly shocking, given that the film's opening shots portray his experience during the Allied air raids on Germany. The techniques Herzog applies in *Little Dieter Needs to Fly* present and preserve an unresolved reading of the bombing campaigns; Dengler, on the other hand, walks away from his experiences unambiguously opposed to war.

---

[13] Personal interview, Werner Herzog, 17. November, 2004. UC-Berkeley, Berkeley, California. Flying is also the subject matter of 1 of his 2 new films: *The White Diamond* (2005).
[14] Herzog, it must be noted, has long been fascinated with the experience of men in jungles. On this subject, see also his *Aguirre: The Wrath of God* as well as *Fitzcarraldo*.

Wilfried Wilms

Hollywood's Celluloid Air War

This essay explores Hollywood's ongoing role in the creation of American popular memory of the air raids on Germany and Japan. I focus on widely successful productions of the immediate postwar years and argue that these Hollywood blockbusters aided significantly in the formation of both a standardized memory pertaining to the wartime conduct of the United States as well as an independent Air Force. These tales of gallant efforts told in postwar productions keep their firm grip on America's imagination when approached not only for the repressed (hi)stories of its 'good war' sixty years ago, but also for its wars in the present. Hollywood's celluloid war left the average viewer too dazzled to perceive a contradiction between the image of an American military as all-powerful and the idealization, representation, and idolization of itself as a peace-loving nation.

Of all major armed conflicts in the 20th century, it is perhaps the public memory of World War II that has been most significantly shaped by moving images in newsreels, documentaries, feature films, and today's television programs. As a visual history literally created on a cutting table, the American public memory of the so-called 'good war' is also very much the anamnesis of a past manufactured and administered by the motion picture industry, a business engaged not only in documenting, but also in making American history.[1] Since film both reflects the culture that creates it, and also influences the mind-sets of those who watch it, we have long ceased to think of a film as mere entertainment; rather, we consider a motion picture to be a historical document with historic force. With regard to World War II combat films and their impact on the generation of the Vietnam War, journalist Michael Herr mused:

> I keep thinking about all the kids who got wiped out by seventeen years of war movies before coming to Vietnam to get wiped out for good. ... We'd all seen too many movies, stayed too long in Television City, years of media glut had made certain connections difficult.[2]

This essay focuses on Hollywood's role in the creation of American popular memory of the United States Army Air Force (USAAF) strategic bombing operations between 1942 and 1945, a campaign which at the time, and retrospectively, has raised significant moral questions. I shall argue that the Hollywood blockbusters of the 1940s dealing with the Air War achieved primarily two

---

[1] For a detailed discussion of Hollywood and government cooperation during the war, see Thomas Doherty: *Projections of War. Hollywood, American Culture, and World War II.* New York: Columbia UP 1993.
[2] Michael Herr: *Dispatches.* New York: Vintage 1991 [1968]. P. 209.

things. On the one hand, they aided significantly in the formation of a standardized memory pertaining to the wartime conduct of the United States. Films like *Thirty Seconds over Tokyo*, *The Beginning or the End*, and *Twelve O'Clock High* cleansed the memory of the good war's not-so-good chapters, so that they would not undermine the narrative thrust of America's favorite tale, the one describing the purported purity of its own past. On the other hand, the tales these films spun not only ordered the recent past by looking back at World War II; they also put the experience of the air war over Europe and Japan to use in order to enlist public support for the creation of an independent and powerful Air Force (and ultimately of the *Strategic Air Command*) capable of carrying unprecedented destruction anywhere on this planet within minutes. The stories of gallant efforts told during the war as well as in postwar productions keep a firm grip on America's imagination when approached not only for sixty years of repressed (hi)stories of World War II, but also in relation to the wars of the present. The impatience with which the American media reacted to recent publications and 'unruly' media events in Germany (you might think here of W.G. Sebald's *On the Natural History of Destruction* and Jörg Friedrich's *Der Brand* as well as his latest *Brandstätten*, Guido Knopp's television series or the *SPIEGEL* series on the air war) was certainly due in part to Hollywood's celluloid war that left the average viewer too dazzled to perceive a contradiction between the reality, celebration, and application of an all-powerful American military and the idealization, representation, and idolization of itself as a peace-loving nation.

Bombing Policies

The official story of the US strategic bombing campaign during World War II was one of precision daylight attacks limited strictly to military targets. The American public, whether during the war or in the immediate postwar period, was by and large oblivious to the fact that this official version of what was happening in Germany's and Japan's population centers was neither entirely true nor false. In other words: the population was for the most part ignorant of the fact that the alleged precision bombing campaign of the USAAF deteriorated after the D-Day invasion to an area bombing campaign that did not distinguish between combatant and non-combatant, between factory and worker's home. The long-nurtured idealism of the American people was challenged during the war by protests at home. For instance, Vera Brittain criticized what she described in the *New York Times* as Allied "obliteration bombing", as a "carnival of death" that would achieve little more than creating the psychological foundation for a third World War.[3] For several days, shock waves rumbled through the

---

[3] Vera Brittain's appeal was released in England as "Seeds of Chaos", and in the *New York Times* on March 5, 1944 as "Massacre by Bombing".

New York Times. The paper printed a number of repudiations of the initial protest, among them one by MacKinlay Kantor, close friend of General Curtis LeMay.[4] Kantor called Brittain's plea "paragraphs of anguished ramblings". "Let me assure these critics", he ambiguously wrote about the bombings, "that *when it is possible* to discriminate between hospitals and Messerschmitt plants the Eighth Air Force does so. Our high-altitude daylight precision bombing makes us able, *in appropriate season*, to be as unbeastly to the Huns *as we may choose*". (my emphasis). Nearly all published letters urged the public to trust the men calling the shots, and to shut up in order not to undermine the morale of the troops. "From what we know of the high commands in Britain and in this country", writes one, "we can be confident that they have ordered the kind of bombing that is being done because they do believe it will shorten the war … Let us leave strategy and tactics to the generals, hoping that they will be as merciful as they can". An overwhelming majority of readers allegedly expressed their support of a continued bombing campaign in Europe. The *New York Times* claimed it had received "an unusually heavy mail on the protest of a group of clergymen and others against 'obliteration' bombing of Germany's cities. The letters run in a proportion of 50 to 1 opposing this protest".[5]

By the summer of 1945, the American government and its military had to come to terms with a combined total of approximately 1,000.000 civilian deaths in Germany and Japan as a direct result of Allied aerial bombardments. With war correspondents like Janet Flanner and Martha Gellhorn reporting from the devastated German cities as early as March of 1945, reaching millions of readers in magazines like *Life* and *The New Yorker*, image and memory control became an ever-increasing concern. Already in January of 1945, General Ira Eaker, commander of the 8th US Air Force, had warned in apprehensive anticipation of a possible postwar public condemnation that "we should never allow the history of this war to convict us of throwing the strategic bomber at the man in the street".[6] It was the image of the American air force that increasingly concerned military leaders and politicians. "That image", explains Historian Ronald Schaffer,

> so essential to the AAF in its wartime struggle for resources, so crucial to its leaders' vision of a postwar independent air arm, continued to preoccupy AAF officials. Around the world they worked closely with filmmakers, publishers, and journalists,

---

[4] Together with LeMay, MacKinlay Kantor later wrote LeMay's life story that contains many of LeMay's 'bons mots'. *Mission with LeMay. My Story*. Curtis LeMay with MacKinlay Kantor. Garden City, New York: Doubleday 1965.
[5] Frank Peer Beal: "More on Bombing Germany" in *New York Times*, March 9, 1944. See also "Poling Deplores Bombing Protest" (March 7); "Massacre by Bombing" (March 8); MacKinlay Kantor: "The Bombing of Germany" (March 8).
[6] Statement from January 1945. Quoted in Ronald Schaffer: *Wings of Judgment. American Bombing in World War II*. New York: Oxford UP 1988 [1985]. P. 92.

arranging to have the story of air power told so that after the war, as General Arnold explained, the United States would not tear down what 'cost us so much blood and sweat to build up.'[7]

In the 1940s, Hollywood did its part in actively shaping the history of this past campaign. But to fully appreciate the discussions put forth in some of the films (especially in *Command Decision*, produced in 1948 with Clark Gable as lead), we need to recognize the role assigned by representatives of both the military and government to the Army Air Corps in the United States during the decade prior to the 1940s, focusing on the rather late development of an independent air arm within the American military (the Air Force became independent only in 1947).

It was the Great War that provided the motivation to rethink how future conflicts might be fought and won. The gruesome experiences of trench warfare coupled with the technological advances in the air gave birth to an ever more influential Air Corps that promised to hold the key for a swift, effective, and inexpensive means to win the next war. A look at the congressional records of the decade leading up to the outbreak of World War II in Europe reveals that Senate activities centering on the role and size of the Air Corps increased in quantity and intensity. Issues pertaining to the appropriation of funds that would further the reorganization and expansion of the Air Corps begin to take center stage in military affairs. In the spring of 1936, for example, Morris Sheppard, Chairman of the Committee on Military Affairs of the Senate, provided a report entitled: "To provide more effectively for the national defense by further increasing the effectiveness and efficiency of the US Air Corps of the Army of the United States".[8] In it, Morris recommended the "fixing of the present authorization in the Air Corps Act of July 2, 1926", a fixing that was supposed to result in a rapid increase of serviceable airplanes from 1,800 to 4,000. Morris cited a letter to Congress by the Acting Secretary of War, Harry H. Woodring, who had summed up the dilemma the United States was facing. Woodring had wished "to establish and maintain an Army Air Corps adequate to meet the needs of national defense". The way things stood, the Air Corps Act of 1926 did not reflect the recent political and military developments in both Europe and the Far East. As Woodring stated in anticipation of a possible world-wide conflict that he deemed the United States ill-equipped for: "world conditions have become somewhat unsettled and the great powers are increasing appreciably their armaments, particularly their air components. In view of these facts the need for increasing our air forces over the next few years seems more imminent than remote". The final report of the House Military Affairs Committee

---

[7] Schaffer: *Wings of Judgment*. Pp. 69–70.
[8] 74th Congress, 2nd session. Calendar No. 2240, report no. 2131 (report to accompany H.R. 11140).

(House Report No. 2230) bemoaned what it described as "the present deplorable condition of the Army Air Corps". "We are now nearly 10 years behind in the development of the Army Air Corps". The report summarized the new realities of any future war by comparing the harsh realities of the previous war with the modern developments of the tools of warfare since then.

> All great nations now have huge airplane carriers, which are in fact floating landing fields, to enable them to carry aerial warfare to enemy shores. ... Only 30 tons of explosives were dropped on London in the World War, resulting in the loss of 1,800 lives, while today planes are constructed, any one of which can drop 10 tons of explosives. ... These facts strongly emphasize that our Nation is no longer protected from air attacks because of the wide extent of the Atlantic and Pacific Oceans, and we must govern ourselves accordingly.

As if quoting the most influential theorist on strategic air attacks of postwar Europe, the Italian General Giulio Douhet and his *The Command of the Air* (1921), the report explained: "The dominant characteristics of military aircraft are tactical and strategical mobility and striking power. ... General Foch has said that the potentialities of an air attack are so great that it may impress a people to the extent of forcing their government to lay down its arms".[9] The recommendation put forth by the committee states:

> It is the opinion of the committee that further neglect in the development of Army aviation is nothing but false economy. While foreign nations are making available thousands of planes for attack and aggression it is our patriotic duty to develop our own air force for adequate defense.

The Air Force's long struggle for recognition[10] begins to take a turn in its favor when Roosevelt announced in a white house conference on September 28, 1938 that he was sold on air power. Roosevelt expressed his support for a vastly extended program of heavy bombing planes. Richard G. Hubler recalls the happy chief of the Army Air Corps, General Henry ('Hap') Arnold, calling this announcement 'The Magna Charta of the air.' "[11] In May 1940, amongst a chorus

---

[9] Douhet (1869–1930) was an early supporter of strategic bombing and the military superiority of air forces. After serving in World War I, during which he organized Italy's bombing campaign, he was court-martialed for criticizing the Italian high command. Later released and reappointed when his theories were considered accurate, he was appointed head of Italy's aviation program by Mussolini. *Command of the Air* was particularly influential in Great Britain and the United States. He argued that the bombing of industrialized population centers would disrupt the enemy's ability and morale to continue the conflict.

[10] Douglas Waller: *A Question of Loyalty. Gen. Billy Mitchell and the Court-Martial that gripped the Nation.* New York: HarperCollins 2004 provides a wonderfully detailed account of the internal quarrels surrounding the three military branches, Army, Navy, and Air Force.

[11] Richard G. Hubler: *SAC. The Strategic Air Command.* New York: Duell, Sloan and Pearce 1958. P. 53.

of disapproval of military traditionalists, Roosevelt asked for the construction of 50,000 planes a year. Beginning in July, $ 42,000.000 was earmarked to fund the development of a very heavy bomber.

The immediate context of the Senate activities is the political and military developments of the 1920s and '30s, especially the coming into being of an air war doctrine that called for, as J.M. Spaight put it in England, the bomber to 'save civilization.'[12] In order to avoid a second slow war of attrition resulting in the mass slaughter of another generation of young men in their prime, Spaight, the above-mentioned Douhet, Hugh Trenchard in England and William ('Billy') Mitchell in the United States envisaged what they considered to be the inevitable future of warfare: a swift conflict of whole peoples, waged primarily by gigantic bomber fleets that destroy the enemy's cultural, economic, and political core with a few furious blows. 'Douhetian warfare,' named after the man commonly identified as the principal theorist of the interwar years, has the primary objective to kill, terrorize, and de-house as many civilians as possible – ravaging those who are most vulnerable in an armed conflict – so that the deaths of a great many combined with the subsequently shattered morale of those who survive the attacks will result in their respective government's forced capitulation.

While the promotion of terror bombing triggered little or no protest in Mussolini's fascist Italy, it is easy to imagine that it was an altogether different story for a democratic and outspokenly 'civilized' nation like the United States to promote indiscriminate attacks on civilians. General Billy Mitchell's war philosophy, its axioms indistinguishable from that of Douhet, Trenchard, or Spaight, did not conform to the publicly expressed official policy of the US government.[13] Already during World War I, President Woodrow Wilson had stated: "I desire no sort of participation by the Air Services of the United States in a plan … which has as its object promiscuous bombing upon industry, commerce, or populations in enemy countries disassociated from obvious military needs to be served by such action".[14] Newton Baker, Wilson's secretary of war, described indiscriminate bombing as an inhumane departure from civilized

---

[12] J.M. Spaight: *Bombing Vindicated*. London: Bles 1944.

[13] Mitchell, in fact, was court-martialed and found guilty for insubordination in 1925 after accusing the senior leaders of both Navy and Army of incompetence. He resigned from the military in early 1926 and continued to advertise air power. Mitchell viewed the election of Roosevelt, a Navy man, as advantageous for his vision. His hopes to be appointed as assistant secretary of war for air in the Roosevelt administration, however, never materialized. He died in 1936. His legacy continued to live on celluloid. In 1955, Gary Cooper starred as Billy Mitchell in a heroic Hollywood portrait entitled *The Court-Martial of Billy Mitchell*. See also the critical account by Douglas Waller: *A Question of Loyalty*.

[14] Quoted in Harvey A. De Weerd: *President Wilson fights his war: The American Military Experience in World War I*. New York: Macmillan 1968. P. xx.

practice that befit America's ruthless enemies in the Great War, but not the United States. These ideas, markedly supported by anti-interventionists in Washington, the general public, and even world opinion, remained official policy of the War Department throughout World War II. In fact, when faced with Japanese air raids in Chungking and Russian attacks on Helsinki in 1939, President Roosevelt echoed his World War I predecessor Wilson by saying: "The American government and the American people have for some time pursued a policy of wholeheartedly condemning the unprovoked bombing and machine-gunning of civilian populations from the air".[15]

Yet, when World War II was about to reach American shores, and when the Army Air Forces were asked to produce an actual program detailing how to combat prospective enemies through the air in the summer of 1941, a group of officers in its Air War Plans Division (AWPD) created, in essence, a strategic bombing program for attacks on Nazi-Germany that indicated a return to the officially deplored principles of Douhet, Mitchell, and Trenchard. While their plan, AWPD-1, stressed the importance of smashing the national economic structure of the enemy by concentrating their firepower on targets vital to the German war effort (military installations, transportation, oil, electricity, and the like), AWPD-1 did not rule out deliberate attacks on civilians with the sole objective of breaking their morale. Once there were indications that the fighting spirit of the German population was cracking, the planning staff considered it "highly profitable to deliver a large-scale, all-out attack on the civil population of Berlin".[16] Timing was everything. The American air power doctrine modified the Douhetian principle insofar as it rearranged the target priorities and placed civilian morale at the bottom, yet it did so based not on moral grounds but for the rather pragmatic reason of bombing efficiency. When the USAAF finally reached England in the spring of 1942, the British Royal Air Force pressured the Americans to join in nighttime area bombing. With Marshall Arthur ('Bomber') Harris' arrival at Bomber Command, and with the directive of February 14, 1942, the RAF had abandoned precision attacks just weeks before the arrival of their transatlantic colleagues.[17] However, US Air Force leaders believed that by using improved tactics they could succeed where

---

[15] Bertrand D. Hulen: "Moral Embargo of Soviet by U.S". *New York Times*, December 3, 1939. See also Robert Dallek: *Franklin D. Roosevelt and American Foreign Policy, 1932–1945*. New York: Oxford UP 1995 [1979]. P. 195.

[16] AWPD-1. Quoted in Schaffer: *Wings of Judgment*. P. 33.

[17] "The British, meanwhile, were encouraging the AAF to bomb populated areas. ... Some American commanders believed that the Royal Air Force wished Europeans, who resented it for its area raids, to detest the AAF as well". (Schaffer: *Wings of Judgment*: 68). The RAF directive of February 14, 1942, stresses the importance of attacking civilians/workers at home to terrorize and dehouse them.

the British had failed. Pursuing daylight precision bombing was a military decision, motivated by the firm belief that precision attacks could effectively cripple the Nazi war machine. From the first flights of B-17s over Nazi territory in January 1943 until the fall of that year, wartime reality coincided with the projected image and official record of American strategic bombing. It was a gruesome reality that brought the USAAF staggering losses mission after mission. Impressed by effective urban night raids by the RAF (for example on Hamburg in July 1943, so vividly described by Hans Erich Nossack in *Der Untergang*), and horrified by their own losses[18] (for instance during attacks on Messerschmitt plants in Regensburg and ball-bearing factories in Schweinfurt, both in the summer of 1943), the commanding generals slowly began to alter their approach. October 10th saw the attack on Münster, where the center of the city was targeted. It was the prelude to what came to be known as 'radar raids' during the bad winter weather of 1943–44: largely blind bombing missions that were de facto area raids. In addition, the Balkan raids which occurred around the same time intended to increasingly terrorize civilians.[19]

Starting in the summer of 1944, a series of plans appeared on the tables that marked a far-reaching alteration in US bombing policy. Operations such as 'Shatter,' which placed a hundred or more small and medium but militarily insignificant cities all over Germany in the crosshairs of the bombers, and 'Clarion,' a proposal for a combined attack on transportation and German morale, indicate that after the landing on the Normandy beaches the time seemed right for a form of bombing intended to terrorize civilians. This meant a transition to Douhetian warfare, for which provisions were written into the AWPD-1 war plan since 1941. The most remembered area attack in Europe is operation 'Thunderclap,' the attack on Dresden in February 1945. Its medieval architecture and wooden structures would serve to reproduce the effect that was chanced upon during the bombings of Hamburg. Notwithstanding Dresden, it was the last six months of the war in the Pacific that demonstrated the American-made perfection of Douhetian warfare with the systematic fire bombings of Japanese cities,[20] culminating in the two atomic bombs dropped over Hiroshima and Nagasaki. It was the "icing on the cake" for the commanding general in the Pacific theater, Curtis Le May.[21]

---

[18] The USAAF lost 100 planes and 1000 men in July 1943 alone.
[19] See Alan J. Levine: *The Strategic Bombing of Germany, 1940–1945*. Westport, London: Praeger 1992. P. 177.
[20] US warplanes attacked Japan's sixty-six largest cities, killing an estimated 330,000–900,000 civilians, injuring between 475,000–1,300,000. See *United States Strategic Bombing Survey: The Effects of Strategic Bombing on Japanese Morale*. Morale Division 1947. Pp. 194–5.
[21] Quoted in Schaffer: *Wings of Judgment*. P. 128.

Certainly there was ever-increasing nervousness about this shift towards area bombing within the air forces. The concerns were largely motivated by fears that the American public would never condone this ensuing rift between, on the one hand, the reality of what was happening in Germany's and Japan's cities, and, on the other hand, what was presented to the public of the Allied strategic bombing campaign in motion pictures, newspapers, and official communiqués. The official public image of the United States and the conduct of its ever-growing Air Force had become a major concern immediately after the cessation of combat. For the nation en bloc the promptly ensuing Cold War required America's unquestioned economic, political, and – importantly – moral leadership for the Western world, which could only be built upon the purity of its own past. Specifically for the Air Force, the concern was one of reputation as well: it had to convince the military establishment and the public that its status as a mere junior partner for either Army or Navy was history. The time now seemed ripe to challenge the alleged superiority of both the Army and the Navy, and to thereby establish the Air Force not only as an independent military branch, a goal pursued ever since the end of World War I, but to even supersede Army and Navy in strategic relevance. The lesson of World War II and its new weaponry was that World War III, should there ever be one, would have to be fought and won in the air.

Anyone familiar with the history of World War II aviation knows what I have summed up here in a few sentences. Anyone familiar with the visual history Hollywood produced in the 1940s (and keeps on producing with recent air war tales like the 1990 Warner Brothers' fictionalized account of the last mission of the *Memphis Belle*), knows nothing of it. I will show the discrepancy between what the historians tell us happened in Germany and Japan and what Hollywood has told us and continues to tell us. To illustrate that, I will discuss briefly just four examples of such memory formations and falsifications made in Hollywood.

Celluloid Precision Bombing

With regard to the close interaction between the government and Hollywood in the years 1941–45, Thomas Doherty argues that the "need to prove patriotism ... energized the Hollywood community". There was more, however. Another seduction was

> the status that came with being on easy terms with political power and high-ranking military officers, men vested with the kind of authority before which one's grandparents had quaked. Whether dining with 'his good friend' Gen. H.H. ('Hap') Arnold or receiving a late-night phone call from FDR, Jack Warner was only too happy to heed a gentlemanly request and order up *The Rear Gunner* (April 1943) for Army Air Force recruitment or *Mission to Moscow* (1943) for Soviet-American relations.[22]

[22] Doherty: *Projections of War*: 45. On censorship, self-regulation, and the regulatory work of the so-called 'Hays Office,' see especially chapter three on 'production codes.'

A wartime sample of Hollywood's influence in the construction of public memory is Metro-Goldwyn Mayer's *Thirty Seconds over Tokyo*, released in 1944, with Spencer Tracy as Lt. Colonel James Doolittle.[23] The so-called 'Doolittle Raid' on April 18, 1942 was a joint Army-Navy mission. 16 B-25 bombers flew off the aircraft carrier *Hornet* in the Pacific to attack the Japanese mainland, at that time an urgently desired (if minimal) retribution for Pearl Harbor. On May 19, after calling the improvised and haphazard raid on the Japanese mainland a tremendous success since Japanese war industries were allegedly hit hard, Roosevelt pinned a Congressional Medal of Honor on Doolittle, by then a Brigadier General. "Hollywood's celluloid magic"[24] went to work right away. While *Thirty Seconds over Tokyo* is not your typical combat film, since it focuses mostly on the pain and rehabilitation of Capt. Ted Lawson, who suffers the loss of a leg to gangrene after crashing somewhere in China, the Doolittle Raid was nonetheless perfect material to increase morale at the home front. But the film accomplishes even more than that: in a subliminal way the film reaffirms for American movie audiences at home – approximately 90 million viewers per week in the mid 1940s – that America's war conduct was in tune with its proclaimed ideals, even at a time when the very policy of precision bombing was already beginning to erode in Europe. A sequence of crucial scenes explain to (or visualize for) the viewer that an attack on Tokyo is: a) justified retribution for Pearl Harbor; b) necessary in order to prevent another Japanese sneak attack; and c) measured and precise in nature, even though, as Doolittle himself admits, civilian workers in the industrial plants selected as targets will undoubtedly get killed or hurt. On the deck of the aircraft carrier, during what seems to be a quiet night at sea loaded with nervous anticipation of the risky adventure to come, we are exposed to an exchange between the hero, Captain Ted Lawson, and a fellow pilot (played by the young Robert Mitchum).

> Pilot: You know what's funny ... when I was a kid I used to dream about going some place on a ship ... well, here I am.
> Lawson: And out there is Japan. ... My mother had a Jap gardener once ... He seemed like a nice little guy ...
> Pilot: You know, I don't hate Japs – yet. It's a funny thing ... I don't like 'em, but – I don't hate 'em.
> Lawson: I guess I don't either. You get kind of mixed up.
> Pilot: Yeah.
> Lawson: It's hard to figure. Yeah, here we are ... all I ever wanted to be was an aeronautical engineer. I joined the Army in '40, because I figured it was the best way to

---

[23] For the Doolittle Raid, see Ted W. Lawson: *Thirty Seconds over Tokyo*, ed. by Robert Considine. New York: Random House 1943. See also brief discussion in Stewart Halsey Ross: *Strategic Bombing by the United States in World War II. The Myths and the Facts*. Jefferson, NC and London: McFarland 2003. Pp. 57–9.

[24] Doherty: *Projections of War*. P. 262.

learn it ... I wasn't sore at anybody. But here you suddenly realize you're gonna drop a ton of high explosives on one of the biggest cities in the world.
Pilot: You're not getting squeamish, are you?
Lawson: Oh, no, no, no, ... of course not! I don't pretend to like the idea of killing a bunch of people. ... But it's a case of drop a bomb on them or pretty soon they'll be dropping one on Helen [his wife].
Pilot: Yeah, that's right.

This little exchange on the deck of the carrier assembles the essential articles of faith that will resurface consistently in the years to come: the attack is precise in nature, unfortunate in its grisly consequences, but also justified retribution for Pearl Harbor and necessary prevention of another attack which could possibly take place on the American mainland. The second scene, Doolittle's (Spencer Tracy's) speech to his crew, rationalizes the regrettable, yet righteous and necessary killing of Japanese civilians. Doolittle towers above his men. The first camera angle makes the viewer look up to him, the second shot it taken from behind and we look down at his air men below him; then, in a final third shot, we again look up at him. These different perspectives function perfectly, making him appear as a trustworthy, understanding father figure.

> Now let me repeat something I've said previously. You are to bomb the military targets assigned to you and nothing else. ... Of course, in an operation of this kind, you cannot avoid killing civilians, because war plants are manned by civilians. If any of you have any moral feelings about this necessary killing, if you feel that you might think of yourself afterward as a murderer, I want you to drop out. We'll find someone to take your place. I promise you that no one will blame you for your feelings.

The actual bombing run over Tokyo for which the film received an academy award for best special effects further prepares the ground for an American history of precision bombing as it turns Tokyo into one gigantic industrial plant. Below the low-flying B-25's, and while being harassed by anti aircraft guns, we see nothing but miles and miles of industrial infrastructure with smoking chimneys and sprawling warehouses. The film suggests that this is the industrial heart of the enemy. Nothing would be easier than to drop the bombs anywhere and get out of this hell. But *Thirty Seconds over Tokyo* leaves no doubt that we can trust Doolittle's sincere promise: the United States Air Force destroys only important military targets, sparing women and children in their homes. And the precision with which the bombardier delivers his deadly freight – we can even see the oil tanks below blowing up, can see the warehouses crumble and the chimneys collapse – verifies for us the actual possibility of hitting the proposed target, despite the still relatively primitive bombsight used. Pin-point accuracy was guaranteed and delivered against all odds.[25]

[25] In *Passage to Marseille* (1944), waist gunner "Humphrey Bogart tosses a message in a bottle out of his low-flying bomber and into the front yard of his French wife". Doherty: *Projections of War*. P. 105.

The favorable cooperation between the military and Hollywood does not end with the victory parades that concluded the actual fighting of World War II. Hollywood never stopped making movies about the war. Yet, while it was necessary to punch up morale during the conflict, the postwar years needed reaffirmation of this "fundamental tale of pluralism, tolerance, democracy, and human rights that America tells about itself".[26] "The magnetic pull of the war years", Doherty observes, "wasn't merely the attraction of adventure, romance, or high melodrama but the consolation of closure and the serenity of moral certainty. For Hollywood and American culture the Second World War would always be a safe berth".[27] One central obstacle to overcome in order to achieve closure was to present and explain the dropping of two Atomic bombs.[28] The first postwar feature dealing with Hiroshima, *The Beginning or the End* (1947), lets us know how the military (and Hollywood) wanted the bombing run on Hiroshima remembered. The climax of the film shows the *Enola Gay* approaching Hiroshima through heavy anti-aircraft fire. In a close-up exchange taking place at the height of the tension in the cockpit of the B-29 between the two pilots, the audience learns – to its relief – that the Air Force has dropped leaflets onto the city for days, warning the civilian population of the imminent attack.

> Pilot: 250,000 people down there, starting their day ... A city about the size of Dallas, Texas. In about one second it'll be wiped off the map. They will never know what hit them.
> Engineer: We've been dropping warning leaflets on them for ten days. ... That's ten days more warning than they gave us at Pearl Harbor.

The Enola Gay is on target and opens its bomb bay. Within seconds we hear the bombardier say 'bomb away,' and we see the device fall out of the plane's belly. The viewer can follow the bomb to its target below, the city of Hiroshima, represented as what seems to be a gigantic port. A majestic flash fills the screen, reflected in the goggles of America's airmen as the ominous mushroom cloud rises down below. While the anti-aircraft fire leaves the viewer with a sense of chivalry, the story of the dropped leaflets reassures her of America's humane war conduct. In all reality, however, on the morning of August 6, 1945, neither a single shot was fired at the *Enola Gay*, nor had there been any leaflets dropped onto the city in the days prior to the attack. The assault on Hiroshima's

---

[26] Michael Berenbaum with regard to the Americanisation of the Holocaust starting in the 1980s. Quoted in Tim Cole: *Selling the Holocaust: From Auschwitz to Schindler: how history is bought, packaged, and sold.* New York: Routledge 1999. P. 14.
[27] Doherty: *Projections of War.* P. 271.
[28] The controversy and, ultimately, failed exhibit of the *Enola Gay* at the Smithsonian Museum in the 1990s bespeaks the importance attributed to the 'correct' interpretation of Hiroshima and Nagasaki in the American imagination of the 'good war' and beyond. See Edward T. Linenthal: *History Wars: The Enola Gay and other Battles for the American Past.* New York: Metropolitan 1996.

non-combatants was just as secret and surprising as the attack on the American fleet at Pearl Harbor. The deviation of cinematic fiction from historical truth serves a central purpose: it cleanses the mass killing of civilians from the American public's memory of the recent past. [29]

That this could be achieved not by falsifying history, but rather by the simple art of selectively remembering, becomes apparent when we turn our attention away from Japan and look at popular Hollywood hits that focus on the Air War over Europe. 20th Century Fox's *Twelve O'Clock High* (1949) with Gregory Peck in the lead as Brigadier General Frank Savage might be among the most famous postwar films providing the American public with a celluloid version of the events in Germany. Based on a novel by Sy Bartlett and Beirne Lay, Jr., the film won two academy awards, telling the story of a new commander who is posted to an American heavy bomber group conducting daylight bombing missions over Germany and occupied Europe. The film opens with a dedication: "This motion picture is humbly dedicated to those Americans, both living and dead, whose gallant effort made possible daylight precision bombing. They were the only Americans fighting in Europe in the fall of 1942. They stood alone, against the enemy and against doubts from home and abroad. This is *their* story". We are thus in the initial stages of USAAF contributions to the war effort, and the badly needed fighter escorts have not yet arrived from the United States. Casualties are very high, morale is low and the unit is functioning poorly. Can the new commander transform the bomber group into an effective fighting unit? The film begins with the nostalgic sadness of a middle-aged American, a former major in the Air Force, reminiscing at an old air base in England a couple of years after the war. The runways are now overgrown and the facilities are deteriorating. All that is left of the efforts of America's airmen during World War II is their cherished memory, shared with the audience through the sentimental major. Bosley Crowther, writing a review of the film for the *New York Times* at the time of its release, recognized that the set-up provoked "a particular emotional response", that "the story of how this young general, put in command of a battered group, embarks upon a program of stern rules and ruthless discipline to test the point of 'maximum effort' of his men likewise is loaded in favor of emotional incident".[30]

The film's sole focus is the costly daylight precision bombing strategy the American Air Force thought it could sustain over Germany's cities. What is told in this postwar tale of America's air war in 1942/43 is the story of a bombing

---

[29] Government work such as Frank Capra's series *Why we fight* made the most of German air attacks on Rotterdam, Warsaw, Norway, and Coventry, calling, for example, the attack on Rotterdam "one of the most ruthless acts of savagery the world has ever seen". It set the stage for an Allied campaign that rested on the dual logic of 'you started it' and the 'just retribution' meted out against German cities.

[30] Bosley Crowther: "Twelve O'Clock High". *New York Times*, January 28, 1950.

strategy that led to heavy losses during the initial stages of America's B-17's attacking Germany. What is not told is the consequence of these losses: the above-mentioned deterioration of daylight precision bombing in the fall of 1943 as it transformed gradually into area bombing based on the British model, which resulted in the methodical firebombing of Japanese cities and the ultimate annihilation of Hiroshima and Nagasaki. In fact, the film bends over backwards to solidify this differentiation between British and American bombing, a distinction that can hardly be sustained for 1944/45. In the film, area bombing comes across as 'Un-American,' as a detested German or British practice.[31] In the opening passages of the film – the new general (Gregory Peck) has not yet taken over command from Colonel Keith Davenport – we see a small room, dominated by a desk and a radio. The viewing audience in the theater joins Davenport and two subordinates who are grouping around the radio. From it emits the voice of a German broadcaster directly addressing the battered bomb group stationed in England. We can hear how he mocks the Americans with his thick German accent: "Whoever persuaded you to try this incredible idea of daylight bombing? It must have been your friends, the English. They know better than to try it themselves. Losses are a little heavy, aren't they?"! *Twelve O'Clock High* stresses this strategic (and practical) difference among the Allied air forces more than any other film of the immediate postwar years. Another jab at the British RAF follows soon after. Criticizing the near suicidal character of the American missions that result in heavy losses, thereby jeopardizing the American war effort altogether, one officer complains that British Bomber Command "does not have that problem". In the 1950s, this interpretation is held dear by certain military historians, at times with astonishing openness (and misleading figures). In his book on Strategic Air Command, Hubler mentions the exaggerated number of 100,000 killed in Hamburg and distinguishes US endeavors from British efforts.

> The RAF had apparently missed the point of strategic bombing from the first. After the 1940 Nazi raids on London (the Germans were no less obtuse in their indiscriminate area bombing), the British demanded what amounted to revenge raids. Hamburg was heavily raided in retaliation. One such strike killed more than 100,000 people. But the perimeter factories were untouched.[32]

[31] United Artist's *Squadron 633* (1963) with Cliff Robertson as wing commander avoids the bombing of German cities altogether by telling the heroic story of a British RAF precision attack. A group of twelve mosquitos train for an attack on an important military target: a German fuel-factory in Norway. It is a suicidal mission from which eleven planes won't return. Robertson, the commander of the twelfth plane, dies on a meadow after successfully destroying the military target. The brass in Britain asks the rhetorical question "what's it all add up to, all this sacrifice"?, only to answer "the successful operation – you can't kill a squadron"!
[32] Hubler: *Strategic Air Command.* P. 61.

For General Frank Savage, however, the success of the precision bombing mission of #918 Bomb Group is essential to the continued existence of America's war effort. "There's only one hope of shortening the war: daylight precision bombing" he ponders. "If we fold, daylight bombing is done with. ... I don't know ... maybe it means the whole show. ... We would lose the war if we don't knock out German industry".

Twelve O'Clock High is a psychological drama about trauma, duty, and resolve; it presents precision bombing as a military and moral necessity for the United States. With the film's focus on the years 1942/43 of the campaign, it circumnavigates the more morally ambiguous final years of area bombing. Repeatedly, night area bombing is discussed as detestably German and British and considered a decidedly un-American practice. Center stage belongs to a reputable, determined Air Force general who is trying to come to grips with the terrible responsibility of sending America's youth off to certain death. Despite opposition from within and outside his own ranks, he remains fiercely committed to precision bombing as the only way of shortening the war. Like *Command Decision* (1948), the last Hollywood postwar feature I want to discuss below, *Twelve O'Clock High* presents extensive yet decontextualized arguments on air supremacy rather than actual World War II combat. In the emerging Cold War, the viewer learns nothing of the larger picture of World War II, but much about the necessity to build a bomber fleet in the late 1940s. And in neither film do we find any vitriol targeting 'Krauts' or 'Huns' – in fact, especially in *Command Decision* the enemy appears to be the United States Congress (or, more precisely, its Appropriation Committee) and its unwillingness or hesitation to provide more bombers.

America's calling

> Whatever the future holds for the human race, it seems more and more certain that that future will be spent in the air, and that that future will depend on the use the human race makes of the air. One of the few beneficial results of World War II has been the awakening of the general public to supreme importance of air power, in all its manifestations, to the regulation of world affairs.[33]

In 1948, Hillary B. Hinton's evaluation of the recent conflict captured the sentiment of many supporters of the Air Force. And it was as timely as it was popular. An autonomous Department of the Air Force had finally been created on September 18, 1947. Its centerpiece was the Strategic Air Command (SAC), itself established already in March 1946. At the time of its creation, SAC inherited a conglomerate of planes and personnel. With postwar demobilization in process, these numbers would be drastically reduced by the end of 1946, despite

---

[33] Harold B. Hinton: *Air Victory: The Men and the Machines*. New York: Harper 1948. P. xi.

the fact that the development of an atomic bombing force was already underway. The ensuing Cold War, however, lead to the quick turn-around of this trend. Soon after the reorganization of headquarters and the realignment of combat units, SAC went to work and both its scope and volume of operations expanded considerably. In 1947, SAC units flew many simulated attacks within the United States on major metropolitan areas such as Los Angeles (April 11), New York (May 16, when 101 B-29s dropped their imaginary bombs on the Big Apple), and Chicago (August 1).[34] The Berlin Blockade one year later put SAC on a 24-hour alert and had units move to Fürstenfeldbruck. The possibility of putting all of that practice into action, of finally experiencing the visions of all-out destruction of population centers with nuclear weapons become reality, had grown precariously. Over the next two years, numbers of personnel increased steadily. At the end of 1949, Air Force's W. Stuart Symington could consider the existence of the strategic atomic striking force "the greatest deterrent in the world today to the start of another global war".[35]

'The awakening of the general public to supreme importance of air power,' Hinton affirms in 1948, had been an objective of air force supporters outside the established political circles in Washington for quite some time by then.[36] Among the most influential proponents was Alexander P. de Seversky. Born in Tiflis, Russia, on June 7, 1894, he had graduated from the Imperial Naval Academy in 1914. As a naval aviator he lost his right leg in combat against Germany, yet nonetheless became Chief of the Russian Naval Fighter Aviation of the Baltic Sea. Following the Russian Revolution, the Provisional Government sent him to the United States as a member of the Russian Naval Mission of 1918. The War Department appointed him Consulting Engineer and test pilot, and starting in 1921 he worked closely with Billy Mitchell. Among Seversky's most famous inventions is the first synchronous bombsight, bought by the US and British governments. He became an American citizen in 1927 and was then commissioned

---

[34] Whether SAC would have been able to hit anything smaller than Manhattan itself seemed questionable at the time. With a bombing accuracy far below desired standards, General Kenney, SAC's first Commanding General, decided to hold a bombing tournament, which came to be called "SAC Bombing Competition". The first competition was held at Castle Air Force Base, CA from June 20–27, 1947. General Curtis LeMay, who took over command in October 1948, made the bombing competition an annual affair with on the spot promotions for successful crews.
[35] For a succinct history of SAC, see J.C. Hopkins, Sheldon A. Goldberg: *The Development of Strategic Air Command 1946–1986. (The Fortieth Anniversary History).* Office of the Historian, Headquarters Strategic Air Command. Offutt Air Base, Nebraska 1986.
[36] Before the Senate Military Affairs Committee, Gen. Doolittle said on November 9, 1945: "The Navy had the transport to make the invasion of Japan possible; the ground forces had the power to make it possible; and the B-29s made it unnecessary". See Hinton: *Air Victory.* P. xii.

a Major in the US Air Corps Specialists Reserve. After war broke out in Europe again, and when America's entry seemed inevitable, Seversky began to devote his energies to enlighten the public on the paramount role of air power in modern war. His first book on the central importance of air power, *Victory through Air Power* (1942), sold over half a million copies. His ideas reached even more eyes and ears when it was animated by Walt Disney in a movie one year later. Churchill requested in 1943 that Roosevelt should see the film, and, as the foreword of Seversky's second volume on air power claims: based on this film the Combined Chiefs of staff decided to give air power the necessary priorities.[37] In March 1945, Secretary of War Patterson appointed Seversky his 'Special Consultant.' As such, he went to Japan and Germany (and later Bikini where 'Operation Crossroads' had dropped another A-bomb) to analyze the effects of bombing.

In 1942, Seversky argued that the "most significant single fact about the war now in progress is the emergence of aviation as the paramount and decisive factor in war making".[38] In the volume, he repeatedly urged for the "emancipation" of American air power, ultimately because he considered the air America's calling. "Americans are the natural masters of the aerial weapon", Seversky claimed, "and therefore destined victors in a technological contest. ... Air power is the American weapon. It will not fail us, if only we unchain it and provide immediately the minimal conditions for its unhindered development. ... We are eager to serve and ready to act when our beloved America says the word".[39] To 'unchain' the American air weapon and to provide the 'minimal conditions for its unhindered development' meant nothing less than for the government to make available both the enormous funds necessary for such a development, as well as to raise the overall status of the Air Force vis-à-vis the Army and Navy. Once the superiority of the air weapon had been proven it would be possible to turn the traditional military hierarchy upside down. Nothing seemed to work better to awaken public support for air power in the United States than the spellbinding stories of recent gallant efforts of America's own airmen made in Hollywood. Their headstrong determination and sacrifice for the superiority of their humanistic ideal, brought together with their success against all (political) odds, was turned into one of the air war's most memorable and successful films, MGM's *Command Decision* (1948). *Command Decision* was based on William Wister Haines' hit Broadway play, and Hollywood provided it with the decisive firepower it needed: it featured one of its megastars, Clark Gable, an actual World War II air force veteran, as Brigadier General Casey Dennis.

---

[37] See Alexander P. de Seversky: *Air Power: Key to survival*. New York: Simon & Schuster 1950.
[38] Alexander de Seversky: *Victory through Air Power*. New York: Simon & Schuster 1942. P. 3.
[39] De Seversky: *Victory through Air Power*. Pp. 350–2.

"The whole war depends on what we do", says Dennis' superior general. "I spent twenty years ... for one single idea: to get our country air power". Yet, the 50,000 planes Roosevelt promised in 1940 are a mere "paper air force", as he says. It is 'Operation Stitch,' a three-day long and immensely costly daylight precision attack on the German fighter production that jeopardizes even the little he does have. General Dennis (nicknamed 'old iron butt' in the film) finds a way to blackmail his superior into agreeing to a dangerous 'maximum effort' attack on Germany's fighter production. Similar to the plot in *Twelve O'Clock High*, we observe American bombers stationed in England; it must be early 1943, since the USAAF is still pursuing daylight precision attacks without fighter cover, which result in staggering losses. The first two days of 'Stitch,' albeit successful, come at a high price: 24% losses on the first, 26% on the second day. For the commanding general, Dennis' superior, this spells disaster because a group of congressmen is coming to visit the air base. A low average of losses was supposed to influence the policy makers to allocate more planes, tricking them into believing that the efforts of America's airmen are paying off. And thus public relations take center stage in *Command Decision*. While *Twelve O'Clock High* focused on the emotional attachment of the commanding general to his men, *Command Decision* zooms in on General Dennis' desperate battle with his superiors and, ultimately, with a congressman. Dennis is caught in what Crowther called in his review of the film "political snafus". He has to overcome the incompetence of the lawmaker more so than opposition by the enemy. The adversary, so it seems in this film, is no longer Nazi-Germany, but the hardheaded representatives of the American congress and the established military hierarchy. "Metro", Crowther observed, "has made this drama of one Air Force general's private bout with *shortsightedness, obstruction, and Pentagon politics* a first-rate, he-man character study with strong philosophical overtones".[40]

What Crowther refers to as 'philosophical overtones' can only be the question of whether air power can profoundly influence the outcome of the war – whether it be this one, or any other in the future. Already the very first scene of the film, a press conference taking place somewhere in London early in 1943, juxtaposes the light losses of the British RAF night area bombing campaign with the very heavy losses of the USAAF daylight precision operations. Two scenes, addressing the role of air power and daylight precision bombing, are the highlight(s) of *Command Decision*. In the first, Dennis and his superior General Roland Kane (Walter Pidgeon) trade their philosophies of their functions in the scheme of things. Kane details the struggles and sacrifices he and others made over the years to build the Army Air Corps. He literally personifies daylight precision bombing and rejects the British area campaign who, as he explains, "want us to switch to

---

[40] Bosley Crowther: "Command Decision". *New York Times*, January 20, 1949. [my emphasis]

night area bombardment". But with all of the demands on the military budget, Kane feels that extreme caution needs to be exercised to prevent adverse publicity. Adverse publicity, as he points out, affects government funding. Dennis, on the other hand, believes that the seriousness of the war means that every effort needs to be made to guarantee that the Allies will prevail. Caution, he argues, will only lead to an extended war that means even more lives lost, let alone possible defeat.

It is Congressman Malcolm, a rather unsympathetic figure with a stocky frame, who attacks Dennis in a final showdown for sending American bombers beyond the range of fighter protection. Dennis' career is on the line when Malcolm towers above him, but Dennis remains composed throughout the challenge as if he is sure of himself and the operations he has been leading.

> Malcolm: General Dennis, if I may, I am going to ask you a few questions. (He gets up and walks to a huge map of Germany covering the wall behind him, pointing out the range of fighter escort.) You explained a while ago that this was as far as your bomber planes could depend upon protection from our fighter planes. And I think you also said that for the third day in succession your bombers have been deliberately sent far beyond this limit.
> Dennis: That's correct.
> M: In other words, about half your planes' strength and the lives of a thousand men have been lost within the last two days … and we still don't know about this afternoon. Has this been entirely your decision?
> D: It has.
> M: On nothing but your own authority?
> D: Yes.

At this point General Kane comes to his subordinate's aid, pointing to an overall average that is allegedly not as grim. Malcolm, however, is not satisfied and continues his attack, stipulating that America's airmen are paying what he deems "a pretty bloody price for General Dennis' record". At this moment Dennis finally gets up from his chair to face the congressman. The general's steely frame now towers above the congressman, and Dennis counterattacks. The audience senses that the expert of war, Dennis, is now going to set the record straight for this pompous and self-righteous politician.

> D: They are paying a bloody price for the country's record!
> M: Oh, so the country is responsible for your sending them far beyond friendly fighter cover?
> D: Yes, – or more precisely: some of the country's elected representatives.
> M: May I ask how?
> D: How did you vote on Appropriations for the Air Force in 1938?
> M: WHAT?!
> D: How did you vote on Appropriations for the Air Force in 1938?[41]

---

[41] See Hinton: *Air Victory*, esp. ch. 15: 'Air Power and World Politics:' "In 1938, the Army-Navy Joint Board decided that the Air Corps would have no use for an airplane of greater range than the B-17, and Secretary Woodring approved the finding. Under this decision, development of an airplane capable of very heavy load was held up for a year".

Dennis' challenge silences Malcolm, and his inquisitive question remains unanswered. *Command Decision* shortly thereafter ends not only with the successful (and yet again costly) conclusion of the attacks on Germany's fighter production, but also with an ironical twist. While we all expect his career to be over – Dennis is indeed relieved of his command in England – he receives a message from Washington that assigns him to an even bigger job. Dennis is supposed to take over a B-29 command in the Pacific. In hindsight we know that Dennis will learn to embrace low-level incendiary attacks over Japan, unless, of course, the film suggests that our headstrong general will continue to carry out precision attacks in the Pacific.

"Should war come", wrote Seversky in 1948, "America, its cities, industries, communications, and population will be the main targets. It will be a struggle between two worlds, two ideologies, with absolute victory as the only conceivable goal, no matter how frightful the costs".[42] At stake in the late 1940s is what Seversky identified as the "fateful choice among competing military ideas", and America, he argued interestingly, must be careful not to repeat Hitler's mistake of historic proportions after the Battle of Britain. "Hitler misread the lesson of that failure. He simply soured on air power ... his *Luftwaffe* remained a purely tactical force. The total resources of Germany were mobilized for supreme strength on the ground, with nothing to spare for real air power".[43] A Hollywood production like *Command Decision* not only cleanses the past air war of its not-so-gallant chapters; it also provides the American public and its representatives with a lesson to be learned: there must be unambiguous political support for a weapon that helped decide the last war against all odds and that will certainly decide any coming war. In the emerging Cold War, *Command Decision* is a political instrument that instructs the public to demand political support for an independent and massive air force, for overwhelming strategic air power.

---

[42] Seversky: *Air Power*. P. 1.
[43] Seversky: *Air Power*. Pp. 323–8.

Jerome F. Shapiro

Ninety Minutes over Tokyo[1]: Aesthetics, Narrative, and Ideology in Three Japanese Films about the Air War

Throughout Japanese history, artists have delighted in mastering new and foreign modes or technologies of representation. This has been especially true of filmmakers who, moreover, are often at the center of controversy and contention over how events can or should be represented, particularly events such as the Allied firebombing of Japan. The films discussed in this paper are richly varied. While one filmmaker's onscreen representation of the firebombing is minimal at best, another draws the event in extraordinary detail; and, in one film, the firebombing is seen through the eyes of children, but in another it is through the eyes of the elderly. All this is to say that Japanese films about the firebombing are an unmined resource for understanding how cultures confront and represent catastrophic events.

Introduction

In searching Japanese cinema history, the keyword "bomb" of course brings up a number of films ostensibly about the atomic bomb. Only six Japanese films, that I have found, examine specifically the firebombing of Japanese cities. Of these six, only three seem to be currently extant. Though released independently they can be grouped together because all have representations of firebombing, and also because each film critiques firebombing and attendant events from the perspective of characters at different stages of life: childhood, young adulthood, and dotage. Tadashi Imai's 1950 film, *Until the Day We Meet Again*, (*Mata au hi made*),[2] is exemplary of how filmmakers at that time struggled to reach an audience while navigating the Scylla and Charybdis of both Occupation and Japanese censors. The young lovers' first kiss, for instance, is the most famous kiss scene in all of Japanese film.[3] It is remembered, I contend, precisely because it so successfully blends American morality with Japanese aesthetics. Isao Takahata's 1988 animated feature film (or *anime*), *Grave of the Fireflies* (*Hotaru no haka*), perhaps the best known of the three films, is voiced by children protagonists. Almost fifty years after the bombings, Akira Kurosawa's 1993 film, *No, not yet*, (*Mādadayo*), is a biographical mediation on the war experience of an elderly man of letters. The writer-director, Kurosawa was eighty-three when the film was released.

---
[1] *Thirty Seconds over Tokyo* (1944, Mervyn LeRoy).
[2] Not to be confused with, Yasujirō Ozu's very different 1932 film by the same title.
[3] *Pia: Cinema Club*. Tokyo: Pia 2001. P. 610.

It is curious that there are so many more films about the nuclear bombings of Hiroshima and Nagasaki, and that these films have received more scholarly attention, when, by all accounts, significantly more people in greater areas of Japan were the direct or collateral targets of massive firebombing campaigns. The intense firebombing of Japanese civilian populations stand out as a singular example of mass destruction on a scale so vast it is difficult to conceive. Scholarly literature on the bombing of Japan, nevertheless, subordinates critical insight into the general use of weapons of mass destruction (WMD) by focusing almost exclusively on an avowed anti-nuclear ideology. This has lead scholars to critique films somewhat narrowly on the often strident position that there has been an *inadequate* reaction to the bomb, or on the notion that there is a single *authentic* Japanese aesthetic tradition, or that *Nuclearism* ubiquitously explains "Japan's" attitude toward the bomb, or even on the distressingly abstract critique that the bomb is a *Kantian category*.[4] Consequently, there is widespread scholarly condemnation of fictional films about past and, bizarrely, future events for their lack of verisimilitude. Christian Metz refers to such metaphysical criticisms as "restoring the 'good' cinema".[5]

How then are we to approach film representations of the firebombing? With only three extant films, quantitative methodologies are useless. An analysis of filmmaking technique, for instance, camera and editing, is problematic because only the second visually describes the firebombing in significant detail. In the third film, the firebombing is so brief as to be barely recognizable. And, the third film relies more on sound than visuals. An interdisciplinary, cross-cultural approach is called for here.

In Japan there has always been an insatiable demand for foreign films. As elsewhere the arts in Japan thrive on a diet of the foreign, the exotic, the new, the playful, and even the bizarre.[6] Recognizing this, and perhaps trying to avoid essentialist arguments, quite a few scholars have looked at Japanese culture as though it were contiguous with Western traditions and history. We read, now, a great deal about the so called apocalyptic imagination in Japanese culture, with

---

[4] Donald Richie: " 'Mono no Aware'/Hiroshima in Film". In: *Film: Book 2, Films of Peace and War*. Ed. Robert Hughes. New York: Grove Press 1962. Pp. 70–71 Susan Sontag: The Imagination of Disaster. In: *Against Interpretation*. New York: Farrar, Straus, and Giroux 1965. P. 224. Robert Jay Lifton: *Death in Life: Survivors of Hiroshima*. New York: Random House 1967. Pp. 509–510; see also, *The Broken Connection: on Death and the Continuity of Life*. New York: Simon and Schuster 1979. P. 355. Paul Boyer: *By the Bomb's Early Light: American Thought and Culture at the Dawn of the Atomic Age*. New York: Pantheon Books 1985. P. xviii
[5] Christian Metz: *The Imaginary Signifier*. Trans. Celia Britton, et al., Bloomington: Indiana UP 1982. P. 9.
[6] Nobuo Tsuji: *Playfulness in Japanese Art*. Trans. Joseph Seubert. Lawrence, Kansas: Spencer Museum of Art, Kansas University 1986.

examples ranging from anime, to the AUM cult, to Nobel Laureate Kenzaburō Ōe. Indeed, the Japanese people are a highly literate people and well versed in Western culture. Still, to argue that something Japanese is "apocalyptic", (and relate that to Japanese attitudes to the atomic bomb, for instance) without taking into consideration more indigenous Japanese traditions is just as myopic as arguing that there is one authentic Japanese tradition. As Japan's most influential clinical psychologist, Professor Hayao Kawai, puts it, "we Japanese have been strongly influenced by Western mythologies"; and yet, "[i]n symbolism, some areas are universal while others are influenced by cultural differences. One who fails to keep this in mind is apt to err seriously".[7]

Fictional films, particularly about catastrophic events, are, to paraphrase the Biblical scholar, John J. Collins, "expressive rather than referential, symbolic rather than factual", and poetic in their articulation of a "sense or feeling about the world".[8] This dovetails rather nicely with seminal historian Nobuo Tsuji's ideas about expressiveness in Japanese aesthetic traditions, particularly the importance of playfulness. In this paper I will, in other words, look at problems of ideology and contradiction, but not as examples of a break in public consciousness, covert political or religious propaganda, or a distortion of some perceived reality. Rather, my concern is with how these representations evoke the experience of the firebombing not the facts. My deeper concern, however, is with better understanding how cultures struggle to come to terms with catastrophic events. To do this, we will look closely at the narrative, symbolic, filmic, and historical context, of, in this case, the experience and re-experiencing of the firebombing of Japan through three filmic representations.

Until the Day We Meet Again

Tadashi Imai's (b. Tokyo, 1912, d. 1991) 1950 film, *Until the Day We Meet Again* (aka, *Until We Meet Again*), is based on Romain Rolland's short work, *Pierre et Luce* (1922). Japan's literati, including the seminal feminist Raichō Hiratsuka, greatly admired Rolland.[9] The film might, however, remind one of the 1940 American remake, *Waterloo Bridge* (a "weepy" or genre film targeting women audiences), first released in Japan in 1949.[10] *Until the Day We Meet Again* is set

---

[7] Hayao Kawai: *The Japanese Psyche: Major Motifs in the Fairy Tales of Japan*. Trans. Hayao Kawai and Sachiko Reece. Dallas: Spring Publications 1988. P. 14, 26.
[8] John J. Collins: *The Apocalyptic Imagination: An Introduction to the Jewish Matrix of Christianity*. New York: The Crossroad Publishing Company 1989. P. 205, 11, 14, 214.
[9] Hiroko Tomida: *Hiratsuka Raichō and Early Japanese Feminism*. Leiden: Brill. 2004. P. 144.
[10] *Kinema jumpō zōkan: Amerika eiga sakuhin zenshū*, no. 577/Complete Collections of American Films, 1945–1971. Tokyo: Pia 1972. P. 20.

in Tokyo during the waning days of WWII. Air raid sounds, rubble, explosions, and privation are frequent reminders of the war in general and the firebombing in particular. The ironies of war and the contradictions inherent to a society that put duty to emperor, family, and self into conflict, are reiterated throughout the film. In one touching scene, an army officer smuggles military issue sake in his canteen to share with his father.

The film's visual representations of the firebombing are minimal. In the climatic air raid, the heroine falls to the ground and the camera cuts to a model of a train station that explodes. More often, the film shows us searchlights, rubble in the streets or people packed into shaky, underground bomb shelters. The sounds of the air raids, however, are used frequently and evocatively. Perhaps this minimalist approach is due to censorship, or the scarcity and prohibitively high cost of special effects materials in 1950. Be that as it may, presumably most surviving Japanese experienced the firebombing relatively indirectly. For the Japanese, therefore, the sound of an explosion and debris falling from the ceiling of a bomb shelter is may be enough to evoke the "sense or feeling of the world" in an air raid; whereas, Americans, few of whom have had any such war experiences, require the more blatant representations that characterize Hollywood films.

The central character and narrator for all but the final scene is a melancholic university student, Saburō Tajima, played by Eiji Okada in his screen debut. (Okada also played the lover in *Hiroshima Mon Amour*, 1959.) Saburō is the third son of an influential and affluent judge. The eldest son, Ichirō, has already died in battle; his pregnant widow resides with the Tajima family. The second son, Jirō, is the officer who smuggled the sake. There is no mother.

Saburō's Storm and Stress is almost palpable. He spends his time reading philosophy and poetry, listening to music, attending classes, but most of all waiting. The film begins with Saburō receiving a telegram ordering him to report for military duty. Immediately, he is told that his sister-in-law is having a miscarriage. Then, the sounds of an air raid. Although overwrought with anxiety about failing to meet his lover, Saburō remains with his sister-in-law. All that is to say, with surprising economy the film evokes its theme: War, and not simply the enemy or an oppressive government, makes normal life impossible, and even aborts the continuity of life.

Air raid sounds trigger Saburō's memories and the flashback that constitutes the majority of the film's narrative, the story of Saburō's chance meeting and affair with working class Keiko Ono (Yoshiko Kuga). Her father having died when she was young, Keiko and her mother (Yaeko Mizutani) lead an impoverished yet dignified life. Through Keiko the heretofore carefree (*"nonki"*) Saburō opens his eyes to the gritty side of society. Yet, for reasons that I will soon explain, they never speak of their class differences directly, nor that his family would surely oppose her.

Saburō and Keiko plan to secretly meet and marry the day he is to leave for military service. As we already know, Saburō is delayed by his sister-in-law's miscarriage. The waiting Keiko, meanwhile, ignores warnings to enter the air raid shelters and she is killed. Saburō never learns what happened to her. The last we see of Saburō, he, like Rick in *Casablanca* (USA, 1942, released in Japan in 1946),[11] is on a train and broken hearted. The final scene of the film takes place in Saburō's bedroom where his father, sister-in-law, and Keiko's mother are gathered. Keiko's mother reads Saburō's last letter from the war, about Keiko of course. She then says that the two lovers can reside together in Saburō's room, happy at last. She places the letter in front of a portrait of Saburō that Keiko had painted, draws the curtains, and leaves the room.

The film might leave the viewer, particularly non-Japanese viewers, feeling as though nothing really happened. In Japanese expressive forms of culture, however, *nothing* is very important. Hayao Kawai, for example, argues that an abrupt or open ended conclusion in which "nothing happens" is a common feature of Japanese narrative structure.[12] Music, however, is the prime exemplar; for, the silences between the sounds are more significant than the sounds precisely because silences are pregnant with possibility. So too the silences between young lovers (*see*, Illustration No. 1) and elderly couples (*see*, Illustration No. 2). Similarly, the empty space (*ma*) in flower arranging, painting, and cinematography (*see*, Illustration No. 3). In Japan's Zen Buddhist philosophy, it is the indescribable void or nothingness that makes this world possible and thus life is precious. Ironically, in Occupied Japan representing *nothing* proved to be a tremendous challenge to filmmakers, for after years of oppressive military censorships, they now had to satisfy one Japanese and two American censoring agencies.[13]

Film scholar Kyoko Hirano, in *Mr. Smith Goes to Washington: Japanese Cinema under the American Occupation, 1945–1952*, writes that the American members of The Supreme Command of the Allied Powers (SCAP) generally believed that the Japanese people had "been led astray by an evil militaristic cabal" that had manipulated the cinema to their ends. Now, SCAP censors looked to the cinema, in particular, as a vehicle to promote democracy and individual freedom. SCAP's success was mixed at best. Hirano writes that "although Japanese film may seem to have been fundamentally transformed on the surface owing to the changed political circumstances (determining the *context* of the films), its essential values (represented in the *text* of the films) were not changed by the occupation" (*sic*).[14]

[11] Pia: *Cinema Club*. P. 86.
[12] Kawai: *The Japanese Psyche, passim*.
[13] Kyoko Hirano: *Mr. Smith Goes to Tokyo: Japanese Cinema Under the American Occupation, 1945–1952*. Washington, D.C.: Smithsonian 1992. P. 4.
[14] Hirano: *Mr. Smith Goes to Tokyo*. P. 4, 5, 10.

Not only does nothing seem to happen in this film, but the hero does nothing. The scholarly literature on post war Japanese film is characterized by the fruitless search for evidence of nuclear WMD induced psychic numbing. It is frequently suggested, for example, that the central character in Kurosawa's 1952 film, *Ikiru*, who is dying of stomach cancer in Tokyo, is a victim of the atomic bomb. Accordingly, one might argue that because Saburō and other characters accept their fate unhappily but without resistance they are emblematic of nuclearism. However, John W. Dower, in his Pulitzer winning history of Occupation era Japan, dismisses nuclearism and psychic numbing as ahistorical. In his discussion of the *kyodatsu* condition ("exhaustion and despair"), Dower notes that *kyodatsu* was widespread and documented well before the war's end. Dower attributes the *kyodatsu* condition to an "intense 'socialization for death,' " "the government's policy of wasting its people in pursuit of impossible war objectives ... incompetence and outright corruption" during and after the war.[15] Following Hirano's lead, a more plausible explanation of the film's characters lack of resistance might be that the film plays to SCAP's evil military cabal theory. Probing a film's ideology is valid and can be provocative; holding them up as evidence of nuclearism and psychic numbing, or even appeasement to SCAP censors, however, runs the risk committing Metz's error of "restoring a 'good' cinema".

SCAP's most lofty mission was to democratize Japan. One of the Americans' more curious theories of how to achieve this goal involves the use of onscreen kissing. Hirano reports that one American censor told Shochiku Studios, "We believe that even Japanese do something like kissing when they love each other. Why don't you include that in your films"? Some Japanese filmmakers, actors and actresses, critics, and audiences, supported onscreen kissing as a healthy expression of human emotion; for others, public display of affection was (and still is) distinctly alien and aesthetically unpleasing. Be that as it may, "The Americans", Hirano explains, "coming from a culture that valued frankness and explicitness, probably could not imagine that Japanese often felt more eroticism in the hidden or the implicit, a preference that is one of the essences of Japanese traditional literature and art".[16]

As mentioned earlier, the most famous onscreen kiss is in this 1950 film. Onscreen kissing was scandalous, and some of the kissing in *Until the Day We Meet Again* is surprisingly vivid. The vivid kissing, however, is not what is remembered. Rather, it is the lovers' first tender kiss. Unsure of his feelings, Saburō leaves Keiko's home, where she has been painting his portrait. She watches him leave from her window. Saburō turns back. He puts his lips to the windowpane and Keiko does the same. It is the space between them that fills the

---

[15] John W. Dower: *Embracing Defeat: Japan in the Wake of World War II*. New York: Norton 1999. Pp. 87, 104–05.
[16] Hirano: *Mr. Smith Goes to Tokyo*. P. 156, 162.

kiss with potential happiness and latent meanings (*see*, Illustration No. 1).[17] It is the almost *nothing* between them, like the silence between two notes, that touches the Japanese audiences and remains in their memories long after the characters have died and the curtains have closed.

In *Playfulness in Japanese Art*, noted art historian Nobuo Tsuji makes clear the importance of a balance between *aware* and *okashi* (or *wokashi*):

> in the tradition of expressionism in Japanese art, the two extremes of seriousness and playfulness do not necessarily contradict each other. Even in works of the utmost seriousness the spirit of playfulness creeps in, preventing the work from being too stiff-looking, and giving it a warm-hearted feeling.[18]

Until the Day We Meet Again, in its poetic capacity to articulate Collins' "sense or feeling about the world", reminds us of the horror and hope that was 1950s Japan. As a counter balance to the sister-in-law's miscarriage and the disruption of normal life, Saburō and Keiko's single, unfulfilled kiss evokes in the viewer a sense of latent possibilities and the courage to struggle on in the belief that there will be future notes coming out of the nothingness that is war.

Grave of the Fireflies

In the early 1950s Japanese cinema gained global recognition, and though Japanese film remains a staple in the college cineast's film diet, the industry has long since gone into decline. (Mitsuhiro Yoshimoto's opening chapters to his book, *Kurosawa: Film Studies and Japanese Cinema*, are quite intriguing in this regard.)[19] In contrast, in the early 1990s my alma mater, The University of California, Irvine, established The UCI Anime Store. Anime fandom, moreover, is global. Susan J. Napier, in her seminal book, *Anime: From Akira to Princess Mononoke*, writes that:

> perhaps the most fundamental reason for animation's popularity in Japan is ... the very flexibility, creativity, and freedom in the medium itself, a site of resistance to the conformity of Japanese society.[20]

Anime are indeed visually and ideologically compelling, and Napier's scholarship is truly insightful. But, I am not sure that anime's resistance to conformity is more remarkable than, say, *Rebel Without a Cause* (USA, 1955), or even *Until the Day We Meet Again*. Indeed, anime can be quite puerile and every bit

---

[17] Pia: *Cinema Club*. P. 610.
[18] Tsuji: *Playfulness in Japanese Art*. P. 87.
[19] Mitsuhiro Yoshimoto: *Kurosawa: Film Studies and Japanese Cinema*. Durham: Duke UP 2000. Pp. 1–49.
[20] Susan J. Napier: *Anime: From Akira to Princes Mononoke*. New York: Palgrave 2000. P. 26.

as tedious in their obsessions as Hollywood films. That is to say, while the anima Napier champions have broad appeal, they are marketed primarily to an audience in a specific stage of psycho-sexual development. Joseph L. White refers to this stage as "The Troubled Adolescent" (in opposition to the damning terms "normal" and "abnormal").[21] These anime, and *manga* (comics), are what librarians today call "young adult literature" ("YA" in the vernacular). In addition to representations of its own psycho-sexual concerns, the YA age group demands variety and shock value. Should we be surprised, then, that YA constitute the film industries' most important market?

Isao Takahata's (b. Mie, 1935) *Grave of the Fireflies*, which is based on Akiyuki Nosaka's award winning, semiautobiographical 1967 novel, describes children at an earlier developmental stage and appeals to a more adult audience than the norm that Napier describes. For the general anima fan, the events of WWII are more symbolic of the present socio-cultural context than parts of a personal or cultural history open to analysis, criticism, and representation. *Grave of the Fireflies* is just that, a representation of historical events, as experienced by two children. Not surprisingly, Napier has nothing significant to say about this anime.

Although a fictionalized account of two orphaned children, there is truth to the events represented in *Grave of the Fireflies*. In February 1948 there were an estimated 123,510 orphaned and homeless children. "[O]nce sentimental effusions had been dispensed with", writes John W. Dower, "the war's youngest victims were treated abysmally". Dower cites respected Japanese who came to the same conclusion. These children suffered terribly, and many died. Still, many others, Dower notes, showed remarkable resilience and ingenuity in their will to survive, and often in open defiance of an uncaring society.[22]

Just as in *Until the Day We Meet Again*, *Grave of the Fireflies* has a flashback narrative structure. Voice over narration and air raid sounds that segue to the flashback are also used. And, though the war disrupts the continuity or possibility of life, the film, nevertheless, exhorts hope.

21 September 1945. A dirty, shoeless boy in tattered clothes reclines against a pillar on a train station floor. Passersby curse him because he will be a public embarrassment when the Occupation forces arrive.[23] Others offer him food. The camera shows us more children just like him. The boy slumps forward and breathes uneasily. The spirit of the same boy appears, clean and well dressed, and in voiceover describes the instant of his own death. He then meets the spirit of his younger sister, and invites her to go home. They are at peace. They ride a train home. An air raid segues to the flashback.

---

[21] Joseph L. White: *The Troubled Adolescent*. New York: Pergamon 1989.
[22] Dower: *Embracing Defeat*. Pp. 62–63.
[23] Occupation forces first landed in Tokyo on 28 August 1945.

The boy is Seita, and his sister is Setsuko. The bulk of the narrative follows their adventures, which at times are heart lifting but usually heart rending, particularly as the war effort and nation spiral into collapse. Their father is an officer in the Imperial Navy, and we learn nothing of his fate at war's end. Early in the film, the children watch from a hilltop as their city burns in a firebombing. This scene is mirrored in the last shots of the film. Their mother dies of injuries sustained in the firebombing, and Seita watches as his mother's maggot-infested body is burned in a mass pyre. The children move in with a distant aunt who, though not unsympathetic, refuses to sentimentalize the children's plight and criticizes Seita for contributing to neither the household nor the war effort.

Despite a friendly farmer's urging to return, because "you cannot survive outside the system", Seita decides to escape their aunt by moving into a cave built in a distant river embankment. It is a child's haven from a heartless world. The first night they capture fireflies and release them inside the mosquito net inside the cave (*see*, Illustration No. 4). It is a scene of childhood delight.

The next morning, Setsuko digs a hole that is *the grave of the fireflies* (*see*, Illustration No. 5) and tells Seita that she learned from aunty that their mother is dead. Seita sobs, and promises Setsuko they will visit their mother's grave. Setsuko asks, in response, "Why do fireflies die so quickly"? Later, Setsuko dies, of malnourishment, in the cave. Seita cremates her, and, in voice over, says that he takes her ashes and leaves their cave forever. The film segues to the present moment, the happy reunion of Seita's and Setsuko's spirits, and the film ends as they sit atop a hill overlooking their shiny, rebuilt city. The children are alone, except for the fireflies.

This film cleverly leaves the viewer feeling ambivalent. That is, we both admire the children's tragic attempt to live "outside the system", and we wish they would return to their aunt. There is no clear resolution, but through the visual, symbolic, and narrative structures of the film, we can better understand the enigma. According to ancient literature and folktales, the spirits of the dead take the form of fireflies.[24] Ancestor worship, and the belief that the spirits of the dead are here with us, even looking out for us, is an essential part of Japanese daily life. The short lived fireflies also remind us, like the cherry blossom, of the evanescence of life. The cherry blossom is adored because it falls from the tree at the peak of its beauty; and, thus, is a frequent metaphor for youth. In this film it is though the firefly that the children learn the joy and sadness of life.

Buddhism teaches that death is a release from this world of suffering and illusion. Is the film, therefore, suggesting that the children are better off dying young? That is to say, is *Grave of the Fireflies* an example of Dower's "sentimental

---

[24] Fireflies, Firefly Viewing. In: *Japan: An Illustrated Encyclopedia*. Tokyo: Kodansha 1993. P. 376.

effusions", a palliative for individual and collective responsibility to war orphans? I don't think so. As we have already seen, because life emerges out of *nothingness*, life is precious. Thus, as I hope to show, the ending suggests that without Tsuji's notion of playfulness, which includes happiness, or at least the hope that the future can be happier, as a counter balance to seriousness, the film would be unwatchable.

Let us follow this symbolic linkage between fireflies and children further by attending to Kawai's culturally specific and universal meanings of symbols. For Tsuji, being "childlike" does not simply connote playfulness, but creativity itself. "Su Shi [a Chinese philosopher who influenced Japanese artists] called the divine force that created the universe (*Zaohua*) a child".[25] More universally, C.G. Jung writes that what he calls the "child motif" appears in conjunction with crisis and indicates unforeseen possibilities and the "anticipation of future developments".[26]

Seita seems to forestall any future development by not being classically tragic. That is to say, he learns nothing from his experiences, refuses to accept adult responsibilities beyond caring for his sister, and never develops a critical understanding of himself or his conditions. Kawai, however, points us to a different way of understanding this film. Kawai contends that Western and Japanese stories

> have a different impact: the Western one has a form of completeness which impresses the reader whereas the Japanese seems to be incomplete. But if one considers the feelings apt to be induced in its audience, the story is complete. It cannot be discussed as a whole without appreciating the feeling of *awaré* (softly despairing sorrow) which a Japanese would feel for [the central character] who disappears.

There is also, Kawai writes, "the beauty of rancor (*urami*) which backs up that of sorrow (*awaré*)" expressed by the protagonist. "If *awaré* occurs at the sudden cessation of a process and is directed at something disappearing, then *urami* looks toward the continuation of a process and is born out of the spirit of resistance to the necessity of disappearing".[27]

In other words, if the film ended with, say, Seita's death, it would be more satisfying in a Western sense. There would be a clearer resolution to the story, a more obvious representation of narrative closure, and the film would seem to express an unambiguous antiwar ideology. But, had it ended with a Western sense of "completeness", then playfulness would be utterly unbalanced by seriousness, and the film would be so overwrought with hopelessness as to be, literally, indigestible to most audiences.

---

[25] Tsuji: *Playfulness in Japanese Art*. P. 14.
[26] C. G. Jung: The Psychology of the Child Archetype. In: *The Archetypes and the Collective Unconscious*, 2nd Ed. Princeton 1980. P. 165, 170.
[27] Kawai: *The Japanese Psyche*. P. 22.

Seita's rancorous refusal to capitulate to "the system" or to the kyodatsu condition evokes in the viewer a resistance to the postwar necessity of street children disappearing from public consciousness. At one level, the film represents the catastrophic consequences of the war, the firebombing in particular, through the experiences of children. These children remain childlike even after their bitter ends, and this suggests survival and development beyond current limitations. At another level, that of social critique, it is through Seita that the film shows open defiance to an indifferent society. Together, both levels evoke in audiences the hope that oppressive conditions can be overcome. *Grave of the Fireflies* must, I think, be understood as part of a process (however successful) whereby through filmic representations the Japanese people are coming to terms with their past.

Grave of the Fireflies was released well after film censorship had eased, at the peak of the so-called "Bubble Economy", and at the moment anime was becoming a truly global phenomenon. Anime, having a distinct sense of unreality to it, affords the viewer, perhaps, a degree of distance that makes troubling images more palatable. Japanese officialdom, moreover, steadfastly maintains that the country has confronted its wartime past, though others just as steadfastly disagree. In many ways, therefore, animators were freer in their work and the country more willing, than in 1950, to look at representations of the firebombing. We see American bombers, incendiary devices, explosions, people running through flames, whole cities burning, and scenes of pitiful carnage. I contend, however, that the relative age of the filmmakers is more important to explaining the more detailed and realistic representation of the firebombing. In contrast to Imai and Kurosawa, Takahata was a child at the war's end while Nosaka, the novelist, was closer to young adulthood, and, although now adults, both struggle to represent the events from the perspective of children. Like the orphaned children that Dower describes, who survived through wit and ingenuity, or creativity, *Grave of the Fireflies* represents the firebombing in open defiance of official Japanese memory.

Mādadayo

Akira Kurosawa made three films ostensibly representing the atomic bomb (*Record of a Living Being*, 1955, *Akira Kurosawa's Dreams*, 1990, and *Rhapsody in August*, 1991), and several other films taking place in postwar Japan. His last film, however, directly represents the firebombing of Tokyo. But, although the firebombing of Tokyo is a significant event in the life of the central character, we see almost nothing of the actual event, only a barely perceptible flash on the screen. On repeated viewings, the flash looks hand drawn, like a comic book explosion, rather than a sophisticated use of special effects. In a few other scenes we see rubble, some harsh living conditions, and some friendly American GIs, but mostly life goes on rather normally, as if nothing really happened. In contrast with the other two films it is tempting, perhaps, to see the representation of the firebombing in Kurosawa's film as regressive, even reactionary in its attempt to obscure Imperial Japan's defeat. But I do not think that is what we are seeing. In a 1991 interview with Garcia Marquez, Akira Kurosawa that the atomic bomb is "unfilmable", and that he avoided "shockingly realistic scenes" because they would "prove to be unbearable" and "would not explain in and of themselves the horror of the drama".[28] Thus, I contend, what we are seeing is a deliberate ideological and stylistic position, not unlike holocaust writers who refuse to write the names of the dead. Kurosawa's sometimes humorous sometimes seemingly banal representation of life during and after the war is no less deliberate. In a subject as serious as WWII, we should expect and appreciate a certain amount of what playfulness.

The word *madadayo means*, simply, "not yet". The title of this film is, however, *Mādadayo*. The importance of this elongated first vowel cannot be over emphasized. In the Japanese game of hide-and-seek, the seeker calls out *mōiikai*, "are you ready yet"? The child hiding either says *mōiiyo*, "ready", or "*mādadayo*". The visceral urge to respond upon hearing this word is not difficult to imagine, and in adults it evokes fond memories. In a Heian era (794–1185) ballad, retired emperor Goshirakawa writes:

For sport and play
I think that we are born.
For when I hear
The voice of children at their play,
My limbs, even my
Stiff limbs, are stirred.[29]

Akira Kurosawa's (b. Tokyo, 1910, d. 1998) last film, *Mādadayo*, is based on the life of Professor Hyakken Uchida (1889–1971) and his writings. The film takes place in Tokyo, and opens in 1943 with the Professor (Tatsuo Matsumura) announcing his early retirement, due to the unexpected financial success of his books. What follows is a series of vignettes that recount Uchida's *joie de vivre*, and how he faces adversity as well as fortune with wit and grace. The film ends in 1971, presumably at his death. On first viewing, the film can be a disappointment, for again nothing seems to happen. But, when we look at the pattern of symbols used throughout the film, it is a fascinating representation of wartime and postwar Japan, and of a life well lived.

Uchida's house is, perhaps, the most obvious symbol. After retiring he moves into a new home. It is, inevitably, destroyed in the firebombing of Tokyo.

---

[28] "The Conversation: Kurosawa and Garcia Marquez". *Los Angeles Times* Calendar June 23, 1991. P. 28.
[29] Tsuji: *Playfulness in Japanese Art*. P. 26.

He and his wife (Kyōko Kagawa) are forced to take up residence in a gardener's tool shed. Uchida's former students visit to cheer him up with companionship and drink. When Uchida proposes building a donut shaped pond, his wife affectionately says he is a child. One student comments that it is Uchida's childlike nature that attracts her to him. At that moment, Mrs. Uchida blows out a candle, sees the full moon, and gasps at its beauty. Uchida begins to sing to the moon. One student comments that during the war they had forgotten to look at the moon; and, now, despite Occupation era privations, they can at last enjoy moon-viewing again. The student's comments are not at all frivolous. Hirano writes that "Japanese filmmakers met their country's surrender with mixed emotions. Their strongest feeling was one of relief after the long, exhausting war experience".[30] All move to the doorway of the shack and silently take in the moon's beauty (see, Illustration No. 6), and then they sing to the moon.

The students hold the first of seventeen *mādadayo* parties for the aging professor. They sing a song that tells us the sun and moon are siblings, which is indeed the case. The goddess Amaterasu-ōmikami (progenitoress of the imperial family and symbolic unifier of the Japanese people.) is associated with the sun, and her brother, Susanō, the moon. Another song tells us the moon is round like a serving platter, and one of the students holds a large platter behind the professor's head thus creating a direct comparison between the moon and Professor Uchida (see, Illustration No. 4) and a halo-like affect. Kurosawa, being a painter as well as a filmmaker, was undoubtedly familiar with the use of halos in Asian and Western traditions. Kurosawa's positioning of the camera and long focal length lens, in this shot, however, compresses foreground and background, creating a sense of non-recessional space that is arguably more common to Japanese representations.

Uchida's students help him to build a new home. During the house warming party, we learn that a neighbor was left destitute by the firebombing but refuses to sell his property because the prospective buyer plans to erect a structure that would forever block the sun from Uchida's home. Though a seemingly irrelevant vignette, we have, here, another significant alignment, so to speak, of the sun and the moon.

In another vignette, Nora, the family cat, an intimate member of the "household", goes missing. Uchida is inconsolable until Mrs. Uchida, knowingly, adopts a new stray. Uchida eventually says, admiringly, that his wife knows just how to set everything right. Let us explore these four symbols – the house, the moon, the cat, and the childlike behavior – in greater depth.

Uchida speaks of emulating the life of an ancient Zen monk and author who lived in a reclusive shack. Uchida comes closest to this goal, one student points out, when he is forced to live in the gardener's shed. And yet, Uchida happily

---

[30] Hirano: *Mr. Smith Goes to Tokyo*. P. 31.

relocates to the home his students build for him. In similarly contradictory fashion, Uchida does everything he can to discourage visitors from disturbing his solitude, yet eagerly welcomes anyone with a bottle of sake to share. Through Uchida's conflicted desire for solitude as wells as companionship, and spiritual enlightenment as well as material comfort, the film symbolically represents those dynamic tensions that are the human condition. We may also say that it evokes Japan's postwar ambivalent desires to both withdraw from the world and rebuild a global presence.

The moon is a symbol of enlightenment. Kurosawa uses this symbol in at least two other films: *Sanshiro Sugata* (1943) and *Rhapsody in August* (1991).[31] In the seminal Nō play, *Obasute (The Deserted Crone)*, which takes place during the fall moon-viewing season, we read the line: "Ten thousand miles of sky". This figure, ten thousand, traditionally suggests completeness or wholeness, even the infinite or eternity. We also read:

> But here the moon through its rift of clouds,
> Now full and bright, now dimly seen,
> Reveals the inconsistency of this world
> Where all is perpetual change[32]

Completeness and impermanence coexist in natural harmony with one another; these antitheses are evoked by viewing the moon in the sky. In *Rhapsody in August*, the central character leads her grandchildren outside to view the full moon, which, she says, can "wash" the "mind clean". In *Mādadayo*, Uchida is associated with the moon, and his childlike spirit is infectious. Filled by the moon with the spirit of *Zaohua*, everyone sings to the moon.

Uchida's response to the loss of Nora reinforces his symbolic connection to the moon, and to his wife. *Manekineko*, the figure of a beckoning cat, is a ubiquitous talisman in Japan that invites prosperity and good fortune.[33] In addition to culturally specific meanings, here, it is helpful to also consider Western and more universal symbolic associations, for as Kawai notes, "we Japanese have been strongly influenced by Western mythologies".[34] J. E. Cirlot writes that the "Egyptians associated the cat with the moon, and it was sacred to the goddess [of fertility] Isis and Bast … the guardian of marriage".[35] When Uchida's wife adopts a new cat, Uchida immediately recovers his composure. Everything in

---

[31] Images from these films, along with the moon viewing room at Katsura Rikyū, may be seen on my website: www.atomicbombcinema.com.
[32] Zeami (1363–1443): The Deserted Crone (Obasute). In: *20 Plays of the Nō Theater*. Ed. Donald Keene. New York: Columbia UP 1970. P. 123, 126.
[33] *Japan: An Illustrated Encyclopedia*. P. 269.
[34] Kawai: *The Japanese Psyche*. P. 14, 26.
[35] J. E. Cirlot: *A Dictionary of Symbols*, 2nd Ed. Trans. Jack Sage. New York: Philosophical Library 1971. P. 39.

Japan revolves around women. Women are, after all, associated with the sun through *Amaterasu-ōmikami*. And, in the words of Raichō Hiratsuka, who wrote what many consider "the first declaration of 'feminism' in Japan", in 1911, "In the beginning woman was the sun".[36] Japan is a matriarchy. Again, through various symbols, the house, the neighbor's house, cats, and his wife, Uchida's association with the moon is strengthened.

Finally, Mrs. Uchida's description of her husband as a "child" is not, as Tsuji tells us, a pejorative.[37] It is an expression of the creative spirit of Zaohua. The child motif, as Jung calls it, is also a "personification of vital forces quite outside the limited range of our conscious mind".[38] Uchida's response to the loss of his cat, moreover, is not as childish as it may seem. Exaggerated, unrealistic characterizations are, Tsuji tells us, fundamental to the Japanese arts.[39]

John Traphagan, a gerontological anthropologist writes that in Japan "the key to a good old age is to find a reason for being, an *ikigai*". An ikigai, Traphagan shows, is considered essential not only to the individual's maintenance of body and mind in old age but also to a healthy society.[40] Uchida's ikigai, his writing and his sociability into old age, make him a truly heroic character, in a Japanese sense. *Mādadayo* is, thus, an elegant and touching meditation on aging well. But it is far more than that. It is also a mediation on rebuilding after the catastrophic events of WWII. Hiratsuka's declaration of feminine independence was in defiance of a patriarchal polity that reduced and constrained woman's status to a degree never before seen in Japanese society. The military government, which Hiratsuka and other feminists opposed, led the country into a ruinous war that, as suggested by the previous two films, disrupted the continuity of life. *Mādadayo* suggests all this and more. Uchida believes, and the camera shows us, that his cat, Nora, is trapped in the rubble of the firebombing. That all important psychic connection to Japan's matriarchal ancestry, in other words, is disrupted by the war. The most important shrine in all of Japan is Ise Jingu, which is dedicated to Amaterasu-ōmikami. The shrine is rebuilt every twenty years in a symbolic act of reconnecting with a divine origin. Likewise, Uchida struggles throughout the film to rebuild his home and, symbolically, reconnect to the divine feminine goddess. To build or rebuild, to be creative, one must be filled with the childlike spirit of *Zaohua*.

The final scene might seem enigmatic, for Uchida calls out mādadayo just before his apparent death. Should we read this as rancorous refusal to die? I don't think so. In Japanese narratives, people who die with bitterness never

[36] Tomida: *Hiratsuka Raichō*. P. 1, 414.
[37] Tsuji: *Playfulness in Japanese Art.* P. 14.
[38] Jung: The Psychology of the Child Archetype. P. 170.
[39] Tsuji: *Playfulness in Japanese Art.* P. 30, 82.
[40] John W. Traphagan: *Taming Oblivion: Aging Bodies and the Fear of Senility in Japan.* Albany: State University of New York Press 2000. P. 133.

find peace in the other world. That is a horrible fate. I prefer to interpret this final scene as Uchida's playful acceptance of his death. Had he been resentful, he would say madadayo, but he clearly says mādadayo.

Conclusion

The three films we have looked at are strikingly different. Each is made in a very different historical moment and focus on very different characters. *Until the Day We Meet Again* focuses on the lives of young adults, and was made in a period of unprecedented occupation, censorship, and privation, and yet a time of extraordinary experimentation and reflection. *Grave of the Fireflies* focuses on the lives of children, and was released during the unprecedented Bubble Economy years of decadent wealth and hubris. *Mādadayo* focuses on the elderly and the attachment to place or home, and was made shortly after the "bursting" of the 'Bubble,' which razed Japan's economic landscape and aspiration for superpower status. The country found itself once again reflecting on its past, present, and future.

Despite their differences, these three films have compelling similarities. Each has visual representations of firebombing. All three films criticize the war as an event that disrupts normal life. These films, I have shown throughout, suggest that at some levels Japanese culture has been earnestly struggling to resolve contradictions in its history and identity. These three filmic evocations of this struggle suggest, moreover, increasing sophistication. The first two films introduce the theme of the disruption of the continuity of life, and youth or childhood and the creative spirit are destroyed. In *Until the Day We Meet Again*, the heroine is an artist. Her death symbolizes the loss of connection to creativity and the feminine, and thus foreshadows the hero's own death. In *Grave of the Fireflies*, the hero struggles to remain connected to his sister, without whom life has no meaning. The male god, Susanō, offends his sister Amaterasu-ōmikami, the sun goddess, and she retreats into a cave, leaving the world in darkness. Susanō coaxes her out with dance and music, or, in other words, playfulness or creativity, and light is restored to the world. *Grave of the Fireflies* reenacts this mythological drama, but this time the sister, Setsuko, does not emerge from the cave, foreshadowing the hero's own death. Of the three films, Uchida, in *Mādadayo*, is the only male central character to die before the female central character. After the long, bitter war years, Uchida succeeds in reconnecting himself to the moon, the sun, and the creative spirit of *Zaohua*, and, in the end dies well. All this is to say that, these three films offer representations of the firebombing and how war disrupts the continuity of life. At the same time, through symbolism these films evoke in the audience the hope that catastrophic and oppressive conditions can be transcended, and a meaningful life achieved through living and dying well.

The very images of firebombing in these three films, moreover, evoke another level of engagement with the subject. That is to say, an engagement with the very problem of representing events that some people believe cannot or should not be depicted. As a group of filmmakers, Imai, Takahata, and Kurosawa, have struggled with, among other things, censorship, official memory, personal memory, social mores, rapidly changing social structures, technology, style, and the very limits of film as a medium of representation. In the end, what we are seeing is, I think, seminal and exciting moments in a long historical process whereby Japan assimilates new ideas and modes of representing those ideas through the various expressive forms of culture that come together in the cinema.

Illustration No. 1. *The Most Famous Kiss in Japanese Cinema.* On opposite sides of a snowy windowpane, Saburo (Eiji Okada) and Keiko (Yoshiko Kuga), kiss tenderly. Until the Day We Meet Again (Imai). © 1950 Toho Co., Ltd. All Rights Reserved.

Illustration No. 2. *Actions Speak Louder than Words.* In contrast to Americans, Japanese couples tend not to put feelings, even of love and affection, into words, as this scene so eloquently suggests. Madadayo (Kurosawa). © 1992 Kurosawa Productions. All Rights Reserved.

393

Illustration No. 3. "*Marui ... Obon no Yona Tsuki da*" (The moon is round like a platter). Throughout the film, Uchida (center) is associated with the moon and childlike joie de vivre. The composition, too, evokes indigenous modes of representation. Madadayo (Kurosawa). © 1992 Kurosawa Productions. All Rights Reserved.

Illustration No. 4. *In the Cave of Amaterasu-omikami*. Catching fireflies is a favorite summer pastime. Seita (left) and Setsuko release fireflies inside mosquito netting in a bomb shelter. Grave of the Fireflies (Takahata). Original Japanese version © 1988 Akiyuki Nosaka/Shinchosha Co. English versions © 1992, 1998 Central Park Media Corporation. All rights reserved.

Illustration No. 5. *Entombing Fireflies*. The film's title comes from this scene, where Setsuko pours the corpses of dead fireflies into a grave that she has dug. The short-lived fireflies remind us of the evanescence of life and the spirits of the dead. Grave of the Fireflies (Takahata). Original Japanese version © 1988 Akiyuki Nosaka/ Shinchosha Co. English versions © 1992, 1998 Central Park Media Corporation. All rights reserved.

Illustration No. 6. *Symbol of Renewal*. For the first time since the war began, Uchida (right foreground), his wife (left foreground), and students take time for moon-viewing. Madadayo (Kurosawa). © 1992 Kurosawa Productions. All Rights Reserved.

Afterword

William Rasch

'It Began with Coventry': On Expanding the Debate over the Bombing War

In a speech held on July 24th, 2003, marking the 60th anniversary of the start of Operation Gomorrah, the firebombing raid of Hamburg that killed between forty and fifty thousand people and left a further million homeless, the British ambassador to Germany, Sir Peter Torry, said the following: "Zwischen 1939 und 1945 war Europa einem Wahn erlegen. Die Ereignisse vom Juli 1943 waren ein besonders schlimmer und zerstörerischer Ausdruck dieses Wahns".[1] Given the orthodoxy that governs the discussion of the 20th-century's world wars, and given the chastisement that almost automatically cascades from self-assured moral positions down upon the head of one who deviates from orthodox opinions, Torry's statement is remarkable, even refreshing. That a representative of the government of a victorious power that had been engaged in such a vicious, geopolitically important and ideologically-driven war, would, even over a half-century later, include his nation's actions in an all-encompassing negative description of that conflict is astonishing. Certainly, with regard to the firebombing raids and two nuclear attacks conducted against Japanese cities between March and August, 1945, the United States has not been as forthcoming. Rather, just as one expects American apologists to repeat eternally that the American raids on Tokyo, Toyama, Osaka, Hiroshima, Nagasaki, and other cities were generous actions designed to save not only American but also Japanese lives, one could have reasonably expected the British ambassador to have likewise repeated the tested truisms of the past.[2]

---

[1] The complete text of Torry's speech can be found on the web at http://fhh.hamburg.de/stadt/Aktuell/pressemeldungen/2003/juli/24/pressemeldung-2003-07-24-pr-02.html

[2] Top of the list, of course, is the bomber's function in the civilizing process. For a classic statement, see J. M. Spaight, *Bombing Vindicated*, London: Geoffrey Bles 1944, chapter I, entitled, "The Bomber Saves Civilisation". The notion has a double edge. If bombing could assure victory, then, on the one hand, the killing of tens of thousands of civilians was positively balanced against the loss of millions of young men on the battlefield (as in World War I), and, on the other hand, the relatively "barbaric" act of bombing, when used against "barbarians", could be transformed into a civilized and civilizing act.

Indeed, one can imagine the betrayal felt by many German intellectuals and normal citizens who have internalized these tried-and-true justifications. Comparison may be one of the customary stocks in trade of historians and cultural critics everywhere, but comparison is strictly *Verboten* when it comes to Germany, whose *Sonderweg* is as strongly defended today as it was in 1914, only now with a different coloring.[3] To call the bombing of Hamburg "mad", and to cite it as a "particularly terrible and destructive part of the madness" that swept across the Europe of the time, implicitly comparing it to other acts of madness, is certainly not orthodox. And orthodoxy is nothing if not important, because orthodoxy can be the glue that holds any given social order in place.

In 1945, what was left of the nation-state called Germany since 1871 was totally annihilated. What allowed Germany to avoid the fate of Carthage; that is, what allowed Germany to remain or re-emerge as a name on the map was an implicit social contract. In exchange for 1) acknowledgment of unique and complete guilt for the war and all its outbursts of "madness" and 2) repeated public rituals of remorse and repeated but quite modest payments of restitution, Germans would be accepted back into the family of fully human beings, and their status as outlaws would be revoked. It has proven to be a convenient bargain for all concerned. Germans and non-Germans have benefited from it economically (by allowing Germany to re-build its industrial base, the standard of living in all of Europe far exceeded pre-war standards), politically (by being integrated into the two postwar military and economic alliances, the two German states regained a modicum of political self-respect and the two superpowers gained important front-line allies and potential cannon fodder), and, perhaps most importantly of all, morally. Not only did the ritual of German public self-critique allow the rest of us to bask in our comparative goodness, no matter what acts we committed (for instance, in Algeria, Vietnam, or Afghanistan, to pick only three wars waged by three of the former Allies), but later generations of Germans continue to benefit even today. Current German remorse demonstrates contemporary Germany's moral superiority in comparison with

---

[3] The thesis that German 19th- and early 20th-century history deviates perversely from the beneficent norm of modern, Anglo-American liberalism, so cherished by a generation of German historians who emerged in the 1960s, has been vigorously and at times humorously challenged by a subsequent generation of British and American historians. The text that ignited the debate and has since re-oriented scholarship in the Anglophone world is David Blackbourn and Geoff Eley *The Peculiarities of German History: Bourgeois Society and Politics in Nineteenth-Century Germany*, New York: Oxford UP 1984 (originally published in 1980 in German as *Mythen deutscher Geschichtsschreibung. Die gescheiterte bürgerliche Revolution von 1848*, Frankfurt/M., Berlin, Vienna). Leading German historians of the generation implicated remain unconvinced.

particularly discredited previous generations. As an added bonus, contemporary German obsession with the evils of its history conveniently feeds the contemporary American obsession with the purported purity of its own past. It was America's "greatest generation", after all, that defeated Germany's decidedly most despised generation – even if it did so by waging a war in Europe and especially the Pacific that was as brutal as the one it much more agonizingly conducted in Vietnam. The generation of the "good war" invented and used the weapons of mass destruction about which we claim to be so concerned today; upheld various racisms and anti-Semitism, while purporting to fight against them; and pronounced the 20th century to be the American century while denouncing others as imperialist who claimed to rule the waves, place themselves *über alles*, or presume to speak in the name of the proletariat. That this generation of Americans could be anointed the "greatest", while the '60s generation, with its civil rights, anti-war, and incipient women's and gay rights movements, should now be blamed for all of contemporary America's social ills, speaks volumes for the success and continued political importance that the social contract of 1945 has for us. And that the epic, even mythic, portrayals of the 1940s in the films of Bruckheimer and Spielberg and the "histories" of Ambrose and Brokaw[4] should go hand in hand with the continued characterization of the '60s as a troubled time, as if the social change the United States underwent during the last third of the last century of the last millennium had been a bad thing, is not surprising. It was, after all, against the "greatest" generation that we of the '60s generation wailed and railed – not just the Kennedys, Johnsons, and Nixons, but also against the likes of General Curtis LeMay, who not only engineered the 1943 daylight raids over Germany and the fire-bombing of Tokyo in March, 1945, but also, as a member of the Joint Chiefs of Staff, recommended the bombing of Cuba during the 1962 Missile Crisis and proudly proclaimed that we could and should bomb Vietnam back into the Stone Age.

It is because of this complex, interlocking relationship between how Germans view their history and how the rest of us view ours that the recent public chatter, in Germany and elsewhere, about the bombing war is of interest. It should be mentioned that in the historical literature, debates about the origin, ethics, and military efficacy of the bombing war have been conducted for decades. British historians in particular have been harsh critics of their own government's

---

[4] I refer to films like Pearl Harbor and Saving Private Ryan and books like Stephen Ambrose; *Band of Brothers: E Company, 506th Regiment, 101st Airborne from Normandy to Hitler's Eagle's Nest*. 2nd edition, New York: Simon & Schuster, 2001 (which was made into an HBO TV series), Ambrose: *The Wild Blue: The Men and Boys Who the B-24s Over Germany 1944–45*. New York: Simon and Schuster 2002, and Tom Brokaw: *The Greatest Generation*. New York: Random House 1998.

policies.⁵ But it is only because now a German historian has written what one may call the German *Hausbuch* of the bombing war, describing in great and comprehensive detail what has already been published in a myriad of specialized studies or local commemorative publications, that contemplating the destruction of Germany has taken on the shape of a public spectacle. And one cannot observe the controversy that surrounds the publication of Jörg Friedrich's *Der Brand*⁶ without noticing how nervous some have become, for many feel that this study of the British area bombing of Germany might threaten the terms of the implicit social contract. Those who show the greatest nervousness are those who repeat and embellish the oldest tropes. Indeed, the familiar sound of Germans admonishing Germans to remain silent about the bombing war (among other things) on the grounds that "we [Germans] started it" and "we [Germans] deserved it" echo the discourse of the exile generation going back to the period of the war itself. Don't get me wrong: I have no great desire to topple the postwar order that the contract allowed for. I enjoy visiting Germany every chance I get, just like I would probably have enjoyed visiting Carthage, had I ever been given the opportunity. I do believe, however, that as cultural critics – or whatever it is that we in Literary, Cultural, or German Studies think we are – we ought not to base our examination of the bombing war solely on these terms, even if they have become, as it were, part of the post-war German liturgy. In the space remaining, I would have liked to examine these terms. Instead, I fear, I will only be able to show how difficult it is to walk the moral mine field that is the contemporary public debate about the bombing war.

*

One of the oft repeated criticisms of Friedrich's book states that not enough attention is given to the German bombing of Britain in 1940 and 1941 – which is to say, not enough attention is given to the purported *cause* of the British

---

⁵ "Historians, both official and unofficial, have dealt harshly with the bomber offensive" (Norman Longmate, *The Bombers: The RAF Offensive against Germany, 1939–1945*, London: Hutchinson, 1983. P. 381). For an American account of British policy, see Stephen A. Garrett: *Ethics and Airpower in World War II: The British Bombing of German Cities*. New York: St. Martin's Press 1993. For a comprehensive perspective on the strategic and moral aspects of the American campaigns in Europe and Japan, see Ronald Schaffer: *Wings of Judgment: American Bombing in World War II*. New York: Oxford 1985. A more recent treatment that combines personal memory with historical narrative can be found in Hermann Knell: *To Destroy a City: Strategic Bombing and Its Human Consequences in World War II*. Cambridge, MA: Da Capo 2003. The bombing of Germany has also had its vociferous defenders, not surprisingly starting with Sir Arthur Harris: *Bomber Offensive*. London: Collins 1947. The most recent comprehensive history (and defense) is by Robin Neillands: *The Bomber War: The Allied Air Offensive against Nazi Germany*, Woodstock: Overlook Press 2001.
⁶ Jörg Friedrich: *Der Brand: Deutschland im Bombenkrieg, 1940–1945*. München: Propyläen 2002.

bombing of Germany. To understand how the narrative is supposed to be told, we can go back to Thomas Mann's wartime radio broadcasts delivered from exile to the German population. In a broadcast from April, 1942, Mann states:

> Zum ersten Mal jährt sich der Tag der Zerstörung von Coventry durch Görings Flieger, – einer der schauderhaftesten Leistungen, mit denen Hitler-Deutschland die Welt belehrte, was der totale Krieg ist und wie man sich in ihm aufführt. In Spanien fing's an, wo die Maschinisten des Todes, diese nationalsozialistisch erzogene Rasse mit den leeren, entmenschten Gesichtern, sich vorübten für den Krieg. Welch ein Sport, wo es gar keine Gegenwehr gibt, im Tiefflug in flüchtende Zivilistenmassen hineinzupfeffern, – Frisch und fröhlich! Das Gedenken an die Massakers in Polen ist auch unsterblich, – genau das, was man ein Ruhmesblatt nennt. Und Rotterdam, wo in zwanzig Minuten dreißigtausend Menschen den Tod fanden dank einer Bravour, die von moralischem Irresein zu unterscheiden nicht leichtfällt.[7]

In typically well-crafted prose, Mann gives us all the reason in the world to hit back. True, the figure 30,000 for the number of dead in Rotterdam is fantastical,[8] and the description of Göring's machinists of death confusing. One might be tempted to wonder how their empty, dehumanized faces registered and displayed the *Frisch-und-fröhlich* sporting euphoria claimed for them as they mowed down the defenseless masses caught in their crosshairs. It's rather like trying to imagine the Terminator with human emotions. But what interests us is the chronology that is charted: 1941, the destruction of Coventry; 1940, the destruction of Rotterdam; 1939, the destruction of Warsaw and other Polish cities and towns; and 1937, the destruction of Guernica. Why is this chronology traced? Because in April, 1942, a city near and dear to Mann was also destroyed. "Beim jüngsten britischen Raid über Hitlerland hat das alte *Lübeck* zu leiden gehabt". Mann gives two justifications for this raid. Almost in passing he states: "Die Angriffe galten dem Hafen, den kriegsindustriellen Anlagen, aber es hat Brände gegeben in der Stadt".[9] Mann had no way of knowing at the time that the raid on Lübeck had nothing to do with harbors and industries and everything to do with the fires caused in the city center, for as historians before Friedrich have pointed out,[10] the bombing of Lübeck was the first test case to see just how flammable medieval cities really were. But that fact is immaterial, for the real justification for the raid is simpler: Tommy bombed Lübeck because Fritz started it all when he bombed Guernica, Warsaw, Rotterdam, and of course Coventry and other British cities, especially

---

[7] Thomas Mann: *Gesammelte Werke*, Band XI, Zweite, durchgesehene Auflage, Frankfurt/M: Fischer 1974. P. 1033.
[8] Though widely believed at the time. "On 14 May [1940] came the bombing of Rotterdam, killing, it was believed, 30,000 civilians. The true number, we now know, was 1000, and in any case the raid might have been justified as preceding a military advance" (Longmate: *The Bombers*. P. 83).
[9] Mann: *Gesammelte Werke* XI. P. 1034.
[10] For instance, Garrett: *Ethics and Airpower*. P. 14.

London.[11] The implication is that the raids on German cities – and in this broadcast Mann lists Köln (not yet the 1000-plane raid of a month later), Düsseldorf, Essen, and Hamburg (again, not the devastating raids yet to come) in addition to Lübeck – are simply provoked retaliations, or at least morally unproblematical, because whatever opprobrium that could be attached to the bombing of civilians only affects the initiator of such strikes, and not those that follow in response.

In light of this chronology and the purpose it is intended to serve, Friedrich's sin is that he treats the British as autonomous agents, as proactive, not merely reactive. He shows them over a period of years working hard to perfect the weapon that they eventually use with such great effect against the inhabitants of German cities. As I mentioned earlier, he is certainly not the first to do so, so why should this be such a problem? Must one invoke Coventry with every observation, even when, chronologically, it makes no sense – for instance when one describes the creation of an offensively minded Bomber Command during the 1920s under the guidance of Hugh Trenchard, or when one notes that Britain began developing 4-engine bombers in 1936 and drew up plans to target German cities in 1937?[12] Surely there was nothing "immoral" or even illegal in all of this,[13] so why the nervousness? How is one supposed to go about describing British and American war preparations? How does one go about "troubling" the sanctified narrative? Does one, like many critics in the immediate postwar period, rely on the proud and famous claim made in 1944 by British airpower expert and former British Air Minstry official J. M. Spaight to the effect that it was the British who started strategic bombing in World War II?[14] That is, does one bother to distinguish between tactical and strategic bombing? Does one

---

[11] The trope was already old by 1946. See Stig Dagerman: *German Autumn*, trans. Robin Fulton, London: Quartet Books 1988, P. 24, where in response to the line, "It began in Coventry", he says, "The line sounds almost too classic to be genuine", though in this case, from the mouth of a "half-Jewish German" woman whose life was saved by the bombing of Hamburg, he concedes that the sentiment is real. Of her Dagerman reports: "She was in Spain until Franco's victory made it impossible for her to stay there and then she came back to Germany. She lived near Landwehr until the house was blown to pieces by English bombs. She is a vigorously bitter woman who lost all her possessions in the bombing of Hamburg and who had already lost her faith and hope in the bombing of Guernica" (P. 23).
[12] For details, see Lee Kennett: *A History of Strategic Bombing: From the first hot-air balloons to Hiroshima and Nagasaki*, New York: Scribner's 1982.
[13] Eberhard Spetzler: *Luftkrieg und Menschlichkeit: Die völkerrechtliche Stellung der Zivilpersonen im Luftkrieg*, Göttingen: Musterschmidt-Verlag 1956, claims otherwise, but agreement on limiting the use of the air weapon has always been notoriously elusive, not to mention notoriously impotent when it comes to judging the victors of conflicts, as recent events have once again confirmed.
[14] Spaight: *Bombing Vindicated*, chapter III, "The Great Decision".

then go on to say that strategic bombing, the bombing of built up areas that contain industrial or transportation targets well behind any front lines and not in the least directly involved in military operations, is qualitatively different from ground-support tactical strikes aimed at troops or fortified cities, even if death is death and destruction is destruction, no matter how death and destruction are done? And how does one treat "moral" bombing, that is, the direct and deliberate targeting of the civilian population of the enemy nation, especially the women and children of the working class, as a means of producing panic or in other ways affecting the will to continue the war? Does one, in other words, bother to distinguish between bombing raids in which human beings are "collateral damage" and ones in which off-target bombs might actually hit a factory or two? How does one go on to explain that the air forces of the Soviet Union and Germany were built as tactical arms for use in ground support, while the British air force was designed as a strategic arm, long before Germany even had an air force again, and that US thinking followed suit during the 1930s? That plans to bomb Berlin and Tokyo were entertained long before Warsaw or Pearl Harbor? Does one forever feel compelled to reassure interlocutors that the choice of developing a strategic force over a tactical one is a military and not a moral choice, one dictated by one's position on the geopolitical chessboard? Had the situation been reversed, however, had the Germans and Soviets, the "Nazis" and "Commies", developed a strategic bombing capability with 4-engined bombers rather than a ground-support tactical one, would we be so reticent about jumping to moral conclusions? How does one go about describing and explaining that the aim of British Bomber Command, especially after February, 1942, when Arthur Harris took over its leadership, was to defeat Germany strictly from the air, not by targeting the *Häfen* and *kriegsindustriellen Anlagen* as Mann mistakenly claimed, but by killing as many German civilians in as scientifically precise and economical way as possible until the survivors cried "Uncle"? And that this was exactly the same strategy practiced by the U.S. in Germany from September 1944 to May 1945 and in Japan from March to August, 1945?[15] And that this aim was in accordance with the best minds writing on the subject of air warfare in the 1920s and 1930s, including, of course, Douhet in Italy, Trenchard in England, and Mitchell in the U.S.? And what does one make of American strafing of "transportation" targets in Germany in the winter and spring of '45, targets that ranged from trains to individual farmers in horse-drawn carts? What would Mann have said about the faces of these cocky, gum-chewing, happy-go-lucky, boogie-woogie-bugle-boy machinists of death who by the end of the war were always *In the Mood*? And what if one points out that the chronology does not begin with Guernica, that not only did the German, British, and French engage

---

[15] See Schaffer: *Wings of Judgment*. Pp. 80–148.

in strategic bombing in World War I, but that had the war continued, the British had plans for a 1000-plane raid over Berlin in the summer of 1919, and that between the wars the French and the British used the air weapon against their recalcitrant colonial subjects in the Near East, in Southern Africa, and on the Indian subcontinent? And, given the importance accorded to chronology, how does one discreetly and in an "excuse me, Sir" tone of voice note the fact that apparently the very first uses of airplanes to attack, deliberately and directly, the civilian population of an opponent for the express purpose of spreading terror were conducted by the Italians in Libya in 1911–12?[16] Is one allowed to insinuate that the famous move to total war that we witness occurring during the first half of the 20th century was not the simple consequence of a single serpent in the garden but rather a united European achievement, especially if we include North America within the definition of Europe – a grand *Gesamtkunstwerk* of Western civilization? If one makes this claim or raises any of these or a myriad of other "talking points", does one expose oneself as being an "apologist"? Apologist for what?

For reasons that are somewhat baffling, it is difficult to be ambiguous, ironic, ambivalent, critical, questioning, precise, probing, cautious, circumspect, careful – it is difficult to be subtle about this most unsubtle of wars. The sides are clearly drawn and justice reigns only here, not there. And as we are reminded almost daily in various parts of the world, to have the just cause in a just war is a powerful narcotic, one that eliminates the uncomfortable pains of even the most refined conscience. In a subsequent broadcast in March, 1944, Mann is sensitive to the moral ambiguities of the bombing of German cities. "Was sich in Köln, Hamburg, Berlin und anderwärts abgespielt hat", he says, "*ist* grauenerregend, und es hilft wenig, sich zu sagen, daß man der äußersten Brutalität eben nur mit äußerster Brutalität begegnen kann ... Das Dilemma ist schwer, beunruhigend und belastend". But then he reads and is enraged by a piece of Nazi propaganda and concludes: "Und dann ist es doch wieder auf einmal kein Dilemma mehr". Sarcastically using the Nazi propaganda term for Allied aircrews, he declares: "Zweitausend Lufthunnen täglich über diesen Lügensumpf, – es gibt nichts anderes".[17] A year later, he got his wish, for in the spring of 1945 there were as many as 2000 allied bombers over Germany at any

---

[16] See Kennett: *History of Strategic Bombing*. Pp. 12–14, and especially Sven Lindqvist: *A History of Bombing*, trans. Linda Haverty Rugg, New York: New Press 2001. Pp. 32–33. Lindqvist presents the thesis that the bombing war in Europe 1937–45 was but the return of the repressed, that is, the domestic use of a weapon developed and perfected in wars fought against non-European subjects throughout the 1910s, '20s, and '30s; and that Europeans only began to howl about the inhumanity of machinists of death and *Luftpiraten* when they heard the howling of bombs raining down on the formerly safe confines of their own homes.

[17] Mann: *Gesammelte Werke* XI. Pp. 1096–97.

given time, and the *Lügensumpf* that was Pforzheim, Würzburg, Dresden, and even Danzig was turned into a real and physically palpable quagmire of ruins. After the orgy of destruction was over and the participants took an immediate second look at what had happened, it was suggested – by the U.S. Strategic Bombing Survey, for example – that the "morale effects of bombing may ... prove to have had even more importance for the denazification of Germany than for hastening military defeat", and that "these attacks left the German people with a solid lesson in the disadvantages of war".[18] If this is in fact the case, if the annihilation of practically every German city with a population greater than 60,000 has dissuaded Germans from ever again waging war, then indeed we are left with at least one lasting and genuinely salutary effect of the bombing war. However, one question lingers: If it took the near total destruction of urban Germany to teach Germans to study war no more, then what will it take to teach the rest of us?

In the meantime, while we wait for the great lesson to come from the blue, let me suggest the following: Let us quit embarrassing ourselves with our posturing and bury the moral hatchet once and for all. The bombing of Europe and Asia by all the major belligerents in the 1940s, and the bombing of nearly everywhere else since, is not just a German, nor even just a German, American, British, and Japanese affair. Let us therefore expand the dimensions of the debate, especially since both the righteous self-flagellation and indignant self-pity of German participants so seamlessly supports the self-congratulation of morally narcissistic American politicians and pundits who prattle on about "our" duty to "liberate" the rest of the world from its self-imposed immaturity. Were we to look beyond the conventional and strategically selective chronology that takes us from Guernica to Dresden, we might wish to start our investigations in the eighteenth century, not only because the hot air balloon was first invented in 1783 and immediately discussed as a new means for spreading terror, but also because the modern military justification for attacking the cities of an enemy nation was invented with the birth of the industrial revolution, and because the moral justification for targeting the entire enemy population, not just its soldiers, was invented in 1793 with the French declaration of the *levée en masse*.[19] From then on, so the decree tells us, young men would be soldiers, married men would work in the weapons industries, women would produce uniforms and act as nurses, children would create bandages out of old rags, and the elderly would assemble in public spaces to raise departing soldiers' morale and express unquenchable hatred for the enemy. From then on, in other words, wars fought between kings and their mercenaries would become wars fought against

---

[18] Cited in Longmate: *The Bombers*. Pp. 381, 382.
[19] Herfried Münckler: *Über den Krieg: Stationen der Kriegsgeschichte im Spiegel ihrer theoretischen Reflexion*. Weilerswist: Velbrück Wissenschaft 2002. P. 116.

enemy peoples; which means that the wars fought between European states would increasingly resemble the wars Europeans had *always* waged against its "uncivilized", non-European enemies at least since the time of the conquest of the Americas. With the return of ideologically driven just wars – holy wars – the distinction between combatant and non-combatant would no longer hold, such that by the 20th century it came to be seen as a simple matter of common sense to exchange the lives of *their* women, children, and the elderly for the lives of *our* gallant young men.[20] One could, of course, celebrate this move to total war as the elimination of gender bias and age discrimination from this lethal realm of human conduct. One could, that is, celebrate the fact that the forces which have democratized our daily lives have also democratized our deaths. After all, in the wars of the world today, women and children are increasingly enlisted on all sides in the ranks of fighters, torturers, and suicide bombers. If we are disturbed by this and wish to understand it, let us not just skim the surface in our search for roots.

Whatever we think of its possible benefits, necessities, mistakes, or unqualified evils, we should realize that though the bombing war of World War II is not the *inevitable* consequence of the changed nature of warfare ushered in by the French Revolution and Napoleon, neither is it an immaculate exception or an isolated "madness" of European or world history. Instead of merely repeating or refuting wartime propaganda that only the most religiously passionate or dully unimaginative of its practitioners could have believed, perhaps we ought to view the re-emergence of both a frenzied *and* a cold and calculating war on civilian populations as it occurred in the 20th century and occurs still in ours as an integral and comprehensible part of the culture we claim to study.

---

[20] Again, this exchange of tens of thousands of enemy civilian lives for the hundreds of thousands, if not millions, of soldiers' lives, was part of the bomber's civilizing mission. See for example B. H. Liddell Hart: *Paris, or, The Future of War*. New York: Dutton 1925. Liddell Hart changed his position during World War II itself, becoming a vocal critic of British bombing policies. For his immediate postwar views on the nature of 20th-century warfare, see B. H. Liddell Hart: *The Revolution in Warfare*, New Haven: Yale 1947.

Avant-Garde / Neo-Avant-Garde.

Edited by Dietrich Scheunemann.

Amsterdam/New York, NY 2005. 346 pp.
(Avant-Garde Critical Studies 17)

ISBN: 90-420-1925-5   Bound   € 75,-/US$ 94.-

This collection of critical essays explores new approaches to the study of avant-garde literature and art, film and architecture. It offers a theoretical framework that avoids narrowly defined notions of the avant-garde. It takes into account the diversity of artistic aims and directions of the various avant-garde movements and encourages a wide and open exploration of the multifaceted and often contradictory nature of the great variety of avant-gardist innovations. Individual essays concentrate on cubist collage and dadaist photomontage, on abstract painting by members of the Dutch group *De Stijl*, on verbal chemistry and dadaist poetry and on body art from futurism to surrealism.
In addition, the collection wishes to open up the discussion of the avant-garde to a thorough investigation of neo-avant-garde activities in the 1950s and 1960s. For decades the appreciation of neo-avant-garde art and literature, film and architecture suffered from a general and all-inclusive rebuke. This volume is designed to contribute to a breakthrough towards a more competent and more precise investigation of this research field. Contributions include a discussion of Warhol's multiples as well as Duchamp's editioned readymades, forms of concrete and digital poetry as well as the architectural "Non-Plan".
The main body of the volume is based on presentations and discussions of a three-day research seminar held at the University of Edinburgh in September 2002. The research group formed around the Avant-Garde Project at Edinburgh will continue with its efforts to elaborate a new theory of the avant-garde in the coming years.

USA/Canada: 906 Madison Avenue, UNION, NJ 07083, USA.
Call toll-free (USA only)1-800-225-3998, Tel. 908 206 1166, Fax 908-206-0820
All other countries: Tijnmuiden 7, 1046 AK Amsterdam, The Netherlands.
Tel. ++ 31 (0)20 611 48 21, Fax ++ 31 (0)20 447 29 79
Orders-queries@rodopi.nl   www.rodopi.nl
Please note that the exchange rate is subject to fluctuations

Word and Music Studies.
Essays on Music and the Spoken Word and on Surveying the Field.

Edited by Suzanne M. Lodato and David Francis Urrows.

Amsterdam/New York, NY 2005. XII, 200 pp.
(Word and Music Studies 7)

ISBN: 90-420-1897-6   € 44,-/ US$ 55.-

The nine interdisciplinary essays in this volume were presented in 2003 in Berlin at the Fourth International Conference on Word and Music Studies, which was sponsored by The International Association for Word and Music Studies (WMA). The nine articles in this volume cover two areas: "Surveying the Field" and "Music and the Spoken Word". Topics include postmodernism, philosophy, German literary modernism, opera, film, the *Lied*, radio plays, and "verbal counterpoint". They cover the works of such philosophers, critics, literary figures, and composers as Argento, Beckett, Deleuze, Guattari, Feldman, Glenn Gould, Nietzsche, Schubert, Strauss, Wagner, and Wolfram.. Three films are discussed: *Casablanca*, *The Fisher King*, and *Thirty Two Short Films About Glenn Gould*.

USA/Canada: 906 Madison Avenue, UNION, NJ 07083, USA.
Call toll-free (USA only)1-800-225-3998, Tel. 908 206 1166, Fax 908-206-0820
All other countries: Tijnmuiden 7, 1046 AK Amsterdam, The Netherlands.
Tel. ++ 31 (0)20 611 48 21, Fax ++ 31 (0)20 447 29 79
Orders-queries@rodopi.nl   www.rodopi.nl
Please note that the exchange rate is subject to fluctuations